死亡大辞典
FINAL EXITS 【修订版】
一本关于怎么告别这个世界的百科全书

【美国】迈克尔·拉尔戈/著
赵娟娟 衣光春 史培华/译

新星出版社 NEW STAR PRESS

图书在版编目(CIP)数据

死亡大辞典／(美)拉尔戈著；赵娟娟，衣光春,史培华译．— 2版（修订版）．— 北京：新星出版社，2011.8
ISBN 978-7-5133-0341-5

Ⅰ．①死… Ⅱ．①拉… ②赵… ③衣… ④史… Ⅲ.历史事件－世界－通俗读物 Ⅳ．①K105-49

中国版本图书馆CIP数据核字(2011)第137813号

Final Exits:The Illustrated Encyclopedia of How We Die
By Michael Largo
Copyright © 2006 Michael Largo
Simplified Chinese Translation copyright © 2008 New Star Press
Published by arrangement with HarperCollins Publishers, USA
All rights reserved
著作权登记图字：01-2007-5381

死亡大辞典（修订版）

(美)迈克尔·拉尔戈 著　赵娟娟 衣光春 史培华　译

策划编辑：于　少
责任编辑：高　磊
责任印制：韦　舰
封面设计：北京品创设计

出版发行：新星出版社
出 版 人：谢　刚
社　　址：北京市西城区车公庄大街丙3号楼　100044
网　　址：www.newstarpress.com
电　　话：010-88310888
传　　真：010-65270449
法律顾问：北京市大成律师事务所
读者服务：010-88310800　　service@newstarpress.com
邮购地址：北京市西城区车公庄大街丙3号楼　100044

印　　刷：三河市南阳印刷有限公司
开　　本：660×970　1/16
印　　张：26
字　　数：400千字
版　　次：2011年8月第二版　2011年8月第一次印刷
书　　号：ISBN 978-7-5133-0341-5
定　　价：38.00元

版权专有，侵权必究；如有质量问题，请与出版社联系更换。

序　言

　　死、一命呜呼、到另一个世界去了、去见造物主了、彻底挂了、过去了、吹灯拔蜡、赴黄泉、吃土去了、穿上木质大衣，或者与耶稣共眠——不管怎么称呼死亡，它迟早要来。1789年，本·富兰克林写道："在这个世界上，除了死亡和税收之外，没有什么是确定的。"死亡是确定不移的，但我们会怎样死去呢？

　　正是大量的、丰富多样的"怎样"促使我进行研究并写成了这本《死亡大辞典》。死亡看起来很让人迷惑不解：公元1700年死亡证明里描述的死亡原因只有不到100种，而现在则超过了3,000种。当然，自古以来，医学上界定死亡的标准——心脏最终停止跳动——始终没变，但导致死亡的原因却发生了变化。伴随着技术上的每次进步，我们都会发现新的死亡途径。作为人类学和社会学的专业人士，我能看出人们终结生命的各种方式之间的联系是怎样清楚地显示了他们生活的方式。这样，死亡就成了我们文化的一个水平点，我要着手测定上升着的水位，以弄清楚人类以前是怎样死的，现在又是一种什么样的死法。

　　如今，尽管我们活得更长了，但任何东西都可能置我们于死地，从手机、洗衣机、割草机到数不清的各类人造机器。从马和轻型马车到宇宙飞船的交通变化，已经极大地影响了死亡的前景。从性到福利等老年活动中的各种完善和改进，证明仍将有新的、令人感到惊异的死亡方式。本书揭示了最常见和最奇怪的死亡方式以及最不幸的人所遭遇的致命的、离奇古怪的事情。

美国人死起来不挑地方，也不管当时手头正在干什么事——2006年死了240万人——但如果了解这些事实的话，很多人生存下来的几率可能会变大。让人感到奇怪的是，很多人被发现死于下列情况：在飞机上，在电梯里，被推过旋转门时，在滑雪板上，在水床上睡觉时，驾驶出租车时，在一根绳子的末端，在便利店的柜台后面工作时，大笑时，打嗝时，离婚中或离婚后，在夜总会跳舞时，或者是在教堂祈祷时。数字和趋势清楚地显示出有些活动比我们认为的要更危险。毫无疑问，它们也以令人吃惊的新方式揭示了——虽然有时是武断的——人类死亡的可预测性。

把收集到的数量庞大的死亡统计数据汇集到这本信息海量、同时也充满启发性和娱乐性的书中，花费了我超过十年的时间。而我对于死亡原因的兴趣可以追溯到我的童年时期。在我还年轻的时候，我的父亲——纽约警察局（NYPD, New York Police Department）的一名警探，偶尔会把我从斯塔藤岛舒适而宁静的环境中带到他工作的曼哈顿区。他心血来潮的"城区之旅"既令人兴奋又让人提心吊胆。我的父亲没有指给我那些经典的观光性地标，而是会点评某个普通的街角或一座其貌不扬的建筑。他知道每一个地方发生的死亡、谋杀或不幸事故的确切数字，并给我提供一些非常细微的情节。虽然他带我游览的目的是教育我应该小心行事并保持警惕，但给我留下深刻印象的是，没有别的任何人知道这些历史，不管是街角的行人抑或是大楼的主人。我认为应该设立一个标志牌，以防止那些不幸再次发生。从那以后，我就对人们各种各样的死亡方式产生了兴趣，干劲十足地搜集离奇的故事、奇怪的事实以及一切与人类死亡有关的事情。我想就我们死亡方式整理一份确切的原始资料，但读起来不会让人觉得毛骨悚然、阴森可怖、了无生趣。

我所做的就是计算、记录和对数字进行筛选，以确定致人死亡的真实原因。这并不像我当初认为的那么容易。在死亡证明的填制上仍没有标准，地方的、各个州的以及国家的记录机构并不一致，并且在很多情况下，在病床边或停尸房中填写表上必要项目的报告撰写人，对需要报告的死者的历史所知甚少。另外，每个人好像都对如何记录死者有特别的兴趣——支持合法持有枪支的游说者对于手枪死亡案有自己的见解。如果真实的数字被披露，一些医药公司、时尚饮食的促销者或某种整形的外科医生就会损失很多钱。死亡统计数字是能换来美元的。除非知道真实的死亡数字，否则，产品的改进、我们吃的食物、工作时呼吸的空气、我们驾车行驶的马路、我们穿的衣服等等，没有一样会做得更安全、更不致命。一些特别的利害关系人可能不喜欢这里所记录的死亡数字，但这的确确是我从超过50家政府机构里面搜集到的数字。

列在本书中的人必须是被证实已经死亡的，接受生命维持或希望死去的人是不包括在本书中的。我深知，行将就木是一件令人悲伤和复杂难言的事情。死亡终究是一个悲剧，但也是有意义的。故人或许已经驾鹤西去，但在本书中他们不会被遗忘。相反，他们会以死去的方式教导我们、警示我们，令我们愉悦，也使我们悲伤。

尽管很多人都不想谈起这个话题，但死亡是我们日常生活的一个潜在要素。我们没有必要每时每刻都意识到它，但它却反映到了我们的语言当中。You'll be the death① of me（我会死在你手里的）、dead man walking（行尸走肉）、dead presidents（要钱不要命）、dropdead gorgeous（惊艳晕倒）、over my dead body（打死我我也不干）、knock'em dead（笑死他们）、until death do us part（至死不渝）都是我们日常语言里频繁使用的短语。尽管无药可救时，人们最常会提到的一个词就是死，但这却是它各种化身的真正来源。

很多比我要伟大的思想家，都认为要使生命之树繁盛就不能对死亡视而不见。对死亡的沉思会给我们一个新的视角，使没有价值的事物更加微不足道。每一天都是一份礼物，我们要在拥抱我们所拥有的一切同时享受它。拥抱一个人，闻一下鲜花，吻一棵树。的确，我们都知道我们会死——它写在人生的合同里——但是应该从一个健康的角度出发看待这个问题，我们不该老是故意地想着它。但，如果给你机会去避免死亡的随机性，你会接受吗？

---

① "Death"在英文中意思为"死亡"，"Dead"是"Death"的形容词形式，意思为"死的，死亡的"。——编注

为了能活的健康和长久，有一件事情你可以做：阅读本书并理解那些先行一步的人到底是怎样离开的。把这本书读给你的孩子听。我预计，买这本书的人平均而言至少会多活两年。我最大的希望就是，这本书中所收集的信息会对挽救哪怕是一个人的生命有所帮助。

因此，现在就开始吧，尽可能安全地待着，保持警惕。当你面对这本书里所讲的情形或任何横在你面前的难题时，让我再多给你一条非常适合你的建议："不要敲响死亡之门。按一下门铃就跑！死神会抓狂的。"

目录
CONTENTS

第一章　最危险的路途 /1

NO.1　汽车 /3

NO.2　赛车 /5

NO.3　货车 /7

NO.4　清洁打扫 /7

NO.5　安全气囊 /7

NO.6　车载办公室 /8

NO.7　交通肇事逃逸 /9

NO.8　电动车 /9

NO.9　自行车 /10

NO.10　游艇 /11

NO.11　空难 /14

NO.12　道路杂物 /18

NO.13　马路发飙 /19

NO.14　出租车 /19

NO.15　火车道 /20

NO.16　地铁 /21

第二章　最危险的生活 /23

NO.1　家 /25

NO.2　石棉 /25

NO.3　家庭分娩 /27

NO.4　家庭暴力 /28

NO.5　不粘锅 /28

NO.6　家用电器 /29

NO.7　病态楼宇综合征 /30

NO.8　蜡烛 /30

NO.9　塑料制品 /31

NO.10　微波炉 /32

NO.11　电热毯 /33

NO.12　电死 /33

NO.13　汞中毒 /35

NO.14　烤面包机 /36

NO.15　电动空气清新器 /37

第三章　最危险的工作 /39

NO.1　因工死亡 /41

NO.2　夺命铁轨 /43

NO.3　自杀 /44

NO.4　警察 /45

NO.5　医务工作者 /46

NO.6　石油钻塔 /46

NO.7　筑桥工 /47

NO.8　特技飞行员 /47

NO.9　宇航员 /48

NO.10　牛仔 /49

NO.11　潜水员 /50

NO.12　演员 /52

第四章　最危险的运动 /57

NO.1　马拉松 /59

NO.2　健身设施 /60

NO.3　蹦极 /60

NO.4　保龄球运动 /61

NO.5　带领拉拉队 /62

NO.6　空中冲浪 /63

NO.7　棒球 /63

NO.8　篮球 /64

NO.9　热气球 /65

NO.10　拳击 /66

NO.11　橄榄球 /67

NO.12　高尔夫 /67

NO.13　打猎 /68

NO.14　挑战吉尼斯世界纪录 /69

NO.15　服用类固醇 /70

第五章　最囧的 /73

NO.1　胖死 /75

NO.2　被老鼠咬死 /76

NO.3　空中飞牛 /77

NO.4　假牙 /78

NO.5　被蚊子咬死 /78

NO.6　被蝙蝠咬死 /79

NO.7　被蚂蚁咬死 /80

NO.8　打嗝死 /80

NO.9　集体狂笑 /81

NO.10　被兔子咬死 /82

NO.11　在救护车里被撞死 /83

NO.12　如厕时光 /83

NO.13　自宫死 /84

NO.14　被猫吵死 /86

NO.15　被雇佣者误杀 /86

NO.16 不安全的窗户 /87
NO.17 象皮病 /87
NO.18 飞禽致伤 /88
NO.19 口臭死 /89
NO.20 脚臭死 /91
NO.21 亲吻病 /91
NO.22 打喷嚏 /92
NO.23 演说死 /93

第六章　最雷的 /95

NO.1 隐居死 /97
NO.2 外科手术死 /98
NO.3 高空家具 /98
NO.4 让人发狂的音乐 /99
NO.5 抵制现代机动车文化 /101
NO.6 观看体育比赛死 /102
NO.7 打哈欠死 /102
NO.8 尼龙风筝 /104
NO.9 闯入家里的熊 /104
NO.10 被糖浆淹死 /105
NO.11 脱口秀节目死 /105
NO.12 动物凶猛请勿靠近 /106
NO.13 被棒棒糖噎死 /107

NO.14 人肉巧克力 /107
NO.15 发怒死 /108

第七章　最悲剧的 /109

NO.1 收养流浪猫 /111
NO.2 捡破烂 /111
NO.3 结冰的马桶 /112
NO.4 溺亡 /114
NO.5 跌倒 /115
NO.6 危险游乐园 /117
NO.7 流产的悲剧 /120
NO.8 掉进化粪池 /122
NO.9 踩踏 /122
NO.10 被活埋 /123
NO.11 被交通标志斩首 /125
NO.12 会杀人的车库自动门 /126
NO.13 不安全的童床 /126
NO.14 核实验 /127
NO.15 被遗忘在车中的儿童 /128
NO.16 和父母同睡的孩子 /129
NO.17 万圣节 /129
NO.18 致命约会 /131
NO.19 校园凶杀 /132
NO.20 结婚纪念日的悲剧 /133

NO.21 被电梯切断 /134
NO.22 捉迷藏 /136
NO.23 假日悲剧 /136
NO.24 乐极生悲 /137
NO.25 网络约会 /138
NO.26 吉祥物 /139
NO.27 玩具 /141
NO.28 遮阳伞凶杀案 /141
NO.29 水床 /141
NO.30 婚礼上的悲剧 /141
NO.31 活动场所 /143
NO.32 停电 /143
NO.33 爱情没打中靶子 /144

第八章　最意外的 /145

NO.1 致命电话 /147
NO.2 烧死情敌 /147
NO.3 购物中心 /147
NO.4 旋转门 /148
NO.5 经济舱局限死 /148
NO.6 笑紊乱 /149
NO.7 笑死 /151
NO.8 街边小吃 /153

NO.9 被鸵鸟踢死 /155
NO.10 草坪飞镖 /156
NO.11 被爆米花毒死 /156
NO.12 过街天桥 /157
NO.13 被流星砸中 /157
NO.14 祸从口出 /158
NO.15 扁桃腺炎 /158
NO.16 猝死 /159
NO.17 瞌睡死 /160
NO.18 被水母刺死 /161

第九章　最暴力的 /163

NO.1 战争 /165
NO.2 死刑 /174
NO.3 邪教 /177
NO.4 犯罪团伙 /180
NO.5 匪帮 /183
NO.6 劫车 /186
NO.7 枪支 /187
NO.8 越狱 /189
NO.9 公敌一号 /191
NO.10 骚乱 /192
NO.11 电子游戏 /194
NO.12 办公室凶杀 /196

第十章　最变态的 /197

NO.1　连环杀人犯 /199
NO.2　医学研究 /203
NO.3　无照庸医 /204
NO.4　愤怒的房主 /205
NO.5　砒霜中毒 /206
NO.6　死亡医生 /208
NO.7　受辱 /209
NO.8　恶贯满盈 /211
NO.9　当你上了菜谱时 /212
NO.10　狙击手 /212
NO.11　纵狮行凶 /213
NO.12　毒酒+钉子
　　　　+冰冻+车祸+煤气 /213

第十一章　最恐怖的 /215

NO.1　重大火灾 /217
NO.2　地震 /220
NO.3　杀人蜂 /221
NO.4　飓风 /222
NO.5　龙卷风 /224
NO.6　山崩 /225
NO.7　火山 /227
NO.8　地陷 /228
NO.9　蟒蛇 /229

NO.10　器官交易 /231
NO.11　章鱼和乌贼 /232
NO.12　毒蜘蛛 /233
NO.13　外星人绑架 /234
NO.14　埃博拉病毒 /235
NO.15　旅店惊魂 /236
NO.16　被鬼魂杀害 /238

第十二章　最无奈的 /239

NO.1　酗酒死 /241
NO.2　吸烟死 /243
NO.3　植物人 /244
NO.4　夜惊死 /245
NO.5　无家可归 /246
NO.6　乡愁死 /247
NO.7　早老性痴呆症 /248
NO.8　失眠 /248
NO.9　X光死 /249
NO.10　安乐死 /251
NO.11　帕金森氏症 /253
NO.12　强迫症 /254
NO.13　梦游死 /255
NO.14　眩晕综合征 /256

NO.15　橡胶过敏症 /257

NO.16　相思死 /259

NO.17　赌博 /261

NO.18　情人节 /261

NO.19　音乐 /262

NO.20　嗜睡症 /267

NO.21　年老 /268

NO.22　连体婴 /268

NO.23　偷渡客 /269

NO.24　健忘症 /270

NO.25　头发 /271

NO.26　周到的告别 /274

第十三章　最古老的 /275

NO.1　蟑螂 /277

NO.2　黑死病 /279

NO.3　疟疾 /280

NO.4　马车 /281

NO.5　西进运动 /281

NO.6　放血 /285

NO.7　决斗 /286

NO.8　波兰氏综合征 /288

NO.9　蝎子 /288

NO.10　短吻鳄鱼 /289

NO.11　炭疽 /290

NO.12　卖淫 /290

NO.13　治安维持会 /291

第十四章　最疼的 /293

NO.1　烫死 /295

NO.2　热死 /296

NO.3　身体穿孔 /297

NO.4　帝国大厦 /298

NO.5　被垃圾粉碎机搅碎 /299

NO.6　掉进榨汁机 /299

NO.7　牙疼死 /300

NO.8　自燃 /300

NO.9　跳桥死 /302

NO.10　滚轴死 /302

第十五章　蠢死的 /303

NO.1　飞天大盗 /305

NO.2　被假发烧死 /305

NO.3　被丝袜闷死的劫匪 /306

NO.4　牙签扎死 /307

NO.5　便餐式晚宴 /307

NO.6　防恐演习 /308

NO.7　劫持暹罗猫 /308

NO.8　抢劫演习死 /308

NO.9 笨贼一箩筐 /309

NO.10 快递司机 /309

第十六章　吃死的 /311

NO.1 苹果汁 /313

NO.2 巧克力 /313

NO.3 食品添加剂 /314

NO.4 非处方药 /314

NO.5 嗑药死 /318

NO.6 吃铅 /319

NO.7 生肉 /320

NO.8 暴饮暴食 /321

NO.9 腊肠杆菌中毒 /323

NO.10 噎死 /323

NO.11 饮食比赛 /324

NO.12 冰淇淋 /324

NO.13 消化不良 /327

NO.14 年糕 /328

NO.15 肉 /329

NO.16 素食者 /330

NO.17 喝水死 /331

NO.18 致命蜂蜜 /331

第十七章　美死的 /333

NO.1 厌食症 /335

NO.2 减肥 /336

NO.3 胃分流手术 /337

NO.4 时尚 /338

NO.5 选美比赛 /339

NO.6 吸脂术 /341

NO.7 厚底鞋 /342

NO.8 自恋 /343

NO.9 歌舞伎妆综合征 /345

NO.10 肉毒杆菌毒素 /347

第十八章　爽死的 /349

NO.1 性病 /351

NO.2 催情药 /353

NO.3 手淫死 /357

NO.4 海滩死 /358

NO.5 窒息性高潮死 /358

NO.6 插入死 /359

NO.7 口交死 /359

NO.8 精液过敏死 /360

NO.9 女用自慰器 /361

NO.10 笑气死 /361

NO.11 过山车死 /362

NO.12 雪上滑板死 /363

NO.13 度假死 /364

NO.14 节日死 /365

第十九章 热病死 /367

NO.1 流行性疾病 /369

NO.2 破伤风 /371

NO.3 扁虱关节炎 /372

NO.4 钩虫 /373

NO.5 食肉病毒 /374

NO.6 童床热 /376

NO.7 甲状腺疾病 /377

NO.8 足浸病 /378

NO.9 小脑畸形 /378

NO.10 偏头痛 /379

NO.11 巨人症 /380

NO.12 海狸热 /381

NO.13 克里斯马斯病 /382

NO.14 CATCH-22 症候群 /382

NO.15 地图样舌 /383

NO.16 卷发症 /383

NO.17 约伯综合征 /384

NO.18 Q热 /385

NO.19 侏儒症 /386

附 死后记 /389

什么是死？/391

死亡证明 /391

不明死因 /392

病死家中 /392

精神失常 /392

癌症 /393

遭遇僵尸 /393

海葬 /394

义冢 /395

奥斯卡奖得主如何长寿 /395

典型例证 /397

人体标本 /397

无人认领 /398

墓志铭 /399

第一章

最危险的路途

当你解答了生命的一切奥秘,你就渴望死亡,因为它不过是生命的另一个奥秘。生和死是勇敢的两种最高贵的表现。

——纪伯伦

NO.1　汽车

　　在美国,有2.25亿辆载人交通工具,7岁以上者人均一辆。汽车行驶在美国长约321万公里的路面上,这些公路所用的混凝土和沥青足够修一条到月球的六车道高速公路。2004年第一季度,美国人驾车跑了10,040亿公里,这一路程可以让他们到火星上20个来回。

　　未来的历史学家可能会对美国每年在公路上因交通事故而死亡的人数只有43,000人感到惊奇。每分每秒,每段路面上,汽车相撞的潜在可能性是非常大的;每时每刻,有多少剐蹭、急刹车或急转弯?多的难以计数。驾乘车遭遇偶然死亡的可能性是21世纪一个很严重的问题,道路交通意外死亡的情况将频繁发生。

　　每年驾车死亡的人数仍被认为处于一个"可以接受"的水平上。现在驾车的人数是1925年的6倍,并且当年公路上的汽车少于200万。尽管如此,在喧嚣的20世纪20年代驾车死亡的几率还要比现在高20倍。到1938年,美国交通事故死亡的人数是32,000人,而到了1950年代中期,美国在交通事故中死亡的总人数超过了所有美国战争中死亡人数的总和。当时汽车数量只有今天一半的1960年,死亡的人数是38,459人。统计学家们说,假如安全带不是强制性的,儿童也不放在车座上,类似反对酒后驾车母亲协会(ADD)那样的组织不对在受影响的情况下驾驶重型汽车的疯狂行为进行教育,今天因汽车事故而死亡的人数轻而易举就可以超过10万人,而不仅仅是可以接受的43,000人。

死亡提醒:

● 24岁以下的司机,和年龄大的司机相比,是最可能在汽车事故中死亡的人群。

● 4/5的汽车死亡事故发生在限速64公里/小时以下时。

● 每年有15,000人死于酒后驾车事故。

1980年5月,开往迈阿密的一辆公共汽车上的35人,从45米处跌落并丧生。当时一辆货轮撞到了桥的一座立柱上,把航线大桥305米长的一部分撞向了坦帕湾。

美国政府曾经花了大笔的研究经费,想搞清楚在发生事故时,从交通工具中弹出是不是更好的一种选择。最后的研究结果证实:尽可能地待在车里是最好的选择。

死亡时间

周一到周五驾车最容易致死的时间是下午4点到5点。周六比一周中的其他任何时间都更易出现死亡事故。从历史上看,任何一月的第14天是死人最多的一天。周日凌晨12点到2点是周末驾车出行最危险的时间。

自1991年以来,在驾驶运动型多用途汽车时死于翻车事故的人数超过110,000人。

研究人员发现,从四轮传动越野车中比从小汽车中弹出的概率高1.44倍,不系安全带比系安全带被扔向空中的可能性要高15倍;每年一半的撞车死亡都是因未系安全扣。随着人们每一年年龄的渐长,遇到被弹出的情况的可能性在增加。这意味着,一个89岁、有71年驾龄的老年人被弹出的机会要比一般人多出71%。

2002年,超过9,500人在翻车事故中被弹出。

每年,有超过7,000名年龄在65岁或65岁以上的人死于机动车相撞事故;

这一数字中的男性人数是女性的两倍。

> **死亡规律：**
>
> ● 年龄在65岁及65岁以上的人中每年有7,269人死于机动车相撞事故，死亡的男人是女人的两倍。
> ● 得到驾驶许可的、年龄在70岁及70岁以上的司机的人数每年以近50%的速度递增。
> ● 80岁及80岁以上的老人驾车相撞并致死的事故有一半是发生在交叉路口。

每12分钟就有一人因车祸丧生，每14秒钟就有一人受伤致残，每天共发生8,800起有生命威胁的交通事故。

死里逃生

2004年9月14日，威斯康星绿色海湾格林贝一名男子在逃避警察追捕时把他未婚妻的18个月大的女儿扔出了车外。这个被绑在汽车安全座椅上的女孩没有受伤。这名23岁的男子继续驾着他未婚妻的车，让警察在高速公路上对他展开戏剧性的追捕。在和一辆正在工作的巡逻车相撞后，他的车翻了，他丧了命。翻车时他被弹出并被挤在车底。在后来联系他未婚妻时，她说孩子无恙，但她对花在结婚礼服上的钱感到难过。

悲剧的巧合

2001年12月，一个21岁的男子以110公里/小时的速度飙车时撞向了一辆跑得很慢的汽车尾部，里面的两位乘客都没能幸免。而最悲剧的是，其中的一位恰好是他母亲，正要开车带她22岁的邻居去看圣诞花灯。他母亲和那个邻居当场就被宣布死亡。

NO.2 赛车

街头赛车始于汽车被造出来的那一刻，到了马路上就更不用说了。如今，赛车都是豪华型的，技术上精益求精，价值超过40万美元。但最早用于比赛的车却是典型家用汽车的老旧版本。为了提高速度，有时甚至是用租来的汽车仓促改装一下。在赛车运动被批准以来的25年历史中，每年有260人死于赛车事故，其中包括29名观众。

死亡规律

2000～2002年，293个15岁以下的少年死于微型单座汽车比赛中。超过一半的死亡事故是和静物及其他的机动车相撞引起的，第二位的原因是翻车、跨越障碍物、特技表演和陷落。

在很多车赛中，你坐在哪儿并不重要。2005年8月，在伊利诺伊州弗农山赛车场，一辆赛车高速冲进了看台上的观众。在人群中，赛车以最高的速度从第一排到最后一排的露天看台之间冲开一条道。6人被压在车底，2人死亡。

生死时速

飙车的倡导者们说加速的冲动是流淌在血液里的。2002年的一个深夜，在宾州的一个名叫里昂的小镇，3个年轻小伙子进行了一场四轮马车比赛。他们撞了自己的三辆马车以外的另外一辆马车，一匹马被撞死。

死神来了

2000年2月18日，第7届温斯顿杯冠军"威吓者"戴尔·伊恩哈特（41岁），死于与一辆戴托纳500型汽车追尾相撞的事故。在直线撞向外面一堵墙的过程中，他的车还和另外两辆车相撞。伊恩哈特的安全带没能在事故中保护他。

1981年7月16日，以《摇篮中的猫》一曲成名的歌唱家哈里·蔡平（39岁），在长岛高速公路收费站等待时，一辆卡车的尾部撞向了他的大众牌甲壳虫汽车，导致他心脏病发作死亡。

1967年6月29日，女演员杰恩·曼斯费尔德Jayne死于一起车辆相撞事故。当时她刚在比洛克西做完表演，在驱车前往新奥尔良参加一个脱口秀途中，与一辆正在工作的洒水车发生碰撞。

2003年，13,357人死于驾车高速行驶。

NO.3　货车

美国有300万货车司机。每年大约有852名货车司机死于车祸。死于皮卡的货车司机比死于其他所有车型的司机加起来的总和还多。

> **死神来了**
>
> 在佐治亚州的一个货车停车点，两辆货车的司机争执起来。其中一人非常生气，他拿出了捕猎用的刀，准备插进另一名司机的汽车轮胎里。"现在，这会给他们个教训。"他说道。这时被扎破的轮胎中的气体将刀反弹回来，正好刺中他的咽喉，使他当场死亡。

1990年以来货车司机死亡人数：10,000。

NO.4　清洁打扫

在华盛顿特区，一名29岁的妇女正要和她4岁的女儿一起穿过马路。在拖着一个手拉的水果车的同时，她集中注意力握住孩子的手。在她从马路边栏迈出的那一刻，突然被卷进了一台巨大的机动马路清扫机下。她被拖起，又被放下，随后又被拖进旋转的金属丝做的刷子里面，旋即毙命。在清扫机司机下来拉开她的女儿时，小孩马上也要被吸到底下去了。救援人员花了一个小时才把她妈妈的尸体弄下来。

1965年以来与清洁交通工具有关的死亡人数：8,981。

NO.5　安全气囊

汽车安全袋技术最初用于航天飞机着陆时对宇航员的保护。最早的撞击感应气袋发明于1968年，并随后于1973年在政府使用的一些交通工具上进行测试。汽车安全气囊在1990年成为标准配备的一个卖点。汽车安全气囊能够感应挤压和突然的减速，并以每小时321公里的速度膨胀，就像短筒散弹枪里射出的子弹一样快。

安全气囊在有效挽救人们生命的同时，也会造成颈部扭伤、眼睛受伤害（包括失明）、挫伤（皮肤外层被从骨骼上剥离下来）、四肢麻木等症状，甚至还会导致身首异处和其他原因的死亡。随着汽车气袋导致的死亡的增加，警示标签也做得越来越大。仔细研究近期的大量数据后，科学家们发现，矮个的人、儿童和婴儿较易受到汽车安全气囊的伤害。

由汽车安全气囊导致的总死亡人数：6,982。

NO.6　车载办公室

在过去，能让司机分心的因素很简单，无非是看地图、点烟、化妆、剃须等。现在随着"移动办公室"的发展，司机的活动空间提高到了一个新的高度。除了在车上接听移动电话（这在许多州是违法的）以外，人们还将笔记本电脑、打印机和传真机搬到了车里。能够固定在方向盘上的笔记本目前的售价是39.99美元。（一家移动办公用品公司的广告词是这样的：快加入到成千上万使用移动办公桌的移动职业人士队伍中来吧！）

越来越多的小轿车装备得更加舒适，社会学家将这些技术的进步称之为"车蛹"。现在生产的轿车经常装配有环绕立体声CD播放器、DVD、显示器、卫星电视、网络接口、车载游戏，以及导航系统等，这些都使驾驶员的注意力不能集中于路面。现在，

有人专门将方向盘上的安全气囊改装为电视,而且这种非法的生意竟然非常红火。过去,家长们通过唱歌和播放音乐让儿童老实待在车里,现在,每个头靠的后面都可以安装独立的电视屏幕和游戏接口。所有这些"车蛹"的装备都能导致麻烦:2002年,一个5口之家在开着他们的运动型多用途汽车(SUV)行驶在I-75路段时,为看哪部电影而争论不休,结果由于驾驶员分神造成5人全部死于车祸。

2004年,有1,761人因为开车时使用笔记本电脑导致车祸身亡。

每年由于电子设备造成驾驶员分神而导致的死亡人数为6,415人。

NO.7 交通肇事逃逸

史上最残忍的一次"交通肇事逃逸"发生在2001年10月的得克萨斯州福特沃思堡,而且最终被界定为蓄意谋杀。事情是这样的:一个名叫格雷戈里伦·比格斯的无家可归的可怜人被一位名叫尚特·马拉德的助理护士开车撞到了,而且被卡在她的挡风玻璃上面。事故现场在一段非常黑的马路上,车祸发生时已经是深夜。马拉德没有停车,继续往前开,一直把车开进了自家的车库,这时候比格斯先生仍然在她的挡风玻璃上,但她丝毫没有理会,关灯上床休息了。

当警察以谋杀罪来逮捕这个25岁的女人时,她承认自己听到比格斯先生呼救了两天,但她未采取任何行动。比格斯最终死于失血过多和休克。2003年,马拉德因为谋杀罪被判处50年监禁。

每年平均有5,762人死于"交通肇事逃逸"。

NO.8 电动车

1995年至今,骑乘电动玩具已经引起180场火灾并使22人致死。(1995年,1,000万件装在可以载人的汽车或卡车上、由电池驱动的"动力车轮"因使用有缺陷的、容易过度发热的电线而被召回。)2004年,另一种载人的玩具被发现因某颗松了的螺丝会引起电池电线短路后被召回,加州一个一岁半的男孩就死于由这种电线的短路造成的火灾。每年有25人死于电池驱动的高尔夫球运送车。现在政府规定时速达到24公里的高尔夫球运送车必须配备安全带和挡风玻璃。

每年，有1,134人死于没有动力装置的踏板车；若戴上头盔，90%的死亡事故可以避免。

NO.9　自行车

前轮大后轮小的脚踏车是最早的自行车，它有着很大的不成比例的轮子，前轮比后轮大很多，因此，骑车人的脚不能够触到地面。骑这种车就像骑很难保持住平衡的独轮车，这个新玩艺因为经常出事，故而名声不好。在19世纪80年代早期学骑高轮自行车的马克吐温写道："骑自行车吧。假如你活着，你就不会遗憾的。"他很多次骑车去医院，并试着掌握驾驶的技术。

1880～1895年，从车上摔下来或同马车相撞等的自行车事故，共致死4,312人。

死亡规律

在佛罗里达州，2003年一项全州范围的调查发现，自从一项新的醉酒驾驶条例——强迫酒后驾车者骑自行车——实施以来，骑自行车致死的人数增加到原来的三倍。

自行车在发明40年后，即1869年，坚硬的橡胶轮胎取代了以前的铁轮，这种交通工具在美国也流行起来。到1895年，芝加哥和其他大城市的邮递员都用上了自行车。但当汽车一被发明出来，自行车的使用率就迅速下降，骑自行车成了孩子们的活动。1962年，自行车开始复兴，并且到1972年，全美自行车的销售量超过了汽车。1975年，自行车事故致死的人中超过75%是青少年；而到了1982年，只有30%的自行车事故死亡者是未成年人。大多数致命的自行车和汽车相撞事故发生在空气清新、天气晴朗的白天。6月份因骑自行车而导致死亡的人数最多。

每年，有700人骑自行车和汽车相撞并死亡。

悲伤往事

阿米莉娅·詹克斯·布卢默因为想骑自行车而成为女权运动的一个先驱人物。然而，女人在那个时代的着装——包括紧身的花边束腹、百褶裙和拖地长裙——却使骑车不太可能，也有点荒唐可笑。作为活跃的演讲者和作家的布卢默，开始提倡女人穿裤子，人们慢慢把女人穿的裤子称为"布卢默（女用灯笼裤）"。这种风格的服装更舒适，更少性别化，使现代女人随时可以行动。度过了一个伴随着骑自行车以及其他一些积极活动的人生后，阿米莉娅·布卢默1894年在74岁时死于肺炎。

NO.10 游艇

如今的游艇都像一座小镇那么大，带着多达3,500名乘客欢快地驶向海洋。产值达120亿美元的游艇产业简直是尽最大努力给一个人、然后是一些人提供任何所需的舒适体验，以使他们旅行是愉快的。然而，发生在陆地上的潘多拉盒子事故同样在海上出现。滑倒和摔倒、食物中毒、跌落的物体以及紧急医疗事件都经常发生。犯罪也没落在后面。大多数犯罪是偷窃，但也发生过更严重的、致命的侵害事件——犯这种罪的经常是船员。每年至少有10起杀害案、102起强奸案、1,345起心脏病发作事件，而这些事件几乎没有被报道过。

如果你在公海上得了很重的病，有些游艇是不会掉头的。海事法并不要求船只为乘客配备医生或监查医护的质量。医务室是用来处理晒伤和晕船的，并且配备医生往往不是在美国注册的。但游艇公司并不是故意残忍，也不愿意让人死在船上——这对生意不利。实际上，如今在游艇上死亡的人数和海上旅行一开始的200年相比是可以忽略的。从1750年到1930年，由于声名狼藉、酒气熏天的船员和不可靠的设备，海上旅行是最容易丧命的大

规模客运形式。1820年以前，所有的船只都以风力为动力，旅客的生死存亡靠的是天意。仅飓风航海日志上就记载了12,123人的死亡。刚开始使用蒸汽船的时候，最初的型号装的是粗陋的蒸汽机，会经常毫无预警地爆炸。仅1823年，就有2,000人死于蒸汽船爆炸。1852年，在6个月的时间里发生了7次灾难后，国会要求载人蒸汽船上的工程师和领航员必须通过认证，并下令对严重腐败的汽船检验局进行全面检查。

死亡纪录

1914年：爱尔兰女皇乘坐的船与挪威的一艘货船因遇大雾弥漫在圣劳伦斯河相撞，有1,024人丧生。

1915年：航船伊斯特兰号在芝加哥河流域倾覆，812人丧命。

1934年：莫瑞城堡将载有134人的战船驶向新泽西的阿斯伯里公司，与之开战。

1956年：在马萨诸塞州海岸，安德里亚多瑞亚号在浓雾中与来自斯德哥尔摩的船只相撞，52人丧命。

内战期间，数千海员死于海上。人们希望，一旦战争结束，死亡就会停止，但还是发生了最严重的灾难。战争就要结束时，被释放出狱的联军士兵想尽快回家。1865年从密西西比州的维克斯堡发出的第一艘船是苏丹娜号，这是一艘侧翼螺旋桨汽船。注册的载客量包括船员是376人，但人群蜂拥而至，2,300人冲锋陷阵般地挤上了甲板。一天后，蒸气发动机爆炸。这些士兵，处于半饥饿状态已经数月，没有力气游泳。这艘木船成了地狱，大多数人宁愿被淹死也不愿被活活烧死。"可以看见那些害怕跳到水里的人紧紧地贴在船舷的边上，直到他们像苍蝇一样被烧焦。"那一天见证了1,547人的死亡。发表在《美国传统》一篇文章里面，一个幸存的目击者回忆道："放眼看看河水下面和河面上，我可以看见从船的任何一个部分都有人跳到水里，河里黑压压的全是男人，他们的脑袋就像木塞一样浮起又沉下，最后消失在汹涌的波涛中，再也没有出现过。"

另一个震惊全美的海上悲剧发生在1904年6月，那是一个晴朗的夏日。蒸汽游艇斯洛克姆将军号从曼哈顿下游起航，慢悠悠地驶向上游的伊斯特河。船上载有1,350名妇女和儿童，他们要去长岛的一个小树林野餐。就在船到达第

83街时,一场火灾发生了,火是由扔到一桶旧衣服里面的一根火柴引起的。船长觉得没什么大不了的,于是继续航行。当斯洛克姆将军号这艘80米的木船到达第110街的时候,船已经被卷入了火舌中。衣服着火的孩子们在找他们的妈妈,很多人跳到河里,就像"从甲板上扔出的、燃烧的火炬"一样。最后船长把船停靠在一座岩礁上,船尾却深没到水里。帽子着火的船长挤开拥挤的人群跳过围栏。这次事故的死亡人数达1,021人。

死亡规律

除了船的爆炸和没完没了的船员酗酒外,乘客还担心海盗。一个名叫纳撒尼尔·戈登的海盗,被控在敞水区杀死了300人。1859年他在海上被捕,在纽约被处以绞刑时有2,000人围观。如今,海盗依然活跃。国际商会和国际海事局计算过,2000年到2003年,共发生过1,164起海盗事件,其中有172人死亡,502起人质绑架案件。

现在的游艇可能缺少专业的医护,但却有大量的救生衣和运转良好的救生艇。泰坦尼克号从侧面撞到冰山,1,513人因为缺少救生艇而无谓丧命,大西洋号(泰坦尼克号的建造者建造)紧随其后,在靠近新斯科舍的地方撞到岩石上,546人丧生。这两起灾难发生后,有关当局要求游艇主严肃对待救生艇的座位容量。

不管有没有救生衣,每年还是有20人从游艇上跳下,并以失踪被报告,死因列为"未明"。有些人被发现了,但他们是跳下去的,被推下去的,还是失足掉下去的,只有大海真正知道。

悲伤往事

诗人兼小说家哈特·克兰,尽管擅长写作,但死前却没留下只言片语。1932年从墨西哥的古根海姆联谊会归来时,在奥里萨瓦号海轮上,他站到围栏上,说了一声"再见了各位",随后跳离船舷,掉进了旋转着的螺旋桨里面。

很多游艇在国外注册,不必向美国当局报告犯罪情况,有关当局只是查看你船票背面上印的小字。

> **死神来了**
>
> 2003年10月15日,从曼哈顿开来的95米长的斯塔藤岛轮渡满员装载着下班高峰时期超过5,000名的乘客,大力撞向了斯塔藤岛码头。准备到岸就下船的通勤者挤满了弓形甲板,由于没有地方逃生,也没有办法躲避巨大的雪崩般跌落的木桩和漫天飞舞的碎片。有10个人被砸死,其中几个身体被分成两半并且身首异处,另有34人受伤。驾驶渡轮的助理船长逃回家里,后来说自己是突然发昏。2006年2月他被判处18个月的监禁。这条通勤渡轮线上第一次奇异的死亡纪录发生在1986年。那一年,在一次上下班高峰的渡轮通勤上,一名带着一把武士剑的男子发了疯,他用剑把两人剖成两半致死,并使9人受伤。大约100年前,在渡轮刚准备离开曼哈顿时,它上面的蒸汽机爆炸,使103人丧命。

2004年以来,超过24人在游艇上失踪。

每年有150人因游艇上缺少紧急救护而死亡。

NO.11 空难

每年,有超过6.12亿美国人乘坐商务飞机在空中穿梭。尽管近30年的年均失事死亡人数为1,451人,但与其他的交通方式比起来,乘坐商务飞机还是最为安全的。

起飞和降落是最危险的时刻,这两项原因导致的失事在所有的飞机失事中占了95%以上。飞机在空中很少发生碰撞。人们喜欢在空中航行,而机械故障、国际间特工的阴谋和恐怖分子也造成了一些飞机失事。

> **死亡纪录**
>
> 1980年:一架假日包租飞机在飞往拉斯维加斯的途中失事,机

上138人死亡。

1982年：在路易斯安那州的肯纳机场，一架美国潘氏航空公司的喷气机失事，137人死亡。

1985年：在纽芬兰岛，一架装载有248名现役军人的军用DC-8型运输机失事，机上人员全部死亡。

1985年：在内华达州的里诺市，一架银河航空公司的飞机失事，造成64人死亡。

1985年：在达拉斯－福特·沃斯私人机场，一架德尔塔喷气机坠毁，夺取126人的生命。

1987年：在底特律，一架西北航空公司的飞机失事，148人死亡。

1988年：一架美国潘氏航空公司的飞机在飞离东北海岸后，由于机械故障在空中爆炸，当场造成248人死亡。

1989年：在爱荷华州的苏城，一架联合航空公司的喷气机坠落，110人死亡，175人生还。

1994年：在宾夕法尼亚州的阿勒奎帕，一架全美航空公司的飞机失事，127人死亡。

1995年：一架美国航空公司喷气机在飞往哥伦比亚州的卡利市途中失事，造成152人死亡。

1996年：在迈阿密附近的大沼泽附近，一架装有易燃货物的喷气机失事，105人死亡。

1996年：一架美国环球航空公司的喷气机坠入纽约市的莫里切斯区，机上242名乘客全部死亡。

2001年：一架美国航空公司的喷气机被恐怖分子劫持，撞向世贸中心的北楼，81名乘客、9名机组服务员、两名飞行员和5名恐怖分子当场死亡。

2001年：一架联合航空公司的747飞机被劫持，撞向世贸中心的南楼，造成56名乘客、7名机组服务员、两名飞行员和5名恐怖分子死亡。（另有文件证明，在世贸中心所遭受的这次袭击中，共有2,749人丧生。）

2001年：一架美国航空公司的757飞机被劫持，撞向位于弗吉尼亚州阿灵顿的国防部五角大楼，共计有53名乘客、4名机组服务员、两名飞行员和5名恐怖分子死亡。地面上也有125人因此死亡。

2001年：在纽约的贝尔港，一架美国航空公司的喷气机失事，造成机上251人和地面5人死亡。

2002年5月7日，中国北方航空公司一架麦道82飞机在大连附近海域坠毁。机上103名乘客和9名机组人员全部罹难。

2002年5月25日，台湾"中华航空公司"CI611班机在澎湖附近海域坠机，机上乘客和机组人员共225人全部死亡。

2004年11月21日，中国东方航空云南公司从包头飞往上海的一架飞机在包头机场附近坠毁，造成55人死亡。

2005年12月6日，伊朗空军一架C-130运输机在德黑兰撞楼坠毁，造成119人死亡，其中包括25名地面人员。

2005年10月22日，一架载有117人的波音737客机从尼日利亚经济之都拉各斯起飞后数分钟坠毁，客机上的117人全部遇难。

2005年09月05日，印度尼西亚一架波音737喷气式客机在北苏门答腊省首府棉兰市博罗尼亚机场起飞时发生意外，坠毁在附近一个人口稠密的居民区，造成150人死亡。

2005年08月23日，一架秘鲁国营航空公司的载有100名左右乘客的波音737-200客机，在没有打开起落架的情况下，试图在高速公路上强行着陆时坠毁，大约60人死亡，52人生还。

2005年08月16日，哥伦比亚的一架MD-82客机在委内瑞拉西部山区坠毁，机上载有160人全部遇难。

2006年9月29日，巴西戈尔民航公司一架波音737－800型客机在飞往首都巴西利亚途中与一架轻型飞机相撞后坠落，机上155人全部死亡。

2006年9月1号，伊朗一架图-154型客机在东北部城市马什哈德着陆时因轮胎爆裂冲出跑道并起火，客机上的148人中有29人在事故中遇难。

2006年8月22日，俄罗斯一架由俄罗斯南部度假城市阿纳巴飞往彼得堡的图-154型民航客机，在乌克兰上空遭雷击后坠毁，飞机上的170人全部遇难，其中包括数十名儿童。

2006年5月3日，亚美尼亚一架空中客车A320型客机在俄罗斯南部黑海海滨城市索契附近海域坠毁，113名乘客和机组成员全部丧生。

2007年7月17日：巴西一架载有170多名乘客的A320型客机在巴西圣保罗康根尼亚斯机场着陆时坠毁。飞机着陆时未能及时制动，先是在冲出跑道后横穿了一条繁华的马路，而后又在撞上塔姆航空公司的一个仓库后，一头扎进了路边的一个加油站。在这一连串的惊险动作之后，客机燃起熊熊大火.这起空难事故造成199人丧生，其中包括地上人员。

2008年9月14日，俄罗斯一架波音737客机在乌拉尔山区中部城市佩姆附近坠毁，机上88人全部遇难。

2008年8月20日下午，西班牙航空公司一架客机在马德里机场起飞时冲出跑道并解体起火，造成154人遇难、19人受伤。

2009年6月30日，也门空客A310客机发生空难。也门航空一架空客A310遇到恶劣天气后，在科摩罗群岛附近坠毁，机上乘客为153人，经法国证实仅1名幸存者。

2009年5月20日，印尼一架载有112人的军用运输机在东爪哇茉莉芬坠毁，98人死亡，15人生还。

2010年5月12日，利比亚首都空客A330客机发生空难。一架空客A330客机在利比亚首都的黎波里机场坠毁，全机共103名乘客和机组人员遇难，仅有1名荷兰籍男孩得以幸存。

死亡规律

除去911恐怖袭击不计，每年当飞机从高空坠落时，地面上约有16人因此丧生。

如果飞机失事，根据数字命理学的拿不出理由的解释，坐在第23排的乘客生还机会最大。

死神来了

杰克·吉尔伯特·格雷厄姆是一名罪犯，他把自己的母亲看作发财机会，总是盘算着如何能够获取她死后的保险赔偿金。1955

年，母亲去丹佛探望儿子时，杰克交给她一个包装精美的盒子，并且让她答应直到圣诞节时才能打开。这位女士带着这份礼物坐上了回家的飞机，却不知道她所携带的是安装有定时装置的6.3千克重的炸药。这个炸弹在飞机起飞后不久爆炸，造成44人死亡。

1987年12月7日，戴维·伯克告诉他的妻子，他将重新回到之前他被解雇的飞机场工作，但是他仍然要报复老板。他和他的前老板一起登上一架太平洋西南航班的喷气机，在空中，他开了好几枪。飞机失事了，机上包括大卫在内的43名乘客全部死亡。

死亡纪录

最大的地面飞机失事发生在1977年。在加那利群岛特内里费机场的跑道上，一架起飞于洛杉矶的美国潘氏航空公司的喷气机和一架荷兰航空公司的747飞机发生碰撞，造成583人死亡。

天使现身

1989年2月24日，一架联合航空公司的波音747客机的机顶部件被撕裂，此时它正处于夏威夷南部160公里处。9位乘客立即被摔出机舱，消失于太平洋中。在这场由空气漩涡造成的突发事故中，飞行员和机上的328名乘客全部证明，看见了一只手握住机翼，最终引领这架飞机安全着陆。

NO.12　道路杂物

床垫、家具、建筑材料、木料、水管和水泥块，这些常被绑在小轿车车顶或超载于皮卡上的物体有时会突然掉下来造成路障，让司机猝不及防。车辆的部件也会随时掉落，像轮胎、车轴、缓冲器、引擎盖、车牌和刹车部件，都可以带来致命的后果。当汽车以每小时105公里的速度行驶时，即便是不大的障碍物也能置人于死地。

在堪萨斯州的威奇托，一名36岁的妇女像往常一样驾驶着校车行驶在高速公路上,此时一截管子从前方一辆货车上掉下来,在路面弹起,然后砸在了校车的挡风玻璃上,将这名女司机当场砸死。校车也侧翻下了马路,致使30名学生受伤。在佛罗里达的州际高速公路上,一条标枪形状的金属棒刺穿了一辆小轿车的挡风玻璃,并从车里一个13岁女孩的胸膛穿过,将她钉在了座位上。在弗雷德里克斯堡,一个烤肉架从一辆皮卡上掉下来,导致了一起5辆车相撞的连环事故,一名男子丧生,还致使95号州际公路北行方向关闭长达3个小时。

死神来了

在华盛顿,一名男子在开车时将车窗玻璃摇了下来,一辆过路车的轮胎正好将一枚石子压得弹起来,以子弹般的速度射向他,将他的太阳镜镜片砸碎,致使他在慌乱中发生车祸而身亡。

1998年11月19日,执导过《杀死一只知更鸟》、《苏菲的选择》和《鹈鹕的信念》等影片的70岁的电影导演艾伦·帕库拉在长岛的高速路上驾驶时,被一只迎面而来的铁管砸中身亡。

每年有1,413人因道路杂物而死于马路上。

NO.13 马路发飙

道路拥堵、路线延长、生活的压力和怨愤以及人类捍卫领地的本能,这些因素结合在一起使司机受到各种东西的袭击,从枪支到水壶、大块的汉堡包以及用过的尿布。潜在的马路发飙者喜欢紧紧跟随前面的车辆,他们认为这样就能让前车开得快点儿。他们喜欢跑到别人的车道里,挤占本已狭小的空间。他们还喜欢大声叫喊、诅咒,用力拍打方向盘,做出各种手势并拼命按喇叭。

据一项调查显示,在所有290,000万名车祸丧生者中,有45,200人的死是由攻击性的驾驶直接导致的。

NO.14 出租车

全美国共有20万名出租车司机。在所有死亡的出租车司机中,95%的人是在汽车行驶中死亡的，其中75%的人死于脑后中枪。从1990年以来，有865名出租车司机和专职司机致人死亡。

美国第一起行人被撞死的肇事车辆就是出租车。1899年，在纽约城中央公园西街和79大道交会处，68岁的亨利·布利斯在从一辆电车里出来时，被一辆出租车碾死。

死神来了

1949年8月16日，《飘》的作者、48岁的玛格丽特·米切尔与她的丈夫一起去看一场电影，当她站在路边时，一辆出租车突然撞向她，使她当场死亡。

每年有5,300名行人死亡。

NO.15　火车道

目前在美国有八家商业铁路公司，运营着两万部火车，这些火车拖着50万节车厢行驶在24万公里的铁轨上。通常一台150节车厢的火车在时速80公里时需要用2.4公里的刹车距离才能完全停下来。每年有650人驾驶着他们的汽车在和火车抢道时被撞死。

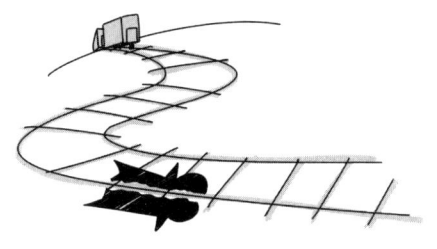

1998年，一名纽约州的男子在火车铁轨上行走时被火车撞死，当时他正在用手机打电话，没有听到汽笛声。加利福尼亚一名27岁的男子坐在火车站月台的边上，他认为自己距离火车还很远，不会被撞倒，但结果证明他的估计是错误的。西弗吉尼亚伯克利温泉一名22岁的男青年与自己的朋友比赛看谁能在火车开来之前站在铁轨上更长时间，结果他赢得了比赛，却丢掉了性命。

2005年6月，天生就耳聋的塔拉·麦卡沃伊在全美"聋哑人大会"得克萨斯分会上夺得了"得州聋人小姐"的称号，这项赛事发源于1880年，而得州的分会是从1962年开始的。2006年3月，在得克萨斯的奥斯汀，18岁的塔拉在去她妈妈工作单位时走了一条需要穿过铁道的近路。她走在距离铁轨仅0.3米的地方,当一辆火车向她开过来时,她正忙于给朋友和家人发短消息,而又无法听到火车的鸣笛。火车司机意识到她对汽笛没有反应,急忙启动紧急制动,但已经无法及时将火车停下了。这名美丽的"皇后"被火车前部的雪犁铲倒,当场死亡。

每年有700人在铁轨上或铁轨附近行走时被撞死。

NO.16 地铁

美国平均每年有42人摔下站台被地铁列车撞死,有的是被绊倒,有的是滑倒,还有的是被人推下站台。1999年,在纽约23街地铁站,一名神志模糊的男子将一名妇女推下站台。

死亡纪录

有一些人死于地铁列车的车顶上。他们趴在1.2米宽的地铁车顶上,随着400吨重的车厢以每小时48公里的速度出发。当遇到信号灯和隧道时他们都需要格外小心,特别是一些隧道壁距离车顶的空间只有几厘米。2003年,5名少年在爬上纽约地铁列车车顶寻找刺激时死亡。

一名法院实习生在纽约地铁列车座位下面采集到的样本里包含了以下物质:人和老鼠的粪便、人类的精子和一堆啃得很干净的鸡骨头。

第二章

最危险的生活

为弄清什么是生命而死去值得吗?
——T.S.艾略特

NO.1 家

"家,甜蜜的家",多么让人期待的地方,但是现在我们需要对这样的描述打上一个危险的警告。2003年,有29,500起死亡案例发生在家庭中。而主要死因则是因为固体或液体中毒:家用清洁器、装饰画、毒品和药物导致有5,000人丧命。另有年龄超过65岁的9,300人是因为摔下楼梯、在潮湿或有冰的地面上滑倒而死亡,或直接死在了浴缸中。

2002年至2003年间,有超过一半的家庭死亡是发生在娱乐休闲活动当中。

NO.2 石棉

石棉是一种天然的矿物质,它看上去像是水晶状、布满纤维的岩石。两千多年以前,希腊人和罗马人发现了石棉纤维的防火特性,并开始用它的纤维来编织餐巾和桌布,而清洁时只需要将其扔到火里即可。在中世纪,马可·波罗曾展示过石棉纤维制成的服装不怕火的特点,但直到19世纪90年代,在魁北克发现了一座储量巨大的石棉矿后,这种服装才开始普及起来。从矿石里提炼出的纤维再一次被当做一种神奇的产品而受到关注。石棉一词由希腊语而来,原意为"无法消灭的",它成为了一种救人于火焰中的物质。

从1890年到1970年,25,000万吨石棉被用于制造建筑产品、墙壁涂料、通风管道,它被用来与水泥混合,或加入地砖中,或用来做管道的外皮。差不多每栋在1975年以前修建的建筑物里都采用了石棉。

尽管石棉的制造商早在20世纪20年代就知道了石棉的危害,但石棉的使用仍然没有停止,不仅因为它价格便宜,能同其他建筑材料很好地结合,还因为石棉的制造商们根本就没有将其中的风险告诉消费者。而当其风险被揭示后,产业说客们又将焦点转向石棉防火的特性,并向公众保证吸入石棉纤维同吸入灰尘没有区别。但实际情况是,长期暴露于石棉纤维下会导致间皮瘤、肺癌和胃肠癌症。

1989年,美国环保署颁布了一项石棉禁令,并推出了逐步淘汰的方案,但在1991年被美国地区法院推翻。至今,石棉仍被用于许多产品,如乙烯石棉地砖、管外保护层、屋顶油纸、汽车传动部件和制动衬面等。

从1979年到2004年,美国有23万人的死亡与石棉有关。

彩笔

1903年第一盒彩笔卖5分钱,它有8种颜色:黑、褐、蓝、红、紫、橙、黄和绿。现在的彩笔则有120种颜色。1903年以来已被用掉了1,000亿支彩笔,累加起来,大约每年有63亿小时的时间用在绘画上。

近年来,彩笔因为可能含毒而被抨击。原产标签上注有"无毒"的12支装大彩笔被查出有毒,所含的毒足以使可能吃或嚼彩笔的小孩子中毒。到10岁为止,每个孩子平均用掉730支彩笔并且吃掉至少两支——通常是红色或绿色的彩笔。

2000年,美国消费者产品安全委员会公布了一项研究,发现两支Crayolo彩笔和一支Prang彩笔中含有少量的石棉。也发现了大量外观类似于石棉的"过渡性"纤维。然而,因为含量是如此之少,小孩要每年吃掉3,500支彩笔才会得与石棉有关的疾病。彩笔生产商辩称,假如你的孩子吃了很多那种彩笔,石棉是最不用担心的。

1979年以来,43,073人直接死于建筑材料中发现的石棉,但却没有人死于彩笔的纤维。

NO.3 家庭分娩

总体来说，助产婆都是经过良好技能训练的，她们可以使用急救工具进行心肺复苏法（CPR），并可以对一个生命垂危的婴儿使用肾上腺素，但是大多数对付大蟒蛇还是没有什么经验的。一个研究生育选择的名叫刘易斯·梅尔的医学博士对比了1,046例家庭分娩和1,046例医院分娩。当考虑了通常的风险因素后，他发现在婴儿的死亡率方面并没有显著的差异。提倡使用助产婆的人声称家庭分娩的唯一危险就是减少了妇产科大夫和医院的收入。医生则声称采用家庭分娩必须睁大眼睛，时刻祈祷，因为风险实在是太大了。2002年，美国婴儿死亡率自1954年之后出现第一次上涨，达到每1,000个医院出生的孩子就有7个死亡。同年，在佛蒙特这个采用家庭分娩最多的州，新生儿的死亡率反而是最低的。

2000年10月的一天，当一位中年妇女在一所西北部的医院进行分娩时，新生儿却因为被脐带缠绕住脖子窒息而死，这位母亲因此被以过失杀人罪的罪名起诉入狱。在很多所医院中，新生儿出生后的疾病感染率比在家庭出生婴儿的疾病感染率高出4倍，而且还有超过30%的胎儿因染疾病胎死腹中，但这些数字并没有引起人们的重视，往往只是简单地记录在数据统计表中。

死神来了

1993年5月，加利福尼亚州一位喜欢什么事情都崇尚自然的女性自己在家分娩。她渴望过去那种人与自然和谐相处的安静环境，所以对于她饲养的两条蛇、三只狗和四只猫都看到了这一场面，她也无所顾忌。顺利生产过后，助产婆忙于照顾这位母亲，就把小婴儿用毯子包住，放在一个家制的摇篮里。但不幸的是，一条大蟒从笼子里面跑了出来，吞下了这个婴儿。一直到验尸，这个女人才知道她到底是生了一个男孩还是女孩。

2001年，家庭分娩和医院分娩共使38,180名婴儿当场或者当年死亡。

NO.4　家庭暴力

每年有4,700名女子被谋杀。这些谋杀中有60%是受了变质的爱情的刺激,由其丈夫、前夫、男友、亲戚或熟人实施的。只有8%的女子是被陌生人杀害的。

关系结束的时候是最危险的时期。和丈夫分居的女人比起离婚的女人,被杀害的可能性要大3倍,比起已婚女人,危险要大25倍。

1990年以来,丈夫杀死妻子的杀人案件:34,531。

死亡规律

绝大多数的配偶选择家中作为理想的谋杀地点。49%的男人倾向于选择卧室,35%选择起居室。女性大多在厨房实施谋杀,占了家庭谋杀案的91%。

NO.5　不粘锅

出现损伤和划痕的铝制不粘炊具在使用时会释放出有毒的气体。这种流行的厨具导致了1,500人死于肺病。这种不粘层由粉糠剂、碳和氢组成的锅所释放的气体会严重污染室内的空气。由于检测烟雾和一氧化碳的探测器探测不到这些有毒的气体,为了避免在使用有划痕的锅时中毒,有人把鹦鹉和金丝雀放在厨房,如果一旦有毒气体释放出来,这些鸟儿就会立刻死亡。

死亡纪录

每年有207人因在寒冷的早晨在封闭的车库里为汽车"热身"而死亡。

死亡规律

家里的最大威胁来自燃气用具，如煤气灶具、干衣机和热水器。2003年，美国有1,250人死于这些生活必需品所释放的"沉默杀手"——一氧化碳，这种气体既无味也无色。在呼入这种气体导致死亡前，人们会出现像感冒一样的症状——胸闷、头晕、乏力、意识不清和呼吸困难。从呼入一氧化碳到死亡通常需要4～6小时时间，尸体会呈现粉红色或鲜红色。

每年死于室内空气污染的人数总和为23,872人。

NO.6　家用电器

诸如洗碗机、冰箱、冰柜之类的厨房用具每年都会造成死亡事故，这些事故的原因通常是因为使用不当和功能失调使人触电身亡。1991年7月到1992年10月卖出的洗碗机有通过门闩的线路，这条电线会因为过热而失火。有50万台这样的洗碗机被卖出，并且很多还在使用中。

死神来了

2002年7月的一个大清早，一名35岁的男子在修剪他位于达拉斯郊区的草坪，草坪因为有露水还很湿。那台老式剪草机搞得他很烦，因此决定用新买的一个拖着一根长电线的电动剪草机。但他不习惯把电线扔到一边，于是直接踏过去。这时候悲剧发生了，他被当场电死。

1945年以来与器具有关的总死亡人数：20,532。

家庭中每18秒就有发生一起致命事故，每4秒就有一起致残事故发生。

小器具每年使50人致死：台扇（10人），电动美容辅助设备，包括卷发用的电熨斗和吹风机（14人），电视，收音机和录音机（6人）。这些不幸事故都是触电造成的。

NO.7　病态楼宇综合征

在空调出现之前，楼房还有活动窗户时，是没有人死于这种病的。现在，黑霉、花粉、病毒、细菌和各种生物的混合物在安装通风系统的建筑里已经很普通。漏水的屋顶、滴水的通风管和渗水的铅管在墙壁、屋顶或地毯上制造了一块块的死水，成为了无数有机生物繁殖的乐土。鸽子和鸟类的粪便也进入了建筑物的通风管道，使其受到污染。在这种被污染的建筑物里生活和办公的人自然而然地会生病，有人咳嗽不止，有人肌肉酸痛，还会出现类似胸闷、发热或打寒战等其他症状。

建筑物的空气可以致命最先是在美国退伍军人协会举办的一次老兵大会上被发现的。当通风管道中致命的细菌被发现时，已经有200人病情严重，其中34人在10天内身亡。每年有25,000例新病例被发现有超过50,000人被病态楼宇综合征直接感染。这个概念现在已经被用来描述所有由有害建筑物所引起的疾病。

病态楼宇综合征在许多死亡证明书上以超敏性肺炎的形式出现，这是一种发炎的肺功能失调疾病。**1991年以来有19,392人死于这种病。**

NO.8　蜡烛

蜡烛每年造成6,800次火灾。美国所有因火灾造成的死亡事故大约有85%是发生在家中，火灾基本是由没人照看的炉火、采暖器具、蜡烛或烟蒂引起的。大多数因火灾造成的死亡是由于吸入有毒的烟气。

尽管有防止儿童开启的技术，因儿童玩打火机导致的死亡基本上平均每年达到200人。1988～2003年，五岁以下的儿童在玩用来点煤、篝火或炉火的长鼻打火机时，造成的火灾是287起，死亡65人。

在美国，每两小时就有一人死于火灾。

2004年，美国共有362,817起火灾发生在家里，共夺走了3,412人的生命，

并使17,100人受伤。

NO.9 塑料制品

塑料是由亚历山大·帕克斯在1862年发明的,当时他在使用一种提取自纤维素的有机材料时发现,这种材料在加热时可以铸型,而在冷却时能够保持形状。科技已经将塑料的原始配方进行了多次改进,使其成为一种能够永久保存并具有多种功能的物质。由于塑料的广泛使用,如果你在某天出门后能不碰到一件塑料制品,那将是一件非常不可思议的事情。

但塑料的生产却是一件肮脏的事情。从1947年到1953年,胡克化学塑料公司在纽约州北部的拉夫运河附近掩埋了21,000吨的工业塑料垃圾,这条运河是由威廉·T·拉夫于1892年修建。1953年,胡克以1美元的价格将这片土地转让给了拉夫运河学校董事会。在未被告知地下埋藏有毒物质的情况下,一所小学及操场在这片土地上修建起来。到1958年初,孩子们已经可以在建好的操场上玩耍嬉戏,而在他们脚下有毒物质却不断渗出。到1978年,30%拉夫运河地区附近的怀孕妇女经历了流产,有20%的新生儿出生时就有缺陷。孩子经常生病或肾衰竭,婴儿则不明原因地死于襁褓中。镇上的成年人常受到偏头痛的折磨,却被告知是过分担心经济衰退。直到1980年,卡特总统下令将拉夫运河的居民全部转移,并由政府出资对此地进行清理。1990年,政府告诉地产经纪人可以继续出售房产,并宣称这片土地已经安全了。2004年,美国政府宣布拉夫运河是美国最干净的地方,尽管对于以前住在这里的居民而言,这里曾经就是地狱。而对于后来用便宜的价格在那里买到新居的人来说,这无疑是一笔划算的交易。

从1978年以来,共有212名前拉夫运河的居民自杀。1972年以来掩埋和倾倒有毒垃圾共造成15,660人死亡。

死神来了

朱利安·W·希尔,20世纪30年代发明了尼龙的科学家,在看到他的发明成果所产生的弊端之后,于1988年在接受《纽约时报》采访时说:"人类终将毁灭于令人窒息的塑料。"

NO.10　微波炉

微波炉是在1946年被一位科学家无意中发明的，当时他正在用一支磁电管来研究如何提高雷达的性能，却发现装在口袋里的糖块融化了，人类就此认识了微波的加热功能。第一台微波炉诞生于1947年，它有1.6米高、340千克重，制造它花费了5,000美元。到1976年，微波炉在美国厨房的普及程度已经超过了洗碗机，60%的美国家庭使用它来烹调食物。

微波炉通过"振动"食物内部的分子来使其加热。除了有些精神病患者将婴儿放入微波炉导致其死亡（3起记录在案）外，目前还没有关于由于微波泄露致人死亡的案例。由于缺乏足够的依据，厨具厂商一直否认微波炉是导致偏头痛和其他癌症疾病的元凶。

塑料和其他容器在微波炉加热时能够产生致癌的毒素，这也是微波炉厂商不愿正视的问题。但无论如何，微波炉的巨大能量可以使食物的性状发生改变这一特点是无法被否认的。根据2003年11月的《食物与农产品科学》杂志报道，被微波炉加热过的蔬菜中97%的有益抗氧化元素都流失了。

还有一起事故揭露了微波炉的奇异特性。一名着急想煮咖啡的26岁的男子将一杯水放入微波炉，但过了一会儿，当他将杯子从微波炉里取出时，却发现水并没有开。正当他好奇之时，杯子里的水却突然沸腾起来并溅到了他的脸上，造成了严重的烫伤。但厂商拒绝深入调查此项事故。

死亡规律

有研究证明，如果连续2个小时暴露于移动电话产生的微波下，老鼠的脑细胞就会死亡。除了微波以外，移动电话产生的电磁波也能提高大脑的温度。如果你出现了失眠和失忆的症状，那很有可能就是由于过量使用移动电话所致。现在每天有15,000万亿人次在使用移动电话，这也许会产生一大批失眠与记忆力衰退的人。

死亡序曲

冷冻食品、加热快餐以及微波菜肴，这些今天许多美国人天天食用的食品都来源于克拉伦斯·伯宰的灵感。这名大学中途辍学的青年在1916年得到了一份政府提供的工作，工作地点是在北极。在那里，他注意到活鱼一被扔在雪地上，就会停止扑打，北极的冷风和低温使鱼在瞬间被冰冻，但当他把冻鱼放在火上烧烤时，却发现鱼的味道依然十分新鲜，几乎和刚捕捞上来的活鱼一样。伯宰将这个概念推向市场并开始了他的冷冻航运生意。他于1956年死于感冒引起的肺炎，享年70岁。

由于环境中的微波所导致的全部死亡人数：1,457。

死神来了

1991年，马萨诸塞州一名妇女由于输入了用微波炉加热过的血浆导致死亡。通常血浆从冷库中取出后都是在护士的手里加热到室温，但这次护士为了让血浆更快变热，突发奇想地使用了微波炉，结果微波改变了血浆的性质，导致病人死亡。

NO.11　电热毯

多萝西·M是一位90岁的老人，她经常用电热毯缓解伤痛。她的侄子给了她一个里面充满凝胶的垫子作为圣诞礼物，这个垫子可以放在微波炉里加热。但是一次过度的加热导致凝胶爆炸，老太太身体的25%都受到烧伤，并最终去世。

目前仍然有10万个电热毯仍在使用中。每年有1,200个超过65岁的老人死于烧伤。

NO.12　电死

1881年，纽约布法罗前任汽船工程师、牙科医生艾伯特·索恩威克博士给托马斯·爱迪生写了一封信，描述了他是怎样目睹一名醉酒男子意外碰到发电机的终端并被电死的。

当爱迪生需要有事实来证明他的直流电要比他的对手乔治·威斯汀豪斯的交流电安全得多时，他记起了索恩威克博士的话。

大量的金钱花费在选择电进入到家庭和企业的方式上——即要选择到底是通过电量和电流方向周期性变化的交流电的方式还是通过电流方向保持不变的直流电的方式。

死亡纪录

第一个被用电椅行刑的犯人是威廉·克姆勒,他于1890年8月6日在纽约的奥本国家监狱被执行死刑。电闸拉下后,整整过了8分钟这名杀人犯还没有死。自那以后,这种行刑方式稍微进行了改进。现在,2,000伏的直流电是通过紧套在头上的头套里面的三个电极、绕在脚踝上的两个电极和手腕上的两个电极输送的。电极放在用碱性溶液浸湿的海绵上,因此皮肤不会被烧焦,并使电流均匀地传遍全身。

为了说服使用自己的发明,爱迪生公开做试验,在一群欢呼的人群面前用威斯汀豪斯的交流电把马、狗、牛,甚至还有一头科尼岛大象电死。他的直流电几乎不能击昏这些动物。为了进一步证明他的观点,爱迪生雇了发明家哈洛德 P.布朗设计了一个电椅用来演示交流电致死有多快,劝说公众在见证了直流电是如何致命之后选择他的更安全的电力传输方式。爱迪生做了种种努力之后,索恩威克博士对爱迪生的直流电演示留下了深刻印象,因而游说他的朋友纽约州参议员大卫·麦克米伦,把电椅的议题提交州立法会,后被批准作为死刑的一种行刑方式。

死神来了

1999年,一名女子搬进了她亚特兰大郊区的新家。第一个晚上在登高换一个灯泡时,她并不知道灯座的线给装错了,电极的方向是反的。在灯泡已经连上灯口时,她无意中碰到了灯泡的金属部分立刻就摔到地上,后来死在医院里。

2005年,磨损的电线和损坏的插头致死411人。

太阳轮回

如今,进入美国家庭的主要电源是交流电。这是因为,在远距离输送中,交流电比直流电更节省成本。每年,有66名建筑工人因为安装电线或进行售后服务而被电死。在最近的8年中,超过300名业主在安装电视天线时丧命——此时天线已和交流电的电线相连。

NO.13 汞中毒

大多数人都知道汞是一种有毒发亮的、银白色的液体金属,有时被染成红色放到温度计里面;他们觉得只要接触不到这种物质就不会死于汞中毒。然而,从洗衣机到冰箱里的动敏式装置、污水泵、空间加热器和电熨斗——在我们日常使用的数百种这类器物中——都发现了汞。这种物质通常也用于荧光灯和蒸汽灯以及氖信号灯中。

电厂排放的汞占美国每年人工汞排放的1/3(52吨)。所有这些被排放出来的汞很容易通过大气传播到陆地和水域当中。汞极易溶于水并迅速被食物链中的浮游生物所吸收,未被稀释便从小鱼传到大鱼再传给我们。这就是我们为什么因为食用了过多的肉食性鱼类,比如旗鱼、鲨鱼甚至罐装的金枪鱼而导致汞中毒的原因所在。

流感里隐藏着什么?

汞进入人体的另一条途径是通过疫苗,以汞为主要原料的一种消毒原液作为一种防腐剂被加入到成人和儿童的流感疫苗当中。从降生不久第一次注射疫苗开始,汞就被注入到每一个美国儿童身体内。智障研究杂志发表的一份关于自闭症儿童的头发样本中发现汞的研究报告,提高了把近期自闭症儿童突然增加的原因归于疫苗中的汞的可能性。

2004年,免疫安全审查委员会建议,在现有库存用完以后,儿童疫苗中不再使用汞防腐剂。在美国,在每年降生的400万人当中,超过24,000人会得自闭

症，另有60万儿童会表现出程度不同的学习紊乱症状，这都被认为是由存留于脑细胞中并对脑细胞有干扰的汞所导致的。在汞开始被作为防腐剂加入到疫苗中的1930年以前，降生的孩子中自闭症的比例是1∶20,000，而今天，这一比例高达1∶144。

牙医给患者补牙的填充物中有2/3含汞。美国牙医每年要将44吨的汞填充到病人的牙齿中。

每年，有6,530人因汞中毒入院，500人因汞中毒送命。

NO.14 烤面包机

从1926年到1930年，美国各地的家庭妇女像花瓣一样纷纷落地，导致她们死亡的原因是：触电。触电的源头来自家用电器，特别是当时新出现的烤面包机。早期的烤面包机不能支持不同厚度的手切面包片，这使得人们不得不使用叉子将面包片从里面取出。这5年间共有3,213人死于烤面包机触电，并由此引发了美国最早的产品警告标志的出现，后来所有的包装上都开始采用这种标志。

死亡纪录

2003年，有创纪录的344,717件新产品获得专利登记。2004年，这些产品中的1,900种被投入生产并上市销售，然后又因为安全原因被召回。因劣质产品而导致的死亡人数为9,876人。例如1965年有377人死于家用气泵。2003年3月，一种新款的气泵被召回。起因是压力机上的玻璃在压力作用下爆裂，致使一名男子的脖颈动脉被碎玻璃片割破而死亡。

从1985年到2004年有224人因使用烤面包机而死亡。

新泽西一名妇女起诉了凯洛格和百得两家公司，声称她在使用百得牌烤箱烤制凯洛格牌馅饼时引发了火灾，导致人员伤亡。但她后来承认，她在将馅饼放入烤箱后就送孩子去学校了，20分钟后回来时发现烤箱和馅饼都起了火。

> **死神来了**
>
> 2004年,一名有18个月工作经验的快餐店工人正在值夜班。在将面和好的5分钟后,他将烤面包机插到地上的插座时突然触电身亡。

NO.15 电动空气清新器

由于美国人现在 90% 的时间都在家里,因此对创造一个舒适的呼吸环境有着巨大需求。在对清新空气的追求中,美国人在2005年花掉10亿美元去购买空气清洁机。

但问题在于,人们吸入的不是松林的空气,不是百花香,也不是新剪的花草清新,而是二氯甲烷和甲醛。大量经常在最致癌物质的列表中出现的化学物质,包括它们的混合物,会在清洁机中形成微小的颗粒。这些微粒不容易消散,它们会附着在毛发的毛囊里,最终会进入肺部。每天,每人平均会吸入大约两大汤匙这种悬浮于空气中的"清新的"粒子。空气清洁机的污染物在肺中不断吸收吸入的尘埃,并把形成的这种混合物变成肺部肿瘤。

很多人担心室外污染的空气会进入家中,因此去购买电动的空气过滤机,据称这种机器能通过释放臭氧把空气离子化。环保署在对卖得最好一款空气过滤机进行测试时,发现由臭氧分子碰撞过的空气和离子化以前的相比,达到了更高的污染水平,创造了如同在城区雾气重重的夏日吸进的东西相类似的室内空气环境。存在过多臭氧的室内空气创造了一个强氧化环境,它会把身体上的诸如维生素C和E之类的抗氧化剂吸收干净。能产生臭氧的空气清洁机装在房门紧闭的小卧室里尤其有害。长时间暴露在臭氧中会减少肺容量,容易形成气喘类疾病。

> **死亡规律**
>
> 室内空气通常的污染程度通常比室外空气高2到5倍,但如果使用某一类型的电动空气清洁机,造成的污染很容易会变成比室外高100倍。

除了引发癌症和呼吸道疾病外,1998年以来,电动空气清洁机还使1,823人严重受伤, 200人死亡。45例的截肢、烧伤、烫伤、中毒、身体渗入及溺亡与这一产品有关。

第三章
最危险的工作

当我们试图去想象死亡时,我们会发现自己只是旁观者。

——西格蒙德.弗洛伊德

NO.1　因工死亡

　　1912年，有21,000名美国工人在工作时因事故而死亡。1913年，劳动统计局进行了一项统计，结果显示在全部3,800万名工人中，有23,000人因工死亡，即每天有87人丧命。现在，工人数量增加到13,000万，每年有5,900人因事故死亡，也就是说每天有22人打卡上班，却无法再打卡下班。

　　许多劳动事故是由于粗心和疏忽身边的危险造成的。2000年，一名34岁的修理工在值夜班时从一个0.6米宽的开口掉入了4.5米深的植物油罐中淹死。他的工友表示自打他开始节食以来就一直感觉头晕。

　　粗心导致佛罗里达州海洋世界一名27岁的工人被虎鲸砸死。当时虎鲸正被捆绑着吊起来以转移到另外一个池子里。这名工人游到虎鲸身下去检查闩扣，而这时起重机的操作员却误将释放按钮当做提升按钮按了下去。

　　在加利福尼亚，一名31岁的酒厂工人被发现淹死在一只10万升的红酒罐中。当时他正在罐顶通过一个开口测量罐内的水面高度，由于用力过度滑入酒罐中溺毙。

　　宾夕法尼亚州一名建筑工人由于工期延误，加快了工作的节奏，但在使用电锯时忙中出错将自己的左手整个割了下来，那只断手像一只手套一样落在锯屑当中。也许是疼痛难忍，也许是加班引起的精神错乱，他找到射钉枪，用2.54厘米长的钉子向自己的脑袋射了至少10枪。

死亡纪录

每年有86万人因工作而生病。职业病涵盖了广泛的领域和各种阶层,因此要准确统计与职业相关的疾病并不容易。100年以前,工作只是工作,人们会很高兴领到工资而不去计较任何危险。然而,一些曾被认为安全的基本化学成分,如油漆中的铅,墙体中的石棉,以及杀虫剂中的滴滴涕,后来都被证明是可以致命的。2005年,有470万名工人接触了已知的可以导致致命疾病的化学品。举例来说,有47万美国人在可疑的放射级别下工作,导致放射性元素进入他们体内;有34万人需要经常接触潜在有毒的金属加工液体。换句话来讲,今天的工人们实际上等于是加入了一场未被告知的实验,以证明明天哪种化学品对人体有害。

每年有60,300人死于与职业相关的疾病。

虽然工作有时是危险的,但不工作却更加危险。拥有一份有收入的工作被证明能够有益于人的健康以及自尊心,使人的寿命得到延长。失业者的自杀率是拥有全职或兼职工作的人的10倍。

死神代表

在枪手时代,刽子手乔治·米尔顿是违法者在被判处死刑时最需要的人。米尔顿为自己能够进行"科学"的行刑而自豪,他能将套索放在适当的位置,每次都可以准确地将脖子卡断,同时减少死亡时间和降低痛苦。他总共吊死过87人,却因退休没能够亲手处死杀死自己女儿的罪犯。米尔顿晚年在全国游历并进行"绞刑表演",向乡村的观众展示自己的技术。他于1890年81岁时去世。

死亡数字

在所有的职业群体中,工程设备操作员、装配工和体力劳动者因工作死亡的人数最多(每年共有约2,118人)。

伐木工人更愿意被称为木材砍伐专家,他们被归为建筑业中。伐木工是美国最为危险的职业。美国森林产业共拥有超过50万名员工。在这些人中,每天有12万名男子和353名妇女被派到只通土路的森林中,他们拿着沉重的机械,被要求在最短的时间内砍倒尽可能多的树木。繁重的工作、倒下的树木和电锯使211名伐木工人在去年死亡。还有24,589人因受伤而需要住院治疗。在生产从纸巾到木材的各类工厂中，有121人因患鼻癌而死亡。

> **死神来了**
>
> 一名全副武装的随车警卫坐在运钞车的后面车厢里，司机一个急刹车使他摔在车里的地面上，一排装满硬币的箱子——价值一万美元的硬币——倒下来将他压扁。

1974年11月13日，核能技师凯伦·西尔克伍德由于极度不满她所在发电厂的放射物渗漏和钚元素乱堆乱放，准备进行揭发，但是，当她去会见《纽约时报》记者和一名原子能委员会官员时，却意外地出车祸死亡。

NO.2　夺命铁轨

1890年全美一共有749,301名铁轨雇佣工人。同一年，因在危险环境下作业，有2,675人丧命，41,142人受工伤；与此同时，本行业负责人面对这样的情况却无动于衷，他们坚持说造成的死亡和伤害都是由于工人们自己不走运才发生的，失去亲人的家庭得不到任何赔偿金。负责雇佣工人修筑铁路和铺设铁轨的公司否认了自己的责任和义务，拒绝安装安全保护设备。

有时，如果死者的亲属没有找麻烦，公司老板就会答应他们给死者举行一个简陋的葬礼，但有条件限制——死去的工人必须是中国移民。当时美国境内在铁路路基和铁轨两旁有很多挖得很浅的坟墓，里面埋葬的

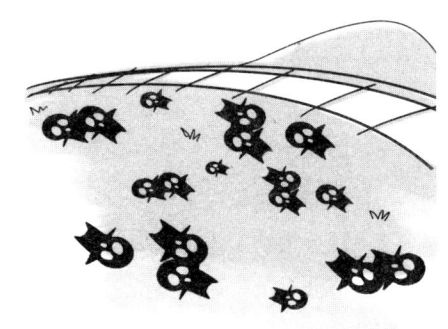

就是火化后中国工人的遗骨，这些遗骨的重量大约有9072千克。

美国国内的铁路是用110,456条人命铺就的。

NO.3　自杀

一年当中在曾说过"这项工作要杀了我"的29,000人中，近1万人真是这个意思并自己结束了生命。当然，在所有类型的自杀者中，有些是有很大的经济压力和精神压力，但是还有一些自杀者看起来是对生活很满意，事业很成功的。专家们说工作压力已经增加到人类心理难以应付的程度。平均而言，美国从业人员每周通常工作60小时，每年度假少于4天，完全是身不由己。由于经济变化和企业效益下滑，更多的雇员不得不更多地加班加点工作以避免被裁掉。2005年，自杀人数是31,655人，此外，还有超过10万企图自杀的人。

关于"最危险的"职业的数据并不真实，部分原因是由于自杀经常是不公开的。就现有的报告来看，24到35岁的白人男性医生目前排行领先。对黑人而言，那些诸如安全、交通警察以及警察等保护性服务行业的工作列在自杀职业名单的第一位。对于女性，画家、雕刻家、手工艺术者和版画艺人有最高的自杀率，护士紧随其后。

对于非职业人士，自杀的原因看来与压力有关，最直接的压力是厌倦、重复和较差的自我形象综合作用的结果。各行业中自杀率最高的是：

1．油漆工/室内装饰工

油漆工用得最多的自杀方法是摄取腐蚀性物质。这马上就会使嘴和喉咙发烧，随之而来的是胃的剧痛。呕吐接踵而来，难以置信的口渴会持续下去，直到几个小时内气管被堵塞。

2．木匠

3．零售助理

4．园林工人

6．保安和执法类工作

7．社会福利工作者

8．清洁人员，窗户擦拭工，马路清扫者

9．车库经营者

10．女服务员

其中女服务员这一类自杀者的背景比较复杂。这里的女服务员并不是长期从事饮食服务的人员，而是那些渴望闯进另一个领域——比如表演艺术的人。

典型的自杀的女服员是莉莲·米莉森特·恩特威斯尔,在去好莱坞之前她在纽约从事过一些表演。最初,她把山上高耸的好莱坞标志看做是希望的象征,但在她闯入影视圈失败后,并且看起来要陷入到女服务员的工作时,那个标志变成了她无法忍受的、无数次遭受拒绝的提醒者。1932年,她爬上了好莱坞标志(Hollywood)中H的最高点,跳向了深夜的黑暗之中自杀身亡。

另一个因为工作压力而自杀的女演员是克里斯·查伯克,她是佛罗里达电视台WXLT-TV频道的一个新闻主播。1974年7月15上午9点38分,在她主播的Suncoast Digest节目上,她看着镜头说:"现在,为了和40频道一贯的给观众最新的刺激和精彩节目的政策保持一致,你将看到另一个第一次——一次蓄意的自杀。"说完她从手袋里拿出了一把0.38口径的手枪并朝自己的脑袋开了枪。立刻,直播节目被换成了商业广告。

死亡规律

在医疗保健行业中,男性和女性最愿意使用的自杀方法是用服毒自尽。

其他行业中的男性喜欢用枪、女性喜欢用利器或液态毒药自杀。

1950年以前,用得最多的自杀方法是喝汽油。

NO.4 警察

第一起执法致死事件发生于1972年,纽约执法官艾萨克·史密斯在追捕一名醉鬼时被枪杀。到2004年,美国已经有超过15,000名警察在执行任务时身亡。除了2001年超过70名纽约警察死于世贸大楼的灾难中外,历史上最惨烈的场景出现在1917年11月24日,9名密尔沃基的警察被无政府主义者安置在警察局内的炸弹炸死。

根据"联邦制法官纪念基金"发布的年度报告《倒下的英雄》所记录,2004年共有154名警察死于公务,其中72人死于各种意外如枪支走火,57人被射杀,51人死于交通工具失事,12人死于维持交通秩序,9人死于摩托车事故,11人死于职业病,3人死于飞机失事,3人死于溺水,3人死于炸弹爆炸,2

人死于坠落，1人被殴打致死，1人被坠落物所砸死，还有1人因触电而死。这些死难者中有8人是女性。

> **死神来了**
>
> 拥有V8发动机的福特皇冠维多利亚一直是全国警察青睐的拦截型警车。但是，从1983年以来，有18名警官在乘坐这款车等待拦截超速车辆和酒后驾车者时身亡，这款车的油箱被追尾碰撞时会发生致命的爆炸。

NO.5　医务工作者

美国医疗行业工业有560万名工作者，这项工作最大的威胁就是会被带有艾滋病、乙肝、丙肝等病毒血液的针头扎住。2004年有45万到55万起的针头扎伤事故被报告，57名医疗业者由于被针头扎破橡胶手套而感染艾滋病。另有137名医护人员不是被针头扎到，而是在接触病人体液时被感染艾滋病。

2004年，共有23,473名医护人员携带艾滋病毒，包括内科医生、外科医生、护士、牙医、护工、技师、治疗专家和提供医疗援助的人。

1985年以来针头导致的死亡人数：1,987。

NO.6　石油钻塔

1988年7月6日，一个位于挪威附近北海海域的石油钻塔平台发生爆炸，大火迅速将整个平台吞没，在平台上工作的大部分人员瞬间葬身火海。一位幸存者事后回忆说："我都来不及想这是怎么回事，所能做的要么是等着被火烧死，要么跳进海里试着求生。"强烈的火焰将工人头上戴的钢化帽子都融化了。幸存者所穿的工作靴的鞋底在跳进水里之前已经成了浆糊状。共有173人死于这起事故。

2004年，有599人死于石油生产事故。

NO.7　筑桥工

胡佛水坝是一座390米宽、221米高的混凝土建筑。它于1933年12月31日正式开工，建在亚利桑那州和内华达州边界的科罗拉多河上，历时10年，在那时可以算作世界上最大的水坝。在胡佛水坝建造过程中，有96人死于热虚脱、溺水、爆破、石块掉落、工业事故或者自然灾害。最初记录在案的有112例死亡事件，那些没有计入的一般认为是掉进了湿的混凝土里，现在还埋葬在水坝里面。

布鲁克林大桥是另外一座人工建筑，关于这座大桥，民间有个传说，认为有工人埋在里面。布鲁克林大桥花了13年的时间才建成（1870～1883），在建造过程中有27人丢了性命，但是事实上并没有人被埋在建筑里面。也有27名工人在建造旧金山的海湾大桥时死亡，近82人在修建金门大桥时丧生。

NO.8　特技飞行员

很多人喜欢喷气式飞机的轰鸣和没有死亡的飞行特技，然而大部分人可能不知道，看似炫丽的飞行表演实际上是死神最亲睐的一项职业。在北美，最致命的一次表演发生在1952年，当时28名观众死亡。这次惨剧促使以后在进行这种表演时观众要和表演的飞机保持至少457米的距离。根据斯普林菲尔德飞行集结地极限飞行表演者的说法，"自从50年前有关规定施行以来，美国已经成功地彻底消除了观众的死亡。"但对双翼飞机或涡轮增压喷气式飞机的飞行员而言，安全纪录就不这么成功了：平均而言，每年有5个飞行表演者死亡。

死神来了

1996年6月26日，为了对波士顿夜间俱乐部的开张进行庆祝，四个"空中猫王"从一个飞机里跳出进行表演时，其中的一人被风暴卷走后坠入海中而死亡。

好莱坞最著名的绝技飞行员是奥默·洛克利尔。他能够在飞机飞行时站立在一个侧翼上玩网球游戏，实现了飞行员在空中从飞机到飞机的转移，也完成了第一次从汽车到飞机的转移，就像在《1919年最大空中抢劫案》中所看到的

那样。有一次，他被召去进行一次夜间迫降并在飞机的两翼放射火焰。在快要成功时，拍摄时的照明灯光分散了他的注意力，结果导致机毁人亡。

死亡纪录

作为最著名的飞行绝技表演队"蓝色天使"在全美飞行复杂而有生命危险的线路。1946年海军"蓝色天使"飞行队建立以来，已有23人死亡。

1952年：在法恩伯勒航空展上，一架表演飞机发生爆炸，飞行员和28名观众因此丧生。

1920～1999年飞行表演中的观众死亡人数：761。

NO.9 宇航员

宇航员（起源于希腊文，意思是太空水手）就是在太空中旅游的人，尽管许多人都和美国国家航空航天局有所瓜葛，但在美国仅有不到400人曾经到过太空。超过20名宇航员死于航天飞机中或是进行飞机和火箭试验时。

第一次灾难发生在1967年1月27日，当阿波罗1号还在发射架上时，从一根电线上冒出的火星点燃了船舱密集而纯净的氧气，大火在瞬间蔓延，船舱被浓烟所充斥，火苗的温度达到了1,371摄氏度。唯一的出口是一个逃生舱门，但是它被设计为延迟90秒才能够开启。三名宇航员：41岁的弗吉尔·格里索姆，32岁的罗杰 查菲和37岁的爱德华 怀特全部死于吸入大量浓烟。同样悲惨的事故发生在1986年1月28日，挑战者号航天飞机在起飞时发生爆炸，机上7名宇航员全部丧生，包括一名38岁的教师克丽斯塔 麦考利夫，他是第一个以私人身份被选中进行太空飞行的人。2003年2月1日，哥伦比亚号航天飞机结束了16天的太空之旅返回地球时发生解体，机上7人全部罹难。

火箭科学

罗伯特·戈达德是美国杰出的火箭科学家。当他还是一名少年的时候，观看了一次焰火表演，从此下决心要研制出一种能够把人送上天空的火箭。1926年，他发射了第一支火箭，但它仅仅离开地面12.4米后就掉头落地了。戈达德并没有就此放弃,他进一步完善了自己的设计,而他的这些设计后来完全为美国早期的空间项目所采用。戈达德是一个说话温和,而且有生之年从未要求过报酬和荣誉的人。他于1945年63岁时死于喉癌。在他死后,政府向他的遗孀发放了100万美元。

外太空

在火箭载人升空以前,许多实验都是由黑猩猩来完成的。第一只被送入太空的猩猩名叫哈姆。1961年,它在空中飞行了249公里后安全地坠入了大西洋。与约翰·格伦不同,哈姆并没有成为国会议员,而仅仅获得了一个苹果作为报偿。这名勇敢的太空猩猩不久之后在北卡罗莱纳的一家动物园安家落户,在那里一直活到27岁,最后死于心脏疾病。

第一只绕地球轨道飞行的黑猩猩名叫伊诺斯,1961年,它在返回地球不久后死去。还有一些猩猩被用于涡流离心机和飞船弹射坐椅的实验。1999年,美国空军决定自己来完成所有的实验。当时,早年参与太空项目的猩猩还剩下141只,但可悲的是它们并没有退休,而是被用于艾滋病的研究,命运从此不为人知。

NO.10 牛仔

在牛仔表演中,有21%的牛仔头部、肩膀和脸部会受到伤害,但是根据数据显示,牛仔表演者死于演出路上的数量要多于他们驯野马和公牛的时候。一名老练的牛仔通常每年要奔波15万公里穿梭于不同的赛事。不论刮风还是下雨,他们都要乘坐小型飞机或者驾驶着破旧的皮卡车颠簸于旅途中。

1994年5月,佐治亚州一名43岁的男子和他的朋友们去西部旅行时想和一群野牛拍照,于是他们翻过了栅栏,在距离牛群4.5米远的地方进行拍照。正当他们背对牛群摆着姿势时,一只野牛猛冲过来。这名男子背部被冲击力巨大的牛角穿透，当场死亡。

2002年，28名公牛骑手遭受了脑部创伤，其中3人死亡。

NO.11 潜水员

每年有30万人进行配戴水肺的潜水，其中有140人不能生还。潜水员死亡的最常见原因是血栓。由于海洋的压力，气泡从肺部的微小缝隙中逃出，从而导致动脉阻塞。另外，如果潜水员潜得过深，而上升时又过快，就会使他们死于潜水减压症，或是气栓症。通常空气在陆地对人体的压力是每平方厘米1千克，但在海平面10米以下，人体所受到的压力是正常情况的两倍。我们所呼吸的空气中包含有80%的氮气，19%的氧气和1%的氩气。通常情况下，氮气在血流中不会对人体造成什么伤害。但在水中，过大的压力会让氮气从血液中分离出来，变成气泡，从而堵塞血管，妨碍血液的正常流动。从效果上看，水下的气压对于血液的作用就像用力摇晃一瓶碳酸水一样，使其中的气体分离出来。水下呼吸器使得更多的氮气进入血液，从而更增加了其中的危险。潜水员如果浮出水面过快，而且又没有立即进入减压舱，就可能因脑损伤或心脏病发作而死亡。减压舱可以身体所受的压力恢复到正常，并且使活跃起来的氮气重新回到血液中去。而从事自由潜水的人由于没有从呼吸器中吸入过多的氮气，所以从来没有患气栓症。

每年有33人死于减压病

潜水员在水下经常与梭鱼不期而遇，这种经常以大群体方式出现的鱼长着两排锋利的牙齿，牙齿数量达到了178个，它们的身长可以长到2.1米。游泳者来回摆动的双臂会引来它们的攻击，美国每年有两人被梭鱼杀死。

海狮有着顽皮的名声，但雄海狮在交配季节会非常具有攻击性。在过去的

10年，美国有5人因为靠近他们而被咬死。

海鳗看起来像是1.8米长的从外星来的虫子，它们长着像剃刀一样锋利的牙齿，每年有4名捕鱼者被它们咬伤后大出血而死。每年有19人因误食有剧毒的海鳗而死亡。

死神来了

1945年7月30日，美国军舰印第安那波利斯号在南太平洋中部被日本鱼雷击沉，900名船员从船上跳下，躲过了最初的袭击，但却成为当代最惨烈的鲨鱼屠杀事件的受害者。这艘战船之前正在执行一次秘密任务，为即将发射的广岛原子弹运送部件，这次任务非常秘密，就连海军都不知道印第安那波利斯号的失踪。整整5天，水手们穿着救生衣漂浮在海面上，同寒冷、饥饿和海水作斗争。鲨鱼在第二天的黎明时分到来了，冲破了水手们的防线，疯狂地撕咬着他们的大腿。水手的血引来了更多的鲨鱼。许多水手的尸体被翻过来，从头到脚吃的只剩下救生衣。水手们对于来自下方的攻击毫无抵抗之力，只能等待着鲨鱼的血盆大口再一次到来。直到一艘路过的美国军舰将幸存的水手救上来时，已经有580人成为了鲨鱼的腹中之物。

任何下海的人都不能忽视鲨鱼的存在。在所有的350种鲨鱼中，已知的有30种可以杀死人类。大白鲨、虎鲨、公牛鲨、大洋白尾尖鲨和灰鲭鲨有着天生的野性，它们会被划水的动作、发光的珠宝、色彩斑斓的泳衣和棕色的线条（特别是在脚底）吸引而攻击人类。在有陡峭坡面的海域里，鲨鱼经常会以极高的速度发动攻击，而目标却根本不知道它的到来。根据保存在佛罗里达大学的国际鲨鱼袭击档案显示，2004年有61起鲨鱼毫无缘由地攻击人类的事件。美国每年有5到15人被鲨鱼杀死。

被鲨鱼袭击是海上人员失踪的最可能原因。然而，由于没有留下任何痕迹，这些死亡无法记在鲨鱼的头上。**全世界共有超过12,000人在海上失踪。**

最早的气栓症

詹姆斯·布坎南·伊兹是圣路易斯伊兹桥段的设计人和建造者，出于工作需要，他于1874年发明了第一只减压舱。他设计的桥墩要放置在密西西比河30米深的水下，他用充了压缩气体、并有活动地板的箱子将工人送到水下，然后工人在那里用工具挖掘河床。这些工人实际上是未穿潜水服而在充满着极端压力的箱子里工作，他们并不知道自己血液中的氮气已经分离为气泡。当他们被快速地拉上来时，工人们经受了极度的腹痛和胸痛。经过不断的尝试和犯错，并付出了14名工人死亡的代价，他们终于找到了上升时的安全速度，确保气压能够逐渐回到正常。

NO.12 演员

关注最显眼的事物是人类的本性。这也是几乎所有人都曾经历过怯场的原因，没有人愿意成为众人品头论足的对象。口干、喉咙发紧、膝盖颤抖和反胃是人们在听众面前发言时典型的症状。根据高级公共语言研究所的研究，最有经验的演说家可以通过一些简单而科学的方法来战胜怯场，例如，他们把观众都想象成只穿着内衣。

在检查了100万份死亡证明之后，我们仍未发现有人死于怯场。但是聚光灯熄灭后无法离开舞台可以成为致命的原因。实际上，死在舞台上比怯场更容易成为众人关注的对象。1943年，富态并长着一张猫头鹰脸的亚历山大·乌尔科特是当时美国收入最高的评论家之一，他以语言刻薄而闻名于那个时代。在一次直播的广播节目中，他突然心脏病发作，他做手势让被采访者继续讲话，然后自己慢慢地离开了人世。

卡门·米兰达她以具有异域情调的装束出现，曾被称作"果帽小姐"而频繁出现于色情和性感类漫画。她在二战期间十分受人欢迎，曾与宾·克罗斯比、贝蒂·格拉布尔和朱迪·加兰一同出演过电影。但在50年代中期，她的表演过时。1955年，在她46岁时，她计划重新复出。她在当时流行的"吉米·杜兰特秀"中获得了一次出场机会，她头戴水果头饰翩翩起舞，但却十分不幸地因心脏病发作死在舞台上。

特赖伯·鲍尔在20世纪30年代至50年代曾是好莱坞最著名的男演员，被视为阳刚男性的化身。他于1958年在一次拍摄击剑场景时因心脏衰竭身亡，年仅44岁。

纳尔逊·埃迪曾是20世纪30年代的偶像派歌星，他在当时是世界上收入最高的歌手，曾在14部好莱坞音乐剧中有过出色表演。到20世纪60年代，他向一些老年观众提供表演，或在夜总会和马戏团进行走穴式演出。他死于他所钟爱的工作中，但没有面对过多的观众。1967年在他69岁时，在佛罗里达帕尔马海滩向老年人进行清晨表演中，因脑溢血死在了舞台上。

当艾琳·赖安因出演电视剧《贝弗利·希尔比利》中那个坏脾气、尖嗓门的柯蓝皮特奶奶出名时，已经50多岁了。她是一名非常敬业的演员，建立了托管基金和奖学金来帮助初入道的演员。当她71岁得知自己患了脑瘤后，仍坚持在百老汇演出。1973年，在参加《美人》的演出时，她因中风发作而离开了人世。

迪克·肖恩曾出演过滑稽影片《这是个疯狂的世界》。他有着奇异的、随机应变的夜总会意识流式风格的表演才能。1987年当他在圣迭戈大学进行喜剧演出时，因心脏病发作而倒地身亡。观众们以为这也是演出的一部分，竟然持续鼓掌五分钟。

雷德·福克斯通过他的笑声和讲的笑话从圣路易斯的穷人家庭闯入了影视界。他认为自己是世界上最滑稽的洗碗工，但别人却认为他是喜剧界的杰克·鲁滨逊。他的代表作品是电视剧《桑福德和儿子》。1991年，当他在拍摄电视剧《罗亚尔一家》时心脏病发作身亡，时年69岁。

赫伯特·考里留着卷曲的长发，弹奏着夏威夷四弦琴并低声哼唱者，被称为是"小蒂姆"。1996年64岁的他在明尼阿波利斯一场慈善演出中表演他著名的"穿过郁金香的脚趾"时心脏病发作死亡。

谢幕

当演员们演出的舞台变得可以置人于死地时，怯场的含义被赋予了新的内容。

维克·莫罗出生于布朗克斯的硬汉，在20世纪60年代曾经是许多男孩心目中的英雄。他在热映的电视剧《格斗》（1962-1967）中扮演勇敢的中士奇普·桑德斯。他是那个时代收入最高的电视剧演员，每个星期可以赚5,000美金。但由于酗酒，到了70年代后他就很少演出了。由于感到孤独和失望，1982年，当他53岁的时候，决定参加导演斯蒂文·斯皮尔伯格根据电视剧《黎明区》改编的电影的拍摄。那些60年代崇拜他的男孩们已经可以拍摄电影了，但莫罗很肯定地认为他会在主流电影中找回自己当年的风采。电影中有一幕场景是他带着两名越南儿童渡河，在拍摄时，一架试图在附近着陆的直升飞机坠毁于他们身旁，三人被急速转动的螺旋桨击中，莫罗和其中一名男孩被螺旋桨砍掉了脑袋。这部影片后来拍摄完成时，在颂词中向莫罗最后的表演致意。

李国豪是功夫明星李小龙的儿子，他在拍摄电影《乌鸦》时，片中使用的一枚假子弹的弹头发射后产生了如同真子弹一样的威力，致使他在20岁时就早早离开了人世。

在恐怖系列电影《鬼驱人》拍摄的过程中以及结束后，有4名演职员离奇死亡。在电影中扮演大女儿的多米尼克·邓恩被她的前男友掐死。扮演卡罗尔·安妮的金发小女孩希瑟·奥·鲁尔克死于神秘的血液感染。在《鬼驱人II》中扮演"善灵"的朱利安·贝克得了胃癌，并在拍完电影不久后死亡。在《鬼驱人III》中扮演"恶灵"泰勒的威尔·桑普森在接受一次普通的外科手术时死亡。

在电影《驱魔人》拍摄的过程中，有9名演职人员死亡，包括扮演伯克·单宁斯的杰克·迈克戈蓝。在拍摄某个镜头时，布景突然神秘地被烧毁，使拍摄延期了6个星期。

安东尼·惠勒是一名勤奋的男演员，1997年，他在话剧《超级明星耶稣》中获得了犹大的角色，其中有一幕场景要求他在绞刑架上上吊，他表演这幕场景已经不下20次了。但是，某天晚上，当他表演上吊时，套在脖子上的绳索却无论如何也解不开。当下一幕开始，帷幕揭开后，600名观众发现他已经真的被吊死了。

害怕离开舞台

当他们早已战胜怯场时，却面临着很难找到工作。当他们听到观众越来越弱的掌声时，许多人选择了进行人生的最后一场演出。

克拉拉·布兰迪克在电影《绿野仙踪》中扮演艾玛阿姨，她在片场只待了一个星期就被认为是一个无关紧要的角色,她的名字甚至排在扮演会飞的猴子的帕特·沃尔什的后面。1962年,当她81岁的时候,住在好莱坞一间便宜的破旧公寓里,双目几乎失明。她吞下了安眠药,然后又用塑料袋套住自己的头,好让这一切快点结束。

马尔戈·海明威,一名19岁的超级名模,20世纪70年代曾是超酷54工作室的固定模特。在那里,她染上了严重的酗酒和毒瘾,而且在她短暂的荧幕职业生涯结束之后更加变本加厉。在她模特的全盛期,她甚至拿着当时最高昂的报酬,但最后却变得一贫如洗,住在圣莫尼卡一家汽修厂的小公寓中。1996年当她41岁时,服用了过量的氯硝西泮自杀身亡,而此时距离她的祖父欧内斯特·海明威自杀正好是35年。

雷·库姆斯于1988年取代游艺节目《家庭问答》原主持人理查德·道森,且主持该节目长达6年时间。1996年,当他40岁的时候,背负了50万美元的外债,同时婚姻出现了危机。在Glendale Adventist医院里,他用床单将自己吊死在病房,而当时他正在接受着72小时的"自杀监护"。

R.巴德·德怀尔曾是一名政客,但却像演员一样善于在镜头前表现自己。当他被证实在担任宾夕法尼亚州财政局长时曾使用欺诈手段并收受30万美元的贿赂后,他在自己的办公室召集了一次新闻发布会。随着闪烁的闪光灯,他表现出一副被冤枉的样子,并发放了长达20页的新闻稿,还回答了记者的几个问题。然后他将一把a.357左轮手枪放在自己嘴里,自杀身亡。

第四章
最危险的运动

因为害怕死亡而退缩是不健康、不正常的,它使得人的下半生应有的追求变得无影无踪。

——卡尔.荣格

NO.1 马拉松

20世纪70年代,美国医学慢跑学会的发起人托马斯·J.巴斯勒宣称接受马拉松训练可以使心脏病患者至少多存活一年,由此引发了一场跑步的热潮。尽管他的论断在后来被证明是失实的,却仍然有许多患者受其影响,站在了起跑线上。

从1993年到2003年间,由于忽视身体的预警信号,如胸痛、头昏、眩晕和极度呼吸急促,共造成了41,867人死于跑步或其他运动。

激烈的运动,包括滑雪,导致每年有25,000人死于心脏病发作。心脏在受到重负时,会加快输血的速度,血压随之升高并通过动脉导致心脏的瞬间痉挛。运动、生气或是过于争强好胜都会产生激进的情绪,而这种情绪更易导致心脏病发作。对于习惯久坐的人来说,惩罚性的锻炼会使他们患心脏病的几率提高107倍。

畅销书《跑步全书》的作者吉姆·菲克斯于1984年在一次慢跑中心脏病发作身亡,时年52岁。

每个月有1,145人死于慢跑。

每场马拉松中都会有3人死亡。

NO.2 健身设施

2005年，踏车、健身自行车、举重床以及其他家用设施的销售额达到60亿美元，反映了美国人健身的迫切要求。研究表明，大多数人在最初的60天会使用健身设备，稍后不久，这些设施就变成了晒衣架或小孩的玩物。没人看护的孩子会卡在踏车的尾部，那是传动带绕着转轴转动的地方。一种划船式的运动产品存在使用中座位会毁坏的缺陷，这会造成使用者突然跌倒，这款产品已经伤了很多人，并致死2人。

1975年，4,399人在使用健身器材时死亡，这些器材包括踏车、划艇机、举重器、健身自行车以及跨国滑雪机。

NO.3 蹦极

1979年4月，英国牛津大学危险运动俱乐部的成员们在看了一部关于藤蔓跳跃者的电影后受到启发，决定把他们自己绑到一条橡胶带上，从一座桥上跳下去。这一人类进步史中历史性的一天记录了一项被称为"蹦极"——一项后来风靡世界的休闲活动的诞生。在上世纪80年代，这一橡皮筋的狂热运动被加利福尼亚州的约翰和皮特·科克尔曼兄弟俩引入美国。蹦极的设施很快在全美国涌现，帮助人们从吊车上、高塔上、桥上和热气球上跳下。

不要把蹦极和"弹射"相混淆，后者是游乐场一种标准的骑乘游戏，它把坐在它上面的人从地上弹起，直到弹到高处停下来。

最著名的蹦极死亡事件发生在排练1997年第三十一届"超级碗"比赛中场休息节目时。43岁的前马戏团的演员劳拉 帕特松，在进行16人蹦极特技表演时头部受到致命伤。不用说，节目的蹦极表演环节被美国国家橄榄球大联盟（NFL）的执行官取消了，取而代之的，是他们把帕特松的一张照片在中场休息节目结束时打到了记分牌上，但没有向球迷做出解释。

蹦极者也会遇到暂时性失明的状况，这是由压力下视网膜内的血管爆裂引起的。然而，精神病学协会的报告认为，蹦极比海洛因安全20倍。

"运动故意伤害"——一个针对包括蹦极和跑酷在内的许多极限运动的术语——已经显示出它是1991年以来造成2,193人的死亡的间接原因。

死神来了

在福尼基亚一所快餐食品加工厂工作的一名男子，设计了一种自制的蹦极绳索，它可以从21米高的铁路高架桥跳过将近20米的距离。但是他仍然希望再把距离缩短一些。通过自己的计算，他发现只差0.6米的距离就可以使跨越的距离完全吻合。但不幸的是，他忘记计算弹性绳索与自己体重相比最大的伸缩度。结果，他在跳跃的时候由于重力加速度，头部重重地撞在了水泥柱上。

致命游戏

跑酷是一种街头极限运动，运动者满城巡回，在楼顶之间、围栏之上、墙上屋顶、下楼梯井以及从窗户出来时进行特技跳跃，试图以灵巧身段和优美动作跨越障碍物。每一个大城市都宣称拥有至少一个组织从事这项活动，每个组织有千人以上成员。巴尔的摩市两个14岁的少年2003年在楼顶之间跳跃时丧命。

NO.4 保龄球运动

密歇根州一名男子被一个从一辆路过的汽车里扔出的保龄球击中而死。他的汽车挡风玻璃也没能挽救他的生命。保龄球击中了他的脑袋，使他毙命。另一个保龄球致死事件发生在一个球从一个过街天桥落下时。球撞进了路过的一辆车后窗，直接击中了后座上的一位乘客。其他的死亡事故与保龄球馆的环境有关，如一些球馆刻意迎合一些无赖或允许在其经营场所进行毒品买卖。1995年，一群人引发了新墨西哥州拉斯克鲁塞斯市的一次"保龄球馆惨案"。这次抢劫图谋中，三个人被杀，有关当局认为，这与对一宗失败的毒品交易进行报复有关。

1990年以来死于保龄球馆的人数是2,102。

NO.5　带领拉拉队

这在过去，常常是大喊sis-boom-bah，拉拉拉，或加油！并且伴随着一大串的高踢腿和不时的翻跟头。在如今，高射炮和高呼可能仍是其中一部分，但拉拉队领队不大在意只是简单地带领观众欢呼了。带领拉拉队的一小队人马现在都是在用绝技和戏法进行高水平的体操活动竞赛，做一些竞争性的马戏团所做的铤而走险的动作。

大多数拉拉队不再对校园队进行欢呼，他们现在只对裁判或在一些转播拉拉队巡回演出活动的有线电视节目中进行表演。在美国，拉拉队引领是对女孩和一些年轻女子而言增长最快的活动项目之一。然而，对很多学校而言，他们仍认为这只不过是一种爱好，还没有把它当做需要职业教练或适当器材的运动来看待。引领拉拉队的一队人经常拒绝适当的、带有软垫或其他安全考虑特点的器材，有一些还在停车场上进行表演。消费者产品安全委员会现已认定拉拉队引领已经是美国最危险的校园活动。

对涉足体育运动的女孩来说，在引领拉拉队的事故中，一半的惨剧发生在场地界限以外。2003年，有25,000人次的医院就诊与拉拉队引领的受伤有关，包括脚踝、肩部、头部、颈部和脊柱等部位的受伤。

带领拉拉队这一活动1898年始于普林斯顿，开始的几年男人们占主角。随着二战期间大量的年轻男子离开了学校去参加战斗，女人们接管了这项工作。如今，90%的拉拉队领队是女性。

造成伤害的主要原因是特技的难度越来越大，拉拉队引领者努力去做的叠罗汉的规模也越来越大。在竞赛中，超过40个特技或体操动作需要由一队人在3～5分钟里完成。

叠罗汉

飞侠沃伦德斯是当代最著名的吊秋千艺人。无惧于1962年在底特律发生过叠罗汉坠落而使2个表演者丧命的惨剧，他们在高架缆绳上表演了一个7人叠罗汉。它创始人卡尔·沃伦德斯，后来把这个家庭马戏团交给了林林兄弟马戏团，自己则成为了一个"高空行走者"，踮着脚尖走过固定在建筑物或足球体育馆之间的缆绳。65岁时，他进行了穿越佐治亚州塔卢拉瀑布大峡谷的365米的冒险空中行走，他还并在岩石上方超过213米高的地方进行倒立。1978年3

月,他73岁时,从波多黎各从两座摩天大楼之间的缆绳上坠下身亡。

1995年以来,有782个拉拉队引领者瘫痪,123人死亡。

NO.6 空中冲浪

人类第一次成功从热气球上进行的跳伞是在1876年的法国。但这项运动开始流行是在第一次世界大战中,美国步兵从飞机上跳伞降落到如火如荼的战场或者是战场附近,有时甚至是谷仓上。现代跳伞技术在二战中得到完善,竞技性的跳伞运动也于上世纪50年代初在美国出现。目前,美国跳伞运动协会(USPA)共有成员3万人,仅2004年就进行了244万人次的跳伞。

空中冲浪是将跳伞和滑板结合在一起的新型极限运动。和其他混合型运动一样,这项运动更具冒险和挑战,每年有120人死于这项运动。一名空中冲浪者在从4,572米高空跳下时降落伞因和滑板缠绕在一起而未能打开,结果他以每小时144公里的速度摔到了地面。

心理学家布鲁斯·奥格尔维对极限运动参与者进行的一项研究显示:参与这项运动的人多是成功人士,性格非常外向,抽象思考能力高于平均水平,并且智商很高。报告还指出94%的人具有稳定的情绪。

每年有30人死于跳伞——并非极限运动。

NO.7 棒球

根据消费产品安全委员会的数据,有125,000名15岁以下的棒球和足球运动员受到过严重伤害,需到医院的急诊室接受治疗。棒球带来的伤害和死亡的增加与实际的运动无关。大多数小的俱乐部不再让小孩用木质的球棒,而是让他们使用高科技的带有压缩空气柄舱的合金、石墨或铝的球棒。(金属球棒能打出更多的本垒打,并且为了使标准化统计数据,别的拍子是不能用的。)用木球棒击出的球最大时速是每小时149公里,而金属球棒击出的球时速可以达到每小时198公里,这个速度让投球手只有0.4秒的时间戴上手套保护自己。正是因为这个原因,国家来复枪协会才迅速指出:"棒球棒要比半自动来复枪杀死的人更多。"

击中打击手脑袋的球

从这一运动产生以来,投球手一直在尽量使打击手对投出离其头部很近的球不要紧张。在他们失手并击中击球手头部时,这样的球就叫"beanball"。已经有数千名击球手被击中脑袋,只有很少数死亡,并且大多是发生在指令戴上头盔之前。1906年新英格兰俱乐部的托马斯·伯克、1909年中央俱乐部的查尔斯·平克、1920年克利夫兰的雷·查普曼,都是作为职业运动员被击中头部而死亡的。

> **死神来了**
>
> 1949年7月31日,在佛罗里达州的贝克,由于没有人愿意因为雨天而取消一场棒球赛,因此决定冒着暴雨进行比赛。但是一道闪电打在了球场上,在第一垒和第二垒之间打出了一条沟,一次性造成三个运动员丧生。

2002年,有341人因被棒球击中胸部、颈部和头部而死亡。

NO.8 篮球

在所有娱乐性运动中,篮球的参与率只排在棒球之后、位列第二,但造成的伤害事故却是第一位的。2003年,医院的急诊部门对653,676人的与篮球有关的伤害进行了治疗。在篮球俱乐部的球场上,猝死占死亡人数的第一位。但在一些场院和社区的篮球场地,勒死占第一位——小伙子们在灌篮时被缠在了球网上。

1990年以来,57个年轻人因为被缠在球网上而死亡。

NO.9 热气球

玛丽·阿尔曼特是美国热气球的先驱琼·皮埃尔·布兰查德的妻子。玛丽的气球在独立日庆典的一次焰火特技表演中失火。她从吊篮里跌落,撞到气球下面一座房子的屋顶,成为了第一个因升空而死的女人。

如今,乘热气球已成为一项旅游产业。还有一种方兴未艾的活动称为热气球运动,很多俱乐部赞助热气球竞赛。

热气迷们自称为"气球驾驶员",也不回应带有轻蔑意味的"热气球瘾君子"的绰号。最近的一次气球节在世界热气球之都新墨西哥州的阿尔伯克基举行,1,019个在册的热气球参加了庆祝活动。

空中相撞占了严重事故的一部分,但在拥挤的空中,由于是在比赛,很多空中相撞不过是"吻"了一下,并无大碍。90%的死亡事故是由于驾驶员的失误——比如,让热气球撞到高压线上,或者,在靠近障碍物时,驾驶员没能操作好紧急降落的技术。在长距离的、跨国单人飞行中,大多数死亡事故是因为燃料燃尽,10%的事故是由设备故障、运转失灵或低级错误引起的。

死神来了

大型的彩色气球太引人注目,在它经过没有什么思想准备的人的上空时可能会发生灾难。通常,在遥远的乡村地区,气球会被误认为是UFO。在新墨西哥州,发生了一条狗朝着天空狂吠的事情。狗的主人拿着猎枪冲出了他的小屋,射了几发子弹,致使一个气球驾驶员丧生。还有一个气球使一群牛受到惊吓,牛四散惊逃,踩到了牧场的工人,其中一个因内伤死亡。

1995年,三个男子决定在热气球飞到伊利诺伊州被褥一样的一片片农场的上空时,用他们的登山设备驱动并把自己悬吊在热气球的一侧。三个冒险者很努力地准备绳索并把登山带绑在热气球的吊篮上,采取了一切可能的安全措施。但第一个人跳到一侧的时候,登山钩和防滑钉把吊篮从气球上割断了。所有三人都紧紧抓住翻转而下的吊篮,最后都被摔死在地上。没有吊篮拴着的气球后来被人看见飞向了月空。

在美国,平均每年在热气球坠毁中丧生的有34人,重伤的有30人。

NO.10　拳击

拳击活动有一张每1,000名参与者死亡1.3人的"死亡记分卡",美国医学协会理事会据此认为拳击和崎岖不平的地区进行的摩托车比赛一样安全。但是根据联邦拳击委员会的说法,近百年来,有500人死于拳击场上。

对于任何接触性运动,死亡都是可以预期的。搏击性运动,比如柔道和空手道,和拳击有相同的死亡数字,但和拳击手通常是由头部受伤致死的情况不同,许多非职业搏击手都是死于内脏出血。2001年,在伊利诺伊州的一个社区空手道比赛中,一个17岁的选手肝脏破裂而死。2003年新泽西州一个22岁的选手在空手道格斗中腹部被踢了一脚,胰脏破裂痛苦而死。大多数人认为空手道和柔道的危险源自于可能受到箝制,但自1982年以来,随着柔道的流行,在所有年龄段中,还没有与窒息直接有关的死亡发生。

硬汉

每年的硬汉比赛都向公众开放。经常是在露天场地举行的这种比赛,不管体重、块头和年龄如何,每个人都可以到场地上运用除了武器之外的任何手段和对手进行搏击。2003年,佛罗里达州萨拉索塔市的一名24岁的女子,为了赢得最高奖——也不过就是一个奖品和一件硬汉马甲——而死于大出血。2004年有4人死于硬汉比赛,使得这项只有25年的赛事的死亡人数达到了10人。

1995年,当拳击手吉米·加西亚死在拳击场上时,官方迅速指出,他头上一直有被高尔夫球击中的创伤;他们宣称,正是那个创伤,而非致命的拳击引起硬膜下的血肿,使他死亡。

死神来了

在哈里·霍尼迪(右)成为世界最负盛名的魔术师之前,他的第一份职业是高空秋千表演。霍尼迪在高空电缆以及数千次惊人的绝技表演中都活了过来,被一个嫉妒他的大学生用棒棒糖捅了一下,在一周内得了非常难以治疗的坏疽性阑尾炎。霍尼迪也没能逃脱躺在医院病床上的命运——他在1926年万圣节前夜死去,时年52岁。

NO.11　橄榄球

每年，有超过30万橄榄球运动员因伤到医院治疗。大多数被报告的足球死亡案例中，死因是反复的脑震荡和脑损伤；在美国，橄榄球每年造成25万人大脑受伤。10%的大学橄榄球运动员大脑受伤，20%的高中橄榄球运动员也因某种形式的脑损伤结束运动生涯。橄榄球运动在美国变得流行起来的20世纪初，当时不超过5万人从事这项运动，很多赛事成了流血事故。最初，打断对手的骨头比赚出场费要重要。1905年，105名大学橄榄球运动员死在球场上。

每年有20人死于与橄榄球有关的伤害。

死亡规律

心力衰竭、头部受伤和许多未明的与健康有关的变数会影响到橄榄球运动员。1972年底特律雄狮队的接球员查克·休斯在和芝加哥熊队的比赛中死于心脏病。1979年，圣路易斯红雀队的近端锋J.V.凯恩在训练场中因心脏病发作死亡。明尼苏达维京队的科里·斯特林格在2001年的一次集训中死于心力衰竭。旧金山49人队的架线工托马斯·赫尔林在一场比赛后累倒在更衣室并死亡。

NO.12　高尔夫

在年过50的人群中最流行的体育运动是高尔夫，而第3洞和第18洞是最危险的，有3,120名高尔夫爱好者在经过了5年的学习之后死亡，而大部分的死亡与健康有关，仅有2%是由高尔夫球杆或高尔夫球引起的。

死神来了

1998年，一名男子被他哥哥击中前额死亡，他是一名新手，当他的哥哥喊"fore"（一个高尔夫运动员开始打球时对其他人的警告）时他没有远离而是走近，他误以为是哥哥喊他打球，结果被球杆击中。

1982年，一名对比赛非常认真的35岁男子，在他打出一记非常糟糕的球时变得异常愤怒。同以往一样，他把球杆扔向空中，这次球杆打到树上，折成两半，飞回来时正好击中他的颈部静脉。

每年，有6人在看高尔夫球比赛时，由于球场遭雷击而死亡。

NO.13 打猎

在殖民地时期的美国，打猎是最主要的体育运动。下层阶级打猎是为了获取食物，上层阶级打猎则纯粹为了运动，他们会花很多时间猎鹿、鸟还有狐狸。斗鸡和把熊或者公牛绑在柱子上，让狗对它们发起攻击也是那时候很流行的、能够吸引到很多观众的比赛项目。接近90%的人参与某种类型的打猎活动。2003年，有1,300万人平均每年花大约18天去打猎。在过去的10年间，打猎活动减少了7%，尽管那些打猎时只拿着照相机和望远镜的"野生动物观察家"增加了。

狩猎大的猎物仍然非常受欢迎。猎鹿的季节是最能够吸引人的，成百万的人都穿着伪装，携带着威力强大的步枪，拥进美国的林地。但是猎鹿的季节比较短，而且白尾鹿数量也比较稀少，因此这给很多猎人都带来了很大压力，因为对很多猎人来说，无鹿可猎的日子是不可想象的。在打猎的季节，猎人们给本地的居民也造成了很多困扰。很多农民担心他们的动物会被人误认为是猎物，所以他们不得不在他们自家的奶牛侧面用粗体的橘色字体写上"奶牛"，在他们的畜棚旁边用发光的橘色字体标上"畜棚"。打猎过程中也会发生死亡事件，这一般是因为有时候人会被误以为是鹿而遭射杀。

1959年，因为扮演小流氓而出名的年仅31岁的卡尔·斯威策也被射杀。斯威策在演完角色之后，很想建立一个狩猎大猎物的探险公司。但是在一次关于谁欠谁50头鹿的激烈争论中，他的搭档开枪将他射杀。

死神来了

王柴2004年在明尼阿波利斯的一块私人土地上闲逛，四处找寻可以狩猎的鹿。这时候，其他的猎人，也就是这块土地的所有者，让他离开，他向人群开枪，杀死了6人，打伤了3人。他携带的是一把SKS7.62毫米的半自动来复枪，他仿佛置身于渺无人烟的地方一样，毫无顾忌地开枪，直到枪里的子弹全部用光，在这个过程中，甚至杀死了远在0.5公里之外的人。后来他被捕，被判有罪。

悲伤往事

2001年的12月，一个康涅狄格州的男人在打猎时杀死了他19岁的儿子，因为他把他儿子误以为是一只鹿了。他的儿子不知道鹿是色盲，所以为了在灌木丛中藏得更好些，就脱下了橘色的背心。这个男人听到了一些沙沙的声音，于是开了两枪，他的儿子当场毙命。

2003年，在狩猎过程中，共有56起涉及双方的死亡事件和36起自己造成的死亡事件发生。

NO.14 挑战吉尼斯世界纪录

为了让自己的名字出现在《吉尼斯世界纪录大全》中，27岁的罗伯特L.尝试要在4个小时内攀登上5个区的5座桥的顶部。当他在攀登布鲁克林区一座桥的时候，由于没有抓紧缆绳而从152米高的桥上摔到了下面的马路上。他的名字仅仅出现在自己的讣告中。

另一名挑战记录者是道格·当热，他打破了由埃维尔·克尼弗尔保持的越过20辆小轿车的纪录。1991年，德哥成功地跨越了42辆汽车（76.5米），最终将他的名字写上了吉尼斯大全，成为有史以来跨越距离最远的人。这个纪录到现在还没有被打破，已经有两名挑战者为了打破它而献出了生命。

每年都有越来越多的人从事登山活动，但是爬到山顶已经远远不够，要想打破纪录，就要比别人更快，还要单枪匹马完成，并能走回去，或者像某人一样，不用手来完成登山（此人的双手由于登山而冻伤）。矮点儿的山就不要提了，必须选最高的，比如高达8,848米的珠穆朗玛峰就是想创造纪录者首选的目标。已经有180名美国人在试图征服它时死亡，现在仍然有120具尸体被冰封于山上的各处。

> **死神来了**
>
> 2000年，纽约昆斯区一名19岁的青年决定在自己的有生之年做一些重要的事情。于是他找来了《吉尼斯世界纪录大全》寻找自己有能力挑战的项目，他很快将注意力放在了套袋跑、运砖、水下跳绳、跳台阶一类的项目上。经过一番费力的尝试，他最后决定挑战弹簧单高跷的最远行进记录，这项记录是由一名运动员保持的12小时27分钟行进37公里。1997年6月，在昆斯区社区大学街道上，这名19岁的青年在踩着高跷穿越一条繁忙的街道时，不幸将自己的名字写入了美国运输部的非机动车致死者名单中。

1920年以来，经官方批准的挑战记录者平均每年致死人数：33。

NO.15 服用类固醇

类固醇以及其他对肌肉发育有效果的物质被服用以使肌肉发达、成绩提高或外表美观。这类药物，也就是所谓的"运动糖"、"pumpers"、"stakers"，或者A's，是雄性睾丸素的衍生物。合成代谢类固醇在20世纪30年代首次合成，给二战的士兵们增强胃口和提高战斗精神。美国的运动员在1950年代中期开始使用类固醇，到1960年代扩散到所有的运动项目。

长期使用类固醇会永久性地伤害肝脏并可导致癌、黄疸病、出血以及肝炎。使用者也曾报告有偏执狂和听觉幻想的感觉，不可控制的暴力感觉以及自杀的念头。虽然类固醇的倡导者强烈地拒绝承认其副作用，1964年以来大约有39,817例与类固醇有关的精神病患者，其中很多人自杀或被他杀。1997年6月，世界运动医药杂志就关于62个举重运动员的研究发表了一份报告，发现使用类固醇运动员死亡率比平均水平高5倍。一般来讲，服用类固醇的男性出现睾丸萎缩和秃头的症状，并且可能会长出乳房。类固醇会使女性脸上长出汗毛，出现男人一样的秃头，以及可能使声音变得深沉。未成年人服用类固醇会使他们在成熟前停止发育，但最近在8～10年纪的学生中使用合成代谢类固醇的人数显著增加。尽管在所有的职业运动队中禁用类固醇，但运动员仍然很容易就能买到，并且把它和其他诸如普通的头发修复片剂之类的药物一起服用，以便在药检中掩饰类固醇的出现。

提高成绩的药物早在古代的奥林匹克运动会（公元前500年～公元349年）中就被使用。调和的酒、使人兴奋的草药以及含有镇静剂的用于咀嚼树叶的混合物得到广泛使用。当奥林匹克运动会在1896年恢复时，含古柯碱、尼古丁和咖啡因的混合药物并没被禁止服用。1896年，有6名马拉松运动员死于心脏病。20世纪80年代，类固醇在奥林匹克运动会比赛中被禁用。

1964～2003年，共有9,673人死于含类固醇药物的服用。

第五章

最囧的

死亡如影随形,我们更应该珍惜生命。

——尼采

NO.1 胖死

在得克萨斯州的巴斯特洛普，有一名28岁、重达160千克的妇女有长期的精神病史。1995年的一天晚上，她打电话给911让他们把中央情报局找来，她很肯定地说有人要绑架她的母亲。当警察到来时，他们发现她48岁、50千克重的母亲死在后面的门廊上。这名妇女告诉警察，为了保护她的母亲不被人绑架，她一直坐在她母亲的身上。她母亲就这样被她庞大的身体压扁在地板上。

约翰·S，一名前电台节目主持人，体重达到了363千克，他有三年时间从未离开过他在洛杉矶的房子。直到有一天，一场火灾发生了，消防队员为了让他从屋子里出来，用大锤在墙上砸了个大洞并且动用了叉车。就在那天，他因为肺功能障碍死在了洛杉矶的U.S.C.医疗中心。

每年有超过10万人因肥胖和缺乏运动导致过早死亡。

威廉·塔夫脱，美国第27任总统（1909～1913），一度超过160千克的体重使他当之无愧地成为美国历史上最重的总统。他把自己超大号的椅子和浴缸带进了白宫——这个被他称为"世界上最孤独的地方"。由于超重，他经受了痛风、脚肿、手部关节炎，还有被他称为是"内部炎症"的严重的消化不良的折磨,这些病痛使他经常卧床不起。他在第二次竞选总统时惨败,创下了总统选举史上寻求连任的最差纪录。他死于1930年,享年72岁,根据死亡鉴定,他的死亡原因为"虚弱"。

罗伯特·厄尔·休斯的父母体重都正常,但他在3个月大时得了严重的咳嗽,使他的内分泌功能被打乱。由于内分泌紊乱,无论他吃多少东西,他的体重都以令人惊讶的速度不断增加。6岁时,他就达到了92千克。当他10岁的时候,已经重达178千克。25岁的时候,他的体重已经达到了404千克。1956年,当他30岁的时候,罗伯特成为历史上最重的人,此时他的体重是485千克。他的胸围达到了315厘米,他的皮带足有3.3米长,而他的胳膊有100厘米粗。在他31岁的时候,他与一家巡回演出团签了合同,他被一辆改装了的拖车拉着到处去展出,而这个拖车就成了他的移动房间。拖车上有一面墙是用玻璃做成的,以方便人们进行观看。一年之后,罗伯特变得更加庞大,以至于无法走出拖车。当他得了麻疹时,由于无法出来去医院,病情很快发展为致命的尿毒症感染。1958年,他在32岁的时候离开了人世,当他下葬的时候,他的尸体被装在钢琴箱内,动用了一辆起重机才把他放进墓穴。

NO.2 被老鼠咬死

一只城市里的老鼠的平均身长大约在23厘米左右,如果算上尾巴的长度,大约在25厘米上下。一只成年老鼠的体重通常在0.2千克左右。

从人类文明开始以来,老鼠就是人的天敌,它们据说携带了至少70种疾病。捕杀老鼠的战役人类未曾取胜,因为它们的繁殖速度太快。一只雌性老鼠两个月大的时候就可以生育小鼠,它们每三个星期就可以怀孕一次,每次能生下6到12只小鼠。2003年,在纽约共有9,600万只老鼠,是当地居民数量的12倍。它们生活在建筑物、隧道和街道的下水道里。

大部分人被老鼠咬伤后及时使用抗生素就不会有生命危险。但是,2003年美国疾病控制中心发布一份警告指出,曾在亚洲一年致死25,000人的鼠咬热已经在美国出现,有三名健康的美国妇女在被一只老鼠咬伤后12个小时内死亡。2004年,科罗拉多一名13岁的男孩被他养的宠物鼠咬伤后患鼠咬热死亡。美国的鼠咬热通常由实验室啮齿动物、沙鼠、大颊鼠和老鼠传播。

> **死亡规律**
>
> 说到由牙齿导致的死亡，人类最好的朋友是当之无愧的罪魁祸首。每年，美国有5,300万只狗用牙齿使80万人不得不接受医疗救治，其中有20人死亡，死者大部分为儿童。最容易致人于死地的狗的品种是：美洲獒犬、洛特维勒牧犬、德国牧羊犬、爱斯基摩狗、阿拉斯加爱斯基摩犬、德国短毛猎犬、中国狗、大丹狗、圣伯纳德犬和秋田犬。所有品种的狗都能传播狂犬病。

每年有12,987人死于和鼠类有关的疾病。

2004年，纽约有317人被老鼠所咬；1,781人被其他的纽约人所咬。

NO.3 空中飞牛

1999年3月，加利福尼亚州，一辆疾驰中的奔驰汽车把一头牛撞到了旁边的车道上，紧接着，这头牛一头撞到一辆丰田小货车的挡风玻璃上，驾车人当场死亡。

跑到高速公路和城市大街上的动物没大可能活命，但也很少引起致命的交通事故，因为像狗、猫、松鼠之类很容易就被碾平，成为"道路杀手"的牺牲品。但在崎岖不平的路面上，那就是另外一种情况了。在英格兰北部，越来越多的司机会突然遭遇野生的或家养的动物。由于对动物进行的持续不断的保护，麋、鹿和驼鹿的种群数量已大大增加，很多这类大型动物冒险跑到公路上。1997~2003年，由鹿和熊在乡村公路上造成的死亡事故是133起。和加拿大交界的那些郡，麋成了近5年来动物和汽车相撞事故的唯一最大的诱因。

飞奔的汽车撞上麋、牛或马，就像撞上栏杆一样。

喜欢宠物的司机为避免撞到动物而突然让车转向——导致车祸。

由汽车和动物相撞，致死的人数是很难精确确定的。在大多数把和动物相撞作为直接死因的死亡事故当中，动物实际是被挤在了车底架下面或被卷进了保险杠里。但据估计，因为差点撞到动物而死的驾驶人员是和动物相撞而死的人数的20倍。例如，在华盛顿州，一个公交车司机为了躲避一只松鼠而

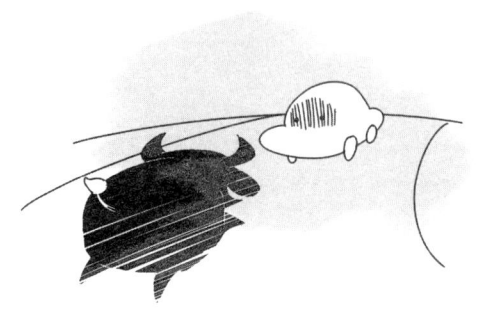

打偏方向盘时撞到了一棵树上。司机死了，车上的7名儿童受了伤。在匹兹堡，一条没拴绳子并且非常兴奋的狗会去追赶到它所在的街上的每一辆车。路边的邮箱被许多躲避这只黄狗的车撞得坑坑洼洼，有的还被撞倒。最后，也是为了躲避这只狗，两个高中女生越过了一个垃圾箱，失去了控制，她们头部撞在一辆运输卡车上导致死亡。

1965年以来，马、牛和野生动物致死12,877人。

2000~2003年，除了西部，公路上的马造成47人死亡，汽车和母牛及小公牛的相撞使16人丧命。

NO.4　假牙

每天晚上，一名54岁的公交司机都会很快地跑完他的线路，以便回家前能在他开的公共汽车的后面座位上打几个小盹。他会把脑袋靠在扶手上，并打出如雷的鼾声。1992年9月28日，在他睡觉时他的假牙脱落了，卡在了喉咙里，使他窒息而死。他找到的藏车的地方太隐蔽了，以致周围没有人来帮助他。

1965年以来，由假牙窒息及与假牙有关的外科手术造成的死亡人数：11,556。

NO.5　被蚊子咬死

蚊子是昆虫中强有力的武士，它们所杀死的人的数量比历史上所有战争或灾难的总和还多。蚊子之所以能传播疾病，是因为在它们叮咬的过程中，上个被叮者的血注入了下一个受害人的体内。在叮完一个人之后，新的血液被蚊子吸收并通过它的血管传导到其用来叮人的"针头"上。尽管蚊子通过这种途径使数百万人被注入有害的血液，卫生组织的官员仍然宣称艾滋病和肝炎不会通过蚊子传播。但官员们也承认，目前西尼罗河病毒可以通过蚊子进行传播，这种病毒能够导致脑炎，使脑组织膨胀。1999年当这种病毒被首次发现时，它已经造成了398人死亡。之后，又有40人死于这种至今仍无法治疗的疾病。

上世纪初，通过蚊子传播的疟疾据报道达到了50万例。目前，有176种蚊子活跃在美国。美国蚊子控制协会的技术顾问约瑟夫·M.康伦介绍说："即使考虑到不同的繁殖地区，估计蚊子的数量也没有意义。假设蚊子的存活率为70%，那么一对第四代的蚊子到现在已经繁殖了49,843,353,164只蚊子，而这仅仅用了14个星期的时间！"实际上，每年蚊子的繁殖数量都在呈上升趋势。

雌性蚊子在其两个月的生命里能够叮咬1,000次，雄性蚊子只吸植物的汁液而不吸血。

死神来了

亚历山大大帝征服了世界，自己却被一只小小的昆虫所征服。在被一只蚊子咬了一口后，他出现了目前才被人认识的西尼罗河病毒感染症状。以自己的名字命名北美洲的制图师阿梅里戈·韦斯普奇在1512年被蚊子叮咬后感染疟疾身亡，当时他正在绘制南美洲的地图。

1965年以来与蚊子有关的死亡人数：10,726。

NO.6　被蝙蝠咬死

1999年9月15日，一只蝙蝠飞进了加州一名49岁男子的家。在蝙蝠飞出去之前他一直四处追打它，但没有意识到在追打过程中被蝙蝠咬到了，他还认为是在乱斗中被擦伤的。第二天他开始大量地流口水，身体肌肉不由自主地抽动。然后开始变得惶恐不安并去咬她妻子。随后，妻子带他去了医院，他被医院放在了一个机械通风口处。在他被蝙蝠咬到后的第五天，他死于肾衰竭。在犹他州，一名喜欢不用帐篷在室外宿营的44岁男子被蝙蝠咬伤。在随后三周的时间里，他嗓子痛，发烧，打寒颤，并且变得很虚弱。被患有狂犬病的蝙蝠叮咬使他得了脑炎，并要了他的命。

1951年以来，有12人的死亡直接归于患狂犬病的蝙蝠。然而，在同样的时间里，有8,312人死于组织胞浆菌病，一种由于吸入存在于蝙蝠的粪便里的孢子引起的疾病。专家建议接触蝙蝠时要戴手套。

NO.7　被蚂蚁咬死

1998年8月，密西西比州杰克逊市一个在家接受护理的66岁居民，被推到室外去呼吸新鲜的空气。她无人照料，独自坐在草坪上的轮椅里。在她自己和看护她的人都不知道的情况下，轮椅碰着了一个小巢，引了一大群火蚁爬上了她的身体，在此后的几个小时里，她被叮咬了数百次。这个得了老年痴呆症的老妇，两天后就去世了。

一个火蚁的毒液是微不足道的，但当一群火蚁进行大规模的进攻时，集中起来的毒液就毒性很大了。火蚁是和蜜蜂、马蜂属于同一类的昆虫。很多人哪怕只被叮一下也会过敏。毒液包含几种过敏性的蛋白质，会给过敏性的个体带来麻烦，导致胸痛、恶心、眩晕、惊厥、昏迷或死亡。

1965年以来，火蚁造成的死亡有4,289例。

NO.8　打嗝死

憋住呼吸数30个数、在你的舌头下面放一块方糖或者让别人吓你一下，这是一些比较熟悉的家常缓解打嗝症状的方法。但是对那个打嗝时间最长以至于成为世界纪录保持者的人来说，这些都不管用。查尔斯·奥斯本是爱荷华州的一名农民，他很清楚地记得这件事发生时的情况，那是1922年，他正举着一头猪称重。这时候他开始打嗝了，通常打嗝只是持续几分钟，但是查尔斯一打就打了68年。他娶了2任妻子，有8个孩子，最终死于1990年，在他死前，他每分钟要忍受40次痉挛，或者说在他一生中共打了43,000万次嗝。

尽管关于他为什么打嗝还是一个医学谜团，但是之所以发出这种声音，是由于空气冲击喉部后端从而造成呼吸不规则所引起的。这时候当空气经过胸下面不自觉控制呼吸的穹顶形膈肌时，会被打乱正常的节奏。吃东西吃得太快、胃部或者喉咙刺痛、紧张或者突然的兴奋都可能导致打嗝。人们普遍认为当打嗝超过48小时，就可能是有其他问题了，膈膜出现肿瘤、肾功能衰竭、胰腺紊乱、肝功能障碍等都可能是打嗝无法控制住的根源。

打嗝，在死亡证明书上也成为"呃逆"，在过去10年间只有14次被报告为死亡的次要原因。

> **1896年4月15日新泽西州的讣文公告**
>
> 埃玛·芬内利小姐已经连续打嗝五天，于上周二死于阿斯伯里公园。这位28岁的女士已经病了几个星期了，在她死前的那个周四，她突然开始打嗝，而且每次都会不间断地咳嗽几个小时。所有的治疗方法都已经用了，但是对打嗝丝毫不起作用。有时候憋住呼吸猛灌几口水可以使这种症状暂时缓解，但是，很快又会重新打嗝。打嗝一天之后，艾玛小姐的内部器官由于不断振动引起剧烈的疼痛，以至于不得不使用麻醉药来缓解。

1900年以前因为打嗝所导致的死亡，每年约有3,245人。

NO.9 集体狂笑

实际上，笑疾病最后的结果就会变异成锯天牛病，这种疾病被称为海绵状脑组织疾病，这是由于受到感染的蛋白质细胞和细菌通过外在途径进入到人的身体，蔓延至大脑，导致脑组织成海绵状。这些笑疾病会使人颤抖不止，失去身体的协调性，引发某种死亡。除此之外，还会出现其他一些奇怪的病症，例如心情的变化莫测、麻痹和失禁。最终的结果就是人的思维彻底被摧毁，与老年痴呆症患者的情况很相似。随着病情的恶化，患者在没有任何外力的支撑下无法正常行走。打寒战和战栗的次数越来越多，肌肉痉挛的情况也越来越严重。最令人感觉奇怪的病症表现在因为大脑思维的分裂，病人会突然大笑或者因为高兴发出可怕的嚎叫。

近来为人们熟知的"疯牛病"就是锯天牛病的一种，这种疾病已经导致80

名英国人丧命。在美国,已经在生活在科罗拉多和怀俄明的鹿和麋鹿身上发现了这种与牛有关的"会发笑的大脑"疾病（也称作牛的海绵状脑组织疾病），而且正危害着当地的猎户和在同一地区牧场中的牛。据报告的数字,在2001年至2003年期间,有25人在吃了野生动物的肉后死亡。

1962年,驻扎在非洲坦桑尼亚的2名社会工作者和3名美国人道主义志愿者不幸因患上了一种奇异的笑疾病失去了生命。而在一所学校里,一种传染性的笑疾病在年龄12岁到18岁的女学生中间传播。有时候,个人的笑会转变成不受意志控制的号啕大哭。笑是可以传染的,它会从一个人身上传到下一个人那里,最终你所在的整个集体都受到了传染大笑起来。这种流行病会很快蔓延,数天之内就会影响到周边的以及较远的村镇,最严重的时候甚至连学校都闭校放假了。这场流行病大暴发持续了6个月,夺去了900人的生命,有人认为自己的生活环境中藏匿着不同种类的孢子是导致疾病迅速蔓延的原因。

自1995年以来,有2,892名美国人死于笑疾病。

NO.10 被兔子咬死

2002年3月,圣罗莎一名男子看到邻居草坪上有一只毛茸茸的兔子,他认为这是一只逃跑了的复活节小兔子,于是走过去想抚摸它。突然,这只灰色的长耳野兔猛地用牙齿咬住了男子的手腕,并把皮肤咬破。男子连忙转身就跑,但生气的兔子在后面紧追不舍。这时,树丛后面又跑出来两只兔子也加入了袭击的行列。尽管管理人员不能判定这些兔子是否有狂犬病,该男子还是接受了6针狂犬疫苗注射。

> **死亡规律**
>
> 狗、猫、牛、马、野牛、麋鹿、绵羊、臭鼬、浣熊、狐狸、山狗、蝙蝠和麝鼠被证实都可以传播狂犬病,每年大约有1,500人被它们咬伤。所有被野生动物和未经兽医提供医疗记录的狗咬伤的人都应当接受狂犬疫苗注射,不论是否患有狂犬病。
>
> 狂犬病是一种大脑急性滤过性毒菌感染的病症。

在纽约,一名54岁的男子被一只未注射过疫苗的小狗咬了拇指。4个月之后，他突然神志昏迷、口吐白沫、剧烈颤抖，最后心脏停止跳动而死。狂犬病症状出现的时间可以从短短几天到4个月之久，但是症状出现后通常3到30天人就会死亡。

1980年以来，美国共有2,890人死于狂犬病。

NO.11　在救护车里被撞死

20世纪早期，救护车服务经常是由当地殡仪馆提供。这有一个轻微的利益冲突，因为殡仪馆出钱买的救护车却经常花时间把病人送到医院。到20世纪30年代，大多数的救护车服务从殡仪馆中独立出来，并且在相互竞争以创纪录的速度把病人或伤者送到医院。

由于熟悉道路，并且不需要很多培训就可以被安排到鸣着警报器的大型运输工具驾驶座上，很多出租车司机被招聘到救护车服务公司。

20世纪中期，救护车的车头撞车和侧面擦撞事故比城市道路上的任何其他商用交通工具要高出3倍。现在，大多数急救人员（EMTs）都从属于消防部门，仍有60%的事故发生在救护车司机试图慢行通过的交叉路口。

每年1,795人死于救护车交通事故。

NO.12　如厕时光

与跳舞、画画等其他人类活动不同，上厕所没有引起人们的关注。女性平均每年花在厕所的时间是200个小时，相当于五个40小时的工作周。而男性如厕的时间也达到了三个工作周。上厕所的时间和厕所的环境与人类文明进程的发展相一致，社会越进步，人们的闲暇时间就越多，这样就有更多的时间可以用来在洗手间里面沉思。然而，从第一个原始人在丛林后面蹲下，拿起一把柔软的树叶开始，人类大肠的运动过程就没有发生过改变。

目前，便秘是导致人们如厕时间过长的最普遍原因。每年有250万人因便秘而就医，并花费3亿美元用于购买轻泻剂。一周或一周以上时间的便秘并不会导致死亡，除非是其他严重的病因所引起的便秘，如疤痕组织引起的阻滞，或未被检查出的肠内增生。厕所内发生的死亡大多是在尝试佛萨瓦氏压力均衡法时导致的。潜水员常使用这种方法来清除进入呼吸道的水，但对于无经验的如厕者来说，使用这种方法成功的机会就小得多。他们试图通过憋气来强行排出肠内的杂物，这会使肺内的气压失去平衡，从而导致心脏供血的压力出现问题。换句话说，这会导致心脏病的发作。

悲伤往事

2002年，一名86岁的老年男子被发现死于卫生间。警察是在邻居报告闻到恶臭后强行进入他的房间的。从他尸体旁边处方药的日期可以看出，他死了已经一年多了。

国王坐在他的宝座上

猫王埃尔维斯·普雷斯利死于卫生间内，他因使用佛萨瓦氏压力均衡法而引发心脏病。他最后的遗言是："我到洗手间去看书。"

疏通马桶

2004年12月，一名宾夕法尼亚州的男子在疏通马桶时身亡。由于堵塞物非常顽固，他决定同时将两瓶液体清洁剂倒入马桶，但清洁剂浓重的香味使这名69岁的男子站立不稳，倒在了卫生间内。死亡证明上记录着他死亡的原因是氯气中毒，但没有提到厕所，也没有提及他所制造的阻塞物，这应该是导致他死亡的次重要因素。

每年有1,213人因如厕时用力过度引起并发症而死亡。

NO.13　自宫死

从历史上看，很多古代文化接受甚至鼓励自我阉割——即除掉自己的睾丸的行为。在古代的中国、中东、和许多地中海国家，富人们寻找并雇佣摘掉睾丸的人。年轻体弱的男性奴隶愿意割掉他们的睾丸以逃避只有强壮的身体才能承受的艰苦劳动。称为太监的阉割过的男人，被安排去保护和照顾主人的女眷，因为人们相信，阉割过的男人是不会对性有任何兴趣的。因而，在这种文化中，太监常常升至受人尊敬的地位，成为值得信赖的用人和细心周到的知己。

历史上，太监曾被找来到剧院演出。15世纪，君士坦丁堡发布了一项公告，告知民众教堂的唱诗班需要太监参加女高音音域的演唱（女性不允许歌唱），因为他们在青春期后很长时间都保持天使般的高音。16到19世纪，罗西尼和迈耶贝尔的意大利巴罗克风格的歌剧请了被阉的男歌手当最重要的男主角。到了20世纪，甚至罗马教皇唱诗班也给了最后一个死于1922年的阉人亚历山德罗·莫雷斯基以至高的荣誉。

如今，施行自宫的人明显的有两类：深受精神变态之苦的人和想变性而不能去医院找大夫进行专门外科手术的人。精神病患者常常把阉割看做是自毁的顶点。2003年，一个已婚的、在青春期早期有过性虐待和恋童行为的26岁男子，很认真地想治治他的毛病。在他婚后的前五年，他变得更加狂躁和偏执，说自己听到声音，表现出不可预知的暴力，苦闷于不适当的情绪波动。他对自己孜孜以求的目标变得狂热起来。一天，他带着一把小刀，来到了一块孤地，在那儿他彻底切除了他的阴囊，把割下部分扔到了30米以外的灌木丛中。他的尸体被找到时发现他对自己的阴茎未损毫发。他死于失血过多。

专业性阉割

在美国，直到1952年一个45千克重的男子G.I.变为女性，通过切除睾丸来改变性别的想法一直是一个小心保守的秘密。虽然克里斯蒂娜·乔根森不是第一个经受生理上的"性别改变"来变性的人，但她却是第一个把自己的故事公之于众的人。她成了轰动全国的人物，并且随后不久，通过外科手术改变性别的想法就流行起来。

一些有钱的男性（包括亚里士多德·奥纳西斯）都在赞助变性的手术。这种公开的势头受到了宗教团体的猛烈抨击。很多十来岁的孩子，在试着自己彻底去除后，到医院去"修补一下"。然而，由于宗教团体势力的反弹，他们被当做精神病患者对待。人们把他们送进精神病院接受没完没了的电击治疗，在不能变成像"被认为"的性别那样行为时，他们甚至被施行脑叶切除手术。

当今，即便是外科科学取得了很多进步，那些他们生来就觉得生错了性别的人经常会做点什么来治疗一下。这一类的自我伤害影响到青少年变性者的10%。

每年因自宫而死亡的人数是1,200人。

NO.14　被猫吵死

1989年，芝加哥一个居民晚上被他寓所楼顶上的一群猫弄得睡不着觉。他试着到沙发上去睡，把枕头盖在耳朵上，甚至在窗户上用胶带绑上硬纸板和泡沫。但不管他再怎么努力，他都能听见猫在交配季节的嚎叫。妻子全然不觉并酣然入睡，使他大为光火。就这样过了三个无眠的夜晚后，这名男子买了一杆气枪，希望能把猫从壁架上吓跑。那天晚上，在猫开始叫的时候，他猛地把窗户推开，坐到窗台上，

并朝着屋顶开起枪来。猫很快四散而逃。但败事有余的是，一块生了锈的飞檐突然松动了并砸在他的脑袋上，使他从窗台上摔下而死。

建筑物或其他构造体，包括桥梁、天花板、悬出的露天平台等的一些部分碎裂掉到地上，通常一次很大一片，每年使450个毫无戒心的人丧命。2003年芝加哥的一次聚会上，露天平台从建筑物上松动下来使12人丧命。2005年在蒙大拿州另有50人死于一个赌场的露天平台的塌落。露天平台塌陷每年致死250人。近年来最严重的（非由地震引起的或非由罪犯造成的）建筑塌落事故发生在1981年。当时，堪萨斯市的海厄特高架通道——一条悬空的连接两座高楼的人行通道——突然断裂，夺走了110人的性命。

NO.15　被雇佣者误杀

一个高中女生为取消和男朋友之间的婚约而雇了一个职业杀手去杀死其男友，整个过程中从没有检查过证明杀手能够遵从指令的材料。这个17岁的洛杉矶姑娘把她男朋友和她自己的地址都给了杀手，以便杀手可以在完事后按女孩

地址来取报酬。但杀手把地址弄混了，并没有在深夜摸进其男朋友的卧室，而是爬进了她的窗户射杀了她。

2004年，雇凶者遭被雇用者杀死的人数：264。

NO.16　不安全的窗户

薄板安全玻璃，也称汽车玻璃，发明于1927年。安全玻璃通过把一层薄的塑料片夹到两层或多层玻璃中间而增强了弹性。塑料胶片使玻璃在破碎时能粘连在一起，能把残砖废砾跌落时的伤害减到最少。与普通玻璃相比，薄板安全玻璃很结实，不易破裂，因而被用于很多高楼大厦。

1993年7月9日，一个38岁的律师正在领一群来访的法律系女学生参观他所在的闹市区里一座摩天大楼内的新办公室。他开玩笑说，不管办公室里有多"热"，从地板到天花板的落地窗都不会开。接着他想露一手他对窗户的强度的知识，并用肩膀去撞击玻璃。但这一次安全玻璃不再安全了，他从24楼摔下身亡。

NO.17　象皮病

2001年，当布鲁克林的一名护士在结束了与一名病人的电话后，对她的同事评论说："那家伙胡说八道。"几小时后，当那个男子腰上围着一条白床单来到诊所时，她遭遇了有生以来的奇事。该男子的阴囊大得就像在两腿中间的一个豆袋椅。所见的情景和这名男子的不幸使护士惊呆得不知道做什么来帮助他。男子5年前在非洲做使节时就得了淋巴腺丝虫病，即通常所称的象皮病，此前他都因为觉得太难堪而不愿就医。

这种病是由蚊子身上的寄生虫引起的，蚊子在叮咬时会把这种寄生虫的幼虫带到人的血液中。这种寄生虫会使淋巴管发炎并使四肢、头部或躯干变得巨大。因为发炎，到达感染部位的血流被堵塞，肢体、脑袋或生殖器肿得越来越大，直到达到相当不协调的尺寸。持续的血液堵塞最终会引起坏疽并导致死亡。

1965年以来，象皮病侵袭了全世界范围内的12,000万人并夺走了4,000万人的生命。没有针对这种病的疫苗，也几乎没有药可以治愈它。大多数人觉得蚊子叮咬的肿块最终会自己消退，想到去医院治疗时已经为时已晚。

1995年以来，243名美国人死于在国外旅游时得上的象皮病。

象人中没有大象

以"象人"闻名的约翰 梅里克是由弗雷德里克·特里夫斯医生从盛在穿插表演的笼子里的生活中解救出来的,后者把他的病人描述为"身体、面部、头部和四肢畸形。他的皮肤厚而松弛,打着褶子悬垂着,就像大象的皮一样。"特里夫斯医生把梅里克的情况称为"象人病"。一度被当做没有教养的野蛮人对待的梅里克很快就学会了维多利亚时代的礼仪和教养,最后成了皇室的娱乐对象并被宾客们在茶余饭后争相一睹。梅里克住在伦敦医院时,被友善地当做一个受到奇特训练的怪人对待,直到他于1889年去世。长期被认为深受"象人病"或称象皮病之苦的梅里克,得的是较为罕见的病。在检查了他的骨骼、医院病历和皮肤样本后,美国国家卫生研究所一个专家小组把梅里克的病况诊断为变形杆菌综合征,这是一种能引起生长异常和非正常体型的基因紊乱,已知的病历中只发现不到100例。

NO.18 飞禽致伤

商业渔船在所有水上活动中死亡率最高,每天至少会夺走70人的性命。在美国,渔民的死亡率是全国与职业有关的死亡率的25~30倍。其中包括许多因素:渔船上的设备仅仅能用而已,因为经济原因阻止了技术的改进;日益减少的打渔量使渔民不得不冒更大的风险到远海捕捞。此外,期望靠运气在恶劣天气下出海捕捞也会导致事故发生。

死亡规律

每年有7,000万的美国人享受休闲划船。2005年有超过700名业余划船者遇难,其中一半是由于没有穿救生衣。不管穿不穿救生衣,1/4的人是由于在船上举行聚会而发生了事故。

有超过一半的游船死亡事故发生在湖泊、池塘、水库及大坝上,此时一般能见度较好,风很小,风力在每秒0~6米,水温在21~26摄氏度之间,而且水面浪高低于1.8米。在帆船上,头部受伤是第一位的事故,而当独木舟发生事故时,引起死亡的主要原因是由于遇难者体温下降。一氧化碳中毒是私家游船出事的主要原因,用于提供空调和灯光动力的发动机占据了船后部的通风孔,使危害乘客的一氧化碳无法排出甲板。而私人游船上，就像喷气式滑雪板上一样，往往由于发生碰撞使人头部受伤而死。

汽船是一种靠蒸汽机推动船前进的平底船。2004年，当Swamp king号汽船在路易斯安那的沼泽地翻船时，有2人死亡。当时，船上一共载了16个观光者，他们正要到入河口去找鳄鱼。Swamp King在网站上声广告宣传他们的汽船是"半承载半观光的，可以在很小的地方进行90度转弯。"旅游公司计划把"大多数时间"加进未来所有的促销资料中去。

死神来了

一名男子为佛罗里达迪尔菲尔德海滩上的一家雅马哈船舶分销商工作。他测试了喷气式滑板，以确保它能在没有游客、只有野生动物的湖面上以最高的速度行驶。一名同事可以在岸边用雷达枪监视船速。2001年11月的一个早上，该男子使用喷气滑板以每小时55公里的速度滑行，并且一切正常。当他的伙伴从雷达显示器上找他时，突然发现他不在船上。他与一只飞着的鸭子撞在了一起，在如此高速的情况下头部与4.5千克重的鸟撞在一块造成的伤害如同撞到了煤渣堆上。死亡原因：飞禽致伤。

每年发生125起美国商业渔船淹没事件，共导致约310人死亡。

NO.19 口臭死

美国人在牙膏、牙刷、口腔保健口香糖、漱口水、口气清新薄荷糖上面年均花费20亿美元，但是仍然有9,000万的美国人有慢性的口臭，也就是通常所说的口气不清新。这种气味大多是由那些能够分解残留在口腔里面的食物颗粒的细菌引起的。当食物颗粒过多时，这些细菌与大量的残留食物（尤其是蛋白质）迅速混合，释放出一种类似于臭鸡蛋、粪便、尸体、腐烂的肉类或者汗脚等能够产生硫磺的气味。其他类似于洋葱、大蒜或者咖啡一类的食物也会引起不洁的口气，而且一旦摄取，它会滞留在身体里面长达72个小时。这些食物的气味是从胃里面产生的，进而使肺里面都充满这种食物混合物的气味。大蒜的味道尤其持久，一旦与你的皮肤接触，即使三天之后仍然能从你的口气中感觉出来。

90%的不洁口气可以通过良好的口腔清洁得以缓解，比如说每天刷牙3～5次，用牙线去除残留的蛋白质颗粒，拒吃那些释放硫磺口腔细菌的食物。另外10%的不洁口气可能源于胃溃疡、肾功能衰竭前兆或者是肝脏疾病。那些吃很多蛋白质产品的低碳水化合物减肥者最容易出现严重的口臭，这是他们的身体在提醒他们，他们的器官已经开始损坏了。

专门研究口臭对男女关系影响的医生们找了很多随机的时间来研究那些有口气问题的人，试图找出口气问题的症结所在，最后证明这是由幽门螺旋杆菌导致的。幽门螺旋杆菌是一种无法通过咀嚼口气清新薄荷糖消除的，而且能通过嘴对嘴传播到其他人的细菌。这种形式的口臭可以称为引发癌症的代理商，它能够导致胃和十二指肠疾病、淋巴组织疾病甚至胃癌。这里的坏口气并不是来源于口腔而是来源于胃。

喜欢讲话时离得很近的人，请你们站远一点儿

很多患有严重口气问题的人往往自己很难察觉，而且在公开场合提出这个问题似乎也是很没有礼貌的行为。然而，口臭不仅仅破坏人们之间的关系，使人们拒你于千里之外，而且它也可能意味着你的健康出现了严重问题，如果它发展成了脓疮，还可能会缩减你的寿命。因此，很多专家认为直接告诉对方他有口气问题从很多方面来看可能是一件很英勇的事情。

嗅觉预言者

口臭恐惧症就是对口气不洁的恐惧。有一位女士，自从她的大学室友善意地告之她有口气问题之后就患上了恐惧症，这种恐惧症导致她离了三次婚，丢失了无数次工作机会。（因为她拒绝和她的丈夫接吻，与同事讨论问题时也总是将头转

向另外一边。）最后，对口气不洁的恐惧竟使她患上了严重的抑郁症，并导致了自杀倾向。后来，这位女士听取了一位精神科医生的建议，去研究口臭问题的专家那里寻求帮助。这位专家发现，她确实患有重复性发作的口臭，这是因为她很小的时候往鼻孔里塞入了一粒小珠子，当鼻窦尚未枯竭时，它所产生的黏液就滞留在鼻腔内，当这些黏液特别黏稠时，就会发出一种很难闻的味道。于是这位女士移除了鼻腔里的这颗小珠子，据报道她后来闻上去清香无比。

口臭好像是2002年31,987例死亡证明中的第一或者是第二大死因。

NO.20　脚臭死

爱也许是盲目的，但是却可以嗅到

2003年6月，在布鲁克林大街中央，一位体重100千克的妇女用一只鞋杀死了她的男朋友。她为男友提出分手的原因抓狂，一个在她看来完全不能成为原因的原因：脚臭。两个人吵了起来，女人在争吵中占了上风，把男人推倒在地并坐在他的胸口不让他动弹，然后她脱下了高跟鞋把男友打死。该女人最终被捕，判以谋杀罪以及持有致命性武器——她的一双鞋。

NO.21　亲吻病

伊夫琳·米利斯·杜瓦尔写于1956年的《生活的真相以及对青年的爱》一书中警告到，第一次约会就晚安吻是操之过急的。这不是20世纪50年代对整洁和礼仪的建议，如果你预期的爱人有一个老流涕的鼻子、频繁咳嗽、身上有皮疹，那么在进行血液检查以前你们最好不要接吻。一个法兰西式的吻——也就是将舌头放进对方的嘴中——在这个传染病盛行的年代不是一般的冒险。

死亡提醒

爱波斯坦－巴尔病毒（EBV），被认为是传染性单核细胞增多症的病因，每年导致7,000人死亡。

如果被诊断患上任何一种EBV，你实际上已经得了单核细胞增多症。

亲吻病，或者单核细胞增多症（也常简称为"单核"），是一种具有传染性、滤过性毒菌的疾病，最初是通过唾液传染的。这种传染病最经常影响接吻——又疯狂又有细菌——传播了15～17年，可以导致38.8～40摄氏度的高烧、咽喉肿痛、颈部淋巴腺肿胀以及脾部肿胀。多次感染单核细胞增多症可能导致癌症，而且也是在那个年龄段患霍金斯疾病和癌症死亡的主要原因。感染上单核细胞增多症的青年应该增加免疫力，增加T细胞产生，以减少患上癌症的可能性。

NO.22 打喷嚏

有5,000万美国人刚刚打过喷嚏。从医学角度来说，打喷嚏是免疫系统的一种不自主敏感反应，通常是由鼻黏膜或嗓子受刺激引起。通常鼻涕通过喷嚏离开鼻孔后以每小时145公里的速度前进，将超过1,600万个细菌散落到7.6米内的范围。但是，如果喷嚏是由虚弱而非感冒引起，它的速率和频度也会有

所不同。大多数由感冒引起的打喷嚏会持续两到三天，平均打100到200个喷嚏。据《吉尼斯世界纪录大全》的记载，世界上打喷嚏时间最长的记录由唐娜·格里菲斯于1981年创造，她连续971天打喷嚏，至少听到了300万次"上帝保佑你"。格里菲斯显然是遭遇了一种未知的过敏。

过敏导致的打喷嚏几乎可以由任何东西引起，包括花粉、尘土、动物的皮屑、霉菌、橡胶或食物。由过敏反应引起的剧烈喷嚏可以使人的肋骨骨折或是眼血管破裂。许多刚动过手术的病人被建议准备抗组胺药以防止连续打喷嚏。2003年有394人死于外科手术后的喷嚏。

由食物过敏引起的第一个喷嚏应该引起足够的重视，随之而来的可能是更为严重的问题。食物过敏能在20分钟内置人于死地，导致呼吸衰竭、供血不足和窒息感等过敏性反应。每年大约有10,000人遭遇过敏反应，其中750人

死亡，其中有150人是对花生过敏。但对于5,000万美国人中的大多数而言，喷嚏仅仅是个喷嚏，从积极的角度来讲，一个健康有力的喷嚏据说能产生1/10的高潮。

在公共场合打喷嚏

"上帝保佑你"被用于当某人打喷嚏时的礼貌用语，罗马教皇圣格雷戈里用这个简短而亲切的祝福向患了瘟疫的人表示安慰，因为一旦他们开始打喷嚏，活下来的机会就会非常渺茫。（格雷戈里于公元390年60岁时死于肺炎。）然而，1919年当西班牙流感在美国和其他国家流行时，打喷嚏的人不是得到"上帝保佑"的祝福，而是被逮捕并送进监狱，以尽可能被隔离。

NO.23 演说死

威廉·亨利·哈里森于1840年再次当选美国总统。当他69岁的时候，一些人认为他已经太老无法胜任这项工作。为了证明自己仍然精力充沛并且是一名出色的演说家，他在3月举行的就职仪式上做了近3小时的演说，尽管当时还下着雨，天气寒冷。结果他因患感冒于32天后不治身亡，成为美国历史上第一位死于任内的总统。

第六章
最雷的

　　对死的恐惧源于对生的害怕。一个活得充实的人可以随时接受死亡的来临。

——马克.吐温

NO.1　隐居死

纽约市有对曾经事业很成功的两兄弟，工程师霍默·科利尔，以及律师/发明家兰利·科利尔，他们认为自己居住的赤褐色砂石建筑的房子以外的生活是不可接受的。于是他们成了忙忙碌碌的城市中的隐居者，享受着只有他们两人相互陪伴的生活。

1947年，警察接到报警，邻居声称两兄弟的家中发出让人难以忍受的恶臭。3月21日，在敲门没有得到响应的情况下，警察破门而入。他们发现，旧报纸堆到了天花板，各个房间里到处都是盒子、条板箱和兰利发明的东西，只留下一个又小又窄的过道供人通行，到达二楼的楼梯完全被堵住了，需要搭梯子才能上去。警察发现了霍默·科利尔的尸体，他坐在一把椅子上，手里是一只空杯子，死了有大约10小时。

数年前，霍默就双目失明，并因为关节炎已经瘫痪。他靠兄弟兰利提供饮食和照顾。兰利担心有朝一日贼会来偷他收集的废品宝贝，精心制作了一个从天花板垂下来的陷阱。数周后，兰利的尸体在陷阱里的一大堆废弃物下面被发现，他死了已经一个多月了。霍默在等兰利给他送果汁时饿死。后来警方在这对兄弟尸体的周围共清理出120吨垃圾。

1950年以来，禁闭者、隐居者、人群恐怖者以及混合性格紊乱者（MPD）的死亡人数：131,863。

NO.2　外科手术死

犹他州一名老年男子死于痔疮手术并发症。一开始,这个手术一切正常。他的臀部擦上酒精和抗菌软膏并做好了手术准备。在医生用电动手术刀切除痔疮的过程中,他放了一个长长的屁。抗菌软膏里的易燃物在男子的臀部和外阴部产生了微小的明火。尽管火苗马上就被扑灭,还是导致了感染,致使这名健康没有任何问题的男子死亡。

死亡规律

在美国,每年有700万次没有多大必要的门诊外科手术,有17%的可能会出致命的错误。

2003年,由外科医生导致的意外死亡人数:120,000。

由电动手术刀导致的死亡人数:1。

NO.3　高空家具

1993年,一个7岁的男孩和一个6岁的女孩和他们的父母从中西部回来,住在纽约城市宾馆的34楼。在大人们都到健身房去的时候,两个孩子从窗户往下看,看到他们住的那么高、下面街道上的人看起来像蚂蚁时感觉很开心。起初,他们把宾馆的几支笔扔出了窗外,接着又扔出了冰桶。看到没有引起下面的"蚂蚁"的注意,他们再次加码,把一把椅子扔到了街上。来纽约旅游的41岁的台湾男子陈晨在看风景时被从上面落下的这件家具砸中身亡。

1945年以来,被落下的物体砸死的行人有17,983人。

NO.4　让人发狂的音乐

2003年6月的一个早晨，凌晨4点，在迈阿密海边的一栋粉色、两层楼的公寓里，一位男子无法入睡。就住在他楼下的邻居此时正在为庆祝生日而狂欢，震耳欲聋的音乐声把窗户玻璃震得响个不停。尽管城市管理条例中有明确的规定，在晚上11点之后居住区30米范围内禁止用超高分贝的音乐打扰他人的休息，但这些狂欢者早把规定抛在了脑后。而此时，楼上的那个男子也已经忍无可忍，但他并没有打电话叫警察而是自己走下楼去敲这一家的门。惨剧发生了，有人为他打开门，这个男子什么都没说，只是拿起枪。他向拥挤的房间开了9枪，这些醉酒狂欢者中有3人死亡2人受伤。法庭上，该男子的辩护律师认为"超分贝的音乐声"导致他短时的精神失常，所以才会开枪杀人。

根据一些大的录音公司的工作人员提供的资料，只要是在耳朵能接受的声音分贝的范围内，大音量的音乐并不会对人身造成任何伤害。声音是以分贝（dB）来衡量的，用来界定人耳接收到的通过空气传播的声音的音量大小。根据西奈山医院治疗耳聋病项目组的内科医生迈克尔·M.D.洛克提供的信息，声音在85分贝就可以导致听力损伤，120分贝的音量就会使你的耳朵感到疼痛。超强的音乐播放设备发出的音量可以高达100分贝；通过立体声耳机听音乐，设定的最大音量为110

分贝；听一场摇滚音乐会，无论你坐在哪个角落，它所能传递给你的音量都是120分贝；声音达到了160分贝耳膜就会破裂，音量达到了200分贝肺就会爆炸；从声源处发出的异常剧烈的响声发射出的声波会对中空的器官造成致命栓块，例如肺和肠胃。第一次世界大战期间，很多士兵在没有任何外伤的情况下因为距离炸弹爆炸地点太近而死亡。医疗文献报告中也提到有无数人是因为超大分贝的响声或者意外的超强噪音导致心脏病突发死亡。

秘密武器

美国政府很早就知道声音是非常有效的武器。综观历史，美国的军队曾经试图利用喇叭、鼓、军号、风笛和阴险的、战场上的哀鸣声来扰乱敌方的军心。1989年，美军就是利用不间断地循环播放重金属流行音乐捕获了躲藏在巴拿马梵蒂冈大使馆的诺列加将军。联邦调查局曾在得克萨斯州中东部的城市韦科，利用音量高达120分贝的经典老歌24小时连续播放使得布兰奇·达维迪安斯精神崩溃，最终束手就擒。2003年美军最初占领伊拉克的几天时间里，美国大兵在由阻击兵控制的大楼前播放重金属音乐想以此来挫败对方的士气。

美国政府现在正大力发展新型的音速武器，它能发出或低或高的音频，而这种音频人耳是无法捕捉到的。由音速武器发出的声音可以扰乱敌军的行动，使得他们呕吐不止无法抵抗。一家培训特工的公司已经研制出一种电子探测器——"音速发生器"，受到它的干扰你会感觉"头痛、暴躁、流汗、失衡、恶心，甚至呕吐"，而这种机器的售价只有49.99美元（当然不包括使用的两节AA电池的价钱）。这家公司建议可以把这种探测器安装在"从不顾及别人的邻居家中"，这样就可以让他们别无选择地拒绝享受无休止的狂欢晚会了。

死亡规律

连续8小时不停地播放音量超过85分贝的音乐，人的听力就会受到损伤。高保真音乐播放系统的普遍使用削弱了新一代年轻人的听力能力，在校大学生中有将近1/3的人正遭受失聪的折磨。许多专家认为长时间暴露在低分贝的噪音中也会带来身体的不适并且制造压力。2001年一项在洛杉矶机场进行的调查研究显示居住在机场附近的人的死亡率普遍偏高。

以音传教

我们还不知道那些嘈杂的音乐对腹中的胎儿会造成怎样的影响，但是当已怀孕的雌性动物听到这些音乐后却流产了。1992年佐治亚州州长对孕妇赠送古典音乐录音带，希望能够通过这种可以刺激智力发育的交响乐来提高佐治亚州人口的文化程度。

死亡规律

1976年至1985年这9年间是那种超大型立体声音响流行的黄金年代。盛夏时节，为了消夏，人们举行各种各样的舞会，城市中随处可见这种超大"扩音器"，虽然它发出的声音已高达120分贝，但丝毫没有影响人们狂欢的热情。随着时代的发展，科技的进步，大型立体声音响退出了历史舞台，取而代之的是更为轻便的随身听和其他种类的便携式立体声播放器，其中最受年轻人喜爱的当属苹果公司生产的iPod多媒体播放器了。2005年，能随身携带一款这样轻便的音乐播放器在15岁到24岁的年轻人中已成为一种时尚，但出乎人们意料的是，这种自娱自乐的方式导致的死亡要比遭抢劫遇害的可能性高出18倍。

1970年以来因噪音导致的死亡人数：34,831。

NO.5　抵制现代机动车文化

横穿马路的人是指不按照交通规则步行过马路的人，如闯红灯，或者走在人行横道线外面。超过一半的马路步行者发生丧生事故都是由于横穿马路，这是一种违法的行为，警察有权力对横穿马路者开罚单。横穿马路被车撞的人并不算是受害者而是违法者。在纽约市，当一个司机撞到一位突然出现在中央公园路边停车场的80岁老太太后，因无照驾驶被捕，而非因为撞死这位老太太。

很多人仍然坚持着横穿马路，并把这当成是一种反叛。一位吃了罚单的横穿马路者在事后宣称，他这样做就是为了抵制现代机动车文化的专制。步行的人只能在很窄的人行道上面行走，而街边的摊贩、户外的咖啡店、各式路标、垃圾车、报刊亭以及大量的其他行人，都使得人们不得不在必要的时候采取节约时间的选择，走到马路上去，尽管这有致命的危险。在乡下的道路上横穿马路并不算是个问题，而被擦伤才是真正的危险。

1990年以来因横穿马路而导致的车祸总数：14,902。

> **死神来了**
>
> 杰里·鲁宾在越战期间是一位社会活动家,但是在离开了政坛之后,他转型为一位成功的企业家。他靠保健食品和股市赚了钱。但是他仍然不能好好遵守一些规则,比如等到交通灯绿了再过马路。1994年他因横穿马路死于车祸,享年56岁。

NO.6 观看体育比赛死

1989年,在谢伊体育场举行的一场棒球比赛被一名妇女中断,据报道,该醉酒女子爬上了边线旗杆,又从36米高的顶端跳到场地内后死亡。1996年,在一场开幕赛事上,一名旧金山49人队的球迷为了庆祝球队的胜利,将一只带轮子的铁质垃圾桶推到了看台过道上最高的位置,然后坐在上面沿着斜坡滑下来。结果垃圾箱撞上了看台与球场间的栏杆,导致这名高兴过头的球迷从12.8米高的看台上摔下后死亡。2002年3月,一名13岁的球迷被一只偏离场地的冰球砸中后死亡,这是冰球联盟历史上第一起观众死亡事件。

1900年以来有5,988名观众死亡。

NO.7 打哈欠死

打哈欠一传十,十传百。打哈欠是会传染的,当你看到别人在打哈欠时你也会不自觉地打起哈欠来。儿童心理学家约翰·皮埃特说,人在两岁的时候很容易传染上"哈欠传染病",而且不管人们怎样努力尝试几乎没有人能够提高自己的免疫能力来抵抗传染。几个世纪以来,医生们认为打哈欠并不危害健康,它是一种身体需要供养的表现,通过这种方式还可以把体内过剩的二氧化碳排出。由于缺少研究资金,对究竟是什么原因会让人打哈欠至今还是个谜,因为大部分钱都用于其他领域的研究了。

马里兰大学的罗伯特·普罗文博士,一生致力于研究打哈欠这个课题并且已经成为该领域世界一流的专家。罗伯特在他的测试中为那些患有打哈欠病症的病人提供纯氧,但事实上这并没有阻止他们继续打哈欠。因为在做这项实验之前，有很多人认为打哈欠是缺氧的表现。接着罗伯特开始了进一步的测试，想要证明人是否因为感到疲惫才会打哈欠，他将看静音电视节目和看摇滚音乐会节目的人比较，结果发现看30分钟静音节目的人打哈欠的几率要比看摇滚音乐节目的人高得多。科学的进步可以帮助人们解释打哈欠的原因，卡尔 琼用"集体无意识"来描述人打哈欠这种现象，而且他还进一步解释说这是人的一种本能反应，与生俱来，某种程度上可以说是由遗传基因在发挥作用。猴子、非洲黑猩猩，还有包括鱼类在内的很多动物都会打哈欠。一些新的研究表明无论是动物还是人，他们自己打哈欠或者向他人打哈欠就意味着发出了想要休息的信号。打哈欠这个简单的动作有可能是形成一种共通语言的第一次尝试。

今天，人们把普通的打哈欠认为是正常的生理反应，只有当它发生的频率过快过高时才需要求助医生或服用药物。睡觉时发生的窒息、过度的药物治疗都是导致出现大量打哈欠患者的原因。

死神来了

1999年7月的一场马戏团表演，其中有一位小丑演员，就在他即将上场表演节目的前一秒在后台打了一个哈欠，结果一发不可收拾，接连不断的哈欠向他袭来使他无法正常演出，当演到他与一只河马表演高难度动作的时候一个哈欠使他掉入了河马的口中。

2004年，因驾驶过程中打哈欠致死的人数为1,400。

NO.8 尼龙风筝

滑翔翼出现的时间比飞机要早。在还没有出现飞机的最终设计图之前,莱特兄弟受莱昂纳多·达·芬奇所画的草图的鼓励,就把自己绑在一个滑翔机上完成了第一次飞行。20世纪60年代,美国宇航局的工程师弗朗西斯·罗加尔洛制成了一个非常大的、像风筝一样的滑翔机模型,作为一种平安着陆和返回飞船的方法。另外两个兄弟,鲍勃·威尔斯和克里斯·威尔斯,1973年成立了一家生产

滑翔翼的制造公司,并且使他们制造出来的"威尔斯滑翔翼"飞行了483公里。1977年,鲍勃·威尔斯在一次利用滑翔机进行空中拍摄电影时不幸坠机身亡。

每年有25,000人把他们自己绑在一个尼龙风筝上,从峭壁上一跃而下。

每年有412人在使用滑翔翼飞行时屈服于地心引力,不幸罹难。

NO.9 闯入家里的熊

2002年在新墨西哥州,一个93岁的老妇在听到锅碗瓢盆落地的声音后下楼到了厨房。她看见了一头124千克重的黑熊。这头熊弄开了后门的锁,到餐厅来吃东西。当这个45千克重的妇人想用一把扫帚把熊赶出去时,熊扑向了她。她死于"多重咬伤"。

由于很难找到食物,熊变得越来越凶猛,这样的人熊冲突正在上升。在科罗拉多州,熊被逮来挂在购物中心,并且经常被发现在学校附近出没。美国狗熊协会宣称在过去的100年中,美国有40人被黑熊杀死。

灰熊男子

提姆·特雷德韦尔喜欢灰熊,并且灰熊也实在是喜欢他,因为最终,灰熊

一口一口地把他吃掉了。有14个夏天，特雷德韦尔都生活在阿拉斯加的卡特迈国家公园和自然保护区灰熊的中间研究熊类的行为，用他自制的录像机记录他的见闻。特雷德韦尔清楚自己的危险处境。他曾说："如果表现得懦弱，我就死定了。它们会把我弄出去，咬下我的脑袋，把我肢解成碎片。"但他依然坚持不懈，甚至说服女友加入了他的行列。2003年8月，他的预言变成了现实：特雷德韦尔及其女友被一头灰熊杀死并吃掉。他的故事在沃纳·赫佐格的纪录片《灰熊男子》中有所介绍。

据传美国著名的先驱丹尼尔·布恩，在考察并定居于肯塔基州、西弗吉尼亚州和密苏里州大片未开发的荒蛮之地时，杀死了超过1万头熊。布恩只带着一支燧石引火的毛瑟枪和一把刀，进入了一个没有路的充满敌意的世界。1820年，在他86岁高龄时，他在自己的家乡密苏里州的圣查尔斯的最后一次狩猎行程中，患肺炎去世。

1786～1899年，共有143,983人被熊类杀死或抓伤致死。
1920～2000年，灰熊和北极熊杀死了1,682人。

NO.10　被糖浆淹死

1919年1月15日，由于温度突然升高，一辆载有910万升冷冻糖浆的油罐车在波士顿商业区和堤道街交界处发生爆炸，糖浆顷刻间涌出并弥漫着蒸汽。足有三层楼高的糖浆巨浪将周围的房子、火车栈桥、十几匹马和一只猫吞入其中。在后来夏日温暖的午后，波士顿的居民仍然可以闻到糖浆的味道。那场突如其来的意外共造成21人命丧其中。

NO.11　脱口秀节目死

当拉尔夫·潘兹劝说他的前妻与他一同参加《杰里·斯普林格脱口秀》节目时，他的前妻以为他们要在节目上重归于好。但是，她在节目现场却看到了潘兹与他的新婚妻子同时出现。事情的问题在于，虽然潘兹与前妻已经离婚，但却仍然经常在她那里过夜，并且在瞒着她结婚以后仍然如此。他的前妻感到受到了捉弄，变得非常愤怒，她让潘兹去她那里拿走自己的东西，不然她会将它们扔到垃圾箱里去，然后气冲冲地离开了现场。这使她成为观众嘲笑和潘兹新妻子咒骂的对象。节目结束后几个小时,潘兹出现在他前妻的房子里。两人越吵越厉害,最后演变成了暴力冲突。由于对前妻挪动自己的东西感到不满,潘兹将她殴打至死。死者的儿子后来将脱口秀节目告上了法庭,声称是节目造成了他母亲情绪的失控,最终导致被谋杀。《杰里·斯普林格脱口秀》的发言人称无论是节目还是它的制片人对此事都不负任何责任。

2001年以来有13个杀人犯的犯罪行为与脱口秀、游戏秀和真人秀等电视节目有直接关系。

NO.12　动物凶猛请勿靠近

这种病是一种心理紊乱的表现。当你试着接近动物园中喂养的那些凶猛动物或者把野生动物当做家庭宠物来喂养,你的这种有悖常理的行为,会让自己成为动物园恐惧症的受害者。

1998年5月的一天,在芝加哥一家天然气站工作的维修工对他的同事说下班之后他想去酒馆喝几杯,但奇怪的是他的朋友们并没有在酒馆见到他而他也没有回家,同事和朋友们都很惴惴不安,找遍了他能去的所有地方但还是没有任何消息。

第二天的报纸上登出这样一条新闻:一位身份不明的男子被动物园的孟加拉虎咬伤致死,从现场的情况看很明显在这位男子死之前曾经在天黑之后爬到了喂养老虎的圈笼上想要接近老虎。这则消息还描述了现场找到的男子被老虎撕碎的衣服,这更使那些同事们确信死者就是自己失踪的朋友。在这些人完全辨认出所剩无几的遗留物后,其中的一个人说:"我对整件事情的发生感到非常诧异,还不明白到底发生了什么,面对这样的现实还不能接受。也可能当时他被什么人追赶才会跑到动物园去。"

还有一个案例,发生在伊利诺依州的一个露天杂技场。一位19岁的老

虎看护员爬上了关满用来马戏表演的老虎的笼子上面，老虎被他惹恼了大声咆哮，而这位看护员也是吓得急忙蹲下身子贴近笼子开始向老虎"澄清"自己并没有恶意。只可惜老虎听不懂他的解释却越来越愤怒用利爪抓住了他的脚踝，透过笼子把他撕成一条条碎片送进自己的口中，场面异常血腥。这些野兽攻击人的事件发生后，从1999年开始，那些有希望能在动物园工作的员工都必须接受心理承受能力测评。

1965年以来，因为受到动物园里动物的袭击而身亡的人数：1,570。

NO.13 被棒棒糖噎死

一名32岁、1.8米高、健康状况良好的男子以生命的代价提示了人们安全气囊致死的一种完全不同的方式。

1999年当他从一个万圣节聚会上驾车回家时，他的车因转弯打滑偏离了道路。车头撞在墙上致使安全气囊打开。尽管这只是一个较轻的撞击，警察到达现场时这个人还是死了。警察认为死因是毒品或动脉瘤，但需要等待最后报告的结果来确认。尸检时发现死者在气袋膨胀、撞击他的脸部时，他正含着从万圣节甜点里拿走的一根棒棒糖。气袋膨胀的撞击使整块糖——包括短棒和其余部分——塞进了他的喉部，使他窒息而死。

从那以后，汽车气袋警示标签上的小号字就开始提示司机驾驶时不要含棒棒糖（或吃东西）。

NO.14 人肉巧克力

当一个19岁的糖尿病患者在宾州哈特菲尔德的一家专业生产巧克力片的制糖厂找到一份工作时，他开玩笑说那些甜食会成为他的终结者。两个月后，在调和一大桶545升的液态巧克力时，他失足掉进了桶里。没有人看见他掉进去，他的尸体直到3天以后才被发现。而此时，已经有无数的巧克力片被送给营利性的糕点房做成了甜点心。工厂管理人员告诉劳动调查机构，这个新雇来的员工此前已经有两次偷吃巧克力的记录。

NO.15　发怒死

对别人不友善或者态度轻蔑的男人比其他不这么有敌对情绪的男人患心律不齐（也就是动脉纤维性颤动）并死于中风或者心脏病的比例要高出30%。因为急性子的男人更容易情绪暴发，他们的心脏振动比别人快，心脏的两个心房有时候不跳动，或者不能把所有的血液都抽吸出来，从而使得血液堆积，凝结成块，增加了中风的危险性。高声谈话的男人比轻声细语的男人死亡率多出20%，甚至比那些压力过大、性情急躁、没有耐心的男人死亡的概率都还要高。另一方面，女性可以一辈子都发火，但是她们的寿命——至少就心脏的振动来说——却丝毫不受任何影响。

死亡规律

1948年，波士顿大学的伊莱恩·埃克博士做了一个关于3,000个成年人寿命的长期研究，她发现控制怒气要远比通过尖叫或者发脾气等方式发泄怒气好得多。"这与态度和性情有关。"埃克指出。敌对情绪和怒气不只使自己和自己周围的人痛苦不堪，而且还直接影响到他们的心脏，使他们寿命更短。因此可以这么说，每释放30毫升的怒气就等于从你的生命中夺去了几个月的时间。

第七章
最悲剧的

我们对生者欠缺尊重，对于死者，我们欠的只是真相。
——伏尔泰

NO.1　收养流浪猫

有6,400万只猫在美国人家中找到自己的落脚地,而美国人似乎也很喜欢与动物同居,而且还用了大概5,000万只垃圾盒为它们安家。这里要提醒所有养猫的人们一定要注意,这样有可能染上一种弓形虫病,这种疾病主要是由猫或者羊的粪便中携带的寄生虫引起的。当你打扫猫窝时就有可能接触到寄生虫,接着没有洗手就直接去吃饭,那么这些寄生虫就会随着食物进入到身体里导致疾病的发生,每年有35,000人因此离开了自己心爱的宠物。

自1965年以来,有39,781位养猫的美国人因寄生虫病死去。

> **悲伤难抑**
>
> 有一位84岁的老妇人非常喜爱动物,独自与30多只流浪猫一起生活。当她在马萨诸塞州斯托纳姆的家中去世后,就没有人照看这些流浪猫了。这件事发生后,当地的警察对她的死因表示怀疑,无法确定究竟她是自然死亡还是受到了这些猫的攻击。不管事实怎样,警察在死亡证明中是这样写的:"从表面上看这些猫还是由这位老妇人喂养,因为她的尸体已白骨显露。"

NO.2　捡破烂

"垃圾堆中有金山",威利·H.在谈到加利福尼亚万纽斯的垃圾堆的时候会这么讲。威利很喜欢向邻居们展示用人们丢掉的东西制成的那些美妙而有用的玩意儿。一天下午威利到户外去放他用废弃纺织物做成的风筝。用来牵引风筝的不是50美分一卷的麻线，而是他淘到的一团铝丝。

一切都那么有魅力，如果没有一阵狂风将线乱缠在了附近的一根电线上。一瞬间，从电线上传下来的高压电流将威利的手缠住，使他的心跳停止。

自1985年以来因电线事故死亡的人数：35,871。

NO.3 结冰的马桶

1994年1月，在一次突如其来的寒流中，新墨西哥州一名34岁的男子被发现冻死在马桶上。楼上房间的马桶溢水，往他身上滴了一整夜。他僵坐在马桶上，身上有一层由马桶水结成的冰，耳垂上挂着冰柱，最终因体温过低而死去。根据他女友的说法，这名男子有个习惯，就是不管什么时候喝多了都会睡在卫生间的地板上、靠近马桶的地方。

人体在36.5摄氏度的内部温度上平稳运转。假如人体温度下降2.5度，那么就会因体温过低而死亡。1979~1998年，共有13,970人死于体温过低。冻死的男人要比女人多3倍，部分是因为男人有更多的极限温度的冒险偏好。

接近过低体温的第一个报警信号是打颤，随后是混乱和迷茫。若体温比正常体温低3度，大脑就不再有记忆，口齿变得含混不清，出现麻木、手不由自主的哆嗦和控制不住的倦怠感等情况。

死神来了

2000年2月，一名50岁的男子被发现死在路边商业区后面的一条巷子里。在正午时分，气温有10度，但夜间会降至零下2摄氏度。这名过路客的死亡证明上列出的死因是"急性和慢性酒精中毒造成的体温过低。"

很多人被冻死是因为别的原因。比如，2001年3月，一名27岁的男子被发现死在犹他州一个偏远的地区。他的拖拉机陷在了泥巴里面，他拼命使劲，想把车拖出来。在还没把车弄出来的时候，他已经浑身湿透，冷得不行，最终因体温过低而死去。

另一个例子说的是一个得了早老性痴呆症的74岁的老妇。2003年12月，她只穿着一件睡袍，从罗得岛她接受护理的地方出来闲逛。地上的雪有0.6米厚，气温只有零下10摄氏度。早晨6点30分时有人看见她还活着，3个小时后她被发现死在路边的沟里。

还有一些人的死是因为他们把自己置于危险的境地。举例来说，在1998年新年的前夜，一名23岁的男子决定以北极熊游泳的方式进入新的一年。他在冰面上锯开了一个直径0.9米的窟窿，并邀请朋友在深夜到那儿去给他壮声势。尽管有一种聚会的氛围，但还是没有人愿意和他一起跳进冰冷的水中。凌晨1点30分他脱光了衣服，一头扎进水中。看到他没能成功回到水面，他的朋友们在冰面上晃动头灯，希望他能看见灯光并作出定位以回到出口。第二天早晨，消防人员把这名男子冻僵的尸体从湖里拖了出来，他死时离出口只有0.6米的距离。

百万富翁约瑟夫·希尔在89岁高龄时仍嗜钱如命。他有强迫性节俭的习惯，在家用设施上花钱是让他非常痛恨的事情，家里的每一件取暖设施都使用计时器和仪表严格监控。一年冬天，在发现用电的账单达到3美元后，他决定宁愿不享受什么服务也不愿接受电费令人吃惊的增加。1986年1月，他被发现和衣躺在床上，因体温过低而死。警察发现，在他床垫下的信封里有200,000美元的现金。

外面的天气太可怕

文艺复兴时期的弗兰西斯·培根65岁时想出了一个保存肉的方法。为了证明他的想法，他买了一只鸡，宰杀后在里面塞满了雪。他的假说的问题在于，实验只能在恶劣的天中进行。1626年冬，为了在更多的鸡的体内塞满雪，他冒险冲进了暴风雪，最后被冻成僵尸。

死亡纪录

1888年：在蒙大拿、内布拉斯加、明尼苏达内布拉斯加、堪萨斯以及得克萨斯诸州，突然降临的冷空气伴随着暴风雪正好赶在孩子们步行放学回家的时候，这次暴风雪致死235名学生。同一年（很久以后才有天气预报出现）的3月，东海岸毫无预警地下了一场1.5米厚的大雪，有400人冻死。

1950年：被宣传为"世纪风暴"的一场暴风雪携着飓风级的大风席卷了22个州，使电力瘫痪，把人们困在没有暖气的家中，夺走了383人的性命。

1977年：纽约州的布法罗地区被大雪掩埋，有29人死亡。

1978年：东海岸的一场冰冻使54人死亡。

1993年：一场称为"超级风暴"的暴风雪袭击了东海岸，夺走了270条生命。

1996年：大雪及其随后的迅速融化使阿巴拉契亚山脉、中大西洋以及东北部的187人死亡。

NO.4 溺亡

位列车祸之后，溺亡在与伤害有关的、15岁以下儿童的死亡中排第二位。1岁以下的小孩通常溺死在水桶、浴缸和马桶里。1到5岁的通常被淹死在游泳池中。15到24岁的人群中的，42%的溺亡者是在河或湖中被淹死的。在所有的被淹死的未成年人和成年人当中，接近50%与饮酒有关，并且通常是发生在水上娱乐活动中。

有一些溺亡事件无法解释。就以1981年感恩节在驾驶辉煌号游艇的一次出游中死去的女演员纳塔莉·伍德为例吧，她丈夫罗伯特·瓦格纳和演员克里斯托弗·瓦尔肯最后一次看见她是在晚餐后不久。第二天早晨，游艇的救生艇在1.6公里外被发现；穿着晚礼服和羽绒外套的纳塔莉·伍德被发现漂浮在救生艇旁边，已死亡。她的死至今仍是一个谜。

死亡纪录

英国浪漫诗人雪莱在1822年航行于意大利时溺亡。以《奔流入海的河流》而闻名于世的美国诗人萨拉·蒂斯代尔在1933年她48岁时自溺身亡。多产的作家和女权主义者维吉尼亚伍尔夫在1941年她59岁时，把自己口袋塞满石头，跳入一条河中自杀身亡。

传媒大亨罗伯特·马克斯韦尔在海上的死亡也一样仍令人困惑不解。他最后一次被人看见是在他的吉斯兰小姐号游艇上，那时是1991年11月的一个早晨的4点钟。第二天船驶进港口时他不在船上。后来，他赤裸的尸体在32公里以外被发现。调查人员认为马克斯韦尔是死于意外或自杀，但真实情况至今未明。

死亡规律

溺亡不需要很长的时间：一名儿童20秒内就能被淹死，一个成年人则需要60秒。溺亡最显著的特征是体内黏液和水混合时会形成白色泡沫。这些泡沫堆积在嘴中和咽喉，阻止空气的进入。

美国每年溺亡的事故：12,756例，接近一半年龄在1到4岁之间。

NO.5 跌倒

大多数致命的摔倒都不是发生于攀登高处时。导致死亡的原因往往是死者在浴缸中滑倒，或者被自己的鞋子所绊倒。根据美国疾病控制中心的统计，在65岁以上的老人中，摔倒是导致伤害和死亡的主要原因。如果不考虑年龄因素，白人男性因摔倒而致死的比率最高。《新英格兰医学杂志》的报告表明，相对于女人，男人更容易被不平坦的地板、散乱的地毯、不固定的家具以及地板上的其他物体绊倒，女人比男人更擅长记住物体的位置。光线不足和视力下降在摔倒中也扮演了重要角色。

> **死亡规律**
>
> 　　当人们登上楼梯时,年龄和梯子的高度都不重要。每年,梯子都被使用于成百上千的室内紧急情况救助中,同时也引发很多工人的赔偿要求。很多要求赔偿的事故都是因为摔倒,工人们常在更换办公室的电灯泡时从三脚活梯上摔下,而不是在建筑工地上摔下。
>
> 　　在建筑工地上,在特别高的高度,发生致命的摔跌事故的几率较大。每年有超过500名建筑工人在脚手架上发生此类事故,他们或是从高于9米的梯子上摔下,或是从屋顶的边缘上滑下,或是从天窗或是因侵蚀而老化的屋顶上摔下。

装在桶中摔下来

尼亚加拉瀑布向来令人生畏,它的宽度达328米,每秒钟约有5,720立方米的水流落下,砸在23米下的嶙峋岩石上。大多数游人只是站在那里啧啧称奇,但是有少数人却总去想象穿越瀑布的滋味,并且进行尝试。从1829年起,有15位勇士尝试穿越尼亚加拉瀑布,他们所动用的工具包括小型橡木泡菜桶、空心管道、皮划艇、帆布网,还有重达907千克的巨大鼓形圆桶。其中,八位勇士没有生还。1930年,乔治·斯泰撒基斯坐在一个907千克重的桶中,准备穿越这个瀑布。这个大桶在到达瀑布底部时成了一个储水器,在不断流下的水帘之中被困达14分钟之久。最终,这个大桶被水流冲出来,这时,他已经在自己的精妙装置中窒息了。最近的尝试是罗伯特·奥弗拉克在1995年进行的,他的尝试也没有成功。他驾驶自己的滑雪撬到达瀑布顶端的边缘,试图在利用水流的助推之后,在空中展开降落伞。不幸的是,由于降落伞没有在背后准确打开,他被摔死了。

悲惨往事

1996年,一名20岁的男子成功进入位于纽约市亨廷顿区的一家财产保险公司的办公大楼。在花费了整晚时间之后,该男子也没能成功地打开那个重达272千克的保险箱,于是他决定将这个箱子弄到围墙之外随身带走。他先是努力地将这个箱子拖到楼梯边,然后开始琢磨怎么将箱子弄到两层楼梯下的小路边——用力推,还是缓慢而无声地将之一级级挪下来?最后他决定自己站在箱子前面，用自己的背部顶住箱子往下挪动。很快他失去了平衡，那个箱子从他身上辗过，并带着他滚下了楼梯。第二天，这个男子被发现被保险箱压着，死在楼梯下面。他到死也不知道，那个他费尽心思想去偷的保险箱，其实完全是空的。

2005年，12,400人因摔跌事故死亡。

NO.6　危险游乐园

第一家游乐园始见于16世纪50年代的欧洲，当时称为"快乐花园"。游乐园里有游戏、音乐和初期的娱乐旋转轮，还包括能把娱乐者放出去很远的木块以及冰上滑板。在美国，游乐园通常都是临时性的，只持续几天或一周，就像今天的快乐集会或嘉年华一样。

现代意义上的第一家大规模的游乐园是1893年芝加哥的世界集会。在那里，乔治·福里斯引入他的7.6米高的费里斯轮，拉玛库斯·A·汤普森建起了第一个过山车——给人带来失重快感的环型有轨滑车。很快，永久性的游乐园多了起来，到1920年，全美超过了200家。由于对于游乐园很少或没有规制，死亡事故和致命的灾难时有发生。所有的设施都是木制的，因此火灾一直是个威胁。1911年，"梦境"——科尼岛上第一家游乐园——被彻底烧毁。自那一年以来，游乐园、嘉年华和马戏团有记录的死亡人数是2,120人。

人体炮弹

内战以后，人体炮弹表演开始在嘉年华中出现。1871年，当奇异美妙的扎扎尔被射向空中时，人体炮弹表演就第一次被记录下来。这种表演是最危险的嘉年华绝技，有一半的表演者毙命。（大多数加入马戏团的人都在炮膛里尝试过。）扎扎尔也没能坚持多久。在一年的时间里她就摔伤了背，只好在一个铁胸衣里度过余生。1890年，纽约州通过了美国第一部禁

止人们去做人体炮弹的法律。

尽管1995年以来成千上万的人在迪斯尼度假,几乎没有人在任何一家迪斯尼乐园死亡。至少在他们离开迪斯尼之前没有被宣布死亡——正如1985年一个女孩在一家迪斯尼乐园的停车场被碾在车轮下压死,她被现场的急救人员宣布死亡,而死亡证明上写的却是离迪斯尼最近的一家医院的名字作为她的死亡地点的声明。

死亡纪录

马克·M.是号称第一个死于"地球上最快乐的地方"的人。1964年5月,15岁的马克解下了他的保护绷带,企图站上马特峰连撬。但他平衡能力不怎么样,从车棚里甩出到了轨道底下。他死于内伤,并且一抬离游乐场就被正式宣布死亡。

1973年6月,时年18岁、来自布鲁克林的鲍勃 D.和他8岁的弟弟一直藏到公园关门。他们爬过一个栅栏——该栅栏是用来把一间假的燃烧小屋和该景区的其他部分隔离开的——登上了汤姆·索耶岛。几个小时后他们在这里玩够了,就想涉水过河离开小岛。弟弟不会游泳,因此鲍勃把他驮在了背上。只游了一半哥哥就沉到水底淹死了,小家伙狗刨式地在水里划拉着到了安全地带。

时速3.2公里的载人工具,也即在升起的轨道上运行的电动车,对死亡事件也有份。在其开张后的两个月,即1967年8月,15岁的尼克·Y在电动车运行过程中试图换车时滑了下来,并被挤在了隧道壁和车身中间。

在迪斯尼发生的第一次杀人事件发生在1981年,当时麦尔·Y在"明日世界"被刺了致命一刀。他被指责碰了别人的女朋友并和人扭打过,随后就被人用刀子捅了。

很多看似最安全的驾乘也会有危险。平均而言,每年有10人死于空中缆车缆绳的松弛。例如,1978年,在美国中部的六旗,3人在他们乘坐的空中缆车从高空跌落时被摔死。1989年,在得克萨斯州交易会上,两个缆车在26米的高空从缆绳上跌落到地面,摔死了两个人,并把下面的7人砸伤。正如1981年在伊利诺伊公园,时髦的18岁女孩跌落到充电的地板上被电死一样,碰碰车每年致死2人。火灾至少使50人丧生。1984年,8个十来岁的孩子死于新泽西州六旗大冒险的鬼堡。当时,一个鬼屋的电灯泡灭了,一个14岁的男孩用他的打火机照明引路。打火机引燃了嵌在墙壁上的泡沫。

死亡规律

尽管安全标准比一个世纪前严格多了,但总会有一些零星的死亡事故。每年,有100万人穿过游乐园的十字旋转门,其中有3%的人被旋转门夹死。

大多数登记在案的严重事故都是关于游乐园的雇员的,很多工作人员是死于粗心大意,他们的年龄大都在18岁以下。例如,1999年,在康涅狄格州布里斯托尔市的复合湖游乐园,一个16岁的侍马者在马还没有完全停下来时登上了马背。但他的腿别在了马下面的辔带上并被以很快的速度拖行了几个来回。伴随着表演的声音响亮的重金属音乐和闪烁的灯光,主持人没能看见事故的发生,也听不见受害者的嘶叫,最终马童因内伤而死去。

处决大象

1916年,田纳西州欧文郡嘉年华的吉祥物是一个巨大的厚皮类动物——大象。一天,一贯温顺的这头名叫玛丽的大象突然横冲直撞,踏倒并踩死了一个到公园游玩的男子。镇子上的人被激怒了,要求把大象处决。游乐园的老板拒绝了,一群自发的维持治安的人员从游乐园抓到了大象,把它牵到一座铁路桥上。他们决定因它所犯的罪行对它处以绞刑。有五千之众聚集来观看如何用钢丝绳绞死大象。第一次绞索给拉断了,第二次时大象终于被绞死。

陈·P.在迪斯尼乐园庆祝平安夜时不幸丧命,原因是一艘名为哥伦比亚的公园游船由于泊船的绳索猛地松动牵动船上的金属夹板而使船一下子从泊位冲到了拥挤的人群当中。瞬时间,陈·P.的头骨被飞来的金属板砸得粉碎。之后他被立即送往佛罗里达州基西米的奥西奥拉地区医疗中心救治,但还是没能挽回他的生命。

老奶奶和驯鹿

1993年,在伊利诺伊州东邓迪市的圣诞村游乐园,一名67岁的老妇在驾驶雪橇时因雪橇翻倒而死亡。当雪橇滑过第一个弯道时，马匹突然加速，致使雪橇脱离了轨道撞在了一棵树上。

> **死亡规律**
>
> 骑乘木块水槽造成每年3起死亡事故。1993年在加利福尼亚的一个公园，一个木块的骑乘者被吓坏了，在接近最后一个斜坡时他试图跳离他的座位，但没有站稳，掉进了木块和导槽中间的急流中，被压在了木块底下。
>
> 胡闹和一般的恶作剧造成了每年大约60人的死亡。
>
> 以发生在1994年康涅狄格州米德尔堡市类星体游乐园的小孩骑乘事件为例。骑乘结束后，管理员去帮助一个6岁的男孩抬起他座位上的安全护栏。一群十几岁的孩子，看到控制台无人看管，想对操作员搞一个恶作剧，认为会很有趣。他们使骑乘往回退，导致男孩从车厢里翻了出来，直到管理员冲回控制台，他才被从轨道上拽出来。这些十几岁的孩子被送去接受心理咨询。

从1900年到2000年，急救站救护的伤者大约有超过120万人与游乐园有关，与游乐园有关的死亡人数是12,315人。

NO.7 流产的悲剧

这是一个关于由街头药物、草药合剂或家庭手术导致的流产或早产的医学术语。不考虑人们对于终止妊娠的观点，流产的事实从人类文明之初到现在一直存在着。在古罗马时期，消除妊娠的神奇药物在市场上公开销售，懂得流产术的术士被雇来在大腹便便的妇女面前念咒语。在中世纪，催吐剂、膏药和终止妊娠的物理方法在医学文献中有详细描述（见约公元200年古希腊内科医生盖伦的著述译本），并从8世纪第一所医科学校在意大利的萨勒诺建立以来就得到了使用。

作家和人权活动家埃玛·戈德曼写道，历史上，在教育和避孕法产生之前，"大多数妇女生活在持续的恐惧观念之中"。19世纪末20世纪初，很多妻子把怀孕看做是对她们自己以及对于尚未出生的孩子可能死亡的判决。

对许多妇女而言，流产是最可靠的节育方式。为了避免再次怀孕，女人们使劲按摩她们的腹部，从桌子上跳下，从楼梯上滚下，并且，当所有其他的方法都失败后，她们就使用钝器。1850年到1930年间，外科医生和助产妇给出了种类繁多的"阻绝月经"疗法，开出的药方常常对妈妈和对胎儿同样致命。尽管销售和宣传避孕器具是非法的，出卖口服的堕胎药却是可以接受的。

家庭疗法奖励

孕妇为了终止妊娠可以不顾一切地相信任何东西。作为例证，此则建议专栏出自1880年的一份农村报纸——《内布拉斯加农民》：为了避孕，女人可以连续三个早晨吃晒干的鸡嗉子的内层或少剂量的黑色火药……想结束妊娠的孕妇必须把她生的最后一个孩子的胎衣扔到一口古井里或从埋胎衣的地方径直走过。孕妇应该喝一杯用生锈的钉子泡的茶，或者用奎宁和松节油一早一晚摩擦肚脐7天。上述每一种方法都可以导致流产。

死亡规律

17、18世纪，每30个婴儿中就有一个由于母亲因虚脱、脱水、感染、出血或痉挛导致的死亡而不能降生。女性一生平均生产15次，每次生产死亡的概率是1/8。殖民地的妇女把怀孕看做是"现世最大的不幸"。

1900年，纽约有10万例堕胎，结果导致17,300人死亡。现在，美国每年有130万例堕胎，十八岁以下女孩的过度用药和由父母发起的"家庭式"堕胎每年有4,000例，死亡710人。然而，那些愿意收养而放弃生孩子的人必须接受经过繁琐的公文程序并受到排斥。2003年，美国夫妇共从别国收养了20,099名儿童。

1988~2004年孕妇因非法堕胎而死亡的人数：12,206。

1988年以来孕妇因合法堕胎而死亡的人数：109。

NO.8 掉进化粪池

与妻子离婚之后,一位35岁的男人不能如愿以偿地见到自己的孩子们了。他决定不能因为与妻子的关系而影响自己与两个孩子的交往,也不能眼睁睁地看着自己对孩子们的感情被埋没,所以他安排了很多寓教于乐的冒险活动,希望利用每一个与孩子相处的周末时间。2002年9月的一个下午,他打算带两个孩子到一个朋友的农场练习箭术,因为他认为那里很安全。当他刚刚树立好射击目标之后,只走了一步就突然消失不见。原来是他走到了化粪池的盖子上,盖子由于无法承重而下沉致使他掉了进去再没有上来。营救人员赶到现场用了几个小时才找到他的尸体。

自1965年以来,因掉进化粪池或下水道而死亡的总人数:9,334。

NO.9 踩踏

2004年2月,在麦加举行的一次驱邪盛会(参加者向柱子投掷石头、鞋子等表示驱逐邪恶)上,有244名穆斯林朝圣者死于踩踏事故。最严重的宗教活动踩踏事件发生在1990年,有1,425人死于朝圣途中一条地下步行通道中。2005年8月,有人在伊拉克的一次宗教游行中高喊"自杀式炸弹",结果导致950人死于踩踏。

死亡纪录

在美国过去的100年中,有8,123人死于慌乱中的踩踏事故,这种行为被称为是由集群性幽闭恐怖征导致的歇斯底里,是对过于拥挤状态的一种恐惧。

美国最严重的踩踏事故发生在1903年12月30日,地点是芝加哥的易洛魁剧场,当舞台上有烟火冒出时,戴着礼帽的绅士和衣着华丽的女士像疯了一样朝

门口拥去,结果导致602人死亡。近来最严重的两起踩踏都发生在2003年2月。在芝加哥的E2夜总会,有21人在试图从二楼逃生时死亡。据说是警卫朝一名顾客喷射胡椒粉,结果导致人们一窝蜂地拥向楼梯间。在罗得岛州的一家夜总会,一支重金属乐队在开始表演前使用了焰火,不一会儿,舞台后面的隔音泡沫被引燃,火势迅速蔓延,夜总会被浓重的黑烟所笼罩,导致人们无法找到出口,造成了100人死亡。对燃放焰火负有责任的乐队巡演经理于2006年2月被判处10年监禁。

死亡规律

导致人们死于踩踏事故的真正原因其实是窒息,当置身于拥挤的人群中时,人实际上就像被大海所淹没一样。其他的死因还包括挤压和脖颈折断。

NO.10 被活埋

在有科学方法——如19世纪50年代发明的双耳听诊器——准确地确认死亡之前,草率下葬是常有的事,以至于人们害怕被活埋甚于死亡。缺乏医疗知识、甚至是没有医学学位的内科医生,经常宣布陷入昏迷状态或神志不清的病人死亡。19世纪,对于被提前下葬的恐惧使人们变得疯狂。像避免被活埋协会这样的市民组织,倡导若有必要,死人要在棺材里放数天或数周,直到他被认为确实死了才下葬。在1895年出版的《被活埋》一书中,作者R.弗朗兹写到,20年的时间里,有700人被活埋。在这段时间里,很多复活的事例在当地报纸上都有记载。死人会在丧葬过程中突然坐起来或尖叫着喊救命,吓得亲朋好友六魂出窍。也有报道说妇女在棺材里生了孩子,以及盗墓者撬开棺材的盖子时吃惊地发现有人在眨眼睛。由于存在这样一些喧哗之声,很多人坚持他们的亲人被正式宣布死亡之前要看到尸体开始腐烂。

根据1817年出版的《恐怖百科全书》记载,内科医生被推荐使用括约肌测试的方法来确认是否死亡:"土耳其医生使用的这种方法看起来非常简单、自然。只要肛门括约肌存在任何敏感反应或收缩力,他们就不认为这个人死了,或者没救了。"这种测试方法需要将一根管子插到死者的嘴里。然后,他们会挤压一个气球一样的囊,以把空气压进嗓子。运气好的一个助手会捏住鼻子和嘴唇,而另外一个助手则在下面等着。如果空气能扑的一声从肛门排出,就可以认为人已经死了。这么下结论的原因是,假如括约肌失去了收缩性,那个人已经去了。

钟楼里的敲击

19世纪广为流传的一个新发明是贝特森复活装置,通常被称为贝特森钟楼。一个很小的教堂铃铛被钉到棺材盖上放置尸体头部的那一端。铃铛上系一根线,线穿过棺材绑到死者的手上。为这个小器具所作的广告诠释了它的效力,"如此一来,微小的颤动都会直接使铃铛响起来。"这一产品卖得很好,它的发明人约翰·贝特森发了大财。然而,由于存在自己会被活埋的变态性的先入之见,他1886年用把自己浇上亚麻油并点火自焚的方式自杀。

冬的极限

2003年11月,一名73岁的老年男子在一个停尸房的冷屉里待了7个小时,直到他被人发现还活着。他因胸部疼痛和随之而来的心力衰竭而住进医院。努力30分钟都没有使他恢复心跳,医生们把他送进了停尸房。当女儿到医院运回他的尸体下葬时,老人睁开了眼睛,说想喝一杯热茶。(停尸房冷柜的温度是1-6摄氏度。)

1750～1920年,大约有5,950人被活埋。

NO.11　被交通标志斩首

坐在行进中的交通工具上把脑袋伸出窗外，头很容易被砍下来。每年，都有214人通过残酷的事实明白这个道理。脑袋一旦在高速状态下撞上电线杆或者停车标志都是很难恢复的，虽然这种情况通常是车祸的结果，但是还是有一少部分人因为没有遵循这条——通常小孩子们都经常听到的——建议而导致头部受伤，这条建议就是："不要把头伸出窗外。"

1996年，一个13岁的明尼苏达州的小男孩为了跟朋友打招呼，把身体侧出了公车窗户，就在这时候，这辆公共汽车正好出站，这个小男孩的头撞在了一棵树上面。1994年，一个13岁的新泽西州的小女孩也把头伸出了公车窗外，然后撞在一根电线杆上面。1988年，一个15岁的新罕布什尔的孩子为了看一场校园斗殴，把身体侧出公交车窗外，头整个被一个道路标志砍了下来。

被交通标志斩首是件非常可怕的事情，人们会当做警示故事经常谈论。但是，这种无头乘车者的故事确实是有事实根据的。2004年在亚特兰大，一个星期天的早晨，一群邻居们出门散步，在一个21岁年轻人的车道上发现了一辆卡车，卡车的乘客座位上还坐着一个没有头的尸体。警察赶到时，他们发现这辆卡车的主人，衣服上沾满鲜血，正在床上睡觉。据发现，他和他的一个朋友出去喝酒，他的朋友把头伸出窗外，却正好撞在一根电线杆上，车主丝毫没有发觉，载着他无头的朋友继续行驶了19公里，甚至不知道为什么他们突然不聊天了。

死亡规律

总死亡人数中有10%是由注册过的500万辆摩托车造成的。当摩托车手想高速拐弯时最容易发生致命的事故。安全带对于加固了侧面的汽车司机来说是必须的，但是也有轻率的司机就是喜欢不戴头盔。必须戴头盔的法律一经废除，死亡率立即升高了54%。有个在2000年不戴头盔驾驶、支持废除必须戴头盔的法律的女人两年后死于一场车祸，那天她可能穿了衣服，但是她没有戴头盔。

没有头的乘客

在俄亥俄州的边远地区，人们经常在夏天的夜晚聚集在一起，观赏桥对面黑夜衬托下的一盏灯。传说这是埃尔莫尔·韦恩克罗夫特的鬼魂。1954年，这个可怜人的摩托车在一段比较湿的车道上刹车失灵。他的头被一个桥索斩了下来，但是不知何故，他的身子仍然骑着摩托车行驶了将近15公里，一直驶进小镇。（关于这个实际距离我们是没法证实的，但是这并不影响人们聚集在桥边谈论这件事情。）1996年，在得克萨斯州的休斯敦，一个27岁的女人也是被一个飞出卡车的金属板砍掉头颅之后，继续开着摩托车行驶了91米。

死亡纪录

一个法国的科学家非常好奇一个人被斩首之后还能保持多长时间的知觉。他的这种好奇心（还有其他原因）最终使他在1954年被判了斩首的时候得以实现，他要求助手在他行刑时仔细观察他的面部表情。他的头颅被斩下之后，这位科学家还向他的助手眨眼多达20次，这就表明了大脑至少在离开身体后20秒内还是有知觉的。

2005年，有3,913名摩托车手死于头部撞击造成的伤害。

NO.12 会杀人的车库自动门

1998年以来，自动缩回装置已被安装在所有类型的车库门和自动门上，但意外的死亡事件时有发生。2003年，迈阿密的一个房地产经纪人通过车库门展示他的房产，就在门刚打开的那一刹他到达了两扇百叶门的中间。让那个未来的买主震惊的是，这个经纪人被挤死了。

1986年以来，因自动车库门和电动门而死亡的人数是3,113人。

NO.13 不安全的童床

香柏木的储物厨，尤其是关上时自动上锁那种，1912年以来已使4,521名儿童闷死在里面。全美国仍有1,200万件这种橱柜。其他常见的在家中因陷入而造成的死亡是由儿童安全门引起的，尤其是老式手风琴式样的、能使小孩的脑袋卡在木条中间的那种。1995到2000年间，有记录的脑袋被卡住随后被勒杀的死亡案例有31个。为方便存放而可以拆卸并折叠的游戏围栏在上述研究期间里使15名儿童死亡。上部围栏可以折叠成V字型的，偶尔也会使儿童陷入。在美国，还有1,200万架板条相隔过远或头部、脚部的板子是剪切设计的老式婴儿床在使用，这些床或使用配上去稍大的垫子，或者缺少了硬件。婴儿在陷入裂开的童床部件中时，会因窒息或勒扼而死。每年有32个孩子的死亡是由各种老式的童床造成的。

活动躺椅

这里指的不是"边吃零食边看电视的人"的死亡，而是指陷入到活动躺椅的搁脚板窒息或哽噎而死的情况。

1970年以来，有2,880名4岁以下的儿童和3名成人在陷入活动躺椅的搁脚板中时死亡。

2004年，有122名儿童因陷入而死。

NO.14 核实验

1946年，在新墨西哥州洛斯阿拉莫斯镇的一个核研究室内，科学家路易斯·斯洛廷正在向一组科学家演示如何测量具有放射性的铍，这是一种能够用于屏蔽比它更加危险的钚的物质。在用一个螺丝起子演示时，他的手显然有些发抖，以至于通过铍将钚引到临界状态时，一道"蓝光"瞬间划过屋内，在场的8位科学家和其他旁观者立刻感觉到一阵热浪穿过他们的身体。科学家们都受到了核辐射，辐射量足以让他们受伤和永久致残。斯洛廷在9天内死亡，其他两名挨得最近的科学家也在两年内先后死去。剩下的5名科学家在他们之后的生命里也都出现了放射性中毒的症状，包括虚弱、无食欲、呕吐和腹泻。

死亡纪录

尽管没有人可以反对核威慑力量这一政策，但是从冷战时期的核武器试验开始，已有15,000人因被放射性原子尘辐射而患癌症并死亡。2002年2月刊登于《今日美国》的一份由公共卫生事业部发布的研究报告指出："在地上核武器试验从1951年开始到1962年被终止期间，有20,000名1951年后出生的美国居民所患的非致命性癌症与实验所带来的原子尘有关。"该项研究发现，核试验所散发的放射性微粒的可致命含量可以在环境中持续100年。在一些地方，如新墨西哥州和内华达州一些城市，以及新泽西州的大西洋城和佐治亚州的萨凡纳，每年都有7万例甲状腺癌和前列腺癌的新发病例可能与从前在附近进行过的核武器试验有关。

1972年以来死于核电站的总人数：2,877。

NO.15 被遗忘在车中的儿童

2001年3月，得克萨斯州一位母亲在去附近的酒店工作时把她五个月大的婴儿放到车座上。她上午10点报到上班，下午3点回到车里时，发现孩子已经没有生命迹象。一天当中，车内的温度上升到摄氏37.7度。心痛得要发疯的母亲告诉警察她忘了把孩子送到日托中心。

2004年，298名儿童因被遗忘到灼热的汽车里而夭亡。据2002年美国国家儿童安全运动提供的调查报告，1万名家长说在出差时他们经常把孩子在发动着的车里放至少3分钟。虽然只有100个人承认曾经把孩子在车里放30分钟或者更长时间，把孩子放在没有人的车里却变得越来越经常。一名妇女承认她每天把3岁的孩子在无人的汽车里放4个小时以上，因为没有人帮她照看。她会把车窗稍稍打开一点，把车停在从她办公室的窗户可以看见的地方，并给孩子一些饮料和玩具。即便如此，孩子还是在2004年8月特别热的一天死于心脏病。

2002年10月，密歇根州的一位爸爸把他两岁的儿子放在车里独自去了酒吧。45分钟后父亲回来时孩子不见了。随后的6天，孩子都没有被找到，该地区下起了雨加雪。由于在低温环境下暴露时间过长，最后孩子被发现死于体温降低，他无情的爸爸难辞其咎。

1985年以来死于无人照看的交通工具中的儿童人数：2,780。

NO.16　和父母同睡的孩子

当孩子和父母睡在同一张床上（通常是在父母中间）时，就称为"co-sleeping"，这被认为是不安全的。因和父母同睡而致死的孩子的死亡证书上对死亡原因是这么写的："受挤压而死"，而学术语言是"创伤性挤压"。许多死亡证书上也给出了进一步的说明："被压在母亲体下"，"被发现在父母身体下面"，或"母亲翻身时意外被压"。只有2%的死亡是由于酒精和毒品消费造成的。

死神来了

1998年，一名21岁的女子和她一帮朋友在她的寓所喝酒时，让两岁的孩子睡在了她旁边的沙发上。她的朋友们一个接一个地在满屋的各处昏睡过去。一个大块头的女宾挤上了沙发，就躺在妈妈和孩子的中间。第二天早晨，孩子被发现已经咽气了，脑袋还压在醉酒的女人的臀下。

1985年以来和父母同睡的孩子的死亡人数：1,557。

NO.17　万圣节

我们所了解的万圣节是古代节日的综合。冬季的临近促使古代社会的人们去思考死亡的可能性，因为那些老弱病残很难熬过冬天，所以他们就用丑陋的面具吓退能够带来不幸的恶魔们。凯尔特的火把节叫做"万圣节"，它标志着收获的结束和冬季的开始。当19世纪爱尔兰人来到这里时，他们又带来了另一个版本的万圣节，这个万圣节已经融合了很多其他基督教仪式，像"万灵节"，它是用来纪念那些在炼狱中的灵魂的日子。

现在的万圣节基本上也就是玩玩"不请客就捣乱"游戏或者举办化装舞会。同时，这一天也是小孩子出去时死亡概率大增的一天。每年万圣节下午4点到晚上10点都有210例这种事故发生，是其他天步行死亡数的4倍。有时候，甚至万圣节的恶作剧也容易出问题。

有一个出问题的万圣节恶作剧发生在阿拉巴马州一个恐怖的干草车上面。

某公司雇用了一个男演员来吸引万圣节群众的眼球，他们原本打算让他穿一身黑衣，当干草车经过森林时潜伏上去，然后跳进干草车上的人群中，用玩具手枪朝天空射击。但是，这名22岁的男演员决定用真枪，因为他觉得用一把口径为a.38的左轮手枪发出的声音会更大，也更真实，肯定会把在场的人吓个半死。但是很不幸，他恶作剧时被一些干草绊倒了，他击中了一个13岁女孩的头部，还打伤了一个7岁的小孩。当地的州长谈到这个男演员时说："他当然并不是蓄意伤人，但他必须意识到他做了个很错误的判断。"

失声尖叫

2000年万圣节之夜，芝加哥一个14岁男孩想要跟他的朋友开个玩笑，把自己吊在树上让朋友信以为真。但是当一切准备就绪的时候，男孩脚踩的长条凳突然塌了，套着男孩脖子的绳结一下子把男孩的脖子死死地套住。假装悬吊的男孩就这样被吊在树上有五分钟，而他的朋友却没有意识到发生的一切还嘲笑他逼真的表演，直到发现真相。

给我糖果

"不请客就捣乱"这个游戏起源于基督教的"万灵节"，在那一天，孩子们会挨个村子讨要"灵魂蛋糕"或者贴着十字架的面包。孩子们收到的面包和葡萄干越多，他们死去的亲人脱离炼狱的可能性就越大。有时候教堂的长辈们也会鼓励孩子们在萝卜或是马铃薯上面雕刻他们死去的至亲的脸，创作荒诞的漫画，仿制现代的空心南瓜灯。现在，孩子们就会挨家挨户去要糖果来填满他们的袋子。比较谨慎的父母还会经常检查他们孩子的"战利品"，看看有没有被人调包的迹象，苹果上面有没有嵌入式的刀片，以及那些没有包装好的烘培食物会不会存在被人投毒或者下药的可能。

但也有许多致命的糖果成为漏网之鱼。1970年的万圣节夜里，底特律的一个5岁的小男孩突然昏迷，并死于海洛因吸食过量。后来经过对他拿到的万圣节糖果的检查证实，糖果中被注射了毒品。1974年，休斯敦的一个男人也把氰化物注射到糖果棒中来对他邻居的孩子投毒，只因为邻居的孩子经常抱怨他的狗。但是，他自己8岁的儿子不知怎么拿到了一只并且吃了下去，结果在晚上

10点时死于非命。1994年，康涅狄格州一个3岁的男孩也因为吃了被人做过手脚的万圣节糖果死于可卡因中毒。

死神来了

一个纽约郊区的家庭主妇认为万圣节是小孩子而不是大孩子的节日，因此1964年，她做了一件比较恐怖的事情。当稍微大一点的孩子来到她家要糖果的时候，她给他们的袋子里装的是外面裹了一层巧克力的狗饼干、钢丝绒衬垫以及含砷的除蚁药。而小孩子来到她家时，她就给他们真正的糖果。虽然她认为她这样做很聪明，并且在给大孩子的袋子上明确用骷髅头和交叉骨做了标记，但是，有一个大孩子拿他的糖果喂了一个小孩子，这个小孩子很快就没了呼吸。在对她审讯的过程中，她患上了神经衰弱症，被送往一家专门针对罪犯的精神病医院接受治疗。

1998～2002年，有1,431名行人的死与万圣节直接相关。

每年的万圣节由于"不请客就捣乱"游戏造成的火灾至少有800起。

NO.18　致命约会

若一次约会变坏，它能真的变化，并且变得非常迅速。2003年，宾夕法尼亚州立大学的1,000名女生被问到她们是否经历过某种形式的性侵犯，50%的人给予了肯定回答。12%的这种侵犯行为发生于非正式的约会，43%的人被稳定的约会伙伴骚扰。

死亡规律

大多数约会强奸死亡事件是由于饮料中放入如伽玛-羟基丁酸、迷奸药、开他敏等药物。2002年有92名女子为此而报案。根据司法部文件证明，有883,000件各类约会强暴案被报告。在所有针对16到19岁女孩的杀害案件中，有22%是由固定的约会伙伴或她们正在约会的人实施的。

单身者的性

纽约市单身者之间的性在现已臭名昭著的"预备学校学生谋杀案"中得到了暴露。罗伯特·钱伯斯是一名身高2米，体重90千克的男子，他承认和詹尼弗 莱文在中央公园有过草草的性交。后者是一名身高1.64米、体重59千克的19岁女子，后来死亡。在对钱伯斯谋杀案的审讯中，他的律师暗示莱文不顾一切地要和他做爱，他不得不杀死莱文以阻止她的疯狂。在两年的审讯中，出示的日记和录像带描述了单身者之间性伙伴是如何像换内衣一样频繁地换来换去的。钱伯斯被判过失杀人，2004年被从监狱释放出来。

根据美国司法部的报告显示，每天大约有3名女子被其男友谋杀。

NO.19 校园凶杀

每天有5,200万孩子去学校上学。从1992年以来，国家学校安全中心（NSSC）统计学校发生事故数量与学生出勤的数据，结果显示共有296人死于学校学习时间。发布在互联网上的全美步枪协会情况说明书引用了司法研究所的一份报告——"学校家庭宣传书：校园枪击案和美国儿童面临的真正危险"，宣称这仅是在校事故的一小部分，同时暗示学生在学校死亡的几率同发生彗星陨落时的几率相同（请注意，最近几年内没有发生与流星相关的死亡事件）。

死神来了

1998年3月28日，11岁的安德鲁·戈尔登身着军装来到学校，随身携带祖父的7把手枪，有步枪、左轮手枪、自动步枪等，等他的朋友拉响了阿肯色州琼斯伯勒的韦斯特赛德中学的警报，老师和学生来到操场后，他开枪射杀了4名女孩和1名女教师。

1992～1999年间，在296起死亡中，有172起是学生对学生的杀害，18起为多人杀害，其中最引人关注的是1999年发生在科罗拉多州哥伦拜恩高中的杀人案。

这些校园案件包括30起自杀案，5起干预死亡，2起无意枪杀，大部分案件发生在诸如上学、午餐、放学等学生转换时段。

死亡规律

全美成千个学校中，餐厅内标准的折叠式餐桌重159千克，折叠起来后约有1.8米高。从1998年起，共有9名学生由于折叠的餐桌倒向他们造成头部创伤而死亡。

NO.20 结婚纪念日的悲剧

2001年11月一对情侣到芒特雷尼尔国家公园去庆祝他们的第一个结婚纪念日，希望在西北部大自然的壮美景色中重温他们的结婚誓词。他们进入荒野保护区还不到2公里，一阵强风把一棵铁杉树吹得根部发生了松动。大树从23米高的岩石掉下来，刚好砸到这对情侣的运动型多功能车上，这名女子立刻成了一名寡妇。

美国内务部管理着8,330万英亩的国家公园。

悲伤记忆

吉姆·布里杰是一名山区男子，曾为几个到落基山脉的探险队做过向导，还是犹他州大盐湖的发现者。他是第一个到达现在被称为黄石公园的地方的欧洲人，并亲自向尤利塞斯·S.格兰特总统报告了那个地方的独特性，使格兰特总统于1872年把这片土地建成了美国第一个国家公园。到了晚年，他双目失明，由他的爱犬拉西耶引导，他骑马在他密苏里的农场周围转悠。1881年，75岁的布里杰失踪了，拉西耶跑回农场，把救援人员带到了他失踪的地方。获救时，布里杰未能挺过严重的伤寒，不久就因肺炎死去。

在黄石公园，已有超过250人死于温泉、熊、野牛、山崩、暴晒以及森林大火。

2003年，211人在远足、游泳、攀岩或在飞机及其他飞行物相撞时死于国家公园。

NO.21 被电梯切断

按下按钮,门开了,你走进去。但电梯是如何运作的,线缆是由什么做成的,或者对电梯的最后一次检查是什么时间,这些都没有人注意。每年,人们乘坐2,130亿次电梯、扶梯以及移动步行通道,是展示社会对现代科技盲目信仰的最好的实例。电梯出了事,只是简单地挂出一个"暂时不能服务"的告示,而细节,则"为了公众的利益"而被小心翼翼地隐藏起来。

在电梯里丧命的人的死亡证明上说的是他们被"卡在中间",意思是被挤在了电梯的机械平衡锤之间,或两个电梯箱中间,或电梯井、门或电梯箱相互之间。困在电梯里的人在打开电梯门后都已死亡;很多人试图爬出到达一个楼层,在身体才部分地到达地板时,电梯箱突然动了,就这样被切成了两半。很多人试图从电梯箱顶部的天窗上逃离,最后却被缠在了机器当中。

死亡规律

扶梯致死主要是由绞杀或窒息造成的。1997年,一名37岁的男子被发现背躺着死在地铁扶梯底端的梳板上。他风衣上的腰带卡在了下行的扶梯踏板中间,不知怎么的,风衣绞缠在了他身上,把他憋死了。每年有60人在扶梯突然加速、把他们摔到下端时受伤。

57%因跌落而造成的死亡是因为电梯箱地板的脱落。很多较旧的电梯有烂掉的胶合板地板,或者是支架因过多的超重而变得脆弱,哪怕是轻微的重量都可能使地板跌落。2001年就发生过这样的事。当时,俄亥俄州一名85岁的老妇独自一人进了电梯。当电梯到达六楼时,地板突然松落,老妇掉下了电梯井。

很多人跌落到电梯井中,这是由于人工开门时的不当操作或在门打开时没有查看电梯箱是否到达造成的,也或者是由于在所有人出去之前,电梯箱的指示信号错误显示造成的。2002年1月,纽约布朗克斯区的一名社会福利办事员就遇到过这样一件事。他和三个同事到了电梯里,门还没有关上电梯就开始上升。觉得出了什么差错,这几个人就摁了下一个楼层的按钮。当电梯到达时,门开了,但在所有人离开之前就又关上了。这名男子试图通过用双臂和双腿做成一个人体X的形状阻止出错的门关上,叉开腿胯立在门口以方便他的伙伴们通过。尽管他付出了努力，在电梯箱开始上升到达下一楼梯时，他身首马上就被斩断了。

1945年，一架B-25军事轰炸机在纽约上空的大雾当中迷失了方向并撞上了79层高的帝国大厦。发动机从机身上脱落并撞穿了第六号电梯的电梯井，把停在下面楼层上的一个电梯箱上的六根缆绳全部切断。在电梯箱里面的是电梯操作员贝蒂·卢·沙勒迈恩，她随后经历了最长的、此前此后再也没有过的电梯箱的自由落体运动，从304米高的地方急速跌落到地下第二层。目击者回忆说，在电梯箱下降时听到了一个大哭的女人尖叫声，结束在一声巨雷般的撞击声中。一群人冲到下面，发现摔碎了的电梯箱，同时也被在一堆瓦砾中仍然活着的贝蒂所震惊。她在跌落过程中失了重，几乎飘到了电梯箱的顶部。尽管有14人死于飞机失事，但不知怎么贝蒂居然活了下来，她只是背部摔伤，两条腿断了。在恢复了6个月后，贝蒂回到了她出生的阿肯色州，在那里她牢牢地待在地面上。

死神来了

飘动的裙裾、松弛的鞋带、细绳、围巾以及手套都是容易卡在扶梯里的物件。脚趾是人体上最常被切掉的部分。1996年，一名男子在扶梯的一个踏板断开时跌落至腰部，躯干和双腿悬在了下面。他把陷下去的部分往回缩，不顾一切地要努力爬出来。扶梯在发生故障时一般不会停下来，在紧急制动按钮启动之前它会继续运行。这名男子几乎是被移动踏板的传送带锯为两半。事故发生后，他只活了两周。

每年有65名电梯工人死亡，原因是跌落或被"卡在中间"。

2004年，137人死于使用电梯或扶梯时受到的持久伤害。

NO.22　捉迷藏

　　1945年到1970年期间，数百万的冷藏柜和电冰箱的盖子或者门都是那种有插销的，从里面根本没法打开。玩捉迷藏游戏的小孩子很容易就会困在里面，不足10分钟便会窒息。1988年之后，仍然有27个小孩子死于带门的废弃冰箱里面。

　　家庭用车也是一个非常危险的地方。1998年夏天，亚利桑那州5个小女孩，分别是2岁、3岁、5岁、6岁和7岁，一起躲在一辆货车里面捉迷藏，结果被困在里面。当这5个小女孩失踪了一个多小时之后，警察带着警犬来搜索。不久就找到了这5个小女孩，但她们由于暴露在高温下太久，已经失去了生命迹象。2005年6月，在新泽西州的卡姆登·泽西，三个分别5岁、6岁和11岁的男孩被发现死在邻居家的一辆货车里，而他们是大约5天前在这家人家里玩的。

赶走死神

　　在珍妮遭遇歹徒而被锁在汽车行李箱这件事发生之后，她组织并领导了一场要争取在汽车行李箱中安装报警装置的运动。这场运动结束后，也就是从2000年开始，所有的汽车在出厂前都在行李箱中安装了报警装置。

自1965年已经有5,901个成年人和儿童被发现死在汽车里面。

NO.23　假日悲剧

　　400棵圣诞树曾经着火，节日彩灯造成的火灾另有500起。国家圣诞树协会的报告说，每年会卖出3,300万棵天然鲜活切割的圣诞树。消防官员把干的圣诞树比喻为屋子里面的一颗"定时炸弹"，圣诞树上酷似食物的装饰品也会被孩子们误食，每次假日都导致85例死亡事件。而圣诞彩灯绕在脖子上取不下来每年也会使1,300人不得不挂急诊。扔进火炉的礼物包装纸也会着火，火花四溅，产生一种可能导致爆炸的化学气体。每年的节日都会有1,200人死于由于礼物包装纸引起的火灾。

　　就平均而言，每一天中，每100万人中就有36人自杀，但是在圣诞节那天，自杀率就降为每100万人中29人，除夕时降到每100万人中24人。但是到了新年的时候，由于很多人考虑到又要回归到平淡的日常生活中，自杀率就会突然跃至每100万人中44人。还有越来越多的人故意在节假日出车祸来自杀。而且在节假日自杀者与警察之间的对抗也似乎呈现增长趋势。

> **死亡规律**
>
> ◇ 由于为办公室派对准备的食物长时间暴露在高温状态下，因此越来越多的人在节假日时有食物中毒的迹象。
>
> ◇ 假日心脏综合征盛行，越来越多的人由于饮酒的同时还摄入了咖啡因、巧克力、额外的甜点或者其他的混合冷饮死于心律失常（也就是心脏跳动不规律）。
>
> ◇ 很多婴儿或者小孩子在假日的时候都会被放在大人的床上，这样很容易压到他们或者使他们窒息。

NO.24　乐极生悲

第二任美国总统，美国开国元勋约翰·亚当斯在给他妻子阿比盖尔的信中说到："我们应该永远记住那重要的一天，7月2日。我们应该用盛宴和游行来隆重庆祝它，当天要有表演、游戏、体育、射击、敲钟、篝火，还要彻夜的明亮，从大陆的这头到另外一头，从这一刻到永久永久。"

1941年美国公布了全联邦的假日，现在美国人都在7月4日庆祝独立日。他们去野餐，去游行，有焰火展示等等许多令人愉悦的活动。在这一天人们还可以在后院燃放爆竹，冲天炮，樱花炮等危险的爆炸物。烟花爆竹的燃放，每年都要导致超过1,000次的居民区火灾，以及数以百万计的财产损失。

15岁以下的男孩儿几乎都很容易因为燃放烟花爆竹而受伤，甚至失去生命。他们喜欢将点着的火炮往伙伴的身上扔，或者将冲天炮对着伙伴们放。温度高至982摄氏度的烟花燃烧物被扔往人群中导致了极其恐怖的烧伤事件，大部分甚至全部失明，身体被烧出破口，甚至骨折。

绝大多数由燃放烟花导致的死亡都是因为再次去点燃没有响的哑炮。第一次点火时没有爆炸，但是引线却已经短了许多，这种时候再去点火是极其危险的。

"生活，自由，以及对快乐的追求"

为了纪念《独立宣言》发表50周年，美国政府宣布1826年为"50建国年"，全国上下一片欢腾。7月4日的时候，群众用真枪真炮开始了庆祝活动，而就在当天，这份历史性文献的两个作者相隔数小时相继去世：托马斯·杰弗逊死于慢性消化及泌尿疾病和腹泻，享年83岁。约翰·亚当斯死于肺炎，享年90岁。

大约648人于7月4日国庆节死于公路，34,400人致残。

2005年7月4日，由于燃放焰火致使11人死亡。还有另外11,000人因为燃放烟花出现的事故而被送进急救室。

NO.25 网络约会

每天都有上百万的人在匿名的网络聊天室里面寻找他们的心灵伴侣。这些聊天室都有分类和主题，这是为了勾起人们和有相同兴趣的人聊天的欲望，但几乎都相当于是要求用户撒谎："三十出头，独立创业"，"四十，身体健康"，"喜欢找乐子，五十"。但是这种虚拟的"网"却能缠绕出有黏性的蛛丝，让人流连忘返。

网络上成千上万的约会网站大多数都吸引了不成比例的大量变态和数量惊人的怪胎。让我们说一个发生在2000年4月得克萨斯州圣安东尼奥的一个夜晚、因为网络约会而下场凄惨的例子。一个农业机械大学的学生从寝室出发去会见以为"性感异常"的女士凯丽，一个他在聊天室遇见的宣称"寻爱"的人。第二天早上，这个学生的尸体在路边的沟中被发现，头上还有一个子弹孔。"凯丽"实际上是肯尼·韦恩·洛克伍德，一个超重秃顶的快餐厅厨师。这家伙在网上冒充凯丽，用色情挑逗那些受害者，成功地让十几个青年以为他是一个女人。那位受害的大学生曾经威胁要把凯丽的真实身份曝光。洛克伍德进了监狱后不再有电脑可用，最终自杀身亡。

> **死神来了**
>
> 一位44岁的钻石王老五，以华而不实的珠宝和容易受骗的个性而著名，也在网上寻找约会。他把自己征婚的广告放在了Match.com和Matchmaker.com两个网站上。1993年，他在一次相亲中，一个女人给他下了麻药，偷了他的奔驰、劳力士还有价值71,000美元的珠宝，尽管如此，2002年8月他又试图和一个网上认识的女人见面，这次更惨。在亚利桑那州坦佩谷的西佳酒店，他颈部中枪的尸体被发现了，而凶手却一直逍遥法网之外。

1995年以来与网络有关的杀人事件总计442起，强奸案件2,194起。

NO.26 吉祥物

许多运动队和组织都拥有自己的吉祥物，这些吉祥物通常是由演员装扮成动物或物体的样子，他们被认为能够带来好运并鼓舞士气和提高观众的忠诚度。1950年之前，大部分吉祥物都是真实的动物，但随着卡通形象在美国文化中的日益深入，真人大小的卡通吉祥物成为体育队伍的主要选择。每年有超过15,000人扮演吉祥物。职业吉祥物演员的年收入从60,000美元到100,000美元不等，还可以获得其他收益，特别是健康保险。要成为一个吉祥物演员，你需要同时具备小丑、运动员和特技演员的本事，既要会摔跤、翻跟头、侧手翻，还要会越过扶手和护栏。尽管演员穿上冰背心，在装扮的头部还会有个小风扇，演出服内的温度通常还是会达到43摄氏度。除了令人难以忍受的高温，吉祥物演员的视野也受到影响，经常会被对方热情的支持者、令人讨厌的孩子和情绪激动的醉汉弄得人仰马翻。

在2001年的东部曲棍球联赛中，缅因州的吉祥物——香蕉的扮演者被踢倒，并被曲棍球杆击中头部，造成了大脑的永久损伤。同年，埃德蒙顿-爱斯基摩人队的吉祥物鲁特熊在一场获胜的比赛后被踩踏，并被对方的一名球迷所殴打，之后被担架抬离了体育馆。

有时，吉祥物的滑稽行为可能被认为是下流或具有攻击性，这也会带来麻烦。1988年，道奇的经理汤姆·拉索尔达攻击了菲利·法纳蒂——一个长着绒毛、绿色的像熊一样的生物，起因是这名吉祥物在一场滑稽表演中将拉索尔达形象的玩偶当成了攻击的对象。（1994年，在一个印染店开张的仪式上，还是这名扮演菲利·法纳蒂的男演员模仿熊的样子拥抱一个孩子，却无意中弄伤了对方的背部，最后被判赔偿伤者250万美元。）1994年，迈阿密热火队的吉祥物伯尼拽着一名女性观众的双腿，将她从球场边的座位拖到球场里，而这名49岁的妇女恰好是当地高级法院法官的妻子，她以严重攻击为罪名起诉了伯尼并要求100万美元的赔偿。（3年后，又是这个伯尼用水枪向NBA名人堂成员多普赫·沙伊斯喷水，结果被69岁的沙伊斯打晕过去。）

2004年，NBA奥兰多魔术队的吉祥物魔龙斯纳夫被愤怒的球迷吊在栏杆上，原因是他阻挡了球迷的视线。同年，匹兹堡海盗队的外场手拉姆达尔·西蒙用球棒击打了一个扮演意大利香肠的女子，这名来自密尔沃基布鲁尔的女演员和她的一名扮演热狗的女伴被打得不省人事。西蒙因涉嫌袭击罪被逮捕并处以罚款，但他表示他只是为了好玩并且不知道扮演者是女性。他最后仅被罚款432美元，西蒙向受伤的女子表示了歉意并赠送对方自己签名的球棒。

死亡规律

吉祥物演员遭遇的大多数致命事故多是由于视野受限所造成，最近的一起吉祥物演员死亡事件发生在2004年2月，地点是迪斯尼乐园，扮演冥王的38岁演员哈维尔·克鲁兹在表演被雪球车追赶时不慎摔倒，被车从身上轧过，他从1996年起就扮演这个角色。

自1975年以来，有1,765名吉祥物扮演者受伤住院，其中有21人死亡。 他们中各年龄段的人都有，包括正在上学的中学生和大学生。

NO.27　玩具

玩具的部件、气球和能被吞下的小球可以导致与玩具相关的致命事件。从1995年到2003年，有174名儿童死于玩具。2003年有17名儿童死亡，其中5人死于窒息：一名儿童因吞下一只毛虫玩具触角上的小球而窒息；一名儿童吞下了一个球形玩具的一半；第三个吞下了一块积木；第四个是弹球；还有一个吞下了一只大玩具熊的一只眼球。

NO.28　遮阳伞凶杀案

2002年，居住在佐治亚州的一名男子死在自家后院。当时突然刮起一阵狂风将撑在游泳池旁边的遮阳伞连地拔起像车轮一样旋转着冲向这名男子，由于冲力太大他被直接抛到另一物体上，脖子和胸部被当场刺穿。这名男子拼命地拖着自己被伞戳穿的身体想要到厨房拨打求救电话911获得帮助。当警察到达现场时，他们认为这个男子是受到了别人的攻击。当晚他就在医院去世。

1975年以来，伞导致受伤的人数为19,867人，死亡总人数是91人。

NO.29　水床

从1994年1月到2004年12月，共有83名儿童死于水床上，其中68人是由于呼吸道阻塞。婴儿们被发现脸朝下趴在柔软而不透气的水床上面。11名儿童因为在睡着后滚到充水床垫和床架之间而死亡。与此同时，另有296名两岁以下儿童死于成人的床上，包括普通型号、大号以及特大号的双人床，他们通常被夹在床垫和墙壁、床头板和床尾板之间的空隙里，脖子被床栏杆或临近的家居所卡住。

有57人死于双层床，除了以上提到的原因外，还包括被栏杆卡住或从床上掉下。其中55人是3岁以下的儿童。

NO.30　婚礼上的悲剧

全美每天有6,000场婚礼，大部分人都期望能有好天气和美好的时光。然而，每年都有若干对新人在这天将喜事变为悲剧。

有一场婚礼日的悲剧发生在1992年，地点是南卡罗莱纳州。在新人离开典礼准备乘坐小型私人飞机离开时，伴郎跑到跑道上准备目送他们离开。但他错误地估计了距离，被即将起飞的飞机撞死。

许多新人在婚后与对方家人住在一起，在新的环境下，任何变化都可能导致精神紧张。1981年，一名22岁的达拉斯男子在得克萨斯举行婚礼后住在他的岳母家。没过几个钟头，警方就接到报警电话，他们来到现场，该男子称他不小心杀死了他的岳母。他说他把岳母当成了一只试图偷吃他剩余婚礼蛋糕的大浣熊，将她砍死在车库里。

不断地尝试

格林·乌尔夫被吉尼斯世界纪录大全记载为"世界上结婚次数最多的男人"。当他88岁死于加利福尼亚的雷德兰斯时，他的29个妻子中没人愿意来认领他的尸体。尽管他有19个孩子、40个孙子和19个曾孙，但仍然用了两周时间，他第14任妻子所生的一个儿子才出现并埋葬了他。

> **死神来了**
>
> 1999年，在纽约州的杰维斯港，一对新婚夫妇在婚宴后醉醺醺地争吵起来，新郎不喜欢新娘与他堂弟跳舞时的样子，认为新娘不应允许他的堂弟将手放在她的臀部。酒店隔壁的客人听到他们的蜜月套间中传来吼叫的声音，接着是撞击声，然后新郎胸口带着刀伤从窗户坠落下来，而新娘被刺死在房间内。

1989年，一名33岁的男子同她的新婚妻子在纽约市政厅举行了婚礼。为了使这一天更加特殊，他们决定驱车前往尼亚加拉瀑布。但在长时间的驾驶后，新郎的神经到了崩溃的边缘。他们很快争执起来，他被他妻子大声的牢骚声所激怒，他堵住她的嘴并用胳膊将她的头夹在腋下，以使她安静下来。她进行了反抗，但在混战中，她的脖子被折断并很快死亡。新郎因失去新娘而更加发狂，他纵身跳过围栏跳进了咆哮的瀑布中。

有人不喜欢

公元453年，匈奴王阿提拉从战争和掠夺中抽出时间与他的第七个妻子举行了婚礼。在宴席上吃完烤牦牛，并喝了很多酒后，阿提拉与他的新婚妻子一起回到了婚帐中，他的新婚妻子名叫伊尔狄科，是一名年轻的日耳曼女子，她不仅以美丽而著称，还有着强有力的右拳。第二天早上人们发现阿提拉因流鼻血而死，有人认为他是被毒死的，还有人认为他不仅在战场上勇猛无比，在床上也很粗野，他的新婚妻子有能力在感到疼痛时进行反击。尽管阿提拉一直长期患有鼻窦炎，容易流鼻血，但有人认为他那晚死于过度的性交和饮酒。

> **死亡规律**
>
> 当血缘关系过近的人结婚，例如，表兄和表妹结婚，他们的下一代出生死亡的概率就会很高。"先天性新陈代谢障碍"被用于此类的死亡证明书上，如果通俗地说，就是"基因不好"。

NO.31 活动场所

2004年，79%的活动场所死亡事件都由活动设施造成，悬挂的绳子、没系好的鞋带、拴宠物狗的绳子以及衣服上的线头与活动设施缠绕导致的死亡占据了其中的50%。活动设施的倾倒、摇摆也是导致死亡的原因。

放在院子中的蹦床正越来越流行于市郊的居民区。2003年，37,500名儿童在玩蹦床时受伤，11人死亡。打闹和做复杂动作是从蹦床上摔下来导致死亡的主要原因，另外还有人在蹦床上翻筋斗时扭断脖颈。

从1990年到2000年，共有147名15岁以下儿童死于活动场所。

NO.32 停电

1965年11月9日下午5点15分，美国历史上最大的电力事故导致了东北部停电34小时。80万人被困于纽约市的地铁和电梯中超过12小时，100名因心脏病致死的人被记录在案。康·爱迪生公司的管理层在他们所面对的诉讼中反驳道，这种死亡从统计上来看总会发生的。只有三个死亡案例与电力中断直接有关，这发生在他们操作的机器突然停止运转之时。

另一次停电事故发生在1977年6月，持续了26个小时，基本上使纽约市一片漆黑。数万人从贫民窟蜂拥而出，进行了一场被《时代》杂志称之为"疯狂的劫掠"的骚动。纵火犯放火1,837起，并向救火的人投掷酒瓶和石块，使80人和另外435名试图恢复秩序的警察受伤。2人死于抢劫和火灾，而其他39人的死亡则可能是由于城区医院中备用发电机不能工作造成的。

2003年8月14日下午4点11分，由于电网的电力配给出现失误，整个东北部停电。结果，康涅狄格州一个42岁的妇女因蜡烛造成失火死亡，一个6岁的孩子因从楼梯上跌落死亡，一个58岁的男子被困于电梯中时因心脏病死亡。另外有两人因交通信号灯失灵，汽车在交叉路口不能停下来而被汽车撞死。有23个抢劫案例被报案。后来，俄亥俄州15家超市销售在停电时没有冷冻的肉，造成该地区15人死于大肠杆菌和腊肠杆菌中毒。

> **悲伤往事**
>
> 电灯泡的诞生源于托马斯·爱迪生解决照明问题的设想。作为发明和促销的双料大师，爱迪生还发明了很多其他产品，包括留声机和动画摄影机。他说过："天才是100%的灵感加上99%的汗水。"1934年，他84岁时死于布赖特氏病（肾小球肾炎）；但在死前，他把最后一口气吹进了一个瓶子。他希望自己的精髓以这种方式保存下来。这个密封的瓶子仍然在新泽西州的门洛公园展出。

意外停电3小时以上时，平均而言至少有5人死亡。

NO.33 爱情没打中靶子

威廉·伯勒斯以文学的叛逆者出了名。他是一个流浪者、绅士和瘾君子，一个写了令人惊悚的《赤裸的午餐》的反权威主义者。1951年在重演威廉·特尔的特技期间，伯勒斯表演从他第二任妻子的头上射下一个苹果。子弹没打中苹果，却打中了他妻子的头部，使他妻子丧了命。

第八章
最意外的

  灾难、谋杀、死亡、疾病都不是使我们变老并且死亡的原因，真正让我们变老的是我们看待事物和感到高兴的方式，甚至是跑上公共汽车时的样子。

——弗吉尼亚·伍尔夫

NO.1 致命电话

2001年,纳什维尔一个商人坐在酒吧里看电视转播的一场比赛时,手机响了。他接听了电话并大声讲话。起初其他的顾客都很耐心地坐着,在侍应生很有礼貌地请这位先生到外面去打电话,而接电话的人以"有要事"为由继续在那儿喋喋不休时,另一名顾客大声要他闭嘴。而这名男子则用中指做出肮脏的示意回应,终于第三名怒气冲天的酒客把一个啤酒瓶子扔向了他的脑袋并使他毙命。

1965年以来,在酒吧里被杀死的人数:23,421。

NO.2 烧死情敌

1991年的一个晚上,朱尔·罗德里格斯去寻找他的前女友,在纽约市布朗克斯区的"幸福之地"社交俱乐部发现她和另一个小伙子跳舞。虽然朱尔看起来不怎么难受,他还是在一小时后回来了,带着几升汽油和两条链子,一条拴住前门,一条拴住后门。他点火后,有85个人被烧死,仅有6人存活,其中之一就是他的前女友。

每年,纵火犯和放火狂毁坏10万座建筑,造成超过14亿美元的损失。

1965年以来起因于纵火的年死亡人数:12,567。

NO.3 购物中心

在罗得岛州的克莱布特雷商业街的购物中心附近,一位59岁的老年男子正坐在一辆车的副驾驶位上，而他53岁的妻子正驾驶着汽车在停车场里游荡，以寻找一个空的车位。由于妻子总是转来转去却一无所获，男人开始变得烦躁起来，他坚持认为应该守在原地，然后跟着那些提着袋子去找自己车子的人。一场舌战随即爆发，男人叫嚷着要下车并打开了车门，而他的妻子这时正好加速转弯，男子一下子从车上滚了出去，恰好后面也有一辆找车位的汽车，男子被车轮从身上碾过，不久即由于内伤而亡。

每年在美国的购物中心死亡的人数是11,345人。

NO.4　旋转门

2004年与旋转门相关的受伤事件就有12,231起。一名80岁靠助步车走路的老年男子在试图穿过曼哈顿市中心的一扇旋转门时被困在里面，导致他中风发作却无法被及时救治；一名6岁男孩的头部被旋转门夹住导致死亡；还有一名37岁的妇女在穿过一扇急速转动的旋转门时被狠狠地撞倒了脚踝，导致前胫骨动脉破裂，最后死于内出血。

1970年以来，各种机械设备，包括旋转门、自动扶梯、电梯和自动门共造成7,491人死亡。

NO.5　经济舱局限死

除了用于呕吐时的纸袋外，现在许多航线都在座椅的袋子里放置了提醒乘客在飞机上做运动的卡片。这个看上去体贴入微的健康提示，实际上是航空公司为了防止日后被乘客起诉座椅空间狭小而实施的先入为主之策。从1999年到2003年，有超过500名经济舱的乘客因患深度血管栓塞（DVT）而死亡。导致这种病的原因是腿部由于空间狭小、长时间不运动形成血栓，血栓再从腿部向上阻塞通往肺脏的动脉而导致死亡。这种情形不仅会发生在飞机上，任何长时间静止不动的人都可能会出现这种病症。2003年，在伊拉克战争中，39岁的战地记者大卫　布鲁由于在坦克车里待了数天而患深度血管栓塞死亡。

2004年有1,727人死于深度血管栓塞。

NO.6　笑紊乱

1997年，一位64岁、居住在马萨诸塞州伯灵顿的男子，来到一家研究笑的诊所就诊，这里有位医生专门从事神经病学研究。这个男子对医生描述了他的病情，每当他看《宋飞正传》这个喜剧节目时，总是伴有暂时的眩晕而且还会无意识地念叨着。

听了他的描述，这位医生迫不及待地想知道是什么导致了这种他以前所不知的笑紊乱。于是医生来到这个男子的家里去观察，在电视节目转播喜剧节目的时候做大量丰富的记录。当该男子因为看到节目而捧腹大笑时，他就会窒息，然后一头栽到咖啡桌上。医生经过研究发现，这种现象并不是因为奇怪的综合征，而是因为他的动脉血管过于狭窄，以至于在他强烈大笑时，血管中断给大脑供氧，所以需要扩张血管来帮助他的大脑能够获得足够的氧气。

不开玩笑

笑神经紊乱，就是在没有任何笑料的情况下仍会发笑的一种病症，这种精神上的紊乱会导致让人痛苦的、毫无理由的大笑。大多数人都认为笑是对幽默刺激的一种反应，是可以被接受的社交方式，但是对那些患有笑神经紊乱的人来说，在没有任何值得笑的理由时发出歇斯底里的笑声是一件令人感到非常尴尬和丢脸的事情。精神紊乱的人会随时对一些微不足道的小事忍俊不禁。随着病情的进一步发展，这些患者们会笑着入睡，也会笑着醒来；会在拥挤的电梯里突然狂笑；会在参加葬礼时忍不住偷笑；除此之外还会在其他一些不恰当的场合中发笑，因为他们无法控制自己。

笑紊乱症患者在他们大脑的四部分中累积形成了不成比例的一定量的氨基酸，也就是这种氨基酸引发他们那种虚幻的笑，导致笑的昏睡状态。对于氨基酸如何影响一个人在看到或听到别人不认为可笑的事情时自己却发笑的原因还不确定，但许多研究发现这种精神紊乱是发生在神经传递素的神经键上。这些错位的神经键对大脑的边缘系统造成一定的影响，正如我们前面说过的，同时也会影响前脑垂体的判断功能。诸如服用像多巴胺（一种治疗脑神经病的药物）这样的药物，试图成为可以帮助患者从迷幻状态回归现实的载体。

死亡规律

女性患上笑神经紊乱并表现出各种症状的人数要比男性多，通常发病的年龄段为14岁至30岁，而发病的原因最有可能是因为雌性激素以不同的方式影响着大脑中的氨基酸。而这个年龄段的男性，当他们通过吸食大麻、服用迷幻药或体验急速带给他们的强烈刺激时则会倾向由这种自我诱导的方式让自己处于亢奋状态。每一次歇斯底里的大笑，大脑就会失去更多的氧气，导致更多的脑细胞死亡，依次发展下去就会使发笑的人对微不足道的小事继续笑下去。初期的视幻觉和幻想以及不真实的信仰都是导致因笑致死的原因。

大声慢笑

"哈哈"是我们发笑时发出的最典型的一种声音，听起来就像是在发英语字母的元音，发出这种笑声只需要60毫秒的时间，而且在我们连续不断地笑的过程中，这种声音在每一次笑声的间隔时间为200毫秒。如果笑的频率大于这种时间间隔，那么大脑就会出现极度缺氧。

无名大笑

1991年，在西雅图一间酒吧中流传的笑话让一位35岁的男子不可抑制地大笑了13个小时。这样做其实很危险，医生们对这种由笑引发的痉挛也束手无策，最后这个人死于心脏衰竭。在他死之前，曾有人问他是什么这么有趣能让他这样连续地大笑不止。他在笑的间隙说道："是一个关于羚羊和贝类动物的笑话，而且我还记得与贝类动物有关的那一段。"

2003年，因笑引发的痴呆症和因无休止的笑导致的死亡病历在有限的8,901个死因中，名列第二。

与健康人相比，有40%的心脏病患者不太容易发笑。

NO.7 笑死

是什么能让我们发笑？对这个问题，从事笑研究的科学家们无法给出一个明晰的答案。尽管如此，这些科学家还是通过研究发现人的左脑可以对日常话语进行接收处理并转化成笑话或者任何有趣的表述，然后再将这种信息传递给能够控制人的感情、判断、个性以及情绪的前脑垂体。接着，如果前脑垂体得到了这些信息并对其加以判断，就会将引发大笑的信号传递给控制人的行动、能让人笑的大脑皮层的传输神经。

作为《星期六评论》杂志的长期编辑，诺曼·库森斯是第一位在他1976年出版的著作《对所有疾病的剖析》中记录下幽默和笑在治疗疾病的过程发挥的积极作用的人。

早在10年前，库森斯就被诊断患上了脊椎炎，也就是这种使他痛苦不堪的脊椎骨疾病最终使他瘫痪，生活变得了无生趣。当为他治疗的医学专家最后确诊并告诉他只有1/500的生存机会时，由于震惊，库森斯笑了。在接下来的日子里，库森斯不仅接受医生们的治疗而且还自创了一套幽默疗法。他发现坚持15分钟的开怀大笑能够帮助他缓解疼痛，得到两小时的睡眠，而且血液检查的结果也表明他的炎症情况在每次幽默疗法结束后都要比之前好得多。利用这样的治疗方法，库森斯治好了自己的病，最终他因心脏病在1990年去世，享年75岁。

喜剧演员的寿命更长吗？

史蒂夫·艾伦生于一个戏剧世家，他的父母都是歌舞喜剧演员。阿伦以他即兴的采访闻名，通常他会乔装打扮成一位滑稽的小丑在街上随意采访路人并能与他们产生很好的互动。阿伦创作了《今晚》这档电视节目和40多首歌曲以及写了38本书。2000年10月，当他78岁的时候因心脏病去世。

长着一张丰满的脸的约翰·贝尔施因过量服用药物在1982年去世，那时他年仅33岁。当时他是第一部《激情星期六之夜》电视节目的制作成员,同时他还在经典影片《动物之家》和《布鲁斯兄弟》中担任重要角色。

杰基·本尼 杰基·本尼因他富有喜剧效果的、表情严肃的俏皮话而深受人们的欢迎。他在1974年80岁的时候身患胰腺癌去世。

米尔顿·伯利 作为电视喜剧的开拓人,米尔顿·博利在1948年将其投入大量精力制作而成的电视喜剧《塔克斯科星剧场》首次搬上了荧幕,他也因此被一代美国人誉为"米尔叔叔"。他的笑话和喜剧化的幽默故事推动了美国全国电视机的销量,并且使博利本人成为美国电视喜剧史上第一位明星。博利喜欢抽雪茄,也许是因为这个原因使他在2002年3月因为结肠癌去世,当时他已93岁。

约翰·坎迪,一位42岁的令人喜爱的、具有喜剧表演天赋的优秀演员,带有一些病态的、肥胖的美,当他的最后一部电影《东行马车》上映之际因为心脏病离开了这个世界。

约翰尼·卡森 1962~1992年,这30年间,约翰·卡森一直作为电视节目《今晚》的喜剧主播出现在大家面前。他的诙谐机智和征服所有人的超凡魅力使得所有美国人对他的节目趋之若鹜。同时,他主持的节目还为许多美国当代的喜剧表演者提供了一个很好的舞台,让他们可以尽情地展现自己的才华。卡森一辈子都没有把烟戒掉,2005年当他79岁时因肺气肿离开了喜爱他的观众。

克里斯·法利 作为美国家喻户晓的电视节目《激情星期六之夜》的著名喜剧演员,克里斯·法利经常以自己肥胖的身材为借口自嘲,而他常常使人捧腹大笑的表演更是为他赢得了很好的口碑。即使这样,克里斯仍没能逃过宿命的安排,33岁就因吸毒和酗酒过早地告别了喜剧表演舞台。

杰基·格利森 1987年,当杰基·格利森71岁时,因患有癌症去世。他生前被认为是电视节目《蜜月旅行者》最好的主持人和演员,直到他死后人们也还是同样怀念他;同行们则把他称作是娱乐圈中最伟大的人。而杰基的搭档奥德丽 米多斯在1996年69岁时也因肺癌去世了。

菲尔·哈特曼 身材矮小的喜剧演员菲尔.哈特曼在他睡觉时被妻子用a.38左轮手枪打死,当警察赶到现场时他妻子也已经自杀身亡。当时哈特曼只有49岁,后来经查实,他的妻子曾经有滥用可卡因的历史而且还患有精神病。哈特曼的艺术生涯虽然短暂但却丰富绚丽,他曾是电视节目《激情星期六之夜》的演员之一,而且他还曾为电视剧《辛普森一家》中的很多角色配过音。

劳雷尔和哈代 斯坦·劳雷尔和奥利弗·哈代正式成为搭档是出演由好莱坞电影工作室制作出品并在1921年向世界公演的电影《第二个一百年》。这对黄金搭档在1950年完成了他们最后一部电影,把他们的笑声最后一次传递给观众。哈代在1957年65岁时因患中风后几个月内身体状况恶化去世。而斯坦 劳雷尔在其32年的职业生涯中创作了182部电影之后,因心脏病于1961年75岁时为自己的人生画上了句号。

格劳乔·马克斯 在最初以俏皮话为内容的喜剧表演中,格劳乔.马克斯常常以这样的形象出现:口里叼着雪茄烟,用眼神向女人暗送秋波,挑一挑眉毛就能赚大钱。他与自己的同胞兄弟合作演出了几十部电影,包括《鸭汤》和《吹牛皮的动物》,而且他还主持了智力竞猜节目《生活由你掌握》,这档节目最初是通过电台播放,因为太受人们的欢迎,在随后的20多年里,就一直在电视台播出。1974年马克斯86岁时患上了中风,在其年轻助理埃瑞·弗莱明的陪伴下安详地去世了。(而埃瑞·弗莱明在2003年42岁时自杀身亡。)

"大明星"蒂姆·莫尔 当还是一个孩子的时候,"大明星"就已经在伊利诺伊州的罗克岛的街头边走边唱开始了自己的演艺生涯。50岁时,他已经出演了很多有关黑人生活的电影和电视剧,虽然这些对黑人的描写大都是些陈词滥调但却引起了很大的争议,尽管这样,并没有阻碍他成为大众最喜欢的明星。1959年,当莫尔59岁时,肺结核病结束了他的生命。

NO.8 街边小吃

许多大城市的规划部门不太喜欢街边的餐馆。消费者的健康会因食用了被汽车尾气污染的食品和饮料而受到威胁。苍蝇和其他昆虫可以自由地聚集在露天快餐店,通过食物传播疾病。针对顾客和行人的盗窃、抢劫和交通事故发生的可能性也会增加。按照规定,饭店要想获得经营露天快餐店的许可,就必须保证为行人留出2.4米宽的"可通行"便道,而且不能使用金属桌凳,或是把桌椅通过钉钉子、上螺栓或用水泥浇铸等方式固定在便道上。也许,这条只允许使用轻质塑料桌凳的规定是为了在椅子乱飞时减少伤亡。

死亡规律

在美国，每24个小时就有一起汽车失控冲到便道上的事故发生。这也就是说，在街边小吃店消费的人随时都有可能成为被汽车撞击的对象。

有经验的街边小吃用餐者知道要时刻保持警觉，并不时扇着食物以防止苍蝇的降落。他们还知道绝不要背对着街道用餐。

2004年7月，一名洛杉矶男子由于把油门当做刹车，结果以全速冲上了便道，冲过了三个街区。这名86岁的男子开着他1992年的栗色别克车穿过了三个路边小吃店，还与路边一群购物者发生了碰撞。结果导致32人受伤，8人死亡。

死神来了

1991年10月，得克萨斯州的一名男子驾着皮卡冲进了卢比快餐店的露天区域，直到撞上饭店的钢化玻璃窗才停了下来，许多食客当场丧命。随后这名男子拿着枪走下车，开枪打死23人，打伤20人，最后自杀身亡。一名躲在洗碗机里15个小时得以逃生的幸存者后来接受电视台新闻记者采访时说："有时眼观六路也是不够的。"

2004年9月，在阿肯色州，一辆皮卡穿过了一家冰淇淋店的露天区。而这辆福特350的司机居然是一条狗。原来，这条狗被独自留在发动着的汽车上，它显然是不慎碰到了变速杆，卡车被挂上了挡并开始加速，然后从山坡上冲下来，造成了一死四伤的惨剧。

2002年，在宾夕法尼亚州的一个乡村，两名骑马男子从一家酒馆的露天区飞驰而过，所幸没有造成严重伤亡。当他们被拘捕后，通过酒精测试发现两人都喝了很多酒。一年后，当两人接受法庭审判时，对其酒后驾驶的指控被宣判无效。"马就是马，当然，当然，"主审法官引用了60年代电视连续剧《埃德先生》中一段评论一匹会说话的马的台词："酒后驾驶法规的适用范围是汽车，而不是马匹。"

1999年3月29日，俄国著名诗人列夫 托尔斯泰的孙女——95岁的维拉·托尔斯泰伯爵夫人在佛罗里达死于一场车祸，原因是她驾车冲上了便道。

每年有250人在露天小吃用餐时死亡。

NO.9 被鸵鸟踢死

1993年，一名男子带着他的儿子去莫菲特农场做假日旅行。这家农场位于圣安东尼奥西北88公里处，是一个很有异国情调的动物保护区。他们从汽车上下来后，先后拥抱了一头蓝牛——一种大个的羚羊。这头羚羊轻轻舔食他们提供的食物，性情温顺得如同迪斯尼动画片中的宠物，但它很快恢复了野性。羚羊用它头上锋利的螺旋状尖角去攻击这位男士的大腿，划破了他的大腿动脉。他的儿子赶紧跑去拨打911求救，不过这名男子很快因为失血过多而死去了。

一名家住路易斯安那州的男子，在自己后院的围栏中饲养着一只雄鸵鸟和三只雌鸵鸟。当他出门忙于商业生意时，他将饲养的任务交托给了自己的父母。当那位老人和他的妻子走进围栏去喂食时，公鸵鸟却不停地用自己健壮有力的长腿猛踢他们。原来，那个男子忘了告诉父亲，在鸵鸟的交配季节，公鸵鸟会对自己占有的配偶采取过度防卫，因此此时喂食它们就必须站在围栏外。最终，这位老人被公鸵鸟踢死，老太太重伤。

自1975年起，野生动物保护区内的重大事故数量：871。

NO.10　草坪飞镖

1965～1988年的23年间，美国有75位儿童因为被在草坪上投掷的飞镖刺透头骨身亡，从那时起，所有生产和销售草坪飞镖的工厂和商店遭到了禁止。美国消费品安全委员会援引了以下条文认为草坪飞镖活动是非法的："考虑到飞镖的重量、轴的宽窄度、飞镖投掷的速度和飞镖的穿透力以及儿童头骨的密度，我们认为这种活动存在着危险性。"这些观察资料和报告再加上儿童对投掷飞镖没有精确的目标这样的事实，是促使委员会实施禁令的原因。然而，使用小一号带有钢尖的飞镖仍然是合法的，而且在美国许多的客栈和酒馆都还能看到这样的飞镖。自1988年以来虽然没有报道说因使用这种小型飞镖而导致悲剧发生，但仍有至少139人因此失去了一只眼睛。

自1950年以来因飞镖丧命的人数：312。

NO.11　被爆米花毒死

人类爆玉米花已经有了4千年的历史。据传最早的爆玉米花方法是将玉米埋在热的沙子里，直到籽粒爆裂。现在，爆米花已经成为美国最受欢迎的快餐食物，每年有195亿升的消费量。2004年，美国环保署开始检测从膨胀的微波爆米花袋子中释放出的气体。检测结果表明，爆米花使用的人造黄油调料所含有的指孢霉素在燃烧时可以释放出对人体有害的气体，那些在爆米花厂工作的工人和频繁食用微波爆米花的人由于经常呼入这种气体，可能会患上一种少见的肺部疾病。

2003年，有24人死于吸入爆米花所产生的气体。

NO.12　过街天桥

2002年11月22日的午夜，一名卡车司机驾车行驶在内布拉斯加州时突然听见有东西砸在了驾驶室上，他紧接着看到有一个黑色的物体穿过挡风玻璃，跳进休息室，然后又反弹回来砸在仪表板上并引起了爆炸。司机这时才看清楚那个黑色的物体原来是个保龄球，他连忙逃离了驾驶室，好在没有受伤。但是后面275米外一辆旅行车上的两名妇女却没有他那么走运，第二个保龄球落了下来,穿过了她们的车窗并将两人都送进了医院。1994年,一名8个月大的女婴在新泽西死于相似的事故。

只要在高速路上有过街天桥的地方,都有恶作剧者希望一睹物体砸在行驶车辆上的情形。

死神来了

1990年,在辛辛那提,一块2.7千克重、不到20厘米长的水泥从某个天桥上落下,砸穿了一辆车的挡风玻璃并导致车内一名40岁的男子头部受伤死亡。那名男子的遗孀起诉了俄亥俄州运输部,并将官司打到了最高法院。最后俄亥俄州花了2,600万美元用来在辛辛那提的所有天桥上安装防护网,并声明:"用来阻止从桥上向下面的公路或其他所有物投掷或坠落物体。"2002年,长岛一名驾车男子被从高处扔下的冷冻火鸡砸死。

2003年,纽约州扬克斯市一名48岁的妇女被一枚从天桥上扔下的、穿过挡风玻璃的石头砸死,而她刚刚从癌症中挺过来。这些事故中只有很少部分的恶作剧者被抓到。

尽管在美国已经有上亿资金用来在天桥边上构筑围栏,每年仍然有17人被从天桥上扔下的物体砸中而死亡。

NO.13 被流星砸中

经常有小星体进入地球大气层并分解,成为美丽的流星,但并不都是这样。从篮球到小轿车大小不等的陨石进入大气层并分解,最后落在地面时依然保持着红热状态。每年有超过5万起不明原因的火灾发生,一些人认为是由流星所引起。美国最近的几十年还没有被证实了的陨石致人死亡事件（巴西1994年曾发生两起），但科学家知道威胁是真实存在的。

历史上，每隔1千到1万年就会有一座城市被来自外太空的物体所毁掉。像五万年前坠落在亚利桑那州直径达1.6公里的流星还会再次光顾地球，并造成巨大的人员与财产损失。如果这样大小的流星再次撞击地球，在它坠落点的160公里以内的生物都将被其热量所蒸发，冲击波将会在瞬时蔓延到方圆482公里的地区，将建筑物像沙雕一样摧毁；在1,600公里外的地区，岩石、尘土和温度极高的蒸汽会到处弥漫，造成无法想象的惨景。美国人口在1小时内将减少75%。目前，美国国家航空航天局和其他组织正在制订计划，以保护美国免受可能于2029年来袭的大流星的威胁。

1954年11月30日，一颗重达8英镑的陨星击穿阿拉巴马州一户人家的屋顶，将正在屋内的哈维雷特·豪哲思夫人砸得不省人事。

NO.14 祸从口出

1987年，特克松·沃尔特·米切尔因为妻子要说"新泽西"这个词而杀死了她。审判进行时，米切尔的律师告诉法官还有别的词也会使这个男人疯狂。当律师对法官说"窃笑"和"三个火枪手"一样会激怒这个人时，律师要求这个人自己堵住耳朵。然而，法庭指定的精神病医师和这个男子家庭问题的过失记录最后裁定，这个人精神状况正常，并不能算是精神错乱。

NO.15 扁桃腺炎

英国人在15世纪早期的医疗记录中这样写道：脖颈和喉咙之间出现的任何症状都被叫做扁桃腺炎。20世纪初，有超过50,000人是死于扁桃腺炎。如今，这个医学术语只用来描述扁桃体周围因发炎长出的脓肿块，而肿块的具体位置就在扁桃体的后面。没有得到认真治疗的扁桃体炎和复发的喉咙感染是引起扁桃腺炎的原因。

"扁桃腺"出自希腊语狗脖套一词。100年前因扁桃腺炎去世的病人实际上得的是白喉，它能使病人的脖子肿得跟公牛的脖子一样粗，扁桃体发炎，流脓不止。白喉是黏液组织中的脓疮滋生的一种细菌，它可以使人的喉咙两侧的扁桃体感染会脓，越肿越大。白喉还被形象地比喻为"扼杀者"，因为染上白喉垂死挣扎的人感觉自己的脖子被手紧紧地攥着，即将窒息。直到19世纪80年代，人们才认识到白喉病毒才是致命喉疾的元凶。又过了50年之后的1929年，研制出了防治白喉的疫苗，注射这种疫苗可以刺激人体免疫系统提高预防白喉毒素的能力。1796年至1930年这一时期，每年有超过150,000人感染传染性白喉，病毒通过喷嚏、咳嗽迅速传播，导致每年有超过13,000人死亡。随着医学的发展，白喉在美国已基本消除。在过去的15年中，只有41人是因患白喉死去。今天，单纯的扁桃体炎症已不足以致命，取而代之的则是扁桃体切除手术。

死亡规律

自20世纪50年代起，每有100万名儿童接受扁桃体切除手术，在长达将近20年的时间里，这种手术被当做是儿科常规手术。2004年，有286,000名年龄在15岁以下的儿童接受切除扁桃体手术，这种做法主要是为了预防耳朵感染的复发，其中有6,340人死亡，主要原因是因为麻醉剂并发症和术后出血。

NO.16 猝死

每年有136人猝死于体育运动中。死亡的原因主要是在体育活动中对胸部突然而猛烈的撞击导致了"心脏冲击"，使其致死。这种情况可以出现在任何体育活动中，但以足球和篮球最为常见。猝死发生平均年龄是17岁。

导致高中和大学的运动员猝死的其他原因还包括用力过度、脱水，或是其他以前未检查出的心脏疾病。

国际象棋中的猝死是由于出招失误导致丢子所致。从事职业国际象棋比赛的选手精神高度紧张，比赛的胜败对他们至关重要。很多世界级的职业国际象棋选手死于比赛中突然发作的心脏病和中风，包括埃德·埃德蒙森（62岁）、保罗·克列斯（64岁）、保罗·伦哈特（51岁）、弗拉基米尔·西马金（49岁）和弗兰克·马歇尔（67岁）。除了压力之外，竞争也会导致死亡，一名职业国际象棋选手就是被对手投毒而猝死。

减重

1997年12月，3名来自三个不同州的大学摔跤运动员在试图减重以达到比赛标准时死亡。运动员为了达到比赛体重要求而常用的方法包括：禁食，服用泻药、催吐剂、利尿剂，限制饮水，自发式呕吐，进入加温室、隔热箱、桑拿浴、蒸汽室，穿不透气的衣服等。随着比赛称量体重日期的临近，三名选手通过穿橡胶做的服装这种极端方法来加速排汗，结果死于体温过高而导致的严重的电解失衡。从那之后，国家学院运动员协会禁止使用这些减轻体重的手段。然而，为了能够参加比赛，这些方法仍为运动员所青睐。

政治猝死事件

1923年，沃伦·G.哈丁总统在他57岁时神秘死于旧金山宫殿酒店总统套房的办公桌前。当时，哈丁正被"茶壶顶"丑闻牵连，他不仅被指控放纵司法部长的腐败交易，而且还被报纸发现有一个情妇和一个私生女。尽管官方宣布哈丁死于心脏病发作，有人却认为他死于中毒，而下毒的人可能是他自己或是他妻子。他的尸体没有进行尸检，而且按照他妻子的指示，在死后马上就被涂上防腐剂。

NO.17 瞌睡死

根据美国交通部的统计，司机在方向盘上打瞌睡，每年会导致超过20万起的交通事故。因此，大量相关产品纷纷涌现，旨在为那些筋疲力尽、却又不得不继续驾驶的司机提供帮助。有一种类似辐射灭虫器的听力装置，可以固定在耳朵上，每当司机低头瞌睡或者下巴碰到胸口时，它就会发生震动，其中内置的CD中会依次发出长声尖叫或是嘟嘟声，就像戒烟者所使用的打火机中安置的那种微型闹钟。一些疲劳驾驶的司机也想出了一些招数，比如一位卡车司机经常喝柠檬汁；另一位旅游女推销员则把自己的头发夹在车顶的遮阳棚上，如果打瞌睡，她就会被扯醒。不过，大多数专家建议，远离行车道，进行10到15

分钟的瞌睡,无论是对于这些昏昏欲睡的驾驶司机,还是对于有可能碰见这种摇摇晃晃的车辆的行人来说,都有着延长寿命的作用。

在一项面向医生的匿名调查中,42%的被调查者承认,因为太过疲倦,他们不能做出正确的医疗决定,或者难以在手术中正常发挥水平,由此导致了至少一名患者死亡。医药研究中心的统计也表明,每年约有98,000名患者死于医疗事故。周一是最适合进行手术的日子,在一周中,这一天的事故发生率最低。

艾伦·平克顿,著名的平克顿侦探事务所的创立者,曾以"我们永远不会睡着"为座右铭。他在晨跑时失足跌倒,咬伤了自己的舌头,不久之后的1984年7月1日,64岁的他死于舌部坏疽。

自1990年起,有2,000人因从房顶上摔下而死亡,他们的死亡通常被认为是谋杀。

与酒后驾驶的司机相比,每年疲劳驾驶的司机造成的死亡人数要多出5,000人以上。

NO.18 被水母刺死

所有水母都是无脊椎动物,这些没有骨头的斑点每年都要侵犯美国的海岸。它们触须中的刺囊刺到人时,最初只会出现局部微痒的症状,可是到后来往往都会变为严重的灼烧感伴随着令人颤动的疼痛。一些水母的钉刺会导致心脏停止跳动。

每年因水母而产生的过敏反应导致1,918人死亡,其中绝大多数为儿童。

穿上一件紧身潜水衣

盒鱼或海蜂,这类最初在太平洋中发现的生物,是最致命的海底杀手。只要被它的毒牙轻轻咬上一口，这种比眼镜蛇的毒液狠上十倍的东西会让人立刻死亡。每年因海蜂叮咬而死亡的有55人。

星鱼、锥鱼、蝎鱼、海胆，以及黄貂鱼的脊部和尾部都有毒液，这都会导致一些人产生致命的过敏反应。每年有45人因为遭遇到这些生物而死亡。

第九章

最暴力的

生和死是无法挽回的,唯有享受其间的一段时光。死亡的黑暗背景对托出生命的光彩。

——桑塔亚那

NO.1　战争

提到死亡，战争可以改变所有的规则。根据作战原则，杀戮并不是谋杀，而且为了保证胜利和生存，可以采取任何必要的手段。截至2003年，美国已经卷入过11场战争，花在战场上的费用达到3万亿美元，有651,234人死于直接的战斗，还有243,931人死于和战争相关的活动，包括备战以及战争中的疾病。

第一场战事是独立战争。这场战争起源于对自由和税收的讨论，最终于1775年4月升级为武力冲突。在第一场于马萨诸塞的康科德城进行的战斗中，有90名美国殖民地居民和275名英国人丧生。8年之后，在1783年4月，当国会正式宣布战争结束时，有超过21.7万名殖民地居民曾在军队服役，而当时的总人口还不到300万人。

殖民地居民所使用的步枪每打完一枪都要重新填装弹药，还有些人只有刀子、长剑和刺刀，或是自制的武器。对比之下，英国军队的武器要先进得多，他们拥有充足的武器和弹药。殖民地居民不得不将雕像和银制品融化来制作子弹。加农炮是双方都拥有的武器，但那时的加农炮的炮管还是光滑的，这表示炮弹不在炮管内发生旋转，命中率因此不是很高。在每次发射完一枚炮弹之后，在将新的炮弹放入炮管前，士兵都需要站在暴露于敌方的位置将一袋火药装入炮管。球状的炮弹将会满地乱滚，伤害它所碰到的人。士兵通过瞄准来使炮弹尽可能穿过更多的人群，以便使目标像多米诺骨牌一样被击倒一大串。这个时期的加农炮弹还不具备爆炸的功能，但它的速度却可以把人的脑袋和腿给打掉。士兵们需要非常留意炮弹，并且通过跳跃来进行躲避。殖民地居民还发明了填装着碎铁片的桶状炮弹，在与敌人近距离接触时使用，以造成敌人失明或受伤化脓，然后在下次战斗中将其消灭。

共有4,435名美国人死于这场战争，但死在战场上的只是少数，大部分人死于感染和疾病。

1812年战争也是为了反对英国并实现美国永久独立而进行的。英军实际上是在加拿大指挥战斗，并顾忌到同法国之间越来越严重的敌对关系。英国人用充足的武器武装了美洲土著人，并鼓励他们与美洲拓荒者进行战斗。英国人还拦截和搜查美国船只，并计划占据巴尔的摩和新奥尔良。由于大部分战斗都在海上进行，这场战争使美国不得不发展自己的海军力量。大部分战死的人都是由于船只着火和溺水。无膛线炮这个时期仍被采用，但美国人对其进行了临时改进，加大了它的杀伤力，炮弹被加热到红热，使其一接触到木制的船板就能将其引燃；炮弹被做成中空的，里面安置了炸药和导火索。而对方的船员被派到甲板上来回奔跑以及时将这些红热的炮弹扔掉。

有286,730名美国军人参加了这场战争，其中有2,260人死亡。

第一场反恐战争是印第安战争，这场战争从1817年一直持续到1898年，它与美国的发展和西进运动直接相关。这是一场充满着冲突和袭击的血腥战争，对于双方的平民来说都是平等的。和平条约不断被签署又被撕毁，通常是美国一方所为，这使得一些从前敌对的印第安部落也联合起来，一起对付空前强大的美国军队和其殖民扩张。这是一场以土地争夺和复仇为主旋律的战争。与其他军事冲突不同，美国对原住部族的军事行动只保留了部分记录。从官方的数据来看，美国军队在这场战争中共动用了106,000万名士兵，总共仅有1,000名士兵战死。然而，交战双方的真实死亡数字，包括士兵和平民，已经超过了10万人。而如果战争的开始时间从17世纪开始计算的话，死亡人员的总数将会超过100万人。

在这场战争中，熟悉列队行进等欧式战法的殖民地居民首次遇到了没有约束的游击战。易洛魁族人在拓荒者来到美洲之前就同其他原住部族不时进行战斗，习惯了近距离的徒手搏斗和突然袭击。每个易洛魁族男子都被训练得对疼痛没有感觉。他们的战俘被强迫互相攻击或被拔掉指甲盖甚至砍掉四肢。然后或被斩首，或被他们活烤后食用。

印第安战争中最著名的战役是"卡斯特的最后立场"，这场战斗发生在蒙大拿州的比格霍恩。1875年晚期，超过10,000名苏族、黑脚族和夏安族印第安人离开他们的居住地，出于对美国人撕毁条约的愤怒，他们在锡廷·布尔的领导下聚集于蒙大拿州，准备为土地而战。印第安人侦察到乔治·阿姆斯特朗·卡斯特少尉率领着210人向他们的村庄前进，于是派了苏族领袖克雷兹·豪斯率领他的武士渡河进行伏击。当卡斯特发现自己被包围后，他命令部下将马匹击毙并用它们的尸体构筑了一道防护，但他们最终放弃了这道被用来遮挡子弹和乱箭的屏障。仅仅在一个小时内，卡斯特和他的部下就被全歼，这场战斗成为印第安战争中美军输得最惨的一场战役。在获胜之后，印第安人将所有美军尸体的衣服全部除去，并破坏了所有穿制服士兵的尸体，他们相信肢体不全者的灵魂将会进入地狱。出于某些原因，卡斯特的尸体虽然被剥掉了衣服并被清洗，但却没有被损坏，也没有被剥掉头皮。或许是由于卡斯特没有穿蓝色的制服，而是穿了鹿皮服装，这使得印第安人误以为他是平民而非士兵。

由于没有一名美军士兵幸存，卡斯特的遗言也就不得而知。但是，在他出发突袭锡廷·布尔的村庄前，有人曾听到他说："我认为我们会在他们打盹时将他们一网打尽。"

从1846年到1848年的墨西哥战争起源于美国对得克萨斯的吞并，主要是双方对格兰德河水权的争夺。许多美国少年和青年自愿加入了军队，希望寻找战争的浪漫和进行英雄式的探险。但他们大部分人都死于炎热、灰尘和昆虫的叮咬。战争记录显示只有1,173人死亡。但战斗大部分都在乡村进行，再加上疾病和非正式的战斗，美军实际死亡人数应该超过11,550人，墨西哥一方有超过3万人死亡。

与墨西哥战争相关的著名的阿拉莫战役实际上发生于战争开始的10年前，当时得克萨斯人正为从墨西哥独立而斗争。墨西哥不愿放弃得克萨斯并派遣圣·安东尼奥那将军率6,000士兵前去镇压叛乱。188名反抗者聚集在圣安东尼奥的阿拉莫教堂，将这里变成了一座堡垒。这些人中包括擅长飞刀的传奇人物吉姆　鲍伊，神枪手戴维·克罗基特，以及詹姆斯·伯恩哈姆和威廉·B.特拉维斯。战士们在这里与圣安娜的大军进行了15天的浴血奋战,最终188人全部阵亡。

死亡纪录

美国内战持续了四年时间,从1861年到1865年,有30%的人口卷入了这场战争。当时有2,200万人居住在北方,900万人居住在南方,其中包括400万名奴隶。在这个时代,所有美国人无一幸免地与死亡近距离接触:

	美国联邦	美国南方邦联
士兵	221.34万	100万
花费(按今天的美元计算)	270亿美元	170亿美元
战斗死亡人数	14.05万人	7.45万人
战争相关的死亡人数	22.5万人	6万人

战争一旦打响,死亡就变得如此猛烈和血腥。荒野战役就是这类战事的典型代表。从1864年5月5日到5月7日的整整两天,双方军队进行了极度近距离的接触。目击者描述了这样的场景:无休止的子弹将树都打成了两半。密集的炮火将丛林点燃,受伤的和没受伤的人都同样被烧死。一名幸存者写道:"运送军火的火车发生了爆炸,死者的尸体被大火烧焦,受伤的人在绝望中暴发出惊人的力量,拖着他们残缺的肢体四散奔逃。"当战火消退后,经统计双方共有25,000人死于战场上。

内战中第一个被杀的士兵是卢瑟·A.拉德,一名来自马萨诸塞的19岁志愿兵,1861年4月19日,当联邦军队行进至巴尔的摩时,拉德被一名狙击手射杀。1865年5月26日,来自印第安那19岁的约翰·J.威廉姆斯成为内战最后一个死亡的士兵。当时尽管南部邦联的士兵已经得知李将军于1865年4月9日投降,但在得克萨斯、阿肯色州和俄克拉荷马,仍然有许多军队继续在战斗。在战争的临近结束时刻,在得克萨斯的帕尔米托兰奇,邦联军队在撤退时获得了一场胜利,杀死110名联邦士兵。

美西战争发生于1898年的三个月时间里,战争的本质是美国希望取代西班牙在加勒比海(古巴和波多黎各)和太平洋(关岛、夏威夷和菲律宾)的殖民统治。

美国的帝国主义者在两个海域建立战略基地的野心也起到了推波助澜的作用。共有30万名美国士兵被派往加勒比海和太平洋前线，其中387人死于直接的战斗，2,059人死于相关的事件，其中死于热带疾病的占大部分。这场战事共耗资60亿美元。"记住缅因号"成为这场战争的标语，缅因号是一艘于1898年2月15日在哈瓦那港发生爆炸的美国战船。爆炸共造成了260名美国海军士兵伤亡，占据了整个战争大部分的人员伤亡。直到现在，关于缅因号的爆炸是美国自己所为还是被敌方阴谋破坏的争议仍无定论，但它却是美国投入已经在进行的古巴和西班牙间的战争的主要原因。美国海军的船只数量远多于西班牙派去防守古巴和波多黎各的船只，当特迪·罗斯福率领他的义勇骑兵团占领圣胡安山后，这些船只也全四散奔逃。美国国会于1898年4月正式宣布对西班牙开战，到8月份时，西班牙接受了停战的建议，将其许多殖民地转交给了美国。

死神来了

美国曾试图在第一次世界大战中保持中立，认为这是欧洲的事情。1915年5月，德国潜艇在爱尔兰海岸将美国"路西塔尼亚"号击沉，造成船上1,201人死亡。这使得美国也卷入了这场大战。直到1917年12月，美国国会才正式对德宣战，并迅速投入500万美军的兵力。有53,000人在战场上被杀，还有63,000人死于疾病。流感和痢疾几乎感染了每个人，比芥子气和机枪杀死的人还多。手榴弹、机枪、空投炸弹和化学武器也首次被引入到战争中。一战带来了巨大的破坏和伤亡，其他战争与其相比简直微不足道。

停战协定签署于1918年11月11日上午11时，而一战中最后一个死亡的美国士兵也几乎与此同时丧生。当士兵亨利·冈瑟拿着刺刀朝一座德军的机枪碉堡冲锋时，一名送信士兵试图挥舞旗子让他停下来。但当送信者将报纸举国头顶并大声喊着停战的消息时，甘特已经头部中弹而亡，此时恰好是上午11点1分。

阿尔文·约克军士被认为是美国最伟大的英雄。他出身卑微，出生在田纳西州一个木屋中，他加入军队并参战。据报道，他共击毙了32名敌军机枪手，并同他的编队中仅剩的7人俘虏了132名敌人。好莱坞、百老汇和广告商用高额报酬邀请他，但遭到了他的拒绝。10年后，他终于做出让步，开始到处抛头露面，甚至出现在一些电影中。1951年，美国国税局指控约克偷逃税款，并对他穷追不舍。但这时这位年老的战争英雄已经穷困潦倒，在遭受了国税局3年的压力后，约克患上了心脏病并且卧床不起。但国税局仍然死死咬住他不放，直到1961年，美国总统约翰 F.肯尼迪下令终结此事，并将国税局的行为称作是国家的耻辱。约克于1964年死于心脏病。

死亡纪录

第二次世界大战从1940年持续到1945年，1,600万美国士兵投入了战斗。291,557人死于战斗，113,489人死于战争相关的活动以及疾病，死亡人数仅次于美国内战，但还有670,884人带着重伤回到家园。到现在仍然有78,000名二战的失踪者下落不明。

从1941年12月7日上午7点49分日本第一枚炸弹落在珍珠港开始，美国就卷入了这场战争。这枚炸弹穿过屋顶落在了一个兵舍内，炸死了35名正在里面吃早餐的士兵。这场突袭共杀死2,388人，包括34对兄弟。由于被一名朋友的惨死激怒，爱荷华州沙利文家五个兄弟同时加入了军队，他们同被派往"朱诺"号军舰上服役。不到一年时间，他们的船遇到了鱼雷的攻击，有四个兄弟被炸死，还有一个被鲨鱼吃掉。他们的死亡导致了美国军队政策的改变，不再允许同一家庭成员在相同的部队或军舰上服役。

二战参战人员的平均年龄为26岁。有报道称其中80%的人从未开过一枪，也没有打死一名敌人。美国军事史上最大的一场战争发生在二战的末期，从1944年12月到1945年1月，持续了六个星期，这就是阿登战役。60万名美国士兵在最严寒的季节集结于德国和比利时边境的阿登森林中。这场战役中共有61,000名美国人受伤，23,554人被俘，还有19,000人被杀死，这些伤亡大部分都发生在战役开始的前三天内。

朝鲜战争开始于1950年，在1953年结束于僵局。它共计花掉了纳税人2,630亿美元。将近600万军人参战，其中33,866人死于战斗，2万人死于战争相关的疾病，如战壕足。（参见：足浸病）。这场战争使美国、南朝鲜和他们的联合国盟友联合起来对付北朝鲜与中国共产党。这场战争与其说是对南北朝鲜领地的争夺，不如说是为了遏制共产主义的扩张。有5,000名美国士兵死于冻伤。还有8,100人至今仍未知去向。

越南战争从1964年到1975年持续了11年时间。这次是美国、南越和他们的联合国盟友一起对付北越和中国共产党。这场战争共花费了纳税人3,460亿美元。900万美国士兵投入了战斗，其中有47,410人战死，42,000人死于与战争相关的其他活动。9,000名老兵在回国5年之内自杀。美国死亡士兵的平均年龄为23岁。截肢和伤残的人数比二战时期要多300%。至今仍有55名服役人员下落不明。

在朝鲜和越南作战的士兵头一次遇到没有明确的边界和指令的战斗。任何人都可能是敌人——索要糖果的穷人家孩子或求助的老妇人都可能捆绑着炸药。丛林里到处是陷阱，每个房子都可能有子弹射出，使得前进的道路充满了恐怖。

越南老兵还遇到了碎片雷，这种地雷用高于地面几公分的绊绳所牵引，经常绑在木桩、树干和灌木上。这种地雷能以子弹两倍的速度射出一大片碎铁片。士兵在这场战争中所受到的身体伤害与美国士兵所见过的其他伤害截然不同。

1991年的海湾战争是为了解救被伊拉克入侵的科威特，这场战争仅持续了43天，耗资610亿美元，动用了120万名士兵。其中148人死于战场，121人死于事故。共使用了88,000吨炸弹。

反恐战争的起因是：2001年9月11日，穆斯林武装分子宣布向美国发起圣战，并用两架飞机撞毁了纽约世贸中心的双子塔楼，另外一架飞机冲向了宾夕法尼亚的田野，还有一架飞机撞击了华盛顿的五角大楼。2,998名死者尽管没有被归为战争伤亡，但他们的死亡证明上标注的死亡原因是"恐怖袭击"。战争的第一阶段被称为"恒久自由行动"，美国对在阿富汗的塔利班和奥萨马本·拉登的基地组织发动了军事打击，美军在2001年10月的25天时间里共花费了6亿美元，从那时起到2006年，又花掉了660亿美元。

截止到2006年5月，291名美军士兵死于战斗或与阿富汗战争相关的活动。

伊拉克战争

这是美国历史上第一次以先发制人为原因而发动的战争。在得到伊拉克藏有大规模杀伤性武器的情报后,美国于2003年3月19日对其发动了军事行动。结果却没有发现任何这类武器。到2003年5月1日,美国已经完全占领了该国,布什总统宣布结束主要的军事行动。但是,仍有大量足以击落美军直升机和伏击车队的武器掌握在叛乱者手中。美国士兵再次遇到了无法明确敌人身份的战争,这使得战争变得极其危险,同时对士兵的精神造成了严重伤害。

到2006年5月,共有2,447名美国军人死亡,37,198人严重受伤,还有4,000亿美元被花费或分配。

悲伤往事

内森·黑尔是美国革命中最著名英雄之一,也是美国式自由和爱国主义精神的代表人物,而这些正是军队所需要的。在战斗的初期,21岁的黑尔被俘虏并受到了英军的总司令豪将军的亲自审讯。豪试图通过许以军队的高级职位来诱使黑尔加入英军,但遭到了黑尔的拒绝。结果他被当做间谍并处以绞刑。他将他的爱国精神坚持到最后一刻,他最后的遗言是:"我很遗憾我只有一条生命来献给我的国家。"

超过20万名黑人为美国联邦一方作战,其中38,000人死亡,大多死于各种疾病,包括中暑。

副业

在美国内战之前,世界上还没有出现为尸体施以防腐剂的先例。将死亡士兵的尸体船运回家的需求促使托马斯·霍姆斯博士研制出一种能够替换血液的液体,这是一种含有砷的液体。对活着的人来说,砷是可以致命的,但经过霍姆斯博士的证明,这种元素对保存尸体具有极高的应用价值。战后,霍墨斯在布鲁克林开了一家药店,他所自制的根汁汽水和防腐液成为药店最畅销的产品。为了吸引顾客驻足停留并购买汽水,他在药店的橱窗内摆放了一颗经过防腐处理的年轻女子的头颅。尽管现在人们把他当做是"防腐之父",但霍姆斯却要求在他死后不要对他进行防腐处理。当他于1900年死后，在房屋重建时，人们在他的地下室里发现了20具经过防腐处理的尸体。

在战后的仇恨和复仇的氛围中，罗伯特·E.李被控告犯叛国罪。印第安那州国会议员乔治 W.朱利安要求将李立即逮捕并处以绞刑。但作为战争双方的调解人，李一直没有被送上法庭，此事也就渐渐没了声息。1870年，李在他56岁时因心脏病死亡。哈珀斯杂志写道："李很好地诠释了如何将坏的起因转变为最好的结果。"

斯通沃尔·杰克逊是南方邦联最优秀的将军，邦联政府将获胜的希望寄托在他的身上。他于1863年5月2日被自己人用枪误伤，医生后来切除了他的左臂，但由于发烧，他在8天后死亡，年仅39岁。士兵们将他的截肢埋在战场附近，以希望能够带来好运。这只断臂于1929年被发掘出来，重新埋葬在弗吉尼亚州史波特斯凡尼亚杰克逊家附近。

从地狱返回

二战中受表彰最多的士兵是奥蒂·墨菲，他共杀死了240名敌人，他回国后写了一本自传，名为《从地狱返回》。他于1971年47岁时死于空难。

战后还有另一个故事，在参加海湾战争的697,000名士兵中，30%的人患上了无法解释的疾病，包括使人性格大变的大脑病变。有些男女士兵生的孩子甚至也受到了影响。导致这些疾病的原因可能是石油燃烧产生的气体、神经毒气，或是士兵为了预防生化袭击而接受的疫苗注射。1995年在俄克拉荷马州炸掉摩拉联邦大厦，杀死168人的蒂莫西·麦克维是一名海湾战争老兵；另一名在2002年伙同他人杀死13人的环形公路枪手，以及在2002年10月杀死4人的亚利桑那州护理学生罗伯特·S弗洛斯也同样都是海湾战争的士兵。他们在沙漠风暴行动中都属于地面部队。

转换思维

军方目前尝试消除战争对士兵的心理影响，通过训练使士兵从高度紧张的战时模式迅速切换到心平气和且不采用任何不必要的暴力与普通百姓相处的状态。但这并不总是能够起作用：2002年7月，四名在北卡罗莱纳州布拉格边境哨所驻守的士兵将他们的妻子杀死,其中三人刚从阿富汗返回不久。四名被杀的妻子中两人被枪杀,一人被掐死,还有一人被用刀刺死。四起谋杀都发生在士兵从前线返回的二到四周之内。其中两名士兵很快就自杀了,还有两人以谋杀罪被起诉。军方发言人向媒体保证,这些士兵的杀戮行为和他们在阿富汗战场之间的任何联系都属于巧合。

它有什么用处?一点儿没有!

R&B歌手埃德温·斯塔尔曾在军队服役三年,他的歌曲"战争"获得了格莱美"有史以来最成功的反战歌曲"大奖。他于2003年61岁时死于心脏病。

NO.2 死刑

死刑在今天是最具争议的话题之一,但在整个历史上,公开处死犯人是年度最大的社会事件和进行集会的一大理由。没有受过多少教育的人以及社会的精英人士都聚集在一起观看一个人被处死。刑场周围,点心、肉、水果、纪念品以及饰品被吃喝着叫卖,类似于围着一项现代体育盛事吹喇叭的情形。

美国自殖民时期以来被合法处决的人数超过19,200人,大多是被控谋杀,1,086人被控为强奸,1,300人既没有被控为谋杀,也没有被控为强奸,而是被控以奴隶反叛、海盗、通奸、巫术、盗窃、毒害、鸡奸、隐瞒生育、叛国、间谍、仿冒、偷马、伪造、遗弃、绑架、帮助奴隶逃跑、游击活动或暴乱等罪名。

死亡纪录

由司法审判定罪(非私刑处死)的绞刑夺走了13,350人的性命。直到今天,在华盛顿州和特拉华州,绞刑仍然是一种可以选择的处死方式。在死刑暂时中止之前的最后一次绞刑执行,发生在1965年的堪萨斯州,当时乔治·约克和詹姆斯·莱瑟姆因在军队服役时谋杀了7人而被处以绞刑。最后一次如节日性的公开绞刑,是在处死杀人犯雷尼·贝西娅时,有两千多人到场观看。行刑后,搜寻纪念品的人把她的衣服撕成了碎片。

另一次有很多看客的绞刑行刑场面是谋杀林肯的共犯被执行死刑时。林肯总统于1865年4月14日被暗杀，7月7日四个犯人被送上了绞刑架。1881年，4,000人嚼着蛋糕、喝着柠檬水观看了处死刺杀贾菲尔德总统的刺客、39岁的犯罪狂人查尔斯 吉托的场面。美国历史上最大规模的绞刑场面出现在1826年12月26日。那一天，有38个印第安人同时在明尼苏达州被绞死，被判死刑的原因是他们在一次袭击中杀死了数百个男人、妇女和儿童。

女人被处以极刑会让男人感觉不舒服。威廉·布莱克斯通，殖民时期的一个法律学者，写到："由于对于女性的礼仪不允许暴露或公然损毁她们的身体，对她们的死刑判决是活活烧死。"因为被处绞刑的人扭曲不已，被认为是不合礼仪、不尊贵的，因此女人通常在火刑柱上被烧死，而且要穿着衣服。尽管如此，马萨诸塞州塞伦市一名24岁的女子，还是因巫术和通奸罪被处以绞刑。1736年以后，在美国的殖民地，没有人因为自己是巫女而受到法律的惩罚，并且巫术作为一种可以被判死刑的犯罪也被取消了。

曾有的死刑记录有：采用电椅方式处死4,281人；毒气室处死582人；注射处死918人。4个抢劫者和7个造反的奴隶被用铁链吊死（用链子绑住并挂在路口的树上）。1712～1754年，12个因谋杀和通奸而被判处死刑的人在车轮上被分尸处死。（把人放在一个大车轮的边上，让其身体像鹰一样展开并绑到辐条上，然后放给野外的食肉动物。）2人被判用棒打死（用棍棒猛打直至死亡）：一个是1707年在密歇根州，一个名叫皮雄 巴尔泰莱米的士兵；另一个是1810年在俄亥俄州名叫莱瑟 利普斯的印第安人。

在美国，有66人（其中65人是逃跑的奴隶）被以在火刑架上烧死的方式处以极刑，纽约的10人是在1741年的夏天，伊利诺伊的一个人（因为巫术的罪行）是在1779

年。7个抢劫犯被处以绞架（被涂上沥青并被放在一个悬挂于交叉路口的铁笼子里，使其饥饿而亡）。一人被处以压榨。

写于1693年的《宾夕法尼亚州殖民实录》中记载了一个游艇船员被控谋杀罪而处绞刑的事："去的人太少了，这事让人觉得不快乐。"

北美第一个被判处死刑的人是乔治·肯德尔，他于1608年在弗吉尼亚州因间谍罪而被行刑队射杀。北美第一例绞刑于1622年判给了弗吉尼亚州一个叫丹尼尔·弗兰克的人，因为他盗窃、肢解并吃掉了一头牛。第一次公开绞刑是1630年在马萨诸塞州的普利茅斯。乘坐"五月花号"到达美国的约翰·比林顿因为枪杀另一个移居者而被处以绞刑。

死亡往事

多人绞刑肯定会吸引更多的看客。Old West的法官艾萨克·帕克是老练的"绞刑法官"。作为一名随身携带《圣经》的法官，他认为所有坐在他前面的人都有罪。在他20年的从业生涯中，审理了超过13,400个案子，把161人送上了绞刑架。（受不了律师的吵来吵去和上诉，帕克法官看起来经常把必须在"'合理的怀疑'基础上才能对被告定罪"的司法观念留给天堂法院去执行。）1875年，五千多人去看3个白人、2个印第安人和1个黑人同时被执行绞刑的场面；帕克法官判决他们犯谋杀罪并亲自在绞刑架上给出放下他们脚下的地板门的信号。

死亡纪录

1862年，一个名为布鲁斯·玛姆福特的赌徒，被以叛国罪处以绞刑，他的尸首悬挂在美国国旗下，以示他对国家尊严的亵渎。

在美国，年龄最小的绞刑受刑者是12岁的汉娜·奥库伊什，1789年他因打死了一个6岁的小孩而被处以极刑。美国总共有159个未成年人被执行了死刑。

1624年，被控有"反常性关系"的理查德·科尼什，成为美国第一个因同性性侵犯而处绞刑的男人。

压榨的方式

贾尔斯·科里因为拒绝诋毁因巫术而接受调查的邻居而被处以压榨的刑

罚。塞伦市疯狂的市民把他绑到地上的一根柱子上，并在他的身体上压上一块木质的货板。大石头被放到木板上，审问者若问一个题而没有得到回答，就会再加一块石头。到最后科里说话时已经过了两天。他舌头伸到嘴外、眼球要迸裂出来，在说完"再重些"后就死去了。

自从1976年最高法院重新确定死刑刑罚以来，在美国有6,943人上了死亡名单，1,022人被执行了死刑：854人是以毒剂注射的方式，152人是以电击处死，11人使用的是毒气，3人被处以绞刑（2人是华盛顿州的，1人是特拉华州的），2人是用行刑队执行的（均为犹他州的）。

2005年，60人被以注射处死，大多数是在得克萨斯州。

直到2005年，共有551名美国妇女被处死，其中505人被处以绞刑。

NO.3 邪教

很多团体被称为邪教，但只有少数团体真正合乎邪教标准。真正的邪教需要有对神灵或上帝一样的人物的绝对崇拜和虔诚。邪教通常有一个魅力型的领袖，给出一些流利夸张的言辞，吸引人们没有疑问地追随他，直到献出生命。世界末日、世界末日善恶决战的战场、地球的终结、天空要坠落——所有这些，都是邪教的号召者轻易用来发展成员的预言主题。

精神控制实验

吉姆·琼斯是一个三K党徒的儿子，在创建"人民圣殿教"时，他宣称自己是耶稣和列宁混种的转世再生。他通过许诺救赎人们并把他们从即将到来的核灾难中解救出来，吸引了数千名信徒。1977年，他被迫把他的教会从圣弗兰西斯科搬到南美的圭亚那，他确信可以在琼斯敦创造一个极乐世界。

不到一年的时间，邪教成员的家人们就担心起来，1978年他们恳求国会议员里奥·瑞安到圭亚那去把任何想离开的人解救出来。他以官方身份去调查了吉姆·琼斯是否在琼斯敦对美国公民有所谓的人权滥用行为。赖安到达那儿不久，就有一帮邪教成员企图用大砍刀去砍他。受了轻伤的国会议员赖安马上决定带着18名想回美国的邪教成员离开。琼斯派了一队死忠的追随者到了丛林中的临时停机坪。他们枪杀了里奥·瑞安、三个记者，以及一名变节的教徒。

那天傍晚，这个转世的疯子命令他的信徒喝下一种提纯的万能药——浴缸里盛满的是葡萄酷爱（Kool-Aid）饮料，里面掺了氢化物和镇定剂。住在琼斯敦的所有900个居民按照指令去做了，那些不喝的人也被迫喝下去，否则就会被毙掉。婴儿也被注射了这种万能药。在这一后来被点清死亡909人的大屠杀进行的过程中，一个吐出所喝饮料的邪教成员，从一个倒下的卫兵手里夺了一支枪并击中了吉姆 琼斯的头部。据说杀死琼斯的那个人两个月后割断了她三个孩子的喉咙后自杀身亡。一年后的1979年，"人民圣殿教"的其他一些存活者，珍妮和阿尔·米尔夫妇以及他们的女儿琳达，准备进行一次巡回演讲，说出他们的邪教经历，这时三人却被杀死在加利福尼亚州伯克利的家中。这对夫妇自创了一套说法，认为吉姆·琼斯与中央情报局有关联，暗示邪教作为心灵控制实验的一部分，其兴盛是得到允许的。

族谱图

大卫·科雷什（原名弗农·豪威尔）是一个失败的摇滚乐手，在1990年采取行动成为大卫教派的首领之前，他研究了吉姆·琼斯的著述。大卫教派是大卫第七日耶稣再生论者——形成于1935年的一个基督教分支——中较激进的一支。像琼斯一样，科雷什喜欢那种做一个邪教首领所带来的万众瞩目的感觉。他也玩弄世界末日预言的把戏，要求他的追随者表现出无可置疑的忠诚，还享有自我宣称的对追随者妻子的性特权。1993年，美国联邦烟、酒与火器管理员的四名特工人员到科雷什的邪教所在庄园询问他持有的重型火炮的藏匿地点，一名邪教狙击手把他们全部杀死。大卫教徒们拒绝投降并交出武器，这样僵持了51天。在美国联邦调查局决定进入时，猛烈的炮火接连而至。科雷什在庄园放火，烧死了86名邪教的追随者。大火燃尽时，在庄园里的那些人已经因炙烤、吸入烟气、窒息以及用枪自杀的方式断了气。

集体自杀

由吕克·茹雷博士在1984年创立的太阳圣殿教，尽管最后不再害人，也是一个较少军事指向的邪教。这个自称受到上天启示的邪教说服74人进行了一场集体自杀。和大多数吉姆·琼斯或科雷什的追随者不同，太阳圣殿教的信徒都受过教育并来自富裕家庭。在圣迭戈一幢数百万美元的大厦里，年龄从26到72不等的邪教成员，剃了光头，穿上了黑色的裤子和大号的衬衫以及崭新的耐克鞋。他们仰卧在大厦里到处都是的吊床和架床上，双手放在身侧，好像他们就要被发射出去，做好了"从盛放他们的容器中脱落"的准备（就像公布在他们被称为天堂之门的网站上的一样）。事实上，他们希望坐上隐藏在海尔波普彗星尾部里的宇宙飞船。为了能死去，他们可以做出选择是吃布丁还是苹果酱，两者里面都掺了剂量足以致命的苯巴比妥。他们得到一小杯进口的伏特加酒作为他们在人间吃的最后一餐甜点饮料。

尸体被发现时，租来的这座楼相当干净，垃圾袋被拿到了大街上，抽水马桶被取下盖子进行了消毒。每一个死去的邪教教徒的口袋里都有一张5美元的纸币，床下都有一个黑色的手提箱。事实上，如果他们的灵魂真的到达了隐藏在彗星后面的宇宙飞船上，他们的身体也没到达。

死神来了

2004年3月，一位76岁的老人杀死了一名新会员，这也让这个共济会会员的入会仪式沾染了血腥。这个秘密组织的仪式之一就是要求新的加入者把他们的生命交到他们新的同胞手中。那个47岁的来自长岛的新会员背对着神坛跪下，面对人群，老的会员手持一把装满空包弹的枪，从新会员的头的上方，对着神坛上排列的一堆罐子射击。当这个上了年纪的老人被逮捕时，他手上有两把枪，他不仅没射中那些罐子，而且还用了装了真子弹的那把枪。他射中了那个新会员的前额，一击毙命。

"爱之教堂"充满魅力的黑人头目是本·雅赫维，他出生时的名字是休伦·米切尔。他声称自己是一个预言家，是来自失传了的一个犹太部落的"上帝之子的儿子"，是唯一的真正的耶稣。他也鼓吹白人是魔鬼。他派出他所有的超过2,000人的黑人信徒，通过在迈阿密地区进行卖淫和毒品交易、勒索、纵火和谋杀，去建一个数百万美元的帝国。1992年，他和他的16名圈内成员因杀死至少14个白人和反对他们的黑人而被判有罪。

NO.4　犯罪团伙

在美国有25,000个团伙，共有活跃的团伙成员950,000人。这些团伙的首领用无穷无尽的廉价劳动力来做非法的暴利业务。正如人类学家约瑟夫·坎贝尔所言："各地的男孩要成为男人都需要经历一个洗礼仪式。如果社会不给他们提供机会，他们将会不可避免地为自己创造机会。"团伙通过构造家庭忠诚和手足之情，把社会地位低下的年轻人和社会渣滓联合起来，他们在很多情况下把杀戮或非法的狂欢作为必须经历的洗礼仪式。几乎所有的团伙都是区域性的，而且在许多情况下，他们比其他团体的有组织犯罪都更残忍。现在，成员全部都是女性的团伙犯罪活动约占总犯罪活动的15%，但不论是男性还是女性犯罪团伙，他们主要的业务都是非法毒品交易。

在洛杉矶有300个黑人团伙，其中最为臭名昭著的是喋血帮和瘸子帮。另外有600个西班牙人的团伙在洛杉矶活动，还有一个日渐壮大的约有20,000人的亚洲人团伙。

纽约有全国最多的团伙成员，计有24,000人。

以芝加哥为基地的最大的街道团伙，目前在40个州内都有成员，几乎所有的成员都是黑人基督会教友。从19世纪70年代早期就是"董事会主席"的拉里·胡佛就因为敲诈和谋杀而被判处140年监禁。但他仍然在暗地里经营着该团伙。此团伙通过销售5美元一包的纯可卡因，每年大约能牟利10万美元。

团伙成员们通过穿专门颜色的衣服来识别自己人，并通过做特殊的手势和握手来进行交流。"维斯－雷德"团伙通过"发誓效忠"来招募新的毒品经营者，且他们组织的像一个公司，而该公司的成员大部分是以中年职业罪犯为首。该团伙每年销售价值数百万美元的海洛因和可卡因，并使太平间保持繁忙。在芝加哥，在"维斯－雷德"的势力范围内，2003年一年就有389宗杀害案与该团伙有牵连。

帮会的兴衰沉浮伴随着美国城市发展的历史。在19世纪，纽约市邪恶的移民帮会整日在五点区域、靠近帕克、沃思和巴克斯特街区至鲍厄里周边的最贫困的住宅区内闲逛。这些地方卫生条件极差，而且食物匮乏，结成帮会后穷人才能得以生存。诸如威廉·坦马尼市长之流的肮脏政客，利用爱尔兰五点区域团伙的力量，通过威胁市民以正确方式投票（即他们的方式）来帮助他在竞选中获胜。

盎格鲁人沼泽团伙是一些孤儿,其中一些只有5岁,他们在下水道中居住和运作。晚上他们会从下水道的孔道中出来,从仓库中偷出东西,然后把他们丰富的物品存放在下水道的裂缝和破口处。

纽约的另一个团伙是死兔帮,他们的名字取自绑在棍子上的死兔子,他们以此作为街头战斗的幸运符。该团伙的头目之一是一个名叫赫尔卡特·玛吉尔的妇女,她把自己的牙齿磨得很尖锐,手上戴有磨得细长的、像剃须刀一样锋利的黄铜色手指甲套。在1857年一场拼死的战斗中,死兔帮回击鲍厄里,导致8人死亡。在纽约的一次为期两天的巷战中,在美国部队到来制止之前,他们中又有8人死亡,100人受伤。

1851年,在旧金山,有一个名叫"悉尼鸭子"、由澳大利亚移民组成的团伙。"悉尼鸭子"最喜欢的方式就是放火,然后趁着警察和消防人员救火的机会,去抢劫附近的商店。在该团伙的12个首领被捕并被处以私刑之前,该团伙的恐怖活动共杀死100人。

死神来了

社会学家建议年轻人参加有益的业余组织,而不去寻求帮会成员接受他为同伴。一个全身心投入的童子军头目,决定把一帮来自洛杉矶东部的前一个帮会的成员转变为出色的童子军,并带领他们去乡下野营。一天晚上,当他们围着营火边讲故事边吃烤药蜀葵时,一个童子军难过起来,他认为他们的头儿在以一种不尊重他母亲的方式讲鬼魂故事。之后,这个男孩试图从另一个男孩手里夺走烘烤用的叉子。当这个男孩猛地拽叉子时,叉子的金属尖头深深地插进了童子军首领的脖子里,切断了他颈部的静脉。这队人把他抬出树后,首领没到达救治地点就死了。

另一个在西海岸的团伙始于加利福尼亚淘金热时期。1850年,一项关于禁止墨西哥人的后裔开采金矿的法令被通过。结果不久,由于被禁止采矿,华金·莫瑞塔和他的同伙"三指杰克"组成了一个成员数超过20人的墨西哥人团伙。他们开始谋杀外国佬,并偷他们的金子。在美国突击队进驻并平息他们之前,他们共杀死133人。该团伙被突击队袭击后,华金·莫瑞塔的脑袋和"三指杰克"的手被砍下来放进坛子里并在旧金山示众。

团伙活动引起的事件占所有袭击事件的62%，占虐待孩子事件的52%，占屠杀指控的68%，以及谋杀事件的49%。1991年的一个傍晚，一对来旅游的夫妇在不知情的情况下，开车驶进由某个团伙控制的一个镇的某个区内，他们忘记了打开租来的车上的灯。而团伙成员由于害怕受到对手的攻击，跑向汽车，透过挡风玻璃对这对夫妇进行了十轮的枪击。

胖女人帮

2004年7月，胖女人帮会以极快的速度遍及世界，在东非、英国和美国都有人被捕。这些妇女们大批地拥进商场，以喧闹的行为和臀部的碰撞威胁销售人员。趁着混乱，他们冒充顾客在商店里偷窃大量的小尺寸的服装，估计是要再出售。警察已经提出警告，对在小尺寸衣服的货架旁徘徊的四个或四个以上的大块头妇女保持警惕。

死亡规律

谋杀是年龄在15~24岁之间的人死亡的首要原因。

在1857年，纽约每100,000个人中有13人被谋杀。

而到了1990年，纽约每100,000人中有30人被谋杀。

在美国，女性只占暴力侵犯者的3%，而在家长谋杀者中却占到50%。

悲伤往事

2002年4月，在华盛顿特区，在一个女士与他的未婚夫要开车去吃饭的路上，他们用手语相互交流。这时，另一辆坐有某个团伙成员的汽车开到同一个红灯处。这些团伙成员认为这个女的做出的是敌对团伙的手势，就开枪向她的面部射击。而这位女士和她的男朋友两人都是聋哑人，并不是某个团伙的成员。

从1820年到1850年，纳切兹团伙控制了新奥尔良名为"沼泽地"的六个街区。该区域的800个杀人犯均属于这个以赌博和卖淫出名的团伙。

地狱的愤怒

地狱天使摩托车俱乐部起源于松散的霍格斯团伙的一队人马，最后成为今天一个有组织的犯罪联合组织。他有一个可以和中央情报局相媲美的情报网，在美国、加拿大和莫斯科都有据点。在全美的警察局、政府部门、电话公司和律师事务所总部都有合伙人，"地狱天使"从不暗地里运营。特别是在和那些损害了他们利益的人打交道时，他们的形象绝对没有问题。有个记者写了一篇蔑视他们的文章，随后该记者就在要进入自己的车时，背部中了5枪；一位酒吧经营者从他的经营场所踢出了"地狱天使"的一名成员，后来在家外被3个人打死；2名狱警被杀，这是为了让他们明白如何对待入狱的团伙成员。罪恶的"天使"组织在全世界范围内有200个分会及1,800到2,000个成员，比10年前组织成员数翻了一倍。组织创建人桑尼·巴杰说该组织仅仅是一帮喜欢摩托车的人。美国执法机关并不这么认为，他们把至少3,000个杀人犯归于那些带着有翅的骷髅标志的人。

"我想知道他为什么要杀我"——这是路易斯安那州州长（1928-1932）休伊·P.朗说的最后一句话。朗在位期间建立起了强有力的政府并且成为一名独裁者。杀害朗的凶手名叫卡尔·韦斯，他认为休伊 P.朗的所作所为与阿道夫·希特勒如出一辙，简直就是希特勒的化身。

NO.5 匪帮

上周末班的弗拉基米尔 M.是纽约市王后夜总会的一名服务员，而那儿正是黑手党流氓歹徒开始闲逛的地方。他说俄语，并经常讲一两个笑话以获得更多的小费。但一天晚上，可怜的弗拉基米尔·M.太漫不经心了，他在一个歹徒还没喝完啤酒时就把酒杯端走了。歹徒感觉受到了侮辱，就把他带到地下室。弗拉基米尔·M.被强迫喝下两箱啤酒。啤酒一瓶接一瓶地倒进他的喉咙，直到他被撑死。

想到马龙·白兰度扮演的威严神圣的教父唐·科莱奥内在一片寂静的橘子园中从事着杀人的勾当，许多人认为有组织的犯罪活动都是黑手党干的。由于这些电影，在过去50年里，美国人对黑手党的迷恋已经从震惊和恐怖的感觉中转向浪漫主义。

没有黑手党一样的组织

目前拥有180个成员的干比诺犯罪家族，主要从事贩卖麻醉药、赌博、偷车，并与934起杀人案有关。1976年，该组织的首脑卡洛·干比诺在他74岁时死于心脏病。他是一个典型的教父类人物，他把指挥部设在他长岛家园的花园内。他的继承人保罗·卡斯特利亚诺，一直幻想自己是一名商人而不是罪犯的头目，他在曼哈顿的斯帕克斯庄园前中枪身亡。是约翰·戈蒂——因为穿着光滑的衣服也被称为精干的唐，发布了枪击保罗的命令并最终掌权。戈蒂曾经说过，"为了达到顶峰，你必须去杀人。"2002年，62岁的他就不显得那么精干了，他在监狱中死于癌症。

死亡规律

那些残暴之徒很少亲自杀人，他们通常把杀人的任务分包给杀手。随着有更多的黑手党杀手供认杀过人，似乎已经证实了大量残忍的杀人案与这些犯罪组织有关，但仍然很可能是低估了他们的杀人记录。

乔伊·费希尔 (化名)在他的自传《乔伊：一个黑手党杀手的自传》里承认他作为一名独立的合同承包者曾经为多家犯罪组织工作过，在过去的10年中，他至少杀过38个人。告密过约翰·戈蒂的"公牛"萨米·格拉瓦诺承认自己杀过19个人，"下巴"文森特·吉甘特(有时被称为"怪老爹")平时穿着睡衣走在大街上，每当被抓时假装放慢脚步，他至少为吉诺维斯家族杀过21个人。

"冰人"理查德·库克林斯基是一名雇佣杀手，他宣称在1986年他被捕之前杀过125人。他的犯罪行为使最严重的系列杀手看起来都像是业余的。

博南诺犯罪家族目前有150名成员，主要从事黄色音像制品、比萨餐厅、街道小贩、咖啡馆专营店、意大利彩票、发放高利贷及贩卖麻醉药的活动，涉及到800起谋杀的这一家族以用棒球杆行凶而著称。博南诺家族的头是唐·乔·博南诺；在被多次指控后，乔于1959年退休后死于突发心脏病。

吉诺维斯犯罪家族现有200个持卡成员，它是分布最广、势力最强的组织，主要从事劳工、混凝土、垃圾清理、麻醉药和赌博的活动。该组织与1,400起谋杀案有牵连。它的创建者维托·吉诺维斯于1969年在监狱中死于心力衰竭。在揭发黑手党的证词中，告密者约瑟夫·沃洛奇解释了吉诺维斯的逻辑和伦理观，"如果你去找维托告诉他某个成员做错了事，他不但会重打这个成员，而且还会重打告发犯错成员的这个人。"

作为维托儿时的伙伴，查尔斯 卢西亚诺会向较瘦小的孩子收费然后把他们送到学校，这样他们就不会挨打了。但如果他们不交钱，他就会打这些小孩。所以，他长大后，就会很自然地从事勒索保护这一行当。他精于此道，以至于海军情报部门在二战期间运用他的技巧来保护纽约港，使纽约港避开了纳粹分子的阴谋破坏活动。查尔斯在他从事犯罪活动的50年间逃脱了不少于12次的暗杀。1962年，65岁的他死于心脏病突发。

死神来了

被美国联邦调查局称为谋杀公司的（黑手党以前的称号）首席谋杀执行勋爵艾伯特 阿纳斯塔在1930年到1957年10月25日，即他的死期到来之前，期间共杀死87人。在曼哈顿第七街区，他坐在理发店的椅子上理发，刚用热毛巾盖着脸。这时，理发店的两名顾客放下报纸，掏出手枪。子弹的冲击力使阿纳斯塔从椅子上摔下来并跌到一个角落里。阿纳斯塔转身过来喘着气问："怎么回事？"这时更多的子弹射向他，他向前倒下死亡。

在科隆博犯罪团伙中，共有成员100人。他们专门从事造假、烟草走私和银行诈骗等活动，还参与赌博、色情、高利贷。此团伙的创始人乔·普罗法西是一个喜好奢侈、开着超长凯迪拉克、抽雪茄烟的老板，他喜欢自己的照片出现在报纸上。他与600起谋杀案有牵连，65岁时死于癌症。他所拥有的2亿美元的资产在他死后很快就蒸发了。

卢卡塞团伙有100个成员，从事废品管理、服装行业、建筑行业、劫机、麻醉品生意和赌博。他们中的几个成员曾经在电影《盗亦有盗》中被形象地描述。该团伙涉及到1,200宗谋杀，它的创始人托马斯·卢卡塞死于肿瘤，时年70岁。

与不该交往的人闲逛

1990年2月26日，科斯特帮会的康奈尔·冈特（53岁）在拉斯维加斯坐在车中时被一名不知名的袭击者枪杀。科斯特是一个出售1亿磁带的组织，也是第一支被引入摇滚名人堂的乐队。另一个唱老歌的歌手鲍比·富勒，是鲍比·富勒四人乐队的成员，1966年在他22岁时被发现穿着相似的时装死亡。富勒因他的狂热派对而出名，"我与法律作斗争"。大多数人认为是犯罪团伙所为，尽管两起死亡事件都没有被确认。

弗兰克·科斯特洛曾经是已知的美国一度最强大的犯罪团伙老板——他对拉斯维加斯的创建起过推动作用。在头部中枪幸存下来后，他认为最好的办法是赶紧退休。82岁时他在睡觉中死于心力衰竭。

有组织的犯罪活动导致每年有4,196人被谋杀。
谋杀是美国居于第12位的引起死亡的原因。

NO.6　劫车

汽车抢劫是以武力抢夺正在使用的机动交通工具的行为。每年有200万辆车被盗，其中4,000辆是以武力抢夺的方式进行的。男性比女性更可能成为武力抢夺汽车的牺牲者。45%的抢夺发生在光天化日之下的车库里或离受害者的家还不到32公里的大街上。抢夺成功的人中有59%使用的是手枪。

1990年以来在汽车抢劫中死亡的人数：4,890。

NO.7 枪支

18世纪，每4人中就有一支步枪，到了1865年，居民手中有70万支枪。目前，美国人共有2.23亿支枪。全美有44%的家庭至少注册有一支枪。

在杀人案例中，用头槌作为工具的远比用机关枪的多

每个人都有一个头，但在公共场合随身带着AK-47S的人并不多。枪支的倡导者认为上面的看法证明了他的观点。美国全国来复枪协会组织运用美国联邦调查局数据进一步解释了这个原因，它警告人们说，有些时候，头槌比机关枪引起的后果更严重。2003年，在美国联邦调查局FBI的一项调查中，用手枪杀人的达6,790起，而用机关枪杀人的案例只有58起。然而，因使用手枪被错杀的人有925人。

美国联邦调查局FBI对各种各样的杀人方式做了一个总结，其中包括枪、刀、棍棒、拳头、放火、麻醉、淹死、放毒、炸药或头槌。另外记录的还有1,210种谋杀方式，被称为"其他方式"。

死亡规律

谈到追踪杀人犯时，美国联邦调查局会把调查重点放到以下四个区：南部（42%），西部（23%），中西部（22.8%），东北部（19%）。特别是在2004年，谋杀事件最多的城市是芝加哥（448起）、纽约（570起）、洛杉矶（518起）。排名在前十位的城市还有：华盛顿、加里（印第安那州）、康普顿（加利福尼亚州）、新奥尔良（路易斯安那州）、底特律（密歇根州）、巴尔的摩（马里兰州）、扬斯顿（俄亥俄州）、里士满（弗吉尼亚州）、圣路易斯（密苏里州）、亚特兰大（佐治亚州）。

塞缪尔·柯尔特，在35岁时发明了具有循环弹膛的手枪。他是一名水手，花了很长时间在船的轮子上画星号，并运用这一原理发明了不用卸下枪膛就可以连发子弹的手枪。他在发明和营销上都很出色，在今天，他可被视为一个强迫性的工作狂。短短的12年后，47岁的他死于体力衰竭。在这之前，塞缪尔·柯尔特生产了40万支柯尔特0.45口径左轮手枪。1862年，在他的葬礼上，提到他发明的柯尔特.45时有人说："上帝创造了人类，而塞缪尔·柯尔特（柯尔特.45）使所有人平等了。"

无意识的差别

警察们知道是谁在1998年10月杀死了约翰·韦尔卡，但是凶手没有被捕并送上法庭。因为杀人犯是一只名叫本吉的4.5千克重的狮子狗。当时韦尔卡的母亲在教他如何使用一把口径为a.45的手枪——如何去拆卸，如何安装，如何安全地使用——这时他的狗进来了，引起约翰的注意。根据案发现场的警察说："他家的狮子狗跳到他的胸前，导致枪走火，杀死了他。"

> **死神来了**
>
> 下面看一下29岁的纽·泽西这个例子。2002年3月，他邀请最好的朋友、31年的旧邻居一块儿玩。然而，他们两个开始玩唾沫球时意外发生了。29岁的纽·泽西拿出了他做建筑工作时的弹药和钉枪——一个可以把钉子钉入1.2米厚的木板的器具。刚开始他只是开火使之爆破，但是后来他认为把一些烟留在会客室会更加刺激。于是，他在烟灰缸上面盖上了一卷潮湿的纸，然后瞄准目标。当他的朋友捂着胸口倒下时，纽·泽西还大笑不止。事发后，当他因误杀被告上法庭时，纽·泽西才发现那三颗烟弹插入了他朋友的肋骨，直达心脏，导致他的朋友死亡。

在美国，一星期内的枪杀案件比整个欧洲一年的都多。

2003年枪杀的人数：白种男人4,785人；白种女人1,962人；黑色男人5,350人；黑色女性1,095人。

在美国，34,040人死于枪走火。2002年，在所有的死亡事件中，54%的人死于自杀，41%的人被杀，3%的人被误杀。

NO.8　越狱

美国不同的州对越狱的判定标准各异，并且几乎都不全国性地报告越狱事件。在佛罗里达，得到的以往的越狱记录显示，在1998～1999年度总共有160起越狱事件，或者说，当年度在佛罗里达州，每两天就有一起越狱案件。在以往的50年中，有70%的越狱犯人被活捉回监狱，有15%在抓捕或逃跑过程中死亡，另有11%的犯人自杀，只有4%的人才能逃离法网获得自由。

在1850年，只有6,700名犯人在国家的新兴监狱系统中服刑。内战之后，此人数达到了47,619人，而黑人犯人的比例从零增长到了33%。2005年，全美国有总计2;849,891名犯人被关押在监狱中，消耗了纳税人410亿美元。因为毒品而被判刑的犯人是联邦监狱中最大的团体，比例高达61%。女性犯人的数量是91,612。

民族主义团体在全美国的监狱中疯狂地繁荣起来，使得入狱后的死亡率比入狱前高了10倍。大多数监狱都过于拥挤，这使得艾滋病、肺结核等等严重的慢性病感染几率十分高。

最著名的越狱

阿尔卡特拉茨监狱，又被称为"岩石"，坐落在旧金山海岸之外，一度以有效防止逃逸而享有很高的知名度。但是，在联邦监狱改制的那些年里（1934～1963），有36人试图逃离这个岛屿。其中有25人在他们还没有跳上旧金山的海岸之前就被逮住了，有6人在齐腰深的海浪中被击毙，还有2人溺死。弗兰克·李·莫里斯和安哥林兄弟俩共三人，是唯一的成功逃逸而没被抓回的人，就像在电影《逃离阿尔卡特拉茨》里面所描绘的那样。

1962年6月11日，莫里斯和他的伙伴们逃脱监狱的时候，他们是通过空调系统

溜出去的，同时他们还用一些逼真的假人放在他们牢房中的铺位上，以迷惑狱警。当晚他们逃逸的时候，水温只有13摄氏度。有一些人相信这三人一定会被岛屿周边那些臭名昭著的涌流给溺死。尽管联邦调查局假设这三人已经溺死，而有些警察却指出，既然这三人能这么机灵地逃走，那么他们一定也能够存活下来。联邦调查局仍然每年都在搜寻莫里斯的行踪，从西班牙到阿根廷。

没有空子可钻

一个北卡罗莱纳的男子站到了世界之巅，这位自称聪明的家伙通过钻法律的空子赚了大钱。他购买了一盒价值15,000美元的高级进口雪茄并为其买了一份保险，就像他给自己拥有的所有贵重物品买保险一样，以防毁于意外危险，包括火灾。有一次他抽掉了这个盒子中的24根雪茄，然后写了一份保险索赔申请，声称这些雪茄被火"销毁"了。保险公司将该男子告上了法庭但是却输了官司，被判对这名男子的申请进行赔偿，因为这份保险中并没有特别说明"火"的种类。这个男子高兴地跑到银行去兑换支票，但是，正当他兑现的时候，警察将其逮捕了，并被控诉，而且被判了24起纵火罪，跟雪茄的数量一致。他找不到空子可以钻了。最终他被判入狱两年，并在一次与火柴书有关的争论中丢掉了性命。

死亡事件

1971年9月，美国监狱中一个血腥之极的日子，一些因为谋杀和强奸而被判入狱的犯人，在纽约的阿提卡监狱发生了流血冲突。犯人领袖高声宣称，"我们也是人，我们不是野兽，我们不能被这样驱使！"29名犯人和被抓为人质的10名狱警，最终被纽约州军队在试图控制局面的过程中射杀。

2003年，有159名犯人被同牢房的人杀害，有6,750名犯人被强奸，有2,354名辅助纠正员工受到严重伤害需要住院治疗。

每年有3,500名犯人在监狱中死亡。

自杀是监狱中最高的死因——是全国死亡率的9倍。

NO.9　公敌一号

　　1934年，美国遭遇了一位新"名人"。这一年，"公敌一号"——约翰 迪林杰成为了全国上下关注的焦点，也正是他，改变了媒体对于逃犯的一贯态度。迪林杰20岁时开始了他的犯罪生涯，那次拙劣而且收获甚微的抢劫使他锒铛入狱。在铁栅栏中，有人教会了他如何正确地实施抢劫。出狱后，他立即施展在牢狱所学的本领重操旧业。他英俊的外表、时髦的帽子和矫健的身手使其很快名声大振，也成为媒体的最爱。在短短一年半时间里，他成功地实施了一系列银行抢劫。但在一次抢劫中，他和同伙枪杀了两名警察，事情开始变得不再浪漫。他被逮捕归案成为轰动全国的新闻，在被押往芝加哥的途中，押解他的警察和闻风而来的记者数量之多堪比摇滚巨星出场时的阵容。迪林杰与专访他的记者谈笑风生并且摆出种种拍照的姿势。他被关押在一个郡级监狱等待法庭的审判，看管他的人有50个之多，其中包括20名武装的市民和一个营的国民卫队。尽管如此，迪林杰却奇迹般地用一把木头做的假枪骗开了牢门，重新投入到了他的银行抢劫事业中，而且每次都用他特有的方式成功逃脱。尽管警方也曾有两三次将他和他的同伙几乎逼到绝路，但他都化险为夷，并且每次都杀死更多的警察和联邦特工。由于印有他肖像的通缉令几乎遍布全国，迪林杰通过整形手术改变了自己的脸形，甚至连指纹都做了修改。尽管如此，他的身份和行踪最后还是被人发现，1934年，他被击中面部而死亡。尽管专业人士宣称他的身份通过残留的指纹已得到了证实，但是仍然有人对死者就是迪林杰本人保持怀疑。如果确是他本人，死的那年他应该是31岁。他的葬礼车队有20辆，有人说，真正的约翰　迪林杰就混迹在成千上万参加葬礼的人当中。

　　在迪林杰声名狼藉的职业生涯中，总共有11名同伙、7名警官和3名联邦特工搭上了性命。

　　与迪林杰同时代还有两名臭名昭著的罪犯，他们就是活跃在俄克拉荷马和得克萨斯州一带的邦妮和克莱德。与迪林杰和他的同伙不同，这一对罪犯似乎更喜欢杀戮和伤害，而不是抢劫本身。23岁的克莱德·钱皮恩·巴罗和19岁的邦妮帕克绝非像一些媒体最初描绘的那样，是萧条时期的罗宾汉，他们抢劫穷人并且不论多少全都据为己有。雷·汉密尔顿曾在克莱德出现之前与邦妮一起实施过犯罪，他说："邦妮和克莱德？他们喜欢去杀人，看血流出来的样子，这就是他们所要做的。他们都很脏，邦妮的嘴很臭，克莱德从来不洗澡。"

1934年4月1日，邦妮和克莱德在得克萨斯州的高速路上被两名巡警命令靠边停车，当警察向他们的车靠近时，邦妮和克莱德枪杀了他们。两天之后，这对情侣在迈阿密又杀害了几名警察。他们的末日在一个月之后到来，1934年5月23日，在路易斯安那州，他们的汽车被埋伏在路旁灌木丛中的6名警察伏击。警方用机关枪至少发射了167发子弹，其中有50发直接命中邦妮和克莱德，两人横尸当场。一名参与行动的警察后来回忆说："我们只是不停地朝他们射击，就是这样，他们就这样死了。"

在两年的疯狂作案中，邦妮和克莱德共实施了13起杀戮和数起抢劫，他们抢到的钱从来没有超过1,500美元。

死神代言人

莱斯特·贾尔斯，又被称为"娃娃脸纳尔逊"，是一名萧条时期的持枪歹徒。美国联邦调查局的负责人埃德加·J.胡佛曾称他是"一个长着黄色眼睛的疯狂杀手"。从1920年到1934年，"娃娃脸"共杀害了4个人，还抢劫汽车、私人住宅、珠宝店和银行。尽管如此，他的母亲仍认为他是无辜的。当她的儿子在伊利诺伊被警方在一次伏击中击毙之后，她告诉记者她的小莱斯特曾经是个很有心的孩子，并且从未说过一句脏话。

NO.10 骚乱

在起草宪法的时候，先驱们将言论自由和集会自由放在了第一重要的位置。罢工工人、女性参政论者、反战示威者、民权号召者，甚至连三K党都曾经行使这一权利，来到街道上争取自己的理想。但在美国，早期的游行示威往往演变为骚乱。

1831年，另一个名为纳特·特纳的奴隶在梦里听到了"最后的将是第一个"的声音，然后开始组织示威游行。有超过100名奴隶加入了他的队伍，他们一直等到日蚀才开始行动。示威开始后不久就出现了滥杀白人的事情：24名儿童、18名妇女和13名男子被杀死。他们还野蛮地殴打拒绝加入队伍的黑人。

军队疏散并生擒了部分示威者,特纳和100名起义者以及40个同情他们的人被绞死。

1837年1月,火灾减少了小麦供应,导致面粉价格飞快涨到15美元一桶,一条面包的价格也上涨了1美分。那时美国经济处于不景气阶段,人们挣扎在饥饿和寒冷的边缘,许多人已经无法再承受1美分的涨价了。纽约市民聚集在一起,打出了"面包!肉!房租!汽油!它们的价格必须要降!"的标语。这场集会后来演变为著名的"面包骚乱",成千上万的暴徒洗劫了商店和仓库,街道上到处是面粉和小麦。在警察恢复秩序之前,有34人死亡。

死亡规律

种族骚乱在20世纪60年代不断发生,与那时的民权运动有关。1965年,洛杉矶沃茨地区持续6天的骚乱共造成34人死亡,超过1,000人受伤。1966年,发生于芝加哥的一起骚乱导致2人死亡,65人受伤。1967年,发生在纽瓦克的骚乱共造成23人死亡,就在同一天,发生于底特律的一起相关的骚乱导致了43人被杀,7,000人被逮捕,同时还造成了1,300栋建筑被毁和2,700家商店被抢。

在越战期间,有数起反战示威由于人过多以及人们情绪激化最后演变为骚乱。1970年5月,在密西西比的杰克逊州立大学,国民警卫队向学生宿舍发射了400发子弹,导致两名学生死亡,12人受伤。在数周之前,肯特州的反战示威者遭遇了俄亥俄的国民警卫队,13名学生中枪,4人死亡。而其中有两名死亡的学生并非参与示威者,他们只是上学路过。

1992年的洛杉矶骚乱起因是四名当地警察在被电视台公开他们殴打一名司机的录像后仍被宣判为无罪。这次骚乱导致了3,600起火灾。4,000名国民警卫队队员被召集,几天后,骚乱平息,但暴力行为造成了10亿美元的经济损失,55人死亡。

最严重的工人骚乱是1877年的铁路大罢工,全国26个州的70万名工人为争取更高的工资加入了罢工。在巴尔的摩,民兵向一群狂暴的罢工者开了枪,导致11人死亡,40人受伤。安德鲁·卡耐基的顾问托马斯 斯科特要求对这些罢工者"用来复枪来喂饱他们",最终作战部组建了国民警卫队来应对将来的混乱。另一起人命致死的工人骚乱发生在1937年的阵亡将士纪念日,当警方与共和钢铁公司的工人以及他们的家属对峙时,造成10人死亡,211人受伤。

NO.11　电子游戏

电子游戏的使用被低估了,大部分人只承认他们每周玩6个小时的电子游戏,但就像一个酗酒者说他只喝两杯一样,"两"往往代表着更多。父母们把电子游戏对沉迷其中的孩子的影响最小化,有人说电子游戏可以锻炼儿童的手眼协调性,还能让儿童老老实实待在家里。1967年,儿童每天看两个小时的电视,但到2002年,许多人每天花5个小时来看电视、上网或玩游戏。当电子游戏在1970年出现时,只有13%的儿童每周都玩。到2002年,95%的儿童说他们每周至少玩一款电子游戏。许多人在空闲时间不玩游戏就会感到闷闷不乐,或出现断瘾症状。玩游戏上瘾的儿童的表现症状有:不讲卫生,成绩下降,和变得离群,以游戏中的角色代替人际交往。有人还发现常玩游戏的人会患上腕管综合征、高血压、心跳过速和癫痫。

尽管电子游戏的支持者们说长期接触暴力游戏并不会改变人们分辨是非的能力,但全美的法官都开始接受以"游戏暴力"导致精神错乱作为辩护的理由,并适用于各年龄段的任何严重犯罪。2005年,85%在市场销售的游戏被归类为"极度暴力"。

死亡概率

萤光,这个词原本是用来描述萤火虫发出的光,但现在却成为了电子游戏上的警示标志。一些对萤光敏感的人如果长时间玩游戏会导致抽搐、失眠和癫痫的倾向。2003年《口袋恶魔》这款游戏使许多玩家产生了紧张、疲劳和呼吸困难的症状,至少使100名儿童产生了类似癫痫的抽搐症状。尽管这些现象已经导致50人死亡,游戏厂商依然坚称这种情况并非是游戏导致,特别是对于那些本身就有癫痫病的患者来说。

死神来了

2003年9月，一对14岁和16岁的兄弟花了大把的时间来玩"侠盗车手"的游戏。在被家长责备后，他们离开屋子来到了外边，两人拿着短枪来到田纳西州40号州际公路附近，向过往的车辆开枪射击。一名男子被他们打死，还有数不清的车辆发生了碰撞。他们后来告诉警察他们是受了游戏中情节的鼓舞。这场悲剧之后，"侠盗车手"的出品商罗克斯塔游戏公司在所有游戏的外包装上都印上了"M"字样，代表只适合18岁以上人群使用。

游戏厂商们还指出了某些逼真游戏的潜在价值。2004年3月，三名强盗闯入了得克萨斯一户人家，劫持了保姆和三名儿童。这时，另一间屋子里一款模拟真实现场的警匪游戏正好播放警笛的声音。强盗们都愣住了，接着他们听到"我们是警察，你们已经被包围了"的声音，这使得本已紧张的盗贼们更加害怕，他们以为是真的警察来了，纷纷四散奔逃。吓跑他们的既不是安全系统，也不是看门狗，而是电子游戏。

X-BOX谋杀案

2004年8月，一名22岁的男子和三名十几岁的少年闯入了位于代托纳比奇的一间度假别墅，并在那里住下来，享受暑期聚会。住在缅因州的房主让他的孙女来查看一下房子，她发现有六个人住在那里。她把这些擅入者的东西搬了出去，然后将他们的衣服和一台X-BOX游戏机带回了自己同朋友合租的房子里。那几名擅入者后来找到了她的住处。他们在半夜手持棒球拍破门而入，将睡梦中的女孩和她的五个室友（从18到34岁）杀害。而他们之所以这么做只是为了拿回那台X-BOX。

NO.12 办公室凶杀

1986年,俄克拉荷马州埃德蒙的邮递员帕特里克·谢里尔在他的工作评价中得分很低,但他不是努力工作去改正缺点,而是手持AK-47手枪向上司开枪,他杀死了14名工作人员和7名旁观者。

还有其他发生在邮局的暴力事件。2006年1月,在加利福尼亚州南部,一名女邮递员由于健康原因休假2年后,回到以前工作的地方,用9毫米口径手枪杀死了6名同事。尽管这是在职女性杀死人数最多的一起事件,但它并没有因此而使邮局这个工作场所成为更危险的场所。任何工作,即便是洗盘子也会存在危险。2000年3月,在佛罗里达州的基韦斯特,愤怒的厨房工人马里奥特从背后射杀了监工,原因是监工批评他应该用"正确的方法"把碗盘装进洗碗机。

办公室恋情的危险

在美国,被杀害是办公室女性职员死亡的首要原因,很多是由于原来的亲密关系变坏。改变了的工作部门或生活安排上的变化,很容易使原来痴迷的恋人离开,这比找到一个新工作容易得多。

死神来了

1995年,发明了前脑叶切除术的精神病医师、外科手术师沃尔特·弗里曼,在他的办公室里被一个发狂的病人打死。

2003年共发生了677起工作场所杀人案,其中包括枪杀、刺杀及由炸弹爆炸等其他原因引起的杀人案件。

第十章
最变态的

人不应当害怕死亡,他所应害怕的是未曾真正地生活。

——奥里利厄斯

NO.1　连环杀人犯

从法律的角度看,连环杀人犯是指那些"臭名昭著的混蛋",从杀人碎尸者杰克开始,已经有400起已知的案件与连环杀人犯有关。根据弗雷斯诺州立大学犯罪学教研部教授埃里克·希基的研究,在连环杀人犯中,88%是男性,85%是白人,他们平均第一次犯罪是在28.5岁。通常,连环杀人犯是后进生和爱惹麻烦的青年,在许多人眼里,他们除了会搞破坏简直是一无所长。要被称为

"连环杀手",杀人者首先必须完成三起独立的谋杀,而且每两起之间要有几天甚至几年的时间间隔——专家将其称之为"情绪缓和期",而且还要有特别的杀人方式。

美国最早记录的连环杀手是大迈凯亚和小威利·哈普这对表兄弟(被称为大小双煞)。他们于1775年离开新泽西的故乡,那时他们都还很年轻。他们南下来到弗吉尼亚州,在那里做了奴隶的工头。当工作机会减少时,他们加入了一伙流窜于北卡罗莱纳乡村的犯罪团伙,强奸农夫的女儿,掠夺牲口和粮食,并烧毁农场。他们承认曾杀死过40人。当被捕后,他们的头颅被悬挂在一棵橡树上。

卡尔·潘茨拉姆,是美国最无悔改之意的系列杀人犯。他在9岁时就开始

酗酒，长大后更成为一名纵火犯和鸡奸者。他任意地实施抢劫并于1900年开始杀人，他在美国杀死10人，在欧洲和南美杀死十几个或更多，当他在非洲做短暂停留时，一天之内就杀死6人。他在1930年39岁时被执行绞刑，临行前，他向行刑官的脸上吐口水并且说："快点，你这个私生子，别在那里吊儿郎当了，有这时间我可以再杀10个人。"

死神来了

艾伯特·菲什，被称为布鲁克林的吸血鬼，他在20世纪20年代杀死了16人，并被指控食用了受害人的部分身体。他于1934年被捕并被处以电刑。

埃德蒙·肯珀，被称为是"女生杀手"，他开车游荡于美国的高速公路上，寻找着搭便车的单身女性，有150名女子被他所害。他于20世纪60年代中期杀死自己的母亲和她的朋友后开始了犯罪生涯。他有着很高的智商，喜欢杀戮并且还是个恋尸癖患者。1975年他被免除死刑，后来他帮助美国联邦调查局进行系列杀手模拟项目。

1969年，十二宫杀手在旧金山杀死5人后将带血的衬衣碎片和21封信寄往当地的报社。在信中他写道："这是来自十二宫的信"，还说"狩猎人类是所有运动中最刺激的"。尽管后来谋杀已经停止，但他的信却一直不断，一直持续到1974年。这名杀手一直未被抓获。

迪安·克罗尔，被称为是"糖人"，他曾是一名电工，20世纪70年代早期，他在休斯敦虐待并杀害了27名男孩。他通过在自己房子里举行吸毒派对来吸引受害者。1973年，他在虐待一名新召集来帮忙的少年时被其杀死。

约翰·韦恩·加西，习惯于虐待并使受害者窒息而死。他从1972年到1978年12月在芝加哥共杀死33名男孩，并将他们的尸体埋在自己的屋子下面。他是一名建筑承包商，还曾是一名顾家和爱孩子的男人，他甚至曾在医院为孩子扮演踩高跷的小丑。他于1994年被执行注射死刑。

戴维·伯科威茨被称为是"山姆之子"，他于20世纪70年代晚期在纽约杀死6名待在车里的情侣。他称自己这么做是为了报复将他抛弃的母亲。在许多犯罪现场，他为警方留下了错字连篇的字条，称自己为山姆、山姆老爹或撒旦之子。

据说他的父亲曾让他杀死过邻居家的狗。伯科威茨被判处365年的监禁。

亨利·李·卢卡斯，一名瘦弱的流浪汉和酗酒者，他通过向陌生人提供性服务来赚取收入。沉迷于兽交和性交的他声称自己的脑袋里有说话声。但这些声音并没有妨碍他去阅读如何用假线索来误导警察和逃避追捕的书籍。他在1977年与奥蒂斯·图尔一拍即合，两人开始踏上了穿越全国的死亡之旅。他们专门寻找搭便车和汽车抛锚的女性下手，进行抢劫、强奸、虐待和谋杀。两人后来被捕时承认与600起谋杀有关，但后来又推翻了供词，但据查准确的数字接近40起。奥蒂斯·图尔在狱中死于肝硬化。卢卡斯于2001年3月21日被执行安乐死，之前他在狱中看了15年的电视。

山坡杀手

被称为"山坡杀手"的肯尼思·比安其和小安杰洛·博诺于1977年10月到1978年2月在洛杉矶冒充便衣警察杀害了12名妇女。他们被处以终身监禁。博诺于2002年9月21日因心脏衰竭死于狱中。比安其到2006年仍在华盛顿的狱中。

从1974年到1978年，特德·邦迪为阳痿所苦恼，他装扮成胳膊受伤或其他无辜者的形象来吸引褐色头发的女子，并将她们残忍地杀害。他共杀死30人，于1989年被处以电刑。

从1979年到1981年5月，黑人韦恩·威廉姆斯在亚特兰大杀害了27名黑人男孩。直到2006年，他仍被关在监狱里。

从1978年到1991年，杰弗里·达默杀死17名男孩，并将他们的尸体碎块放在冰箱以备食用。1992年，他在等待被执行死刑时，被另一名犯人杀死。他的尸体被发现时，一把削尖的扫帚柄插在他的眼睛里。

阿莉安·沃尔纳斯曾是一名妓女，她于1990年前后在佛罗里达杀死7名男子，这些人都是在高速路让她搭便车时被害的。她最初被判处坐电椅执行死刑，后来于2002年10月被执行注射死刑。

BTK杀手

丹尼斯·雷德被称为是BTK系列杀手，BTK代表了他的作案手段，分别是捆绑（Bind）、虐待（Torture）和杀死（Kill）。从1974年到1991年，他在威奇托的维基塔至少杀害了10人。在他疯狂杀戮的同时，还给警方寄去了误导的信件，但信件在1991年中止。2004年，明显出于希望被逮捕的目的，他再次给警方寄去了带有犯罪证据的信件。2005年，这名昔日的城市检察官、童子军领袖和教堂理事会主席被判处10项终身监禁。

在殖民时期的英国，杀人犯不是被简单地绞死，而是在他们还活着时就被捐献给医术平凡的医生进行教学研究，以作为对想蹈其覆辙的人的威慑。

黑夜幽灵

理查德·拉米雷斯，被称为黑夜幽灵，他于1989年在加利福尼亚入室强奸并杀害了13名妇女。当被要求描述自己时，他说"我是个混蛋，但我为此骄傲。"他被宣判了19项独立死刑。直到2006年，他仍然在等候被行刑，同时在互联网上出售他的亲笔签名。

"刀疤脸"阿方斯·卡彭是美国流氓的偶像，他共杀了412名同伙和潜在的证人。1925年，当他26岁的时候，仅有小学四年级文化的阿方斯·卡朋从芝加哥起步，开创了一个集赌博、私自卖酒、卖淫、舞厅和其他花天酒地的活动为一体的王国，这些买卖为他带来了每周650万美元的收入。他过着如暴君般的生活，只要打一个响指，所有想要的东西就会送上来，包括他养的妓女。在这段时期，他感染上了梅毒。1932年，卡朋因为逃税被判入狱11年。等到被释放时，他已经成为了一名精神病患者。他死于1947年，死时满嘴胡话、神形狼狈，时年48岁。

从1990年到2000年全球发生了800万起谋杀案。

从1960年到2001年，全美国有741,160人被谋杀。

NO.2　医学研究

上世纪20年代，受人尊敬的医生亨利·科顿坚信精神疾病是由传染引起，他推荐医生检查病人受感染的身体部位并确定哪些可以被切除，以最大限度地治疗精神病。他指出通过减少身体的受感染部分，病人的思维能力能够得到有效提高。科顿医生宣称拥有87%的成功概率，媒体将他推崇为医学界的先行者。凭借着他的声望，从1919年到1921年，科顿被新泽西州特伦顿的州立医院允许拔去了11,000颗病人的牙齿。如果病人依然不能好转，他还会随意切除病人的胃、肠子或者是生殖器，如果遇到了病情更顽固的，他还会切除他们的脚、手或腿。结果这家精神病院的病人几乎都失去了牙齿，有1/4的人变得肢体不全。最终，由于一些病人家属的投诉，一项调查曝光了在接受科顿治疗的病人当中，有45%的人死于手术失误、病情恶化或自杀。当他的方法被曝光之后，科顿拒绝接受批评并自认为取得了前所未有的成就。现在，科顿医生被许多人认为是美国历史上最恐怖的精神病医生。

死神来了

1932年，美国公共卫生服务部门在阿拉巴马州的梅肯郡进行了关于塔斯基吉梅毒的研究，这次研究官方的名称是"对未接受治疗的患有塔斯基吉梅毒的黑人男性患者的研究"。200名被诊断患有梅毒的黑人男性接受了研究，为了观察病情恶化的过程和疾病在身体内如何蔓延，他们被拒绝给予治疗，最终所有接受研究的人都死于这种疾病。

1950年，美国海军为观察生物袭击能给一个城市造成多大影响，在三藩市的海港里的一艘战船上向城市施放了一团细菌。许多当地居民出现了肺炎的症状，大约有200人死亡。1996年，美国军队为了研究对付生物袭击的可行办法，通过纽约地铁的通风系统释放了一种枯草芽孢杆菌，这是一种能够引起痢疾的细菌。结果导致了腹泻的肆虐，造成了超过上千人死亡，其中大部分是上了年纪的人。

死亡试验

上世纪70年代,橙剂的主要成分二恶英被试验于42个联邦监狱的囚犯身上,以观察它对战斗力的影响。尽管被支付了100美金,但这些犯人并未被告知他们服用的是什么东西。参与者服下了7,500微克的有毒物质,这个剂量是陶氏化工产品研究用量的500倍。一部分抱怨出现脱发、腹泻、呕吐等症状的犯人还被额外支付了1,000美元,并获得收听电台的特权。这使他们在死于癌症之前几个月都一直保持沉默。死亡人数的确切数字已经"丢失",尽管大部分的研究数据都与其有关。据估计,死亡人数大约在1,500人左右。

"我认为我已经找到了真实细菌的足迹",这是研究者暨医生耶西·威廉·拉齐尔曾说过的话。为了研究治疗黄热病的办法,他自己故意感染了这种病,他死于1900年。

1930年以来已知的死于医学研究的人数是50,345人。

NO.3 无照庸医

成为一名职业医生对很多人来说是一件非常不容易的事情,所以他们选择了那些非正式的职业培训并且通过网上交易购买行医资格证书。如今,与其他职业相比,能够成为一名医生是那些冒牌者的首选,其次是注册护士、临床按摩师、药剂师和牙医。与这些职业相关的一套完整的学历证明和成绩单能够卖到250美元。现在美国至少有10,000名没有行医执照的医生在给病人看病。而在2004年,1,781名取得执照的医生却因为得不到实践的机会无法在医学界施展自己的才华。

尽管约翰·罗兰·布朗的行医执照在1984年时就被暂停使用,但他仍然没有放弃"热爱"的事业,继续用手术刀赚钱,而且他还在变性手术方面小有名气。他为那些对截肢有特殊癖好的人实施截肢手术,这种特殊癖好指的是通过截断肢体而获得性满足的癖好。一位健康男子付给布朗10,000美金,让布朗切去他的一条腿,而手术不久后这名男子就因为腿部腐烂身亡。2002年,布朗因被指控谋杀罪逮捕入狱。

19世纪40年代,霍勒斯·韦尔斯是第一位在手术治疗过程中使用麻醉剂的医生。但韦尔斯并不长命,在被指控对两名被麻醉的女性患者有不适当的行为后,他用氯仿自杀了。

1970年以来,已有14,891人死在无照庸医的手术刀下。

NO.4 愤怒的房主

一名27岁的男子住在布鲁克林区他父亲的砖房的三层。他一直对父亲抱怨说马桶有裂缝。一年当中叫了三次水暖工以后,父亲决定上楼看看问题到底出在哪儿。在打开马桶的碗状部分时,父亲提醒儿子他已经8年没交房租了。随之两人发生了争吵,父亲用马桶座把儿子打死了。

房客和房主关系在房租没有得到支付时会变得紧张,尤其是房主也住在同一所房子里时。2002年3月,一名在新泽西租住房子的房客有三个月没交房租,愤怒的房主把房客淹死在浴室中,并把尸体扔到了沼泽地中。辩护律师声称房东是一个酒鬼并患有忧郁症。

全美有很多地方的警察开始对业主罚款,不管业主出于什么原因,如果他们因为房客的不端行为到同一所公寓去的次数超过三次的话。这激怒了房主,他们认为这会造成一种毫无道理的财务上的困难。假如房东随后要驱逐房客的话,在法律程序上,在不受欢迎的占据者最后被迫离开之前房东需要容忍他们6到8个月的免费居住。纽约的一个房东曾让晚付房租的房客面对一头带着脆弱缰绳的斗牛。另有一个房东用拆掉房客所住公寓的所有门窗的办法对付拖欠房租的房客。2000年3月,当一个刚入行的男房东遭遇到一个晚付房租的房客时,至少可以说,他把生意给丢了,他认为那名20岁的女房客拒付房租是不可接受的。而女房客公然告知他,她现在对那套公寓有所有权,因为她对房东拒绝整修的一些地方花钱做了改进。结果房东劈死了房客,并把尸体肢解后埋在了不同的地方。

蹲着的人的权利

2002年7月,两名蹲居者宣布了对布鲁克林贝德福德地区的一座建筑的权利。这座楼结构上有问题,楼顶上有裂缝,室内生了霉菌,铅漆从墙上脱落。18岁的德隆·卢卡斯和20岁的克拉里恩·琼斯自居为房东并在每天傍晚设上栅栏门开张营业,他们对需要找地方注射吸毒的人或无家可归的人按小时收费出租。有时,他们会把石灰粉装在半透明的玻璃纸袋里,当做可卡因或海洛因的袋子卖给郊区居民,或者一块钱一根地把香烟卖给当地人。一个13岁的男孩来买一根香烟时,他们拿了钱,想不给东西就打发他。双方由此发生了争执,他们把男孩打死后装到一个纸箱里。警察拘留了这两名蹲居者,两人相互指责是对方杀了那个男孩,并说他们只是想重建这一社区并且觉得因为是蹲居者而受到了不公平的对待。

厄尔·纳尔逊是一名专门杀害女房东的牧师。他巡游全国,并在很多供膳公寓住宿,专找老年妇女下手。1928年他因杀死22人而被处以绞刑。

1965年以来因房产权利而造成的杀害:11,615人。

NO.5 砒霜中毒

自古以来,炼金术士们用砒霜施魔法、熬药并且经常毒害那些警惕性不够的人。砒霜是一种化学元素(As),地壳、水、土壤和空气中随处可见。普通家用的产品,比如香烟、洗衣剂、骨粉、海鲜、啤酒,甚至喝的水里面,都含有一定量的这种有毒物质。它也用于制造玻璃,做老鼠药,还是除草剂的一种成分。

纵观历史,砒霜的易得性使它成为毒药的第一选择。它可以在不使口味发生什么变化的情况下掺进食物中,这使它成为有抱负的、非对抗性的谋杀者的最爱。如果控制好剂量,砒霜可以积累起来长时间地毒害人,谋杀对象都不知道自己是怎么丧命的。遭下毒的人会觉得胃不适或头疼,但很温和,以至于会被认为是通常情况下的不舒服。

黑寡妇

女人更愿意用这种悄无声息、不怎么激烈的方式实施谋杀;那些被逮到不止一次下毒手的女人就是所谓的"黑寡妇"了。现代社会两个最臭名昭著的黑寡妇是玛丽·希利和南尼·黑兹尔·多斯。

玛丽·希利毒死了包括她的丈夫、女儿和婆婆在内的8个人。曾经是溺爱孩子的妈妈和忠诚的妻子的她,突然觉得像掉进了陷阱,从1979年开始到1983年用砒霜对她的家人下毒。最终她被逮捕并被送回位于阿拉巴马州的同一个小镇——也就是她认为非常落后并试图通过毒死家人以逃离来获得生活自由的那个地方——受审。1987年,她在从监狱里出来度过一个三天的假期,被人看见在街上一边游荡,一边拣着垃圾堆里的罐头。几天后她死于体温过低,埋葬在被她谋杀的丈夫旁边。

南尼·黑兹尔·多斯是一个外貌恬美的女子,被捕后她兴高采烈地认了罪,以至于媒体给她起了"咯咯笑的老奶奶"的绰号。1920~1954年,南尼在俄克拉荷马州用砒霜杀死了4个丈夫、2个孩子、她自己的2个姐妹、1个孙子和1个侄子。她说杀人是小事一桩。虽然每一个人的死都使她得到了寿险。她因神经错乱被送进了监狱,1965年在监狱死于白血病。

1850年,在华盛顿纪念碑前的7月4日庆典上,扎卡里·泰勒品尝了市民捐献的大量美味,之后就开始生病且病得很重,三天后就去世了。1991年在他的尸骨中检出了砒霜。尽管原始的死亡证明上列明的死因是"急性消化不良",他还是被认为是遭人谋杀。

死亡规律

认为自己中了砒霜毒的人,如果没有别的东西可用,可以通过吃大量的洋葱和大蒜来增加饮食中的硫。硫可以减缓体内砒霜的吸收。不幸的是,一旦砒霜渗入人体组织,人就没救了。

1908年,贝尔·冈尼斯做广告,要找一个诚实善良男人结婚。她引诱了14个富翁到她位于印地安那州的农场,在他们的酒中掺了砒霜,偷了他们钱包后

把他们的尸体焚烧。她制造了自己死亡的假象，一直逍遥法外。

在美国，砒霜每年毒死2,315人。

NO.6　死亡医生

在植物学中，"死亡天使"是一种亮白的毒蘑菇，看起来就像一幅可以下咽的图画。但在它白色的圆盖底下隐藏着剧毒的孢子，每年都会使42个食客中毒而死。在医药界，当隐藏在白大褂下的医生被发现怀有多年未被发现的邪恶企图时，就没有什么值得大惊小怪的了。

H.H.霍尔姆斯医生，真实姓名是赫尔曼·马杰特，他在被踢出医科学校不久，就以药剂师的身份找了一份合适的工作，并且后来成了一位医药大亨。他用自己挣的钱建了一座有100个房间的大楼，大楼里有地板门、假隔壁和密室。在1893年的芝加哥世界展览会期间，他把房间租给了参观者，并杀死了他们中的大部分，还对他们的尸体进行实验。他说他杀死了133人，有27具尸体（大多数是儿童的）被发现埋在他的住所。他喜欢把受害者监禁起来，直到他们被饿死。1896年5月7日上午10点25分，H.H.霍尔姆斯被执行绞刑。

弗兰克·斯威尼医生是一名杰出而古怪的医生，被认为是克利夫兰躯干杀手。斯威尼1935年解剖了12个乞丐并把没有头的尸体丢弃得满镇子都是。在一系列谋杀案中，斯威尼与众不同的是，他以精湛的外科技巧，把杀死的男人和女人的四肢和脑袋切除。尽管从未被捕，但当美国联邦调查局特工埃利奥特·内斯一开始调查，斯威尼就住进了一家心理研究所。杀人案件很快就停止了。

吉恩妮·琼斯是一名27岁的、护理晚期生病儿童的专业护士。1984年，在得克萨斯州全境旅行时，她给生病的婴儿注射了一种心脏病药物地高辛，希望把处于死亡边缘的孩子救过来，这样她就可以宣称是他们的救星了。至少有46名儿童没有成功。她被判入狱，2009年被合法释放。

泰里·雷恰尔是佐治亚州奥尔巴尼一名23岁的重病特护护士，据说用氯化钾杀死了20名老年患者。这种物质有类似于使心脏停止跳动的功能。1986年的报纸称她为"世纪女杀手"。她1984年被判了17年监禁。

在1987年4月被逮捕之前，唐纳德·哈维医生通过给病人注射包括砷、氰化物以及石油基的清洁剂等的致命物质，杀死了至少23名病人。有些被害人还被选作他自己家祭坛上的神秘仪式的祭品。他被判处终身监禁。

奥维尔·林恩·梅杰斯，有照实习护士，是印第安那医院护士中的一员。在22个月的时间里，有147人在他值班的时间里死去。他给病人注射肾上腺素和氯化钾以使人迅速致死又混淆了死因。1999年，梅杰斯被判处终生监禁。

拉里·福特医生是加利福尼亚州欧文一个脾气暴躁的妇科医生，在他家地板底下，存有一些女性病人的档案，附有照片、随身物品、病历等。他也在自己的庭院里埋有枪支、弹药和爆炸物。在冰箱里面有盛着肉毒杆菌、沙门氏菌和斑疹伤寒病毒的小瓶子。福特和他档案里的许多女人约会，如果想和他结束关系，他就威胁要"毁了她们的生活"。两个活下来的女子出现了神秘而严重的神经学症状，需要进行脑外科手术。他杀死了多少人并不清楚。2001年，因雇佣一个职业杀手去杀死他的合伙人而要被逮捕之前，他自杀了。有迹象表明，这名妇科医生与军队的生物战计划以及中央情报局有牵连。

2004年1月12日，哈洛德·希普曼在狱中上吊自杀。2000年他被判谋杀罪，从一个受人尊敬的医生一下变成了一个有名的连环凶手，是造成他看护下的至少215名患者提前死亡的罪魁祸首。1975到1998年之间，他的病人有887人死亡：394人死于自然原因，172人死于未知原因，而剩余的215人被注射了药用海洛因。自己一度是瘾君子的希普曼相信，让晚期患者用大剂量的海洛因死去将是结束他们痛苦的一条没有痛苦、极度快乐的途径。他往患者们的静脉里注射了12,000毫克的毒品，足够一次干掉300个最严重的毒品上瘾者。一些观察者猜测，他从救死扶伤的医生变成了刽子手，是因为他曾目睹他母亲慢慢且痛苦地死于癌症。不过，他致死的不仅是晚期病人，还有别的一些不会对他的努力表示感激的人，以及那些仅仅是有很多抱怨的人。

NO.7 受辱

入会仪式自从人类出现以来就产生了，它分为很多不同的形式，有轻松快乐的"烤肉"也有天真无邪的玩闹。但是当这种仪式从单纯的礼仪方面的要求过渡成一种伤害人的行为，它就很容易使人受到侮辱。尽管已经有40个州明确表示取缔侮辱行为，但是这种行为仍然在运动会、学生组织、军乐队、大学兄弟会和联谊会、高中、军队中非常普遍。有56%的高中学生和接近81%的大学运动员曾经遭受过侮辱。

使人蒙羞是侮辱最关键的部分，它需要向老会员明确表示自己的顺从。物质上的滥用是很多大学在侮辱中常用的手法，主要体现在酒和毒品上的消费过度。（身体上面的虐待是另一种主要的侮辱方式。一个新人可能"自愿"忍受一些轻微的"委屈"或者被锁在柜子里面几个小时。有些人还不得不喝尿、用"Icy Hot"不断往睾丸上面摩擦，或者喝过量的酒。在很多这种醉醺醺的入会仪式中，群交（与人或者非人）都是很平常的。而且由于侮辱所导致的狂怒后的强奸或者谋杀每年也都有发生。

死亡记录

莎士比亚曾写道："懦夫在他们生命死亡之前就已经死过很多次了，"这很有可能是为新兵训练营写下的十四行诗。新兵训练营是负责招募士兵、为战争做准备的地方，因此在新兵训练营里面不可能很轻松，但是有时候里面的生活也太艰辛了一些。新兵训练营死亡人数最多的一次是在1956年的巴黎岛。那次，演练警长喊道："不会游泳的人就要淹死！"于是，那些新招募进来的军人背着沉重的包袱和步枪过河，有6个不会游泳的新兵溺死在河中。虽然这件事情迫使海军调整了基本的训练手段，但是新兵还是经常死于以前没有发现的疾病所导致的寒冷、发烧、训练强度过大等原因。一份国防部的报告指出10年间只有50位新兵牺牲，但是实际的数字大约是这个数字的10倍。

对归属感或者适应性的渴望会使很多有点儿绝望的、比较天真的年轻人置身于很多不合逻辑又非常危险的地方，而且不管媒体如何宣传，他们都不怎么吸取教训。1978年，有人把一个东北部的大一学生关在一辆汽车的后备箱中，并且告诉他如果不喝光两升多的杰克·丹尼尔斯酒，就不放他出来。就在那天晚上他死于酒精中毒。1997年，在克拉克森大学，两个大一的新生被迫喝光一个酒桶里的酒，后来由于被自己的呕吐物哽住，也命丧黄泉。1999年，在新泽西州的蒙默思郡曼哈顿大学，5个盟誓者在海滩上挖一个1.8米深的墓穴，但是墓穴的墙突然坍塌，一个人被埋在里面窒息而死。2001年，曼哈顿大学的一个盟誓者在那年最冷的那个晚上被载到纽约北部的农村，然后被扔在了那里的马路上。那个年仅19岁的青年人浑身赤裸，被活活冻死了。2001年，佛罗里达州的A&M大学被起诉，要求赔偿180万美元，因为他们的军乐队成员在一次入会仪式中猛烈推搡新的大号手，以至于那个21岁的年轻人死于肾功能衰竭。

屈辱感的传统

屈辱感，在美国文化中早已根深蒂固，甚至在货币上也有所体现。游离的眼神，就是"光明会的秩序"这个秘密的象征，在每一张钞票上都印有这样的标志。"光明会"在几千年前就存在至今依然具有生命力。在历史上，"光明会"不只是代表一个俱乐部的名字。而是一个由世界银行的高层管理者，石油行业巨头甚至政府中各层官员组成的这样一种组织。

据说美国历史上多位总统，例如罗斯福、肯尼迪、老布什和小布什都曾经是共济会的成员，而且都在暗地里遵守着一定的宗教礼仪。布什总统曾是耶鲁大学骷髅会的成员，他被认为是希望借助骷髅会这个组织让自己能够成为真正的光明会会员。早期的"骷髅会"成员名单中包括了一些现代美国政界具有举足轻重分量的大人物。据说入会仪式要求新会员要把自己打扮成堂·吉诃德的样子，目的是要学习领会握手以及在森林里裸奔的秘密。有关因入会仪式引发的致命伤害无从纪录，这些"骷髅会成员"发誓要"维护教会的神秘并保持沉默"。

每年因侮辱行为所发生的死亡事件约有50例。

NO.8　恶贯满盈

"龙虾人"格雷迪·斯泰尔斯1932年出生时，他的手指和脚趾就融合在一起，这使得他的手和脚看起来更像是龙虾的爪子。这种遗传的怪病在医学上被称为先天性缺指(趾)畸形，斯泰尔斯家族已经至少有五代人都患有这种病。

斯泰尔斯和他的妻子生了一个又一个孩子，全都一出生就患有此种病。他将他们加入到自己的表演队伍——"斯泰尔斯家庭秀"当中，他们表演的场所从农村的集会到狂欢节，还不断提高出场费。如果一出生的婴儿没有棒状的手和脚，就会被残忍地弄死。

格雷迪是一个暴躁而野蛮的酒鬼，还经常殴打妻子。他曾经杀死自己女儿的男友，原因是这个男子试图带他的女儿离开这个家庭，为此他差点儿被处以电刑。

1992年,他的妻子终于忍无可忍,雇了一名职业杀手将其杀死。

NO.9　当你上了菜谱时

乔瓦尼·达·维拉札诺在1524年发现了纽约港,他是这样描写当时的纽约居民的:"这些人长得几乎一样,他们穿着色彩丰富的羽毛做的衣服。他们很激动地走向我们,大声呼喊着,并表现出很羡慕的样子。"但是,当维拉札诺向南航行到加勒比海瓜德罗普岛时却没有受到同样的礼遇。1528年,他43岁的时候,在那里被放在一只煮沸的大锅中,然后被生吞活剥。

死神来了

1874年冬天,艾尔佛雷德·帕克用一把镐头杀死5名勘探者并吃掉了他们。他也由于自己的错误举动被关进了监狱,成为美国唯一一个被宣判犯食人罪的人。但是,由于在狱中变成了一名素食者,他后来被特赦回家,靠卖自己的签名照片来维生,他1899年死于溃疡。

另外一起食人事件发生在1846年,87名背运的唐纳党成员试图穿越美洲大陆。时值寒冬,乔治·唐纳和其他几个家庭一起尝试穿越位于加利福尼亚的内华达山脉时遇到了极大的挑战,他们中后来仅有一半人活了下来,而他们之所以能活着走出来是靠吃死去者的尸体维生。

NO.10　狙击手

查理·惠特曼曾经是一名水兵,并且已经成家,1966年8月的一天早上,他在得克萨斯大学钟楼上架起了他的来复枪。90分钟之内,有14人被他打死,受伤的更多,他最后自杀身亡。

枪手袭击的可怕之处在于其随意性,连他们自己都不知道杀的是谁,只是随意挑选目标。2002年秋天,华盛顿某区域被"环形公路枪手"袭击,在40公里的范围内,枪手在最初的27个小时就打死6个人,在接下来的23天中,包括足球、慢跑和野营在内的所有户外活动都被取消,加油站挂上了巨大的油布以保护顾客，购物者基本是以之字形路线行走，当人们走进或步出超市时总是一路小跑。即使这样，在凶手被抓住以前，仍然有3人受伤，3人被打死。作案者是32岁的约翰·艾伦·穆罕默德和他17岁的侄子李·博伊德·马尔沃，他们作案的动机是为了向美国政府勒索1,000万美元。他们开着车在城里转悠，并用步枪从汽车后备箱的洞里向路人射击。穆罕默德被判处死刑，他的侄子被处以终身监禁，并永无假释的机会。

从1965年到2004年共出现过514名杀人枪手。

NO.11　纵狮行凶

1993年，一位23岁的年轻女子在动物园被她的男朋友杀害。当天这个女子到她男友工作的动物园见面是想跟他提出分手。因为熟知男友的脾气秉性，害怕他因此做出一些鲁莽的举动，所以这个女子决定选择这样一个公共场所见面，这样至少当男友要发作时还会有所顾及，不至于伤害到她。听到要分手的消息后，男友表现得很平静，他看了一下手表告诉女友等他大概10分钟左右，因为他要去喂一喂动物。"你应该去看看狮子是怎样进食的，它们一口气能吞下46千克的生肉（而这正是这个女子的体重）。"考虑到自己还要等男友那么长时间，也是很无聊，所以这位女子就答应跟男友一起去。他们来到了一个装着推拉门的屋子里，在那儿她能看到给狮子喂食。男友留她一人在房间就走了，她决定自己拉开另一扇滑动窗户看看外面的人群。就当她要对那些旁观者大喊提醒他们狮子要出来吃食的时候，她意识到自己走错了地方，另一扇门开了，两只非洲狮冲进了围栏。后来这名女子被送往医院，一周之后死于内伤。

NO.12　毒酒+钉子+冰冻+车祸+煤气

过量饮酒会改变人的行为并使人做出各种各样的事情。发生在纽约布朗克斯区一间酒吧的一件事情，不仅说明酒精改变人的一种极端情形，也告诉人们它常常默默地参与很多死亡。1933年，一个深醉的酒保听说一个家伙在他老婆去世时得到了一大笔保险赔偿。他觉得如果给一个上了年纪、行动笨拙、名叫米基　M的酗酒常客——这个酒鬼明显地已经到了病情的最后阶段——办理人寿保险，他同样也可以弄到一笔钱。该酒保怂恿酒店的门卫帮助他，和他一起支付了保险费，算计着在这个老酒鬼见阎王前只要等几个月就大功告成了。

六个月后，米基还没有死，他们决定加速这个进程。在米基生日的那个晚上，他们告诉米基，他可以在店里免费喝一整晚上的酒。他们给他送来了掺了防冻液、鞋油、老鼠药和松节油的鸡尾酒。但米基跟跟跄跄地离开了，第二天仍旧回来要更多的酒。酒保给他一个烂鱼做的三明治，里面加了一把地毯钉。看起来米基很受用，因为他又要了一个。

又过了几个晚上，当米基在他的凳子上昏过去时，酒保和门卫把他拖到夜晚寒冷的室外。在附近的一个公园里，他们脱去了他的衣服，往他身上泼水，以确保他能被冻死。

当所有这一切都不奏效时，酒保雇了一个大块头的家伙把米基扔向了一辆高速行驶的出租车，也没能把他弄死。

最后，由于米基一直无法死去，他们把他的脑袋放在厨房的炉子上并打开了煤气。然而，煤气中毒死亡使尸体变成了亮红色，酒保和门卫被指控，两个人都追悔莫及地坐上了电椅被处死。

第十一章
最恐怖的

痛苦和死亡是生命的一部分。抛弃它们就是抛弃生命本身。
——哈夫洛克·埃利斯

NO.1　重大火灾

发生于1871年的芝加哥大火首先起源于德科文街137号的一间机房,一些议论者认为这是由流星点燃的。大火很快引燃了紧挨着建造的木结构房屋。等到这场大火最终自行熄灭时,17,876栋建筑被夷为平地,300人死亡,10万人无家可归。同一晚,在威斯康星州的波斯提各,一场无法查明缘由的大火也烧掉了800间木房子,造成1,200人死亡。有人认为这场大火也是由流星引起的。

1911年3月25日,纽约市的一家血汗工厂——三脚内衣公司暴发一场大火。500名女工被堵在工厂内,她们大部分是新来的移民。工厂中只有一个后门,并且没有逃生通道。很快,这些被困的女工互相扭打抓挠,企图逃出。最终,共有146名女工或被火烧死,或由于跳窗逃生而摔死。这场巨大的灾难引发了改革者们对一些问题的思考。旨在改善贫穷工人工作状况的立法出台,并且一直影响到今天的若干法律条文。

在波士顿,可可豆-格鲁夫休闲俱乐部是最为热闹的晚间娱乐场所。这间俱乐部装潢精美,如同天堂,用一些布制的棕榈树营造出热带风情,并点缀上圣诞树彩灯。1942年12月28日,这家俱乐部挤满了人,包括携带女友前来假日狂欢的大兵、举着啤酒庆祝当地足球队胜利的球迷们。这间原本只能装下1,000人的俱乐部挤进了超过2,000人。当晚会进行到高潮时，一名侍应生将手中的打火机当做闪光灯，准备替换掉棕榈树上被烧破的彩球。这棵布制的树立刻变成了喷火的灯，一场大火马上蔓延开来。为了防止一些人偷偷潜入来窃取零钱，俱乐部的后门是被紧紧锁住的，使得前方的旋转门成了唯一的逃生之路。在这场混乱中，共有492人丧生。

1946年12月7日的深夜，在佐治亚州的亚特兰大市，高10层的文克夫旅馆发生火灾。这座老式建筑只在中部有一座楼梯，火灾发生后，旅馆里的旅客绝望地发现这条唯一的逃生通道被大火堵住了。当救火部门到达时，他们的梯子太短，够不着旅馆的顶层。救生员在楼下张开圆形大网，准备接住八层以上准备跳楼逃生的旅客，但其中大部分人都摔死了。一些人将床单连接成绳索，准备用以逃生，但也被大火烧断。包括那些盘坐于窗户上等待救援的、那些挤在屋顶上、睡在床上的人，还有那些跳楼逃生者，这次火灾总共造成了119人死亡。

灭火水管除了用于扑灭大火外，还长期被用于镇压暴动。一些其他类型的水管被用于清洁工作，有些水管模仿灭火水管的压力装置，连接在发动机和抽水机上。这种家用的高压水枪可以射出针孔般粗细的水柱，使用这种水柱可以轻松地剥去动物骨头上的皮毛。它们也造成了每年3,100起使用者的失明和重伤事故。

2005年，有16名救生员在使用高压水枪时死于电击事故。

死神来了

1884年8月29日，在科罗拉多，一辆马戏团的火车在夜间着火。一支用于内部照明的火把跌落，并引发了车厢的大火，那里有60名杂技演员在休息。大火封住了车门，这60人被困于灼热的车厢中，全部丧生。

1902年的9月19日，2,000人聚集在阿拉巴马州伯明翰的巴普蒂斯特教堂。由于人群太过拥挤，很多来到教堂做礼拜的人站在自己的座位上就打了起来。当有人嘴里喊着"打"的时候，多数人误听为"火"，于是大家都疯狂地向门的方向夺路而逃。一时间，婴儿带的小软帽被抛到了空中，祷告者祈祷用的圣书抛的到处都是，教堂里一片狼藉。在这种混乱状况中有115人丧命，还有被踩踏和窒息而死的很多人，但实际上在教堂里没有一丝烟雾的痕迹。

死亡规律

对于那些走进大火从事救援工作的人们来说，最大的死因是心脏病发作。2005年，共有106位救生员死亡，他们的死因包括用力过度、压力过大、发生紧急状况时的交通工具事故、烟熏和烧伤、由于摔倒或是物体撞击而导致的致命外伤。2000年，有3名救生员在执行任务时被谋杀。

灭火水管和高压水枪

通过在每立方厘米上施加34千克的压力，灭火水管射出水流，这种水流的力度是淋浴喷头的12倍。如果用灭火水管的水柱来给你冲洗头发，你就会被塑造成一个无比有型的光头男士。但是，这种高压水柱在灭火时却是得力工具，能压住猖獗的火势，救出其中被困的人们。早在公元前4000年，灭火水管就已出现。那是的水管是用牛肠子制成，连接在一个装水的大桶上，救火员通过猛踩或者坐在水管上施加压力，将水柱射向火灾地点。在历史上的大多数时候，这种灭火装置没有发挥作用，人们还是常用桶从附近的蓄水池和湖泊中提水来灭火。1673年，两名荷兰人发明了现代水管的最初原型：由鞋匠将15米的皮革缝制而成的"水罐"。在美国，这种荷兰式水管最初在1803年的费城投入使用。1825年，波士顿的市长说服了纳税人，证明30米长的荷兰水管可以顶上60个同时用桶提水的功效。这个方法被证明是成功的。不久，附近的众多城市纷纷效仿，将水管纳入救火员的装备中。

从1800年代到1930年代，各种建筑都没有考虑到安全预防措施，火灾中的死亡率非常之高，而火灾也成为当时的常发事故。木结构的房子、没有逃生出口、没有电力照明、使用液态燃料照明、用煤和木材来煮饭，每年都造成超过3万人在火灾中丧生。今天，火灾中的人员伤亡人数变得极少，这要归功于灭火水管的使用以及安全和预防措施的实施。

每年，火灾、烧伤、烟熏事故都会夺去37,000人的生命。

NO.2　地震

地震是由岩石的运动以及地下压力和热量造成的。两亿年前，所有的大洲是连成一大片陆地的，科学家称之为泛古陆。地震使各大陆漂移到现在位置，并且有人说，在联合大陆重新形成以前，地震都会在地球上持续。

美国有39个州有持续的地震活动。美国地质勘探局每年会监测到大约20,000次地震，约每天50次。美国最早的地震纪录是土著的美国人留传给移民的故事，其中就包括康涅狄格地区1568年一次地震的传说。搭乘五月花号来美国的清教徒记录了1638年的一次微小地震。

2002年，俄亥俄-宾夕法尼亚交接的地方发生一场5.2级的地震，伊利诺伊、印第安那、密歇根、新泽西、纽约和加拿大安大略南部都有震感，仅有一人在烟囱倒塌时死亡。地球上有记录的最强烈的地震于1960年发生在智利，仪表上显示为9.5级。

发生在海洋中的地震会造成奇特的、不可预测的反常现象。海啸（地震海啸）是日语中对港波的称谓，也就是由海洋地震引起的巨浪。最严重的一次发生在1946年，当时，发生在阿拉斯加阿留申群岛的地震引发的海啸如桶状地奔向3,700公里以外夏威夷。在海啸到达前半小时，希洛湾附近村庄的居民自以为那天他们很幸运，因为海湾中的海水奇迹般地退回地平面60多米，露出了以前从没有见过的海底。人们挎着篮子去捡拾大批扑腾着的鱼，一会就听到了呼啸声，35米高的一座水墙以每小时241公里的速度向他们扑面而来。人们飞奔回镇子的情形就像一部哥斯拉电影中的场景一样。这次海啸造成159人死亡。

死亡纪录

根据美国地质调查局的地震活动记录，2001到2005年间，有超过50次的大地震，其中7次以上显示在里彻测震仪上。这种仪器是用来测度地震波和地震密度的。最近的20年当中，虽然发生地震的次数没有什么变化，但每次地震死亡的人数却在增加。在上述期间内，有超过25万人的死亡可以归因于地震。最近的一次地震发生在2005年10月8日，也就是众所周知的巴基斯坦北部大地震，夺走了51,300人的性命。

1964年另一场源于阿拉斯加的海啸，带着70米高的巨浪，最终使123人丧命。2004的印度洋海啸造成了大规模破坏，就如圣经里所描述的那样，致死超过20万人。这是位列在1900年加尔维斯顿飓风、旧金山大地震、1889年造成2,200人死亡的约翰斯敦洪水和2005年卡特里娜飓风之后的第五大自然灾害。

美国最具破坏性的地震发生于旧金山1906年4月15日那个凉飕飕的早晨。最初的小震中只死了几百人，但随后而来的大地震夺走了更多人的性命。由于城市中几乎每一座建筑都是木结构的，大火马上就冲天而起，致使一座一座的建筑燃为灰烬。人们挤满了大街，匆忙地抢救他们的财物。逃跑的路径则被从飘飞的余烬和跌落的瓦砾中拖拉蒸汽卡车、餐桌、床铺甚至大钢琴的人堵塞。死亡超过 3,000人。

NO.3 杀人蜂

1956年，巴西科学家从美国进口了一批蜜蜂，以观察它们能否忍耐热带气候。其中一些逃跑掉的实验蜜蜂和当地的品种进行繁殖，最终变异成为一种杀人蜂。这种新的"非洲化"的杂交种飞到了北方，于1990年抵达了得克萨斯州，2000年6月在佛罗里达东北部也发现了这些蜜蜂。到2005年6月份为止，分别在内华达、亚利桑那、新墨西哥、加利福尼亚以及佐治亚东海岸到新泽西发现了杀人蜂。非洲化的蜜蜂的毒性虽不及普通的蜜蜂，但是这种变异的物种更具侵略性，在蜂窝以外1/4公里的距离都是它们的攻击范围。绝大多数的杀人蜂致死事件都是因短时间内多重叮咬产生的毒性致死。

死神来了

1999年，一个佛罗里达中部的小男孩被一个小黄蜂的蜂群攻击，这是一群野蛮地保卫它们领土的小黄蜂。本来这个三岁的小男孩儿当时正在他家房车的走廊边挖土，结果他的父母却发现他正在拼命地击打蜜蜂。父母用水龙头把小男孩喷倒在地，再给他涂上棕子。蜂群在小孩的脸和头部叮咬了50至75次，在他的身上叮咬了100至150次。7小时后孩子停止了呼吸，家长打了急救电话。

"他被一些蜜蜂叮了，但是看上去都还好。"孩子的父亲在事后回忆。如果及时处理，用肾上腺素就可以治疗这些由蜜蜂叮咬而引起的过敏。

蜜蜂和黄蜂，特别是小黄蜂叮咬每年导致6,000人死亡。

NO.4 飓风

  风力大于每小时120公里的热带气旋风暴才能称为飓风。飓风的分类主要是看风速：一等飓风的风速为每小时120~150公里，五等飓风的最大可承受风速则至少要达到每小时251公里。得克萨斯州的加尔维斯敦在1900年9月8日那天曾遭无名飓风袭击，死亡人数创下新的记录，因洪水死亡的人多达到8,000人。第二次比较恐怖的暴风发生在2005年8月29日，5级的卡特里娜飓风波及从密西西比的比洛西克到新奥尔良的整个墨西哥湾，因此死亡的美国人超过过去50年来其他任何自然灾害死亡的人数。这场风暴冲垮了一条500米长的大堤，而恰恰正是这条大堤在保护着低于海平面的新奥尔良市不受水淹，这条大堤被冲垮之后，那些历史上有名的街道上的水足有6米高，1,400人在这次灾害中丧生。

  不是为什么，是怎么样居住在墨西哥湾和大西洋沿岸的6,500万名美国人被科学家们警告说，要做好未来30年还会有猛烈飓风的准备。每一次飓风季节，沿海地区的居民只能束手无策地等着风浪在海洋里翻滚，而没有任何办法把它压制下去。所有的电视频道里都在播放飓风所到之处的情况，再混杂上一些关于瓶装水、汽油、罐装食品运输线路的问题以及人们争夺昂贵合板的消息，往往使得人们的焦虑感更甚了。

死亡纪录

  美国有记载的第一次飓风发生在1715年，仅仅持续了一天。那年的7月31号，12只从古巴来的满载黄金、白银和可可的西班牙船队在佛罗里达海岸遇到了飓风。12只船中有11只沉没，1,000名乘客、官员和船员罹难。

  2004年，佛罗里达被大的飓风袭击了4次，有106人身亡。由于飓风的直接影响，很多东西都被毁坏了。代顿海滩一个冲浪运动员想在海滩没关闭之前到汹涌澎湃的海浪之中最后一次冲浪。尽管他的最后一次冲浪很有可能成功，但是他消失在激流中，尸体也没能找到。另一个受害者是一个78岁的老太太，那天天气比较差，但是她还是出去找寻她走失的猫，她的猫名字叫奥斯卡，飓风袭击时一扇窗户被吹开了，它就趁机跑掉了。这位老太太手里拿着奥斯卡最喜欢吃的东西，却不幸被飞起来的碎片击中。另外两个人在开车时突然有一辆拖拉机拖车失去控制，撞在他们的车上，导致他们命丧黄泉。还有一个好奇心很强的人，在等公车的时候，摸了一个倒在污水坑里的电力已经减弱的电缆，触电致死。还有一个上了年纪的女人拒绝去避难所，坚持待在家里的车里，当飓风酝酿成龙卷风时，正好袭击到她的住所，这个可怜的女人混在一堆漫天飞舞的热水器、翻滚的炉灶、冰箱和厨房水

槽之中，被大风吹成了一堆碎片。

　　在飓风袭击时，也有很多人死于气压的变化，因为这种变化会引起心力衰竭，就像2004年一个61岁的佛罗里达州的老人经历的那样，当时已经停电，他不得不靠着有空调的汽车所发出的热量寻求症状缓解。即使他的汽车在他关着的车库里一直运行着，但是气压的变化还是夺去了这位老年人的生命。

　　当飓风引发风暴潮的时候，海浪经常会达到6米高，很多人死于洪水灾害，这一幕在1900年的加尔维斯顿飓风和2005年的卡特里娜飓风中都曾经出现过。在卡特里娜飓风中，新奥尔良的水涨得非常之快，以至于连困在阁楼上的人们都不能幸免，而且有一部分人试图游到突出的屋顶上等待援救，最终都溺死在水里。

　　尽管有警告声称，全球变暖的趋势或者即使"上帝发怒"都会在以后带来更多、更大、更强的飓风，但是每年还是有将近1,300人迁往飓风盛行的沿海地区居住。

死神来了

两名大学女生和她们各自的男朋友在2004年劳工节的当晚开着摩托车向佛罗里达的东海岸驶去。两辆摩托车在半路上迎头撞上了一棵大树，然后掉下高速公路，四人当场毙命。

2005年，另一场飓风——被称为丽塔的四类飓风——在墨西哥湾登陆。因为对这场飓风的准确路径的预测存在321公里的误差幅度，一些过分紧张的城镇就过早执行了撤离计划。当时在休斯敦居住的270万人执行了撤离计划。有130人在逃避飓风的时候丧生，虽然其实飓风根本就没有袭击得克萨斯州海岸的这部分居民区。由于在酷热的天气下被困在交通堵塞中死亡的人数甚至比大风引起的死亡人数都要高，当那场大风袭击得克萨斯州和路易斯安那州边境的小城萨宾帕斯的时候，只造成了5人死亡。而且，在这些人员伤亡中，还有30个老年人被抬上撤退车之后，由于氧气瓶起火最终身亡。

1940～2005年，美国由于飓风造成的伤亡人数为3,607人。

NO.5　龙卷风

一场典型的龙卷风会毫无征兆地发生在一个晴朗的午后。在数分钟之内，天空会乌云密布，狂风大作，将树叶和砂石吹得漫天飞舞。接着倾盆大雨会从天而降，经常还会伴随高尔夫球大小的冰雹落下。像从卡车卸货一样，雨点和冰雹从距离地面较近的乌云中倾泻而下。几秒钟之后，会有一阵诡异的沉寂。接着，从不远处的地平线上，一个至少1.5公里宽的巨大漏斗出现了。这时你已经无路可逃，无处藏身了。

美国是世界上龙卷风最多发的国家。龙卷风具有极强的力量，最快的时速可以超过每小时400公里。这种漏斗状的云沿着狭窄的路径前行，能够产生像原子弹一样的破坏力，房子从里到外被吹成碎片，牲畜和被吹得肢解的尸体散落一地。气象学家称最让人难以忘记的龙卷风风暴是龙卷风"暴发"，这场最无情的风暴于1974年4月3日暴发，持续了16个小时，席卷了13个州，并在途中制造了148个独立的龙卷风。有5,000人在这场风暴中受伤，315人死亡。

气象学家念念不忘超级龙卷风"暴发",但是,还有一场龙卷风带走了更多的生命。这就是1925年3月18日的"三州"龙卷风,这场龙卷风只持续了三个半钟头,却夺去了1,442条生命。这场龙卷风席卷了肯塔基、田纳西和阿拉巴马三个州,所到之处留下了被狂风暴雨蹂躏过的痕迹。

> **死亡纪录**
>
> 龙卷风在20世纪所造成的损失还不止这些。另一场值得一提的风暴于1932年3月21日发生在阿拉巴马州的塔斯卡卢萨,共制造了10个龙卷风,造成330人死亡。1965年4月11日,恰好是棕枝全日,一场有50个龙卷风的风暴袭击了五大湖地区,造成256人死亡。

美国每年有超过800起龙卷风被上报,平均造成150人死亡。

NO.6 山崩

根据定义,当大量诸如雪、冰、岩石或土壤等物质发生松动并以每小时320公里以上的速度飞流而下时,就发生了山崩。每隔10分钟,在地球的某个地方就发生一次山崩,但即便是用最敏感的仪器,科学家也没办法预测它什么时候、在哪儿发生。越来越多的人愿意去遥远的、人迹罕至的荒野,这会提高被大自然埋葬而死亡的概率。

> **死亡纪录**
>
> 美国历史上最严重的山崩灾难,也就是众所周知的"惠灵顿雪崩",1910年3月1日发生在华盛顿州的惠灵顿。一大片冰雪从喀斯喀特山上脱落下来,高速冲向镇子,在上班高峰时期撞在火车站区域。火车站的建筑、三列机车、火车车厢、轨道以及其他的破瓦残砾,都被扫荡进附近45米下的一个山谷。超过100人被卷进这个巨大无比的雪球丧了生。

尽管大多数山崩一次只会埋没少数警惕性不高的人，但也有死亡人数很多的时候。最早为人们所知的是公元前218年发生的那次灾难，发生在汉尼巴尔穿越阿尔卑斯山去征服罗马的时候。18,000名士兵、2,000匹马和很多大象被活埋在雪下。1916年，沿着和汉尼巴尔几乎相同的那条很不稳定的线路，1万美国和联军士兵遇到麻烦，被在24小时内连续发生的一系列雪崩夺去了生命。在较近一些的1962年，一大片的冰雪从秘鲁的瓦斯卡兰峰滚滚而下，埋葬了4,000人。2005年10月，危地马拉的一次泥石流冲走了1,400人。

死亡规律

山崩的迅速和不可预测性不大可能使人生还。存活的机会取决于救援的努力。如果在15分钟内被挖出来，85%的人能够活下来。30分钟内被挖出来存活机会就会下降到50%，1小时内被挖出来的生存几率就进一步下降到20%。超过1小时，存活的机会就很渺茫了。

山崩中除了雪，还有泥土时，就被称为泥石流了。在泥土开始流动时，前面常常有速度为160～220公里/秒的气流。1996年在黄石公园发生了一次泥石流，气流的速度强大到把11辆露营车吹到了空中15米的高空，并使一人毙命。

直升机的螺旋桨和山崩

1991年3月12日，9名滑雪者被卡罗莱纳州红山山口附近的一个乡村直升机服务所投降在一个斜坡上。之后不久就发生了雪崩，这一队人全部丧生。

死神来了

1997年9月的一个上午，一男子在华盛顿安赫莱斯港附近路边的一个酒吧喝啤酒。平板玻璃窗外的天空看上去很晴朗，已经几个星期没下雨了。但是突然楼房晃动起来，墙也发生了震动。别的几个顾客和店主都跑到了酒吧外面，看发生了什么事情，并不停地跑。酒吧中的那个男子却停了下来，决定留下来喝完剩下的上好啤酒。当酒吧上面的山体在重力作用下形成62吨的泥石流流下时，他没能幸免于难。

从容应对山崩

那些冒险进入山崩区域的人被鼓励带一种山崩信号发射器,这种仪器有时也被称为发射机应答器或无线电应答器,可以向救援人员发出信号。专家也建议,不管遇到哪一类山崩——包括办公室案头工作的山崩——你都该闭紧嘴巴,转身背对山崩。

在美国,每年有100人死于山崩,大多是发生在雪中驾车。

美国每年丧生于泥石流的人数是50人。

NO.7 火山

从造成人类伤亡的数量上看,死于火山喷发的人数要比地震、洪水、海啸和龙卷风这些自然灾害少。在过去的500年中,有20万人死于105起火山暴发。美国的活火山数量很少。

圣海伦斯火山位于华盛顿州,1980年5月18日上午8时32分,这座火山猛烈喷发了。火山灰喷起来396米高,使136公里以外的城镇都笼罩在黑暗中。315摄氏度的火山熔岩以每小时1,045公里的速度喷涌而出。随之而来的山崩、地震和火灾使62人丧命。但这并不是另一个维苏威火山。于公元79年8月23日突然暴发的意大利维苏威火山导致2,000名庞贝城居民被火山熔岩所吞没。科学家事先已经知道圣海伦斯火山即将暴发,因此已率先将附近居民转移。

另外有人却故意接近火山,这就是火山学家大卫·约翰逊。他与几名同事待在距离火山仅10公里的观测帐篷中。在火山喷发开始的10分钟之内,这个探险组织的所有成员就都命丧黄泉。另外一个在火山即将喷发时不是远离火山而是向其靠拢的人是《国家地理》的摄影师里德·布莱克曼。当火山喷发时他在距其13公里远的地方。他试图跑到车里进行躲避,但车窗被砸碎,

他也当场丧命。在驾驶室内，他一手拿着打火钥匙，一手拿着照相机，火山灰将他肩部以下的部分全部掩埋。

死亡规律

许多徒步旅行者都有近距离观察活火山并拍摄照片的愿望。但是，距离火山口90米的任何地方都被认为是"死亡区"，这个区域极不稳定，温度也极高，而且不时会喷出有毒的气体。有时候火山口被石头所掩埋，所以徒步旅行者可能就站在火山口上自己却不知道。

火山学家约翰·希克警告旅行者们："你在那里待的时间过久就可能丧命。如果你无论如何都要靠近它，那就尽量只在那里待几分钟。"还有的专家建议人们站在远处使用变焦镜头进行拍摄。

奔向死亡

1933年，不知出于何种原因，一名19岁的学生跳入日本大岛的一座活火山的火山口自杀。他的行为鼓舞了许多人，在接下来的3个月中，有311名学生先后步其后尘。

死神来了

一位84岁名叫哈里·舒曼的老人独自居住在火山脚下，当得知近期有火山暴发的消息后拒绝搬离他自己亲手建造的山林小屋，他不肯放弃属于自己的房子以及喂养的24只猫。他相信圣海伦斯火山不会那么无情摧毁他拥有的一切，然而一周后搜救队员却在被9米厚的火山灰覆盖的小屋中发现了哈里和他那些猫的尸体。

从1976年以来，有87人死于对火山的好奇。

NO.8　地陷

1981年的一天早上，佛罗里达州温特帕克的一名妇女从她的窗口向外面望去，发现她院子里长势茂盛的一棵9米高的橡树陷落到地里去了。接着，一辆停在路边的小轿车也从她的眼皮底下消失了。然后，她和邻居家的房子以及5辆汽车，一名露营者，一排电线杆全部被地陷吞噬。这个巨大的地坑足有8层楼高，面积和一个足球场相差无几。神奇的是，竟然没有人在这次地陷中死亡。

地表下面的运动、地下喷泉和无法预料的地理移位是导致地陷形成的原因。这种现象通常是突然发生，没有任何先兆。由于地陷而造成较大损失的州包括：佛罗里达、得克萨斯、阿拉巴马、密苏里、肯塔基、田纳西和宾夕法尼亚。

2006年4月，加利福尼亚州萨克拉门托一名27岁的男子在厨房被一个突然出现的地坑吞没，三天之后，他的尸体才被从那个9米宽、6米深的地洞中打捞出来。

在佛罗里达州坦帕市向北72公里、距离墨西哥湾6.5公里的一片地区每年至少有18起地陷发生，而且几乎都是发生在星期四。到目前为止，在佛罗里达州发生的地陷已经导致46人死亡，受伤的人数则数不胜数。

在过去的30年中，已有350个地洞出现在宾夕法尼亚的哈里森堡及其附近，平均每年12个。但仅在2002年春天，就有32个地洞出现。有人认为地洞的出现是采矿所导致，但最近的煤矿距离地洞出现处也有80公里的距离。

像在冬季公园出现的那样巨大的地陷是较为罕见的，一般的地陷通常是0.9米到1.2米宽，1.2米到1.5米深，一次地陷通常是导致一人伤亡。

> **死亡规律**
>
> 根据美国相关地理数据显示，不知出于何种原因，大多数地陷发生的时间都是星期四。

1930年以来共有2,531人死于地陷。

NO.9 蟒蛇

尽管许多州将在公共场合手持毒蛇视为违法，但在宗教活动中这项法律却很少得到执行。参与摸蛇圣会的人认为是《圣经》要求他们这样去做，以检验他们的忠诚：如果某个人被蛇所咬，就证明有藏匿的罪恶存在。田纳西州的

"南瓜"小约翰·韦恩·布朗有17年的驯蛇经验，他是东南部巡回摸蛇礼拜会的著名领袖。他的妻子1995年在肯塔基米勒尔伯勒做仪式时，被一条响尾蛇咬到后身亡。1998年10月3日，"南瓜"在阿拉巴马州讲道时，一条新捕捉到的0.9米长的响尾蛇用毒牙狠狠咬住了他的手指。尽管17年的驯蛇生涯使他体内形成了抗蛇毒的血清，但是这条蛇的毒性之强还是使他无法抵挡。由于做礼拜的人以为教士的抽搐和颤动也是仪式的一部分，使他错过了医治的时间。他不久之后就一命呜呼了。

每年有15万只缅甸蟒蛇被进口到美国当做宠物销售，但是有超过一半的蛇最后都被放归野外。这些蟒蛇可以长到9米，而且非常贪吃，它们会吃掉所有出现在视野中的物体，而不管其是否可以被消化。2005年10月，在大沼泽地的一条3米长的蟒蛇试图吞下一只2.4米长的鳄鱼，结果肚子被撑破。1996年，纽约一名男子试图给他3.9米长的蟒蛇喂一只活鸡，但却不知为何，自己成了蟒蛇的食物。同样的事情还于1998年发生在科罗拉多，一名男子被自己养的一条6米长的蟒蛇吞噬。当蟒蛇被杀死时，人们还可以看到蛇身巨大的凸起，那正是早已窒息而死的蛇主人。

死神来了

西雅图一名45岁的男子是一名非宗教的驯蛇人，他从事这项工作只是出于对爬行动物的喜爱。他到处发表演讲并做示范，试图驱散人们对蛇的恐惧，扭转人们对蛇的"严重误解"。1998年的一天，当他在旅店摆弄一条埃及眼镜蛇，以便为当天的表演做准备时，被毒蛇所咬。这时，他比任何人都清楚自己所面临的危险。他跑到大街上尖叫着"埃及！埃及！"但没人知道他意欲何为，他就这样死了。

每年有700人被宠物蛇所伤，还有212人死亡。2001年在匹兹堡，一位母亲出门去商店时将自己八岁的女儿留在家里看电视。当她出门之后，家里所养的3米长的缅甸蟒蛇从笼子里跑了出来。当这位母亲回来后，发现她的女儿全身被这条蛇紧紧地缠住。所有的蟒蛇，不论是野生还是家养，都是通过死死缠住猎物身体使其窒息而死。当医生到来时，这名女孩已经没有了意识和脉搏，她在那天夜里死于匹兹堡儿童医院。

1965年以来有13,102人因蛇而致命。

每年有73人死于宗教摸蛇仪式。

NO.10　器官交易

忘记猪下水吧！眼下在公开市场出现的现货交易器官品种，它不是某种乐器（英语中organ一词有"风琴"的意思），而是活人的身体部件。随着手术技术的日渐发达和器官移植的常规化，人类器官被认为是比黄金更有价值的东西。这个行当的经纪人被称为是医疗顾问，但他们更多扮演的是黑市商人的角色。他们把器官交易吹嘘为双赢的商业行为：有钱人通过购买器官延长了生命，而穷人通过出售器官获得了金钱。对于富有的买家，他们表现得毕恭毕敬，好像是在做一件人道而神圣的事情。而对于卖家，包括那些无家可归者、欠债者、难民、囚徒以及打黑工的人，他们则讨价还价、吝啬无比，甚至有时还在手术中窃取卖者的其他器官。

许多器官经纪人慷慨地向购买者提供旅行费用。那些寻找干净肾脏的人会被邀请飞到土耳其，或是在罗马尼亚的乡村中从一堆候选捐献者中找到匹配的器官。对于寻找一个新的肝脏的人来说，马尼拉的一家医院是他们的首选。人们在这里可以随心所欲地选择器官提供者的号码，这些器官的来源多是当地一些穷人家的儿女。有一名尼日利亚的医生在网络上做广告称，他可以为寻找器官的游客提供任何的人体器官。

大多数中介不接受死者的器官，他们会令中间人当面从活人身体摘取器官，而进行手术的地方会使人联想到偏僻小巷中的堕胎诊所。

有一则在城市里广为流传的故事，说的是一名商人被一个妓女所引诱，把她带到了自己旅店的房间。不久之后，该男子醒来发现自己躺在放着冰块的浴缸里，自己的肾脏已经被人给偷走了。现在这种方法已经不实用而且完全没有必要了，虽然从1984年起美国就将器官交易定为非法，但现在在美国一些地方，如费城和纽瓦克，想出卖器官的人可以随便签订合同，如卖一个肾脏大约可以得到3,000美元。但在美国器官短缺仍然十分严重，为了增加器官的来源，宾夕法尼亚州正在考虑制定一项法律，根据该项法律，如果穷人在他们的家庭成员死后允许移除死者身体的某个器官，他们将能得到300美元作为"丧葬费"。

2002年，迈阿密的一名男子去委内瑞拉做了一个减价的胃替代管手术。这次手术在他身体侧部留下了一道33厘米长的伤疤。回到美国后，该男子惊异地发现，他的左肾竟然不翼而飞了。

2001年，一名美国人由于贩毒在菲律宾被判处死刑。当法庭宣读他的判决时，他被给予一项选择：如果他愿意"捐献"自己的一个肾脏，那么他的死刑就可以被减为终身监禁。在美国，被注射或执行电刑的死囚的器官是不能被用来移植的。在2005年5月，一名美国囚犯试图利用这个规则来拖后他的死刑执行时间，他宣称将向自己生病的姐姐捐献器官，但遗憾的是经过检查发现他的器官也是有病的。

2001年以来器官捐献致死的人数：4,153。

NO.11 章鱼和乌贼

章鱼和乌贼分别有8只和10只触角，每只触角上都有成百上千的吸盘，这些吸盘的力量大到能够将人的血管吸破，每只触角上还有像鸟一样的喙，用来将毒液注入受害者的身体。2002年，一只触角长达15米、重达250千克的乌贼被海水冲到塔斯马尼亚岛海岸。同年，还有一只触角长达9米的章鱼被人在新西兰附近的海域捕获。在深海里，一些章鱼和乌贼能够长到非常惊人的尺寸，它们的触角可以长达30米。世界各处都曾有过渔船受到此类巨大生物攻击的情况出现。虽然上个世纪这类事件仅出现过不到50起，但水手对乌贼的恐惧曾一度比对鲨鱼更甚。据说有乌贼曾将整条船掀翻，然后吃掉了在水中挣扎的水手。有研究人员相信一些无法解释的深海渔船消失和沉没事件可能就出自乌贼的杰作。

> **死神来了**
>
> 　　百慕大三角,是位于迈阿密、百慕大和波多黎各之间的一片海域,此海域曾发生过一系列神秘失踪事件,共有20架低空飞行的飞机和超过100艘船在此神秘消失。
>
> 　　一些科学家认为这些神秘的失踪与甲烷水合物形成的巨大气泡有关,这些气泡是地壳的板块运动所形成的异常空气现象。但史密森学会认为此类事件更可能是由巨型乌贼所导致,该学会曾于1999年组织考察队赴百慕大三角搜寻这种体积巨大的生物。

1795年以来全球海上失踪的船只数量:61,790。

NO.12　毒蜘蛛

　　人们对毒蜘蛛的恐惧其实已经波及到了所有种类的蜘蛛,当淑女们在办公室的地面看到一只长脚蜘蛛时,会蹬掉鞋子、撩起裙子,然后跳到桌子上。昆虫学家们认为这其实没有什么可怕的,尽管有超过5万种的蜘蛛,但其中只有很少部分是有毒的,每年在美国死于毒蜘蛛的人数不过50人。致人死亡的毒蜘蛛主要有两种:一种是褐色遁蛛,另一种则是有名的"黑寡妇"。

　　黑寡妇通常出现在美国南部和西南部地区,在北部靠近加拿大地区也曾被发现过。成年雄性黑寡妇在腹部有个红色或橘红色的沙漏状标记。雌性黑寡妇体型略小,颜色也较单一,但却足够强壮,它们能在交配后不久将雄性杀死并吃掉。黑寡妇所分泌的毒液的毒性要比响尾蛇强15倍,能在10小时内分布到被咬者的全身,而在此之前,剧痛早已经开始发作。腹部的疼痛会让人以为是得了急性阑尾炎,肌肉开始疼痛,呼吸变得急促。老人、13.6千克以下的儿童和免疫功能低下者在被黑寡妇咬后1～12个小时内会呼吸衰竭而死亡,时间的长短要看个体对毒液的敏感程度。

　　褐色遁蛛的头部有小提琴状的标记。它们原始的寄居地是内布拉斯加和得克萨斯,但近年来在中西部和西南部地区也被发现过。如果被这种蜘蛛咬伤,通常会导致深度皮肤溃疡，但很少能直接致命。褐色遁蛛通常藏匿于抽屉、鞋子、汽车的遮阳板下或储物柜里。2003年，堪萨斯一名69岁的老人在穿鞋时感觉脚上一阵刺痛，后来，他发现一只褐色的小蜘蛛被他的脚趾所挤扁。两天之后，他的脚趾开始肿大，不久又出现了发烧、打寒战、恶心呕吐和肌肉疼痛的症状，最后这名男子死于溶血性贫血，这是一种能摧毁红血球的病症。在被褐色遁蛛叮咬的人中，只有不到3%的人需要做皮肤移植，而对其毒液有致命性过敏的人就更少之又少，但是在被咬之前，谁也不知道自己是否对它的毒液过敏。

蜘蛛晚餐

1983年，路易斯安那3名8到13岁的儿童在喝了自制的羹汤之后全部死亡。他们的母亲出门时曾告诉他们，将已经从冰箱里取出的一锅汤热一下作为晚餐。而在那天早上，她曾将一包散装的蔬菜放在冰箱里靠近汤的架子上，不料在这些蔬菜里藏了十几只黑寡妇蜘蛛。专家后来分析认为，这些蜘蛛被放进冰箱后都爬向了温度较高的汤锅，并都淹死在锅里。当男孩们加热汤的时候，正好将蜘蛛的毒液与羹汤混在一起，而这锅汤最终导致他们呼吸衰竭而死。

1965年以来，在医学著作中证实死于褐色遁蛛的案例仅有8例。但有800人死于溶血性贫血或被"不明"昆虫叮咬所致的过敏反应，而这种昆虫极有可能就是褐色遁蛛。

NO.13 外星人绑架

虽然传闻中的外星人绑架事件大多发生在比较偏远的农村地区，美国政府还是在上世纪60年代很认真地对这一现象进行了研究。一个由加州工学院的物理学家H.P.罗伯逊领衔的政府研究小组，调查了UFO目击与国家安危的关系，并且在考虑到对美国发起进攻的情况下，对敌人怎样运用UFO恐慌和瘫痪美国的国防力量进行了检讨。后来决定不再研究这个课题，原因是罗伯逊的报告提到，即便只是谈论UFO，也可能威胁政府的"正常功能"并诱发"伤害到政府权威的歇斯底里的群体行为"。然而，这一政府政策只不过慢慢对UFO爱好者灌注了更大的热情，刺激着合谋理论和对隐身术的推测。

天外飞仙

根据最新的盖洛普民意测验，1亿美国人相信外星人曾经造访过地球。更少一些人认为外星人正积极寻找人进行实验和终结绑架。在UFO追随者的语汇里，"终结绑架"是一张单程票。

UFO分析者相信外星人曾在1947年降落在新墨西哥州的罗斯韦尔，并且也相信政府从那以后在一个被称为51号地区的未知地点和外星人秘密见了面。UFO爱好者相信美国1/3的失踪案例悬而未决是因为这些人被外来的人绑架了——不是边境外的外国人，而是外层空间的外来人。

美国联邦调查局收集的数据显示2003年有876,213人失踪的报告。

超过一半的人仍旧失踪，13,645人被发现已经死亡。

NO.14 埃博拉病毒

1967年的一个早晨，德国，一个养猴人因内脏爆裂而亡。一开始，他只是感到轻微的头疼和胃部微微的恶心，随即，他身上的每一个出口，从眼睛、耳朵、鼻子到肛门，都开始流血。伴随着一次强烈的呕吐喷薄而出，内脏，包括胃、肝和肺的碎块在室内被喷出4.5米远。后来，导致这种恐怖死亡的埃博拉病毒成为地球上最让人恐惧的病原体之一。

得了这种也被称为出血热的病的人、猴子、大猩猩和黑猩猩，95%会死亡。这种病毒被正式确认是在1976年。当时，刚果共和国（以前称为扎伊尔）埃博拉河畔的村庄中有430人死于这一最奇异的方式。这种病毒因为皮下注射器的反复使用而传播，引起了全世界科学家的关注。它传播迅速，只有短短两天的潜伏期，几乎不表现出任何症状。这种通过体液传播的病毒具有90天内就可以横扫全人类的潜力，受感染的死者不能做任何处理，即便是半死的也要迅速焚烧。

在试图寻求治疗这种毒蛇一样、有抵抗性的病毒的过程中，意大利、英国、瑞士以及美国的科学家都曾感染过这种病毒。1989年，在马里兰州的一个郊区，距离白宫不远的地方，这种病毒差点大规模传播——这是埃博拉病毒离美国最近的一次。四个科学家在一个"猴房"里做研究时被感染。最初，对病毒的控制非常缓慢，直到有关当局设下了时间表，对所有的有关人员进行隔离或"卫生清除"。幸运的是，在很短时间内，病毒被控制住了。2000年，埃博拉病毒的一个新的变种被发现——或者如一些人所说的，被制造出来。这一新的改良了的埃博拉病毒是像普通感冒一样，通过空气传播。一个喷嚏就可以使数百万人感染。

死亡纪录

2004年6月，威斯康星有四个人在感染了致命的猴痘后死亡。这种病毒性疾病与天花相类似，通常只是通过猴子传播。但据称，源头是一种原产于非洲的啮齿类动物冈比亚老鼠，从一家宠物店里逃离，感染了牧场上的一些狗群，使猴痘迅速传遍平原。伊利诺伊州另有6人在2004年7月感染这种痘疹而死。

1976年以来，有1,000人死于埃博拉病毒。

NO.15 旅店惊魂

在美国，有超过25,000家住宿加早餐的服务机构。有300家这种旅店被指有鬼魂光顾过，他们不仅提供舒服的被褥，也会使住宿者和鬼魂有个遭遇。假如住宿加早餐旅店是以这一策略来吸引顾客，那么，他们的过去越让人觉得毛骨悚然，他们的入住率也应该越高才是。

根据最近的哈里斯民意测验，75%的美国人相信鬼魂。接受调查的人中有28%认为和死去的人是能够进行交流的。相信鬼神的人认为一切都在灵气中，他们宣称先人——不管是好人还是坏人——的这种能量是存留于物质世界的东西。尽管未必发生，但这种灵气也有可能害人。有人相信，发生诸如谋杀这类暴力事件时，邪恶灵魂的力量会被再次激发出来并在死亡之地继续杀人。在伊利诺伊州的昆西，一个放火狂的鬼魂，一百年来在小镇的角角落落都放过火，至今仍然逍遥法外。曼哈顿的一些街区仍有比其他地区高的谋杀死亡率，甚至在一些以前比较混乱现已被整治过的社区也是如此。举例来说，尽管巴罗大街的一家餐厅和克林顿大街的一座赤褐色砂石建筑所在地区的状况有了巨大改善，但仍导致比一般数量要高得多的犯罪率，好像要纪念这个以前发生了很多暴力死亡案件的地点。研究超自然力量的专家们宣称就是存在某种有害的能量，并相信这种能量会以某种未知的方式继续夺人性命。

鬼魂之家

桑利亚那州的桑·卡洛斯酒店曾被一个一身舞会礼服打扮的绝望女人的鬼魂光顾过，这个女人1928年从楼顶跳楼自杀。女人的鬼魂走进酒店大厅，敲敲房间的门，然后就遁无踪迹。圣路易斯安那州的伦普大厦是一座由酿造业大亨威廉·伦普于19世纪60年代建造的有33个房间的建筑。在这座大厦里面，客人能够听到伦普家族的人哭泣和呜咽声。他们一家的结局都很悲惨，不是自杀就是被谋杀。俄勒冈州的麦克梅纳明 埃奇菲尔德住宿加早餐旅社，曾经是Mutinomah郡的贫穷农场，后来变成了退休者之家。这一建筑曾被穷困潦倒的老年人的鬼魂光顾过。有人说，曾看见他们玩推圆盘游戏或沉迷于没有结局的宾戈游戏。在路易斯安那州圣弗兰西斯威尔市的默特尔农场，一个测试自己睡眠的失眠症患者了解到，这座房子是十宗谋杀案的发生地，并且是建在印第安人的墓地上。

悲伤记忆

简略的记录表明，1635年，在曼哈顿（当时称为新阿姆斯特丹）的教堂和韦榭大街附近曾发生过印第安人的一次小规模冲突，冲突中有多达30人的土著和殖民者死亡。1966年，就在那个地方，为建世界贸易中心，推倒了164座建筑。在世界贸易中的建设过程中，总共有60人死亡——超过近年任何一座办公大楼的建设中死亡的人数。

NO.16 被鬼魂杀害

  天主教堂，作为一个整体，已经开始警觉并和这些驱之不散的"邪恶"能量进行斗争。1998年，一本新的《驱邪手册》得到了罗马教皇保罗二世的批准。该手册制定了一套新的、详尽的驱邪仪式。这本在美国的教堂书店里随处可见的84页的小册子，完全以拉丁语出版——这种语言想必魔鬼可以看得懂。根据有200个成员的国际驱邪者联合会的创始会员之一、教父杰里米·戴维斯的说法，他们从来没有这么忙过，他们的组织每周至少举行一次驱邪活动。

  虽然"被鬼魂杀害"的说法从没有在任何一份死亡证明里出现过，但每年有3,000人死于"无法解释的"火灾。在美国，也有越来越多的未查明的杀人案例，2003年有5,213起。尽管有美国犯罪现场鉴证科高超的侦察技术，但这些案例恐怕也只能归因于另外的或他世的解释了。

友好的鬼魂

  有些鬼魂——不再是令人困扰的喧闹鬼或麻烦制造者——会提供有益的帮助。得克萨斯州圣安东尼奥的一段铁路，上世纪40年代曾发生过一次恶性事故，10名学生和司机在事故中去世。从那以后，任何停在这个铁道路口附近的车辆，都会被一只看不见的手推过铁轨到达安全地带。很多司机都对此进行了测验：有的人把车放在空挡上，有的人在离轨道18米的地方把发动机熄火。尽管有一个斜坡，并且铁轨是凸起来的，车子还是向上滑动并越过铁轨，到达免受伤害的安全地方。一个不相信这事的人在她车子的后部撒了滑石粉。当她的车被推过铁轨后，她从车里出来，在防护板上发现了许多很小的手印，同时在侧门上发现了两个较大的手印。

  7月4日的国庆节是继感恩节、圣诞节之后的美国第三重要的节日。

  最惨烈的意外事故通常发生在7月4日国庆节的下午3～6点。

第十二章
最无奈的

死亡也许是免费的,但它是用一生来换的。
　　　　　　　　——曼利厄斯

NO.1 酗酒死

　　酗酒者带来的艰难困苦使家庭成员无一幸免地受到影响。就以格雷斯·麦克丹尼尔的事例来说吧,她是一个著名的杂耍演员,是在赢得一项最丑女人大赛后开始自己的演艺生涯的。她有着粗糙的肉色的皮肤,大而突出的下颌是倾斜的,几乎使她不能张开自己的下巴。她的牙齿超大,参差不齐,还有一个可怕的球形大鼻子和一对抖动的嘴唇。在赢得比赛后不久,她就被一个马戏团雇用并被宣传为"世界上最丑的女人"。虽然有一张驴脸,但格雷斯心地善良,充满爱心,她吸引了很多男孩竞相向她表达爱意。她结了婚,并且具有讽刺意味的是,她生了一个相当英俊的儿子。当这个叫埃尔默的男孩长大后,他迫使格雷斯让他当她的经理人。那时他已经是一个十足的酒鬼。他让格雷斯把宣传海报改为"驴脸的女人",并宣称他的虐待使她变得更丑,以此来增加收入。她一直忍受着这种侮辱,直到发现儿子把她在马戏团辛苦一生积攒下来的钱财盗窃一空。儿子的不肖伤透了她的心。她1958年死于癌症,时年45岁。

死亡规律

38%的自杀者有酗酒的历史。

15%的酗酒者会自杀。

吸毒和酗酒者自杀的比例是非吸毒酗酒者的二十多倍。

"再也不喝了。"

——这是埃德加·艾伦·伯尔墓碑上的文字,他于1849年40岁时死于酗酒。

悲伤往事

在19世纪60年代,丹·赖斯是美国最受欢迎的小丑。尽管他为所有年龄段的观众演出,他和亚伯拉罕·林肯的友谊还是逐渐为他赢得了华盛顿非官方的宫廷弄臣的地位。莱斯的小丑服装和脸谱是红、白、蓝三色:他戴一顶有五星和布条的高帽,被认为是一脸严肃并且带点怒容的山姆叔叔海报的翻版。虽然詹姆斯·蒙哥马利·弗拉格说过他把自己的脸——也就是我们熟悉的山姆叔叔的形象——画在海报上,但他还是使用赖斯的服装和一贯的举止作为模板。赖斯1900年因受到酒精的伤害去世时一无所有,时年77岁。

在19世纪,酗酒者被认为更易燃并且以与很多无法解释的火灾有关而被众所周知。很多死亡是由于饮酒者粗心大意和受到损害时的反应能力,这很像马虎的吸烟者。

电视是菲洛·法恩沃斯的创意。1927年,年方21岁的他,通过把光线照到蚀刻的玻璃盘子上来做一个他称为"图像分析器"的实验。其潜在价值很快得到了认可,美国无线电公司(RCA)给了法恩沃斯10万美元,却被他拒绝了。其他人在他的创意基础上继续改进,这就使得电视的发明人模糊不清。1957年,他出现在了"我有一个秘密"的电视节目中。在参加游戏的人没能猜出他的身份后,他得到了80美元和一箱香烟。和电视的发展相比,法恩沃斯更关心发明创造。在44年的时间里,他获得了300项诸如增强望远镜视线的装置和夜视用的红外线设备等的专利。医生建议他用酒来抑制他的大脑亢奋症状,这种症状不知是受注意力缺失症(ADD)还是注意力缺失多动症(ADHD)的影响。他最后死于滥用酒精的并发症。

过度饮酒每年导致78,490人死亡。

NO.2 吸烟死

每个人都听说过吸烟的危害,但还是有4,800万人仍然吸烟,原因可能是它对身体的影响。香烟中的尼古丁是一种能够使人产生轻微愉快感觉的物质,正是它吸引了无数的吸烟者。烟草发源于美洲,土著人很早就将其作为一种有效的药品,有证据显示,美洲大陆种植烟草的历史最早可追溯到公元前6000年。土著人用它来治疗牙疼,通过咀嚼它的叶子来缓解疼痛,还通过燃烧它来驱散邪恶的魂灵。从1617年到1798年,烟草是殖民地最有价值的出口产品。人们把它放在烟斗里吸食,咀嚼它,或者把它当做鼻烟。19世纪80年代,在香烟被发明并大规模生产以后,更多人开始使用烟草。1900年,平均每个吸烟者每年抽900支香烟。到2002年,这一数字提高到了7,300支。现代香烟中的添加剂增大了对健康的威胁,并且使尼古丁更快地进入到血液中。许多医生鼓励病人停止吸烟并为他们开出了抗抑郁药和情绪稳定药以对抗烟瘾。但有人认为这实际上是一种以毒攻毒的办法。

2003年,佛罗里达州一名因吸烟而患喉癌的男子在手术后仍无法摆脱香烟的诱惑,由于身体过于虚弱连点火柴的力气都没有,他从炉子上引燃了一卷纸来点烟,不料却将手术后缠在脖子上的纱布引燃,而他又无力灭火,结果他的房子被大火烧毁,他自己也葬身火海。

尽管并不是所有的肺癌都是由吸烟而造成,但2003年死于肺癌的人数达到了12万人。

露西·佩奇·卡斯顿是美国第一个召集大众反对吸烟的人,她还于1899年在芝加哥成立了反烟联盟。作为一名记者,她曾举办过一本杂志来提倡洁净的生活,她领导了声势浩大的反烟运动,并打出了"停止往棺材上钉钉子"的标语。尽管她成功地使14个州将吸烟视为非法,但由于缺乏足够的医学证据来证明烟草的危害,只是简单地说"香烟是魔鬼的杰作",很多人后来又转变了立场。具有讽刺意味的是,露西于1926年死于喉癌,当然不是由于吸烟而造成,更像是由于高喊口号所致。

2002年,由无人照看的点燃的香烟导致的经济损失达8亿美元。

NO.3　植物人

每个人在熟睡时都曾处于无意识状态。举例来说,平均年龄50岁的健康人,他们一生中有1/3的时间或者说是20年的时间属于无意识状态。如果不是因为睡眠发生的无意识,那将是很危险的,这会导致人的早死。对无意识状态程度的划分标准源自希腊语对"深睡"的解释,由昏厥到深度昏迷,最后发展成昏睡。人如果是一种昏睡的状态,他的中枢神经系统就会自动停止工作,让体内各器官之间能够相互独立地继续工作着。换句话说,昏睡就是大脑意识完全一片空白。导致昏睡的原因其中有50%是因为脑外伤,还有50%的原因是因为感染疾病、吸毒、电刑和接触有害气体。

如果对处在昏睡状态的病人不加以照顾,那么他们的生命一般不会超过10天。但利用先进的医疗救助仪器和对病人精心的看护,昏睡病人的生命可以延续几十年。病人在昏睡期间大脑也许还在活动,但没人知道他们的大脑思维是否真的存在,更不知道他们在想些什么。想要了解和医治昏睡病人还有一个很难解决的问题,那就是几乎不可能预测他们是否可能从昏睡状态中苏醒过来,而且在没有对病人解剖之前,没有人能百分之百的肯定这个人是否真的已经脑死亡。

生命还能维持多久?

乔安妮·林恩医生是改善病危患者健康协会的主任,该中心设在华盛顿大学医疗中心。经过对2,000名昏睡患者的研究发现,大多数医生在预测病人的生命还能维持多长时间的时候都给出了估计:有20%的病人在被告之还可以活两个月时,结果第二天就去世了。而在对其他病情做预测判断的时候,医生的准确判断率也仅仅是50%。即使抛开医生的诊断不谈,或者干脆不需要医生诊断,病人一旦进入到昏睡状态,即便是得到了最好的治疗,生命仍不可挽回,通常会在两个月之后去世。

一些治疗过程中发生的特殊情况致使很多人反对用任何手段结束人的生命,不管是出于何种原因。当然,病情因人而异还取决于需要在何种程度上维持生命。例如,有些病人需要用呼吸机帮助他们呼吸,有一些病人需要往静脉内注射营养素帮助维持生命,另外有病人则需要插入导尿管帮助排尿。不过,偶尔还是会有极少数的昏睡病人在昏睡多年后苏醒过来。帕特丽夏·怀特·布尔，4个孩子的母亲，在患上产后综合征后昏睡了16年。1999年的一天，当一位护士为她铺床的时候，布尔突然从床上坐起来说："不要动我的床。"随后，她彻底康复出院与她的孩子们重新过上了正常健康的生活。

另外一个病例的主角是特里·沃利斯，1984年的一个星期五他遭遇了意外事故造成昏睡，那天恰好是13号。19年之后也就是2003年，正好又是一个星期五，13号，他突然睁开眼睛说话。他让母亲给他买百事可乐而且他还想跟祖母说话，但沃利斯不知道祖母早在他昏睡的这些年里去世了。在过了将近20年之后，沃利斯仍然可以熟记祖母的电话号码。沃利斯重新找会了记忆，而他所能想起的就是在他的记忆关闭之前发生的一切。

当病人的病情恶化至昏睡状态后，其治疗费用是一笔很大的开销，最初需要一次性交纳大概199,000美元，除此之外每一年还要额外交90,000美元用来维持生命。

死亡规律

"醒着"昏睡，实际上是指病人并没有处在深睡的状态而是完全清醒，大脑机能也很健全。但是，他们却不能说话、移动，对刺激物不能作出正常的反应，通常是双眼紧闭。由于手术过程中麻醉剂使用不当导致每年有5,000位病人处于有意识的昏睡状态。麻醉剂剂量控制的不好就容易让病人在手术中感觉到疼痛，但是他们却无法把自己的感受传达给医生。在一些大手术中，有一些病人因无法承受手术带来的痛苦和心理恐慌而死去。

2003年，有80,000人处在昏睡状态；其中有68,981人在2004年去世。

NO.4 夜惊死

患有夜惊的人在睡着以后不久会感觉自己又醒了，并且突然无法自控地从床上惊起，通常伴随着尖叫、出汗、行为混乱、心跳加速和呼吸急促。有人似乎在半梦半醒中看到有蜘蛛、蛇或陌生人出现在房间。1976年，阿克伦城一名男子由于夜惊而死亡。为了烧死在幻觉中出现的昆虫，他半夜从床上跳下并点着了床单。大多数患有夜惊的人在第二天会完全忘记他们在夜里的行为。

奥汀的咒语

在一项调查中，大多数人表示更愿意在睡梦中死去。几个世纪以来，科学家一直困惑于是什么原因让一个健康人睡着后再也无法醒来。近来，研究人员开始将目光聚焦到脑干中控制呼吸的神经传递素上——有人在睡梦中会突然无法控制呼吸，致使呼吸频率骤然加快导致死亡。

有人认为这是由人们在日常生活中形成的自然呼吸"消失"而导致。科学家将这种神秘的现象称作"奥汀综合征"，得名于欧洲神话中的人物奥汀。奥汀是一个居住在水中的美丽仙女，她放弃了自己的仙女身份为深爱的男子生儿育女，但当她开始像凡人一样变老时，那个男人却开始寻找更年轻貌美的仙女。当奥汀发现她不忠的丈夫与其他女子在一起时，她用自己仍然具有魔力的手指指着他说："你要以自己的呼吸来发誓忠实于我。"为了帮助男人遵守誓言，奥汀实施魔法让他进入睡眠，但男人在睡着后却因失去呼吸而死。

从1975年至今，有65,982人死于包括夜惊在内的各种睡眠紊乱，不包括失眠。

30%的美国成年人患有各种形式的睡眠紊乱，有500万人因睡眠问题接受药物治疗。

NO.5 无家可归

泰伯医学词典把"无家可归"作为一项列在这本疾病和医疗条件的百科全书中。为了照顾到外国的医学学生，这本极具声望的教科书甚至对无家可归的人做了一个定义："从字面上来讲，就是一个自愿或者被迫没有一个称为家的地方可以居住的人。这个人可能睡在一条街道、一个小巷、一个公园长椅上的某个固定地方，也有可能睡在诸如候车室、地铁等公共地方，但是这些地方都不能称之为是他们的家。"

我们很难说无家可归的人到底有多少，因为他们都住在车里或者蜷缩在街道的角落里，尽量避免让别人看到。但是据国家法律中心关于无家可归和贫困工作的数据显示，随便哪天晚上都有70万人露宿街头。有50万的人想要在避难所找张床或者每周好好吃顿饭。

谋杀和意外受伤是导致无家可归者最主要的死亡原因。多数无家可归者死于某个月的第一个星期，因为如果这个人有救济金的话，这个时候就会恰好发下来，他会拿其中的大部分钱来买毒品和酒精。40%的无家可归者都有精神问题，30%的无家可归者有酗酒的迹象。对18岁到24岁之间的无家可归者来说，谋杀是最主要的死因。艾滋病则是女性无家可归者仅次于谋杀的主要死因。尽管单身的男性占了总无家可归者人数的70%以上，但是一个无家可归的女性横死街头的可能性却比男性高出10倍。

悲伤往事

新奥尔良体育场可以说是世界上最差的无家可归者的避难所，因为2005年8月，足足有超过25,000名穷困潦倒、无家可归、体弱多病、无人问津的市民为了躲避卡特里娜飓风，在最后一刻冲进这个体育场。那里面的温度达32摄氏度却没有空调甚至没有新鲜空气，没有自来水，没有食物，没有厕所，在里面的人都长了脓疮，期待着能找到另外一个地方可以待将近两个星期。据报道称有100人死在这个体育场里，大多数人是因为中暑，有一个强奸犯被一群暴徒殴打致死，还有一个人从上层阳台上一跃而下，自杀身亡。

每年有54,300人死于因无家可归导致的各种情况。

在美国一个无家可归的人的平均寿命是44岁。

NO.6　乡愁死

与思乡病一样，从1766年到1910年，乡愁也作为死亡原因被用于死亡证明中。据报道，有31,987人死于过度思念爱人和家庭导致的长期无法抵抗的忧郁。现在仍然无法了解导致这类死亡的真实原因，但消沉似乎是其中一个因素，它可以导致人体免疫系统的削弱，以至于容易被疾病所感染。

NO.7　早老性痴呆症

早前，这种病被称为"年老"或"衰老"。作为最常见的痴呆症，早老性痴呆症（AD）是一种进行性的、变性的疾病，它会伤及大脑，导致记忆、语言以及运动技能的损害，也会使人易怒和抑郁。最先由德国神经病理学家阿洛伊斯·阿尔茨海默于1906年描述的这种病，会随着年龄的增长而加重，尽管没有证据显示它是由衰老过程引起的。事实上，在尸体解剖之前，是不可能确认一个人是否得了早老性痴呆症的。

每年有22,500人死于早老性痴呆症。

悲伤往事

约翰·詹姆斯·奥特朋受一种描绘鸟和野生动物的强迫观念的驱动，终其一生都在探索非常规的领域。他异常细致的描绘激发了保护鸟类和它们的栖息地的法律。时至今日，奥特朋已成为鸟类保护的代名词。晚年他住在纽约，遭受着早老性痴呆症的折磨。他记不起他画过的鸟儿，也分不清鸽子（pigeon）和猪（pig）。奥特朋死于1851年，享年65岁。

NO.8　失眠

当《麦克白》中的女巫下最毒的咒语的时候，他们知道阻挠睡眠是对受害者精妙的、残忍的玩笑。俗话说人失眠，死不了，而且死亡证明上也很少发现失眠跟死亡会有很大的关系。但是有一种被称为"零星严重失眠"（SFI）的疾病却可以导致怪异而痛苦的死亡。

一位44岁的加利福尼亚州男子发现想要睡着越来越难了。由于之前很健康，他的家庭医生对于男子的抱怨不予理睬，认为这些都是男子整天"脑子里瞎想"才会睡不着。4个月过去了，他每晚都睡不过一个小时——就算是服用按处方规定安全剂量的安眠药也没有任何作用。他开始走路蹒跚，体重下降，一遇到什么事情都会大哭一场。他的子女们有什么事情的时候都不愿意让他露面，他的妻子也取消了一切夫妻参加的社交活动。渐渐地，他慢慢丧失了身体调节性和短期记忆，不能将梦境和现实生活区分开来。开始失眠一年之后，他的妻子把他送进了长期的关怀照料机构。4个月后,他因为严重误诊而最终去世,实际上,他患的就是零星严重失眠症。最近的研究认为零星严重失眠症和反常的脑蛋白有关系,这种异常脑蛋白对睡眠模式有程度很深的破坏,也即生理节奏被彻底打乱,于是便不可挽回地一个接着一个将正常的身体功能破坏变异掉。

妨碍睡眠的呼吸暂停,嗜眠发作以及慢性失眠影响着3,000万到4,000万人。

悲伤往事

1997年,70年代摇滚乐团"铁血蝴蝶"的成员菲利普·泰勒·克拉默失踪4年后,他的带篷货车在加州马里布152米深的峡谷底部被发现。2个徒步旅行者在谷底行走的时候被生锈的货车残骸绊倒,也发现了车里面的这位前摇滚乐人的尸骨。克拉默的医疗记录显示他患有长期失眠,很有可能就是零星严重失眠症,但是被诊断为游离式记忆丧失证。权威专家相信他是有意将车开下悬崖的。

自1960年来因失眠而死亡的总人数:21,756。

NO.9 X光死

你接受的每一次X光透视、辐射都是以毫雷姆来计算的,当射线穿过你的身体射入软组织后它就会伴你一生。一次普通的牙齿X光透射就会有2毫雷姆的射线射入你的头部、颈部以及甲状腺。胸部X光透视会产生20毫雷姆的射线;CAT扫描产生200毫雷姆射线。除了医疗X光射线外,自然环境中的放射源每年还会对人体增加60毫雷姆的辐射。已经得到验证的事实是:人一生暴露在超过10,000毫雷姆的射线中,那么无论是人为辐射还是自然辐射,都将会导致癌症的发生。

在看到罗根的发明带来的利益之后,其他人也在跃跃欲试地想要制造出属于自己的无形射线,很快他们就发现原来无形射线就是被缩短的电磁光波长。托马斯·爱迪生和他的助手克拉伦斯·戴利最先投入到这项关于成像技术的新兴科学研究当中。很快他们两人就为大众展示了自己研制的X光射线仪,异常兴奋地演示着自己被射线仪照亮的骨头。戴利反复地用自己的手作为透射物来测试和调整心爱的仪器。同时他很快发现射线仪投出的光束在他的皮肤上留下了"伤痕"。但这种伤痕不同于普通的创伤,不久以后这种最初的小斑点转变成癌。仅一年的时间,癌细胞迅速扩散到全身,1904年戴利去世,他是第一位死于X光射线的美国人。因失去了自己富有才智的同伴,爱迪生悲痛到几近疯狂,而他自己也遭受着病痛的折磨,左眼视力下降以致看不清东西、肠胃功能紊乱,这些迫使他放弃了对放射学的研究。在随后的岁月中,爱迪生拒绝了任何与X光有关的活动。

由于X光的发明和应用,整个医学界都希望能够抓住机会利用它来一窥身体内部结构,虽然这样做伴随一定的危险。有了X光射线这个重要武器,在治疗肺结核这种"致命的时间杀手"疾病时,医生就可以通过肺部透视来观察病情的发展。然而在给病人治病的同时,也有很多拍摄X光的医师因长时间受到辐射而死去。直到1934年,人们才试图制定有关接触X光射线的安全标准。接着,人们发现石墨具有抗穿透性,是X光射线唯一不能刺透的物质,于是就利用石墨的这一特性制成很多防辐射的用具,而石墨也就理所当然的成为保护人身安全的"盾牌"。

死亡规律

如同100年前一样,在科技发展的今天,X光射线发挥的作用和伴随的危险性依然存在。即使在石墨这个有力盾牌和其他措施的保护下,在X光射入人体的那一刻起,体内的细胞生理环境就会开始发生改变,细胞会立刻死亡、基因发生突变。当DNA自身无法复制再生,癌细胞的迅速扩散就是无法避免的。

X光图像

威廉·罗根在1895年偶然地发明出了第一台X光射线机器。当他试图想看一看电流在真空管中究竟能传送多远的距离时,威廉注意到当他制造出新的可变化的光束时奇异的事情发生了,他发现这束光竟然可以穿透过1.8米以外的木门而且还可以看到木门后的东西,他被这一切震惊了。威廉立刻为他的这个新工具取名X光射线机——X,意味着科学无法解释的物质和现象。同时一些野史学家却讥讽威廉的发现,他们说如果真的发生了那种奇异的事情,那么威廉可以用这种光来透视街头行人的衣着,看一看那些女士们的衬裙下穿的是什么样的内裤了。但作为一位经验丰富的研究者,威廉把暂时的喜悦放下开始进行更多更细致的测试,他把发明的X光射线机的一头固定在照片板上,利用照相技术把发现的光影形象用胶卷拍下并洗成照片。起初,他实验的对象都是那些可以放在暗箱中的无生命实物,后来威廉选择了能说会动的妻子贝莎做他的实验目标;而她手部的可视照片也就是第一次利用X光射线机拍摄的人体部位的照片。但不久后伯莎就身患重病,直到1919年她因癌症去世。她的后半生是在病痛的折磨和与人隔绝中度过的。四年后,威廉死于肠癌。

每年有20,000人死于射线辐射。

NO.10 安乐死

安乐死是仁慈性杀害,一种允许一个人在生命最终没有任何希望时无痛苦、安详地死亡的观念。现今,倡导"死的权利"的最活跃的组织是毒芹会,该会在全美70个分会中共有近25,000名成员。根据他们的宣传册,该组织每年就怎样才能最好地、有尊严地结束生命巧妙地回答12,000多个电话。毒芹会的名字取自公元前399年苏格拉底喝过的毒芹茶。他坚持原则,选择有尊严的死去而不愿在不公平的忍受中苟活。

死神来了

在20世纪30年代的德国,安乐死是被广泛接受的一种做法。纳粹分子通过运用在前纳粹心理学家阿尔弗雷德·霍赫的一本名为《允许毁掉不值得活的人的生命》的书中提出的基本原理,详述这一为社会所接受的观念。病人、不满现状者、同性恋者、吉卜赛人和犹太人以及所有被纳入纳粹广泛的仇恨范围的人,都注定不值得活下去而应该死掉。超过11,283,000人在纳粹安乐死的实践中被处死。

死亡声明

不施行复苏术指令

在我的心跳和呼吸要停止的情况下，不需要任何人使我苏醒。

该指令在我撤回之前一直有效。

我心志清醒，自愿执行这一指令，并且理解其全部含义。

（声明者的签名和日期）

如今的医院一直在实施安乐死。在外科手术前，医生会问病人愿不愿意填一份表格，表格中病人指令医生，如果回到正常生活的希望非常渺茫，医生就可以终止医学诉讼文件里所谓的"英雄复苏"。每年，有75,000人被允许死在满是医生和护士的房间里，医生和护士得到命令不采取任何积极措施去挽救他们的生命。"不施行复苏术"的病人常常会给予吗啡静脉滴注以使他在剩下的时间里尽可能地减少痛苦，过得平静。

安乐死的倡导者认为仁慈性杀害是最人道的方式。在整个人类战争史上，许多士兵用刀或子弹把他们将死的战友从痛苦中解脱出来，而不是把受了致命伤的伤员扔到战场上不管。在美国边境，离任何医疗机构或类似机构很远的地方，病人会通过盖在脸上的一个枕头来缩短长期的病痛，或像对待受伤的马一样，用拴到头后面的一根绳索作为礼物来结束。

安乐死是一个被激烈争论的主题，但除了俄勒冈州外，在美国其他州，自杀或帮助他人自杀都是非法行为。

2006年1月，美国高等法院认可了俄勒冈州协助自杀法律的合宪性，为其他很多州通过允许临终患者选择他们结束生命的方式的法律铺平了道路。

上世纪90年代，杰克·凯沃尔基安博士把协助自杀事件推向了主流，成了许多深夜脱口秀节目谈笑的主题。他发明了一个名为"Thanatron"（在希腊语里是"死亡机器"的意思）的机器，该机器由一些构件装配而成，病人可以拉动挂在病床上方、一组三个的静脉注射瓶子上的启动钮。定时器启动盐水的静脉滴注，以使病人保持平静，最后以剂量足以致命的氯化钾结束生命，这可以使心脏不会在数秒内就冷却下来。凯沃尔基安最初在多纳休节目中演示过他的发明,后来,1998年11月,在执行一名52岁的绝症男子自愿用注射方法自杀的过程中,他允许《60分钟》节目通过电台转播了全部过程。这件事使他被捕。1999年他76岁时,被控谋杀并被判处25年监禁。审判过程中,他承认帮助过130人死亡。

新罕布什尔州一名85岁的老妇面临着接受医疗护理才能维持生命的命运,她深知其苦,最后她在胸上用刺青给可能救助她的人留了言。

死亡规律

1998年以来,俄勒冈州的医生为绝症患者开了198份含有透明液态戊巴比妥纳的处方,它是一剂致命的巴比妥酸盐,其中128份被使用,但并不是所有的人都无痛苦地或安静地死去。因为药物的不良反应,一名男子在死前13分钟里咳嗽和呕吐,另有一人剧烈呕了2小时后死去;一名妇女消化不良用了14小时才死去。

NO.11 帕金森氏症

帕金森氏症(PD)是一种神经系统紊乱的疾病,它能够导致身体不由自主地颤抖和摇摆。这种病最早于1817年被詹姆斯·帕金森医生在一篇论文《震颤性瘫痪》中揭示而得名。帕金森氏病不会出现在儿童身上,也很少出现于40岁以下人群,大多数病例出现在妇女的绝经期和男性50多岁的时候。通常随着年龄的增长,大脑神经对肌肉的控制能力会减弱,但帕金森氏症患者这一过程的速度显然要快得多,肌肉控制神经的退化会十分严重。导致帕金森氏症的原因很多,遗传和环境因素都可以导致患这种病。研究人员正在探寻遗传因素如何导致产生氨基酸的染色体的突变,而氨基酸所产生的多巴胺是脑细胞间传递信号的基本物质。导致帕金森氏症的环境因素包括:摄入含有镁的食物和水,使用合成的海洛因,以及吸入杀虫剂和木料防腐剂等。2004年,共有150万美国人患有帕金森氏症。帕金森氏症患者的死亡通常是由坠落或事故直接导致的。

2004年有18,653名帕金森氏症患者死亡。

NO.12　强迫症

根据全国精神健康研究所的数据，在某一特定年份，18岁及18岁以上的美国人有22.1%患有可诊断的、因而可控制的精神性紊乱，包括：沮丧（990万人）；两极紊乱和急性狂躁（230万人）；精神分裂症（220万人）。

1,900万人患有妄想-强迫性紊乱，包括恐慌性紊乱、创伤后紧张性紊乱、全身焦虑性紊乱以及其他的恐惧症。这些患者中的一些人把将要死亡的折磨变成了一件让人非常困惑不解的事。强迫性紊乱的人常常害怕尴尬或者被蒙上污点，并极力隐藏他们的念头和习惯。检查了再检查、整理了又安排、收集了并贮藏、数过了又重复，都是要使紊乱症患者本人和其家属发疯的强迫性行事方式。有一些药物和疗法可以有效地减少这些症状，但正是被他们相信会使自己安全的行为所困扰，一些人拒绝使用，最后死掉了。

最著名的、死于不受节制的一种念头之手的美国人也许就算霍华德·休斯了。他害怕接触和呼吸进细菌，在准备饭菜或其他一些事情时，他有套精心安排的仪式。但也不总是那样。18岁时，他意外获得了一笔家产。带着这些钱，他来到了好莱坞，成立了自己的制片公司，拍了一些叫座的电影。他因为自己的女人气和怪癖行为而变得名声不佳。

随着年龄渐老，他的着魔也变得更严重。因为害怕细菌会通过电话线传播，有可能使他受感染，他不再使用电话。终其一生，休斯都裸体坐在位于一间大房子中央的、被称为"无菌区"的一张白色皮椅上。最后，休斯成了一个隐士。有20年的时间，他设法不在公众前露面，也不让人拍照。临死前，他不刮胡子，不剪手指甲和脚趾甲，不换衣服，直到它们从他身上脱落。1976年，在他73岁时，他去世了，身价100亿美元。根据雷蒙德·福勒博士在1986年5月号《今日心理学》上的一篇文章，休斯死于心脏病，而不是所宣称的飞机失事。霍华德·休斯以喜欢飞行著称，但很明显，速度才是他最喜欢的。美国联邦调查局FBI的验尸报告文件显示，休斯在去世时胳膊和腿上有几十个断了的注射器。

1999年，有9,816人的死因是强迫性紊乱。

怪癖是元凶

博伊西的一名妇女有洗手的强迫冲动。多年前，曾有水在公共厕所里溅到她的眼睛里，产生了不好的影响。她每天洗手超过100次。由于害怕会失明，她拒绝使用任何公用设施。整天憋在家里，洗了又擦，最后，因擦手而形成了不能治愈的伤口，她死于皮肤感染。

另有一名男子形成的观念认为只有猫才能保护他。开始时他只有一对，但一年内他家里就有了数千只猫。他死于由猫的粪便所传播的一种疾病。

刷，刷，刷

波士顿一名男子害怕牙医，为避免看牙医他每天更加勤快地刷牙。后来，他一天能把牙刷到30次。觉着还不够，他开始用漱口水漱口。1996年，在吞下氨水后，他死掉了。

NO.13 梦游死

对于习惯性梦游者来说，在睡梦中进行日常活动也会导致造成身体的伤害，许多梦游者打开锁着的房门，爬出窗户或粗心大意地使用工具。1977年，怀俄明州一名牧场主在睡梦中从床上起来，穿上拖鞋，还拿了一个马鞍走到外面。他爬过了一道栅栏，里面关着的却不是他的马，而是一头凶悍的公牛，结果这名男子被牛角扎死。1982年，一名21岁的青年从宿舍里梦游出来，结果他的尸体第二天在一台工业洗衣机中被发现。还有辛辛那提的一名64岁、长期患有梦游症的老奶奶半夜从屋子里出来，在狂风暴雨中整理草坪，结果被闪电击中。

1997年，另一名亚利桑那州的43岁男子斯科特·法拉特试图用梦游来回避对自己杀死妻子的指控。他被一名邻居发现把他妻子的头摁在后院的水池里，而且他还捅了她44刀。但法拉特的问题在于他的行为已经超越了通常的梦游——他在实施犯罪前戴上了手套，杀人之后还换掉了血衣，并藏匿了凶器。陪审团认为他的行为过于复杂，因此将他送入了监狱。

到目前为止已有20起谋杀案将梦游作为法庭辩护的依据。1981年，亚利桑那州的史蒂文 斯泰伯格因为捅了他的妻子20刀而被起诉，斯泰因伯格并没有否认杀死妻子的事实，但却说自己是在梦游中实施的这一行为。他最终被无罪开释。

> **午夜点心**
>
> 1986年，罗得岛州一名妇女死于在睡梦中吃东西，这种病症被称为夜食综合征（NES）。尽管这名妇女每天都严格按照健康饮食标准来进食，但她的体重却在三个月内增加了90千克。最后，她的丈夫在一天早上发现了她在厨房餐桌旁的尸体，桌上摆满了各种食物的盒子和罐子，而食品柜和冰箱里的食品都被她一扫而空。

1975年以来，因梦游而死亡的人数：5,366。

NO.14 眩晕综合征

有人认为，寻找可以治愈任何疾病的良方需要持久的耐心去剖析和理解繁杂的内科治疗体系，否则任何的治疗方法都将给人带来眩晕综合征。对于那些正在遭受这种疾病折磨的人来说，即使得到了最好的治疗，仍不能摆脱由治疗引起的副作用。

迷路疾病过去常常用来描述各种各样的眩晕症状，1861年，法国外科医生普瑞斯普·梅尼埃第一次用这一名词描述这种病症，之后就以其姓来命名，称作梅尼埃病（自身免疫性内耳病）。

这种疾病也可由于严重的耳朵感染或由于后脑受到严重打击影响到掌控平

衡的小脑引起。眩晕的侵袭使人丧失基本的能力，生命常受到威胁；眩晕总是在病人毫无防备的情况下发生，他们感到周围的一切都是旋转的，或者他们认为自己也是旋转的。巨大的噪音和嘈杂的地方都会使眩晕感加重。

眩晕随时都有可能发生，所以眩晕综合征患者试图避免在日常活动中发生这种情况。有些病人会受到眩晕引起的幻觉的影响，这种眩晕会在你站立或走路的时候突然发生。这种病症被称为"图马金氏耳石性危机"（这样做是为了纪念在1936年研究这一病症的英国外科医生阿瑟·图马全），因为如果这种症状在不该发生的时候发生了，比如在潜水时以及走下飞机旋梯的时候，就有可能导致丧命。

遭受眩晕这种疾病折磨的60,000人如果没有得到及时的治疗，将有可能在三年内死亡，尽管这种死因被列为是意外死亡。眩晕患者会因为心脏病突发或者中风而丧命，但事实上眩晕致死的几率要高得多。

翻转世界

一位年仅31岁的眩晕病患者这样描述他的生活："我无法预料下一秒将要发生的情况，我的生活里到处都是时间炸弹，定时器随时可能启动，命悬一线。而你却从不知发生了什么。"另一位46岁的患者将自己的眩晕感觉比喻成酒醉后的感觉，而有时候又好像在游乐园乘坐旋转木马后的眩晕。实际上，这种眩晕引发的后果令人感到恐惧，正是看到了眩晕带给人们的这种心理上的强烈冲击，1958年，阿尔弗雷德·希区柯克围绕这一主题导演了超现实主义的电影杰作《眩晕》。

2004年，大约有4,000人死于眩晕综合征。

NO.15　橡胶过敏症

有一位65岁的老人，每次当他从佛罗里达的海港酒吧去到他的私人牙科医生诊室的时候，都会突发麻疹。几年后，这种情况仍在继续，他的妻子称他为胆小鬼，认为他惧怕牙医，而且他的妻子认为发生这种情况的原因是这位老人的意识在作祟，因为始终想着他会在牙医疹室发麻疹。1996年当他在牙医候诊室候诊的时候，突然手捂胸部摔倒在地，而当救护人员赶到现场的时候他已经去世了。死因是由于对橡胶的过敏反应导致了过敏性休克。后来经过现场勘察发现，候诊室里弥漫着大量来自医用橡胶手套和其他一些橡胶用品的细微橡胶分子，导致这位老人吸入空气后发生过敏性休克进而死亡。这样就揭开了死亡原因的面纱，而发生这种悲剧之前从没有人知道橡胶可能引发死亡。

橡胶过敏是指对一切与橡胶有关的东西的过敏反应，这包括一些橡胶制品：医用橡胶手套、急救用的纱布、绷带、橡皮奶头、婴儿的奶瓶、维修设备用的手套、气球、各种各样的球、网球球拍、橡皮、橡胶垫子以及涂料。（通常带有"橡胶"成分标识的涂料实际上并不含有任何的橡胶在里面。）除此之外，如果对橡胶过敏的人近期食用过富含导致橡胶过敏的蛋白质的水果，他的过敏反应就会更加强烈，比如香蕉、栗子、番木瓜果、莓子、无花果、西番莲果、桃、鳄梨。

身体不能通过内在的调节克服过敏，与橡胶制品接触的时间越长，那么过敏症状就表现得越激烈。面对日益蔓延的橡胶过敏，与从事其他工作的人相比，医护工作人员和研究这种过敏症的实验室研究者都要求在进行病症处理和病症实验的时候佩戴医疗手套，以免感染。但事实上，所有医护人员中有15%感染上了橡胶过敏症，这也就意味着他们不能再从事医疗工作。

所有的医院都必须与橡胶制成的医疗用品打交道，而且大部分的医疗设备在其工作过程中都需要用到橡胶，比如监视器、导尿管、静脉注射器、供养面罩等，都是非常好的例子。在空气净化和循环方面，医院采用的都是空气再循环设备，这与可以提供新鲜空气的系统相比，导致的结果就是大量的医护人员患上了橡胶过敏症。2004年，一些病人对用含有钡成分的灌肠剂在插入直肠时使用的润滑橡胶导管的管口有过敏反应，导致14名工作人员由于受到过敏病人的传染而感染了过敏病症死亡。

抵御死神

1847年，伊格纳茨·西梅尔魏斯作为一名年轻医生在维也纳一家医院的产科病房工作。尽管他尽职尽责，但经他诊治的病人有一半都死去了。在当时，这家医院的医生在工作时间身着便服，而且和其他所有医院一样，这里的接生室也污秽不堪。西梅尔魏斯逐渐发现，他在接触病人前后洗手这一行为导致最直接的结果就是婴儿和母亲的死亡率急速下降。这一发现让他很兴奋，便随即对医院里其他的医生和护士开始宣传他的发现，并劝说他们也像他一样做，在工作的时候养成定时洗手的习惯，但是他的这种做法遭到了来自同事们的抵触，医院要求他不能再参与任何的治疗实践，而且把他列入了不受欢迎的人的黑名单。这之后的14年里，西梅尔魏斯一直宣讲他的发现——接触病人后不洗手是病源传播的直接原因，并最终在1861年写成了《Die Atiologie, der Begriffund dis Prophylaxis des Kindbettfiebers》一书。但是在这本书出版发行后，得到的却是负面的评论，西梅尔魏斯无法接受这样的现实，致使精神崩溃被送到了精神病院。更糟糕的是，在那里对他进行治疗的医生和护士由于没有养成在接触病人后洗手的习惯，使得西梅尔魏斯患上了血毒症，于1865年离开人世。

第一例橡胶手套专利在1878年申请注册，注册说明中说："对于外科手术和其他手术来说，橡胶手套是必需品，而且对保护医生和护士的手不被感染、也不会将病菌带给其他病人至关重要，但同时也要有预防橡胶过敏的意识。"尽管如此，橡胶手套在外科手术中的应用40年后才得到普及。

见钱眼开

曾经在新奥尔良一所医院工作的一位护士，当发现自己患上了严重的橡胶过敏症后即对医院提起了诉讼。1997年，法院作出了判决，她获得了60,000美元的工人赔偿金。一年之后，这位护士再次回到医院从事护理工作，同时也再一次以相同理由将其工作的医院推上法庭，这次她得到了75,000美元的赔偿金。这样做的目的只有一个，她想得到足够多的钱来经营一家自己的面包房。

自1995年以来，已有3,976人死于橡胶过敏。

NO.16 相思死

有8%的美国女性和2%的美国男性有过被跟踪的经历，也就是说每年有140万美国人被跟踪。大部分跟踪者和他们的跟踪对象之间都有关系，其中比例较大的是熟人、邻居、朋友和同事。

弗朗西斯·帕特里克·多伊尔，一名80岁的堪萨斯男子，成为了好邻居型的跟踪者。尽管已经这么大岁数，他的荷尔蒙分泌却仍很旺盛。当玛格丽特·巴彻的丈夫死后，曾是多年老友的弗朗西斯过去帮助这位寡妇。他开车接送她，帮助她做家务，还拥有她家里的钥匙。一年之后，玛格丽特去参加高中校友聚会，并在那里遇到了她以前的男友劳伦斯·库比克，劳伦斯依然是那么富有魅力。在他们77岁时，玛格丽特和劳伦斯开始了如旋风般浪漫的热恋并在6个星期后结了婚。弗朗西斯向他们表示了最诚挚的祝福，但却暗自生气并开始跟踪这对新婚夫妇。1998年11月的一天夜里，他拿着一根棒球棒，用自己以前的钥匙进入到他们的房子里并藏在一把椅子后面。他一直等到午夜，然后用球棒打死了可怜的劳伦斯。他开始只打了玛格丽特几下，当她表现出对他的所作所为不满意时，他又将她打昏了过去。

然后他拨打了911，警察到来时发现他拿着血淋淋的球棒坐在椅子上。他告诉警察当他来的时候夫妻二人已经被打成了这样，他来只是想像从前一样来帮忙。尽管辩护律师以他患有色情狂神志不清为由为他进行辩解，弗朗西斯还是被认定为一级谋杀罪。

爱的错觉

在长达十多年的时间里，玛格丽特·玛丽·雷一直是《晚间秀》节目主持人戴维·莱特曼最危险的跟踪者。雷认为她与大卫之间有着心灵的互通，她在1988年偷盗了他的保时捷，用望远镜监视他在康涅狄格的房子，她因此而被警方逮捕了不下6次。1998年，46岁的玛格丽特跪在铁轨上自杀身亡。

死神来了

单相思是导致1980年赫尔曼·塔尔诺厄博士谋杀案的原因。斯卡斯德尔食谱的发明人赫尔曼·塔尔诺厄博士为了和年轻的模特相好而抛弃了他的情人——女校长琼·哈里斯，哈里斯驱车来到他家并向他开了五枪。当她被逮捕后，她坚持说自己去博士的家是想当他的面自杀的，但当塔尔诺厄从她手里夺枪时导致枪走火误杀了他。哈里斯被判处终身监禁，但在1993年被纽约州长马里奥·科莫特赦。

从前，单相思被认为会导致神志混乱。17世纪，人们以老处女的精神来对其进行比喻。今天，色情狂指的是一种精神病症，患有这种病的人会认为别人偷偷爱上了自己，并通过暗示传递爱的信息。它也被认为是一个人为挽回失去的爱情所进行的强迫性的追求。

2004年，有3,890人的死与色情狂、跟踪和强迫的爱相关。

NO.17 赌博

主张赌博的游说者坚称小额的赌注不会有什么问题，但一项对近400个赌博者的匿名调查揭示，其中有75%的人考虑过自杀，并且超过一半的人有实施自杀的具体计划。全国赌博影响研究委员会2003年报告了大西洋城的一个案例，说一个16岁的男孩在买彩票输掉6,000美元后企图自杀。2004年，伊利诺伊州乔利埃特市的一对中年夫妇双双自杀，原因是妻子因赌博而累积的债务达到了200,000美元。

尽管女人比男人更可能沉迷于赌博，但看起来赌博对男人更危险一些。最近5年来，在赌博桌前因心脏病发作而死亡的老年白人男子的总人数：3,567。

NO.18 情人节

瓦伦丁是一名罗马天主教牧师，他于公元270年2月14日被处以死刑。他的罪名是结婚，作为一名牧师，他违反了国王克劳迪亚斯二世的命令，秘密地与情人结婚。克劳迪亚斯曾是一名暴戾的将军，他禁止他的士兵结婚。瓦伦丁神父在狱中的时候，与一名狱卒的女儿成为了朋友，这是一名年轻、漂亮，但却失明的女子。传说瓦伦丁奇迹般地使其重见光明。在他临刑之前，这名痴情的牧师向狱卒的女儿写了一封情书，并署名"爱你的瓦伦丁"。（瓦伦丁神父在公元350年被封为圣徒）从此之后，他被行刑的日子就成为情侣们一起纪念爱情的时间，甚至连莎士比亚在《哈姆雷特》中都提及这个日子，当时的英国妇女相信她们在这天遇到的第一个男子将在一年之内向其求婚。在16世纪，如果一名情人在情人节或其他日子自杀，那么他的全部财产就会被女王所没收。

有些历史学家认为，人们之所以在二月里怀念爱情并不是因为圣徒瓦伦丁，而是因为天气的原因，在这个一年中最寒冷的月份，如果能有一个温暖的身体相依偎，将是一件很美好的事情。

今天，"爱你的瓦伦丁"每年被印制在价值93,700万美元的贺卡上，每年还有价值一亿美元的糖果和鲜花在这天被消费。由于这天爱情吸引了人们太多的注意力，因此那些没有得到爱情的人在这天表现得不安、沮丧和失去理性也就在所难免了。

对情人节的失望比其他时间更容易导致感情牢固的情侣分手。1993年情人节这天，一名迈阿密的妇女确信她相处很久的男友会在这天向她求婚，但是她撕开装糖果的盒子，甚至把巧克力弄碎，都没有找到一枚订婚戒指。出于极度的失望，她抓起一把厨房的刀子向男友胸部刺了两刀。现在，为了逃避被拒绝的感觉，15%的美国妇女在情人节这天给自己寄鲜花。

死神来了

克拉拉和戴维·哈里斯在1993年情人节这天结婚。10年之后，克拉拉在他们结婚的酒店看到她的丈夫与其年轻的情人正结伴离开那里。出于"一时激动"（后来她在辩护时的说法），克拉拉开着她的奔驰车三次从她丈夫身体上碾过。2004年情人节这天，她被判处入狱20年。

情人节：大屠杀

1929年情人节这天，走私贩阿尔·卡彭派机关枪手麦古思到芝加哥北克拉克街2122号的一间货栈去杀死竞争对手巴格斯·穆朗。有7个人在墙边被枪杀，但巴格斯不在其中，他已经逃跑了。这场犯罪史上最血腥的屠杀最终使卡朋得到了应有的制裁。过去30年以来，那面当年7个人被杀害时所倚靠的、有414个弹孔的墙壁被标上"绝无仅有"的情人节礼物来出售，但至今都没有找到买家。

每年有大约2,900人在情人节前后一周内自杀。

NO.19 音乐

有人说，过早死亡的音乐家因为对艺术投入了全部，以至于付出了生命的代价。而有人却认为他们是希望玩得更疯。比如爵士乐名家查理·帕克、米莱斯·戴维斯、约翰·科尔特雷恩、特洛尼厄斯·蒙以及比尔·埃文斯就是这样的一些艺术家，虽然他们迷失于物质的挥霍和思想的障碍，却在生命最后的时刻谱写了最美妙的音乐。

在上世纪的后半段，流行音乐给追求平等的人提供了快速成名的途径。但从另一个角度来看，过度浓厚的音乐氛围也加速了他们自我毁灭的进程。

死亡纪录

70年代

1970年　吉米·亨德里克斯，27岁，著名歌手和吉他手，因过度服用巴比妥类药，在伦敦死于呕吐物引起的窒息。

1970年　贾尼斯·乔普林，27岁，歌手，死于海洛因过量。

1971年　吉姆·莫里森，27岁，"门"组合领唱，由于酗酒和海洛因过量，死在巴黎的浴缸中。

1971年　杜安·奥尔曼，24岁，奥尔曼兄弟乐队成员，在参加完一个聚会后酒后驾车身亡。

1972年　莱斯·哈维，25岁，"Stone Crows"乐队成员，服药后进行表演时触电身亡。

1972年　博比·拉米雷斯，23岁，"White Trash"乐队成员，在购买毒品时被殴致死。

1973年　博比·达林，37岁，在吸食可卡因时心脏病发作身亡。

1974年　玛玛·卡斯，"爸爸妈妈"组合成员，死时仅32岁，她的死因并非是一些人所认为的火腿三明治引起的窒息，而是过量服用药物引起的心脏病发作。

1975年　皮特·哈姆，27岁，"环手指"乐队成员，在一次毒品狂欢后上吊身亡。

1976年　弗洛伦斯·巴拉德，"Supremes"乐队的主唱，32岁时死于长时间酗酒。

80年代和90年代

1987年　威尔·沙特，31岁，歌手兼贝司手，死于海洛因过量。

1988年　希勒尔·斯洛瓦科，25岁，"红辣椒"乐队的担纲吉他手，死于海洛因过量。

  1990年 安德鲁·伍德，24岁，"妈爱用功生"乐队的领唱，死于海洛因过量。

  1991年 约翰尼·桑德斯，38岁，"纽约妞儿"乐队的成员，死于海洛因过量。

  1993年 斯特凡妮娅·萨金特，22岁，"七年婊子"乐队的吉他手，死于海洛因过量。

  1994年 克里斯滕·普法夫，27岁，"穴"乐队的摇滚贝司手，死于海洛因过量。

  1995年 杰里·加西亚，53岁，"感恩而死"乐队的传奇歌手，在戒毒时死于并发症。

  1995年 香农·胡恩，23岁，"盲瓜"乐队成员，死于海洛因过量。

  1996年 乔纳森·梅尔沃恩，34岁，"碎瓜"乐队的键盘手，死于海洛因过量。

  1996年 布拉德·诺埃尔，28岁，"Sublime"乐队的领唱，死于海洛因过量。

音乐人之死

  比利·霍利迪，蓝调歌手，1959年死于酗酒和毒品引起的肝病，时年44岁。当她在医院奄奄一息时，警察却因为藏匿麻醉剂的罪名不得不将其拘留，一名警务人员一直留在病房直到其死去。

  汉克·威廉姆斯，死于1953年，30岁，这位乡村歌手死于酗酒和毒品引起的心脏病及内出血。

  "庭鸟"查理·帕克，爵士乐传奇人物，1955年死于海洛因引起的肝病，死时年仅35岁。

  黛娜·华盛顿，39岁，有"蓝调皇后"之称的她在1963年嫁给第七任丈夫后不久即因毒品过量而亡。

  萨姆·库克，33岁，这位以一曲"改变即将到来"成名的R&B歌手在1964年被一名酒店经理枪杀。

  詹姆斯·谢泼德，33岁，"Limelights"乐队成员，1970年在纽约皇后大街被人抢劫并殴打致死。

金·柯蒂斯，巴迪·霍利和安迪·威廉姆斯唱片公司的萨克斯风演奏家，1971年被一名流浪者刺死在他位于曼哈顿西86街的公寓门前。

吉恩·文森特，"Blue Caps"乐队的摇滚歌手，以一曲"Be Bop A Lula"闻名，1971年36岁时死于酗酒。

李·摩根马，33岁，爵士乐者，1972年被一名被他抛弃的女友枪杀在舞台上。

克莱德·麦克法特，"漂流者"乐队成员，1972年40岁时死于酗酒引起的综合征。

格拉姆·帕森斯，27岁，摇滚歌手，曾是"伯兹"乐队的成员，1973年死于可卡因中毒。他的尸体被一名歌迷偷盗并带到舞会上。最终，他的尸体被火化，骨灰撒到了沙漠里。

吉米·里德，R&B歌手，他是一名癫痫病患者并且无法停止酗酒，经常醉醺醺地出现在舞台上。1976年，当他51岁准备复出之时死于呼吸衰竭。

蒂姆·巴克利，摇滚歌手，28岁时死于毒品过量和酗酒。

宾·克劳斯贝，76岁时死于一场激烈的高尔夫比赛中。

约翰·列侬，甲壳虫乐队成员，1979年40岁时被一名精神错乱的歌迷杀死在他纽约的公寓前。

塞缪尔斯·乔治，39岁，以一曲"Cool Jerk"闻名，1982年在一场家庭争执中被刺死。

默尔·特拉维斯，66岁，这位乡村歌手1983年死于酗酒引发的并发症。

费利克斯·帕帕拉尔迪，"山"乐队的成员，1983年他43岁的时候被他的女友用刀杀死。

默尔·沃森，以一曲"Pickin' the Blues"出名的吉他手，1985在照顾他的农庄时，因一起事故死在一台拖拉机上。

尔沃特·莱布雷斯，1987年67岁时死于艾滋病。

基思·惠特利，34岁，乡村歌手，1989年死于急性酒精中毒，他在两个小时内喝下了20杯100度的烈性酒。

阿特·波特，爵士乐萨克斯手，1989年35岁时溺水死亡。

戴维·拉芬，"诱惑"乐队的成员，1991年50岁时死于海洛因。

塞莱娜·金塔尼利亚·佩雷斯，23岁，被称为来自墨西哥的麦当娜，1995年被她歌迷俱乐部的主席所枪杀。

图帕克·沙库尔，25岁，1996年在拉斯维加斯开车时被人枪击致死。

克里斯多佛·华莱士，24岁，被称为说唱者诺托里蛾斯·B.I.G，1997年在洛杉矶被从一辆汽车上飞来的子弹所杀。

杰夫·巴克利，一名后崛起的创作型歌手，1997年在田纳西的一条河中游泳时被一条路过的船掀起的波浪所淹死，时年30岁。

莱恩·斯特里，34岁，"爱丽斯囚徒"乐队的领唱，2002年死于海洛因过量。

"左眼"莉萨·洛佩兹，30岁，"TLC"乐队的成员，2002年丧生于一场车祸。

约翰·埃斯，作为一名25岁的R&B歌手，在1954年的圣诞节当天因在后台玩轮盘赌游戏而死亡。

泰瑞·卡斯，40岁，作为芝加哥枪支俱乐部的一员，当他在玩弄一只装满子弹的枪时不小心走火丧命，当时是1978年。

1979年，性手枪乐队的成员西德·维舍斯死于毒品过量，而此时他还在保释期内，4个月前，他在纽约到一家旅馆里刺死了自己的女友南希·斯普根。21岁的西德和20岁的南希这对色情明星情侣曾是许多人心目中的偶像，但性乱、暴力和吸毒使他们双双踏上了不归路。

1994年，27岁的摇滚明星库尔特·科巴伊恩被人发现死于他在西雅图的家中，他的头部有一处枪伤。尸体解剖显示在他的血液中有225毫克的海洛因残留，而仅需其中的1/3就足以致命。即便是毒瘾最大的人在服下这么大量的毒品后，也会立即丧失活动能力，即便是拿枪和射击的力量也没有，这使得他的死因变得扑朔迷离，尽管警方认为他死于自杀。

马文·盖伊，"What's Goin' On"的演唱者，在44岁的时候被他的父亲枪杀。盖伊由于沉溺于海洛因无法自拔而希望结束生命，所以人们认为是他强迫他的父亲在1984年亲手杀死了自己。

斯蒂芬·福斯特，38岁，19世纪50年代著名流行歌曲"哦，苏珊娜"的作曲者，而他仅从这部作品中获得100美元的回报。1864年，酗酒和极度贫穷的他死在纽约一家医院的慈善病房里。

NO.20 嗜睡症

1999年，20岁的丹·B是美国海军交响乐队的成员。作为一名管乐器的演奏者，人们希望他拥有强有力的双腿和挺拔的后背。但在没有任何刺激的情况下，这个年轻人的膝盖会不由自主地弯曲，然后他会趴到地上熟睡起来。他被重新安排演奏轻一些的乐器，但他还是会出人意料地摔倒。最后，丹被降级去敲击三角铁，但仍然没有改善，他最后被解雇了。后来，他被诊断出患有嗜睡症。

美国有293,000万名嗜睡症患者，这是一种神经系统的睡眠紊乱病症，其特点是肌肉的突然麻痹和无力，就好像在睡着时一样。许多这类症状是在大笑、生气、惊讶和压力的刺激下诱发的。

对于嗜睡症患者来说，不管他们夜间的睡眠多么充足和高质量，嗜睡的症状都还是会困扰他们。猝倒是一种严重的嗜睡症形式，它困扰了6万人。这些人在任何时候都可能头一垂倒头就睡，不论是在吃饭、说话、驾驶还是其他不适当的场合。

死神来了

一名39岁的马里兰男子知道自己患有嗜睡症，但他努力不让自己的雇主知道这件事。1996年5月3日，他的工友们计划给他开一个意外的庆生会。他一进入自己的办公室，里面立刻响起了祝福的欢呼和尖叫声。这个男子立刻瘫倒在地并进入了4级睡眠性麻痹状态，并且再也没有醒过来。

嗜睡症患者经常被误认为迟缓、不守时、懒惰和缺乏毅力。但实际上，大部分嗜睡症患者到40岁时就会完全丧失行动能力。尽管人们采用了鸡尾酒疗法、抗镇静药和情绪提升药来对付它，但目前仍然没有办法彻底治愈这种病。一种仅被美国食品药品管理局通过的新药——Xyrem被证明有时会起作用，但在2004年有1,600人因使用这种药而接受急诊治疗，还有60人因副作用死亡。许多患有这种病的人不愿去寻求帮助。美国机动车部要求医生一发现嗜睡症的病例，不论轻重要立即报告，然后会吊销患病人所有的驾驶许可。嗜睡症本身并不致命，但当人们在不适当的场合睡着时它就会变得致命了。

1,550名嗜睡症患者在2004年死于事故。

NO.21 年老

如果你出生在史前的美洲，那么当你18岁的时候就已经是老年人并且面临着死亡了。在罗马时代，人寿命的期望值可以达到25岁。在中世纪的英格兰，这个数字是35。而到1789年的新英格兰，你将能够活到38岁。1900年，美国人的平均寿命是49岁，有25%的人没有活过5岁就夭折了。导致如此高死亡率的元凶是肺结核，10个死亡人口中就有一个死于这种疾病。而现在，心脏病和癌症成为人们最大的敌人，54%的死亡与它们相关。到20世纪末，人的寿命提高到了史无前例的高度，男性和女性的平均寿命分别为76.5岁和79.9岁。现在，99%的婴儿都可以存活下来，直到他们去上幼儿园。

过去的美好日子

哲学家蒙泰涅在其写于1575年的文章"年龄"中提到："能够死于年老是极其少见的、非凡的和绝无仅有的……是一项难得一见的特权。"

2005年，53%的死亡出现在75岁以上人群中。

NO.22 连体婴

连体婴儿出现的原因是胚胎在开始分裂后由于某种原因而停止。连体婴儿出生的概率是1/200,000，而且60%的连体婴出生时即是死胎或者在一天内死亡。在过去的500年中，仅仅有600对未分离的连体婴活过了20岁。

最著名的连体婴是查恩和英格，他们在17岁时被曾是连体人的P.T.巴纳姆雇佣，加入了他的杂耍表演团队，他们从胸部到臀部都连在一起，他们在马戏团待了10年，直到最后厌倦了表演的生活。他们之后将名字更改为邦克兄弟，来到北卡罗莱纳州当起了农夫。他们娶了当地的两个姑娘为妻，并在一起举行了婚礼，他们总共生了18个孩子。1874年，当他们63岁的时候，查恩·邦克在田野干活时感染了治气管炎而死亡，英格无助地站在一旁，几个小时后也离开了人世。

活得最久的女性连体人是米利耶·麦科伊和克里斯蒂娜·麦科伊，她们于1851年出生于北卡罗莱纳的奴隶之家。在她们还是婴儿时，就被以30,000美元的价格出售给马戏团老板J.P.史密斯，但很快被一名竞争对手绑架。在她们4岁时，史密斯重新夺回了她们，并决定将她们送还给她们的母亲。女孩们后来得到了史密斯妻子的教育，学会了五种语言，还学会了谱写歌剧。她们最后跟随P.T.巴纳姆进行巡回表演，被宣传为"双头夜莺"。1912年，在她们61岁时，米莉因患肺结核而死亡，17个小时后，克里斯蒂娜也随她而去。

现在，连体婴在出生不久后就可以被分开，但这时常导致体质弱的一方死去。在美国，有两对连体婴仍然存活，一对是1952年出生于俄亥俄州的罗尼·加尔扬和唐尼·加尔扬，他们是胃部相连。另外一对是洛里·沙佩尔和里巴·沙佩尔，他们于1961年在宾夕法尼亚出生，连体的部位在头部。

悲伤往事

据医书记载，最早分离连体婴的尝试是在1134年，接受手术的是出生于英国肯特郡的比丹邓·梅兹姐妹，但以失败告终，两人全部死亡，那时她们已经4岁。到目前已大约有200次通过外科手术分离连体婴的尝试，但只有53个双胞胎中的一个活下来，仅有3例是两者都活到成年。

2004年，全球共有98对连体婴出生，其中有3对经分离后活下来。

NO.23 偷渡客

每年有5个人死于搭乘飞机偷渡。除了鼓励人们购买机票以外，航空公司还在机场放置了警示牌以告诫潜在的偷渡客。大部分偷渡客以为他们只要藏在飞机上任何地方，就可以顺利偷渡了，但是一些经常被他们选择的地方，如轮胎起落架或行李舱都是没有经过增压的，这些地方不但缺氧而且温度极低。2001年2月20日，一架从旧金山飞往伦敦的美国航空公司的飞机降落后不久，一名机械师看到轮胎起落架处有液体渗出，起初以为是飞机漏水，但后来发现竟然是从一名被冻死的偷渡客身上流出的血。

死也要来

每天都有5,000人尝试从加拿大和墨西哥边境偷渡到美国，其中有4,000人被逮捕。2003年，有369人在从危险重重的美墨边境偷渡时死于恶劣的天气和溺水。在一些有名的偷渡必经之地，偷渡者还会遇到犯罪分子对他们的抢劫和强奸。2000年1月，32名墨西哥人在乘坐一辆厢式货车偷渡时，因汽车翻进得克萨斯州的一条运河而身亡。2001年，44名乘坐卡车偷渡的墨西哥人因饥饿和寒冷死于亚利桑那的沙漠中。他们每人向蛇头支付了500美元，但却被其抛弃于上锁的汽车里。

NO.24　健忘症

得了健忘症的人身体机能看起来还是正常的，只是由于极端的困惑和过度脆弱的感觉，他们知道有些事情不对头。这种情况下记忆并没有丧失，只是获取已有记忆的能力不大正常。按照里博的《健忘症通则》，新的记忆先于旧的记忆丧失——这和正常的遗忘正好相反，如此一来，健忘症患者就不能运用当前的事件去连接过去的思想和习得的行为。这比仅仅是忘了自己的名字要麻烦得多。记忆——或者说记忆的缺乏——的的确确是能够致命的。

2003年夏，在马里兰州，居住在切萨皮克湾岸边上的一些社区的一大群人得了健忘症。七八月间，死亡大面积发生。机动车司机在自己的车上发动了车子，却突然忘了哪里是刹车踏板或气门；闪烁的红、黄、绿信号灯毫无意义；车头相撞的事故非常普遍。有些人出了家门就记不起住在哪里。一个得了健忘症的人枪击了无意走错门的邻居。最后，生物学家弄清楚了健忘症是由"红潮"暴发时在河口发现的微生物引起的。那些受感染的人接触了这些微生物的有毒排泄物。

健忘症的电击疗法

20世纪50年代，选择性的或其他（包括有时简单遗忘式）的健忘症是用电击疗法来治疗的。1957年，在使用这种方法最多的时候，247人死于简陋的治疗设备和训练不当的操作人员的电击治疗中。如今，电击疗法被称为电痉挛疗法（ECT），美国每年有5万人接受这种疗法的治疗。在头上绑上电极，140~170的电压每隔一秒钟刺激一下大脑以使病人痉挛，指望以此恢复大脑的正常功能。这种疗法的副作用是经常导致更多的记忆丧失。

没有人—无所有

1998年9月3日，一个只知道自己叫"理查德"却不知自己姓什么的男子在瓢泼大雨中迷了路，决定在火车站打紧急电话。他问自己是否有老婆、工作，并且急切地想知道他对什么有兴趣。遗憾的是，当这个"理查德"被报纸报道时，被一个熟人认出来，并被告知他没有什么东西——没有朋友，没有老婆，没有直系亲属，没有家，几乎没有任何财产。医生认为他得的是综合健忘症，最近的外伤导致所有记忆都丧失了，当然，理查德也不记得这次外伤事故。

每年由健忘症带来的死亡是300人。

NO.25 头发

一个女人从很小的时候开始就养成了一种习惯，当她紧张的时候就会旋转自己的头发，后来发展到将发梢放进嘴里，再后来，她开始咀嚼自己的头发，最终，她开始吞咽头发。尽管除了自己的头发之外，她仍然保持一日三餐正常饮食，但是当她21岁时就因为饥饿早早葬送了自己的生命。尸检时法医从她的胃中取出了一个足球一般大小的头发球（也可以说是已经成为了结石），显然，正是头发这种不可以消化的东西阻碍了她的身体获得营养。

不剃须的脸

研究员沙阿·易卜拉欣曾经在2003年的美国流行病学杂志上发表过一篇关

于剃须的文章。他发现剃须的男人比不剃须的男人寿命更长,那些胡子长了几天仍然不刮的男人相对于其他男人来说"更不太可能结婚,性生活次数更少,吸烟、患心脏病和从事体力劳动职业的可能性也更高"。

毛发过重

毛发比较重的女士或者男孩都是人们嘲笑的对象。毛发生长过于浓密,也称为多毛症,主要是由于内分泌系统的男性荷尔蒙激素分泌过多造成的。费尔多·杰夫提楚就是一位被贴上"Jo-Jo,毛脸男孩"的标签在马戏团里表演的人。1884年,18岁的费尔多与P.T.巴纳姆签约之后,成为美国最著名的毛脸人,他们把他描绘成一种半兽人:"看起来像人,但像狗一样吠叫,像蛇一样爬行。"尽管自从费尔多在欧洲一出生,就注定要在马戏团里表演,但是那时候他从来没有被要求需要表现得如同野兽一般。当他同样也患有多毛症的父亲突然去世之后,年仅16岁的费尔多就不得不完全依靠自己谋生了,他拒绝了巴纳姆要求他吠叫和在地上爬行的要求,因为他觉得那"太粗鲁了"。所以他被马戏团赶了出来(被另一个贴上"Jo-Jo毛脸人"标签的多毛症患者西奥多 彼得洛夫所代替),费尔多本来试图每天刮脸,但是最终他还是选择了避开人群。他患有糖尿病却长期得不到照顾,最后导致失明,不得不在纽约街头依靠乞讨度日,22岁就匆匆离开了人间。

另一个毛脸男孩叫做斯蒂芬·比尔格拉斯基,人们也叫他狮面人莱昂内尔。他出生时整个身体就长着15厘米长的毛,有传言说,他的母亲在怀孕期间曾亲眼看见他的父亲被一头狮子吞噬。20世纪30年代,斯蒂芬成为美国马戏团里一个非常吸引眼球的角色,但是随着二战的暴发,他不得不离开了马戏团,回到了祖国波兰,在那里他试图帮助他的犹太亲戚逃跑。但斯蒂芬立刻就被逮捕了,因为他的毛发实在太容易被辨认了。由于他患有多毛症,被德国的纳粹主义认为这是一种基因不纯的表现,因此被送进了毒气室,死在了奥斯威辛集中营。

多毛且丑陋

朱莉娅·帕斯特拉纳在马戏团表演期间(1850~1860)一直是世界上最著名的女人之一。19世纪,如果别人叫你"茱莉娅·帕斯特拉娜",那就意味着你奇丑无比。朱莉娅身高仅仅1.34米,全身包括脸部的每一个毛孔都冒出黑色的毛发。她的鼻子特别长，耳朵特别大，而且两排牙齿非常不规则。虽然她有名且多金，但是仍然很难得到爱情。所以当一个叫做威廉·伦特的失意歌手约会她时，她高兴得当场跳了起来。伦特最终说服她离开了巴纳姆马戏团，加入到他的全国巡回表演中。他们结了婚，但是很明显伦特并非为了爱情，一年之后茱莉娅怀孕了。她非常希望能有一个正常的孩子并借此机会过上正常的家庭生活。然而，很不幸，这个孩子除了天生多毛之外，还病得非常严重，没能撑过36个小时。茱莉娅由于生育患了并发症，但是已然心碎的她拒绝了药物治疗，1860年，28岁的她与世长辞。伦特这个装作伤心欲绝的丈夫和父亲，居然雇用了一个木乃伊专家将朱莉娅和他们孩子的尸体保存下来，在美国和欧洲展览了数年之久。（后来，朱莉娅·帕斯特拉纳的木乃伊曾失踪了一段时间，在1990年有人在挪威奥斯陆法医研究所的一个箱子里发现了它。）

剃须刀的由来

一天早晨，金·吉列一边照镜子，一边想怎样刮胡子，他有一把钝的直边缘的剃刀但是却没有皮带或者磨刀石之类的东西可以将它打磨得锋利些。于是吉列想出一个好主意，就是发明一种即抛式的剃刀，而且采用"买刀片送剃刀"的营销手法，获得了巨大成功。15年之后，吉列品牌称霸剃须刀行业。但是，由于1929年股票市场的大崩盘以及他所打的一些侵犯他发明专利权的官司需要支付巨额费用，吉列还是失去了大部分财产。1932年，吉列因心脏病去世，享年77岁，这时他还拥有一栋豪宅，他的两个儿子对这栋房子的产权问题争执不休，最后将它一分为二。现在，吉列公司已经价值90亿美元。

私人珍藏

每年死于结石，也就是异食癖的人平均有2,789个，他们吞食那些像泥土、餐叉、牙刷、烧过的火柴或者头发之类非食物类的东西。2004年2月，一个法国男人的死成为头条新闻，因为他吃掉了350枚硬币——价值650美元——和各种各样的项链和针。他在世的最后十年间，他的家人一直尽量不让他接触硬币或者珠宝之类的东西，希望能够帮助他克服这种吞食货币或者其他银质物品的欲望。

NO.26　周到的告别

　　1991年，俄亥俄州哥伦布市一名35岁的男子深陷债务危机，并宣布破产。他用自己最后剩下的钱买了一副棺材和几箱酒，并摆了50把椅子。当宾客们到齐后，大家认为他是在开一个夸张却又现实的玩笑，便都鼓励他进到棺材里去试一下大小是否合适。他很顺从地照做了，当他进到棺材后，拿出一支早已藏在那里的手枪，将枪管放在自己的嘴里，然后扣动了扳机。

第十三章

最古老的

死不是死者的不幸,而是生者的不幸。
　　　　——伊壁鸠鲁

NO.1　蟑螂

这种昆虫被归入人类历史上最讨厌的昆虫之列。它已存在了3亿年,几乎没有什么变化,人类的出现也几乎没有影响到蟑螂的进化,反而可能在它的食谱上提供了另一大类它可以吃的东西。蟑螂没有天敌,几乎是不可消灭的,能够在0~49摄氏度温度范围内舒服地存活。把蟑螂冲下马桶是没用的,因为它们可以被淹没在没有空气的水中15分钟而照样存活。一只蟑螂可以靠一张邮票上的胶水活一个月并且有能力在脑袋被割后的两周内产卵——每只雌蟑螂产30,000个卵。

蟑螂叮咬时,会留下看起来像针的刺痕一样的斑点。这种昆虫没毒,致人死亡只是因为它所携带的病毒,比如脊髓灰质炎、伤寒症和肝炎。蟑螂还通过它们的分泌物和唾液的传播,造成了65%的食物中毒,包括沙门氏菌中毒和弓形虫病(未出生胎儿的先天性缺陷的一个诱因)。

科学家吕格尔和奥尔森(1969)的一项研究揭示,由蟑螂传播的细菌和寄生虫会持续数年:玉米片上是3.25年,饼干上是4.25年,酒瓶上是3.67年。这两个研究者把一只老鼠放到一个广口瓶中,里面有感染过的蟑螂的排泄物,做实验的老鼠一天内就死了。

1999年，4,657人的死亡被归因于蟑螂传播引起的疾病。

另外两种也在最令人讨厌之列的昆虫是家蝇和龌龊的虱子。有记载的抑制虱子的技术早在四千年前就存在，但很明显是不成功的。拿破仑在俄国落败不是因为严寒的天气，而是因为斑疹伤寒，一种由虱子传播的疾病。在六个月的时间里，他50万大军中，超过25万人死于由虱子带来的这种疾病的侵袭。

目前有500万人身上有虱子。虱子传播很广，以至于学校有一条"无虱子卵政策"：若学生的头发里有虱子卵（卵壳），他们就毫无商量余地的被打发回家。虱子是吸血的寄生虫，大约有芝麻粒大小。它们有六条带刺的腿，为了找到一个宿主，它们能走一个足球场长度的距离。除了能传播斑疹伤寒外，虱子还会导致回归热和战壕热，并能传播性疾病。阴毛虱，通常称为阴虱或毛虱，通常是在性交时招上，也会通过公共厕所坐垫上传播——虽然不是很经常。

家蝇会带来很多问题，因为它们喜欢在垃圾和排泄物上爬来爬去，然后又光顾人的身体并在人吃的食物上走来走去。这种昆虫是能引起致命疾病的病原体的携带者。带着伤寒玛丽①一样的效率，家蝇专门传播——腹泻、痢疾、伤寒、霍乱、脊髓灰质炎、肠道蠕虫、眼感染、炭疽和兔热病。

活着被吃

1798年，对轮船的一项调查发现，蟑螂经常咬甲板上的男人们的皮肤和指甲。根据昆虫学家L.罗斯博士和W.威利斯博士的记载，一名船长通过让船员们在睡觉时戴手套来解决这个问题，"以防止一群群的蟑螂咬掉他们的指甲"。如今，大家都知道城区的蟑螂会在孩子睡着时咬他们的指甲，吃光他们的眉毛。它们会被没洗的脸所吸引，甚至一点点地去吃没刷的牙缝中的残存食物。

---

① "伤寒"玛丽·马伦是1900年代早期纽约的一个爱尔兰厨师，挨家挨户地做私家用人。在伤寒暴发时，纽约市卫生部门的官员追查病的源头时找到了她身上。尽管她自己是免疫的，但她却是一个携带者。医生想切除她的胆囊以使她过上不再对别人造成危害的正常生活，但她拒绝了，并被隔离在了北兄弟岛岛上的一家农舍里。该岛位于伊斯特河内，在布朗克斯区和皇后区之间，靠近莱克斯岛。被隔离了4年后，她向当局保证再也不做厨师了。报纸对她遭受的不公正对待发表评论，迫使有关官员释放她，最终于1910年实施。5年后，又一场伤寒袭来时，玛丽被发现在家里做冰淇淋外卖。伤寒导致1,400人死亡，公众的意见又来了，这次把她看做是系列杀手。她被送回了农舍，又过起了被隔离的生活。慢慢地，她接受了这种监禁，做了一份为岛上的细菌试验室洗瓶子的工作。在1938年去世前，玛丽还通过向医院上的岛外雇员卖焙烤食品和蛋糕挣些外快。

蟑螂通常更喜欢成人双手和双脚起硬茧的部分。

> **死亡规律**
>
> 蟑螂过敏症1959年初次被确认为一种疾病，它是在蟑螂爬过皮肤时发生的一种严重过敏反应。国家过敏及感染性疾病研究所（NIAID）最近的一项研究表明，具有蟑螂过敏症并接触这种昆虫恶化了美国内城地区孩子们与哮喘有关的疾病。

由于卫生和清洁的改进，近几十年来死于普通家庭昆虫的人数下降了。尽管如此，1900年以来，蟑螂、虱子和苍蝇已造成了1,500万人的死亡。

NO.2　黑死病

这种淋巴腺肿的瘟疫最早出现于公元1330年的中国，并于公元1347~1351年传遍整个欧洲，难以想象地造成2,500万人死亡，这相当于文明世界1/3的人口。这种病起源于老鼠身上的跳蚤。在这种瘟疫以惊人的速度传播并致人死亡的时候，意大利作家卜伽丘写道："遇难者常常是和朋友一起吃午饭，和天堂中的先人一起吃晚饭。"只有在冬季来临时，跳蚤都死了，瘟疫才消退下去。黑死病从14世纪到17世纪一直持续暴发，并且被证明是社会和卫生变革最大的催化剂。

错误的警报

在18世纪，殖民者都曾害怕过这种淋巴腺肿的瘟疫。许多其他的疾病也被认为与淋巴腺肿瘟疫有关，实际上它们是不一样的，也不具有传染性。其中的一种病是现在被称为外耳氏症的黑色黄疸病，是由老鼠尿中的细菌感染肝脏引起的。黑色黄疸病一次只造成少数人死亡，但常常使整个城镇颠狂。1750~1810年，在最早的13个殖民地，老鼠尿污染了没有采取保护措施的谷物，鼠尿中的病菌引发了黑色黄疸病，致使9,312人死亡。另一种被误诊的疾病是黑色呕吐病，得了这种病的人会产生奇怪的黑色肿块。病人很快就被隔离，让他们自生自灭，而事实上他们得的不是淋巴腺感染的疾病，而只是溃疡病。

死神来了

1918年，美国经历了一场像黑死病一样可怕的"西班牙流感"疫情。感染这种病的人肺部会充满液体，病人会被他们自己的胆汁淹死。整个美国，很多死去的人被扔在街头。汽车经常在司机毫无预警地突然死去时相撞。这种病能非常迅速地致人死亡，报纸上描述了晚上曾在一起打牌的四个女人一夜之间就有三个死于流感的情形。

数月之内，50万美国人死于这种被认为起源于西班牙的疾病。最近，基因学家查明了这种流感的基因结构，发现病菌的最早宿主是来自肯塔基州的一个25岁的士兵，他于1918年9月死于南卡莱罗纳州的福特·杰克逊。（从他的坟墓中挖掘出的肺部组织显示他感染的是一种变异的流感病毒，很可能是从家禽流感传染的——类似于今天的SARS和禽流感）。几周后，他死去前所在的那个军营的士兵被轮船运往法国。

西班牙流感在世界范围内使2,100万人丧命。

黑鼠，作为带来淋巴腺肿的跳蚤的宿主，大有在全世界卷土重来的阵势，幸而中世纪一样的气温变化使全球变暖才没有引发黑死病。1992～2002年，淋巴腺肿瘟疫使1,340人死亡。

NO.3 疟疾

家系学专家经常遇到这类死亡，但我们只是在近期才听说这一死因。根据定义，"ague"（发音为EE-Goo）的意思是寒战、颤抖和发烧。按照以前的医生的说法，每个人都可能死于疟疾。1920年以前，大量的死亡证明显示这是一个死因。此后，医生显然对疟疾已经非常了解。尤其是当他们不能确切知道病人的病因时，他们会说"很遗憾，他的疟疾太超前了。"把死亡归于某一病因而不是说不清的"怪病"、"不适"或"未知的疾病"等，听起来要更专业一些。从那时开始，后来至少有500种疾病从这种一旦得上就致命的杀人凶手中区分出来，普通的感染、牙床脓肿以及黄热病等都可能是诱因。通过回顾几个世纪以来疟疾诊断的历史，可以清楚地看出科学是如何进步的。

从1850年到1920年，疟疾在319,334份死亡报告上得以记录。

NO.4 马车

1915年以前，马车是主要的交通工具，同时也是死亡的一个普遍因素。1916年，在芝加哥的某个地方，有69例死亡事件：有些人是因为马车撞上了电车，有些人是因为坐车或者搭车时被从马车上甩了出去，有些人被马踢到或者咬到，或者被马踩踏致死。

自1795年以来，马车直接导致和与马车相关的死亡事件数量：193,912。

NO.5 西进运动

1849年是大规模向西部各州移民开始的时间。当有新闻报道在加利福尼亚的河床和山谷中发现了金子后，许多人决定改变一下环境。"淘金热"一词一点儿也不夸张，从1848年到1849年，旧金山的人口从800人猛增到86,000人。总共有超过50万人前去寻找黄金。

为生而死

从1841年到1861年，30万东部人被不限量自由耕种的土地所诱惑，乘坐马车踏上了俄勒冈小径，他们的队伍从50人到300人不等。许多人死在路上，还有人因实在无法忍受路途的艰辛就随便找个地方居住下来。从纽约到太平洋的旅程需要用5个月的时间，花费相当于现在5,000美元的旅费。死亡率相当高，大部分死于疾病（包括坏血病、天花、猩热、霍乱）和恶劣的环境。例如，1850年，超过2,000名健康人在进入怀俄明州3个月后死亡。同样在这年，86人在试图渡河时溺水身亡。马车主并不会为死者进行赔偿。历史学家约翰·G.米切尔在《国家地理》中写道："从1841年到1859年，有两万人死在俄勒冈小径，平均每1.6公里就有10座坟墓。"

当人们想到古老的西部枪手的故事时，脑海中就会出现没有法律的正义。当反恐战争开始时布什总统说道他要抓到本·拉登，不管他"是死是活"的时候，这会使人脑海中呈现出风长满滚草的道奇城街道的图像，那里是男人与男人对话的地方，坏人将会被处死。但实际上，古老的西部比现在许多城市要安全得多。在内战结束后20年，真正的枪手时代才出现，那时，习惯了用枪和杀人的老兵成为了牛仔，他们将得克萨斯草原上的牛通过铁路运送到城镇中。道奇城、阿比林、海斯城、威奇托、埃尔斯沃思和其他一些城市成为"草原上的罪恶之地"，男人、金钱、酒和妓院在这些地方混杂着，不停地制造着麻烦。

一名枪手的平均年龄是35岁，或是被枪打死，或是被绞死。执法者活得时间要长些，他们当中1/3的人活到了70岁。但在所有持枪者中，不论是好人还是坏人，有40%的人是死于自然原因。当没有人愿意充当治安官时，枪手变为警察也是很正常的事情，这样可以极大地延长他们的寿命。一些已故枪战能手的职业包括：检察官，大部分是副手；由牛仔转变成的罪犯；农场主；农民；盗马贼；职业枪手或追逃犯者。与为了荣誉而战的决斗不同，大部分枪战都与犯罪有关：将被通缉的罪犯绳之以法，要求偿还被偷盗的牲畜，或是农民为了夺回被抢占的土地。街道枪战在1895年到1896年达到高潮，共有43人在此期间被打死，之后枪战逐渐减少。

坏的有多坏？

切罗基·比尔是一名掌握六项技能的枪手，他最擅长的是措辞。"这是一个结束生命的好日子"，这是他在1896年3月17日被送上绞刑架时所说的。当行刑人问他还有什么遗言时，他依然视死如归，说："我来这里是为了死亡，而不是做演讲。"

"孩子"比利，出生于布鲁克林，原名亨利·麦卡锡，他声称自己到21岁时已经杀了21个人。但他实际上并不擅长射击，也只谋杀过4个人。他于1880年12月被治安官帕特·加勒特（曾经是一名枪手，他许诺要在内布拉斯加州的林肯郡恢复法律和秩序）打死。他共中了两枪：一枪打在嘴里，击碎了他的龋牙，并打断了三块颈椎骨，另一发子弹打中了他的心脏。

耶西·詹姆斯是旧时西部亡命徒们的偶像，一个英俊而机智的美国式罗宾汉，乐于劫富济贫。在16年中，他不断抢劫银行、火车和公共马车。他至少杀了8个人，其中大部分是追捕他的平克顿私人侦探（平克顿是一家全国性侦探事务所，银行和政府常雇佣其提供私人保安工作）。当悬赏他脑袋的赏金提高到10,000美元时，一个名叫鲍勃·福特的枪手开始四处寻找他。1876年，福特发现了35岁的詹姆斯，当时他正在密苏里州圣约瑟夫租来的房子里平整墙上的一幅画，福特朝他开了32枪。福特后来被签约撰写了一本回忆录，名为《我如何射杀耶西·詹姆斯》，但无论书商如何努力营销，人们仍然认为他是一名杀害民间英雄的刺客。

亨利·斯塔尔是一名绅士般的银行抢劫犯，他比历史上任何一个小偷抢劫的银行都多，甚至曾在一天之内抢劫两家银行。他从马背上开始自己30年的抢劫生涯，最早使用的是一把柯尔特式点45手枪和一支温彻斯特步枪，这些后来被汽车和自动手枪所代替。他曾自豪地说自己只杀过一个人，但不是在认罪时。1921年，斯塔尔被一名阿肯色州的银行雇员近距离打死，当时他正站在银行的金库里对着钞票微笑。

本·汤普森，出生于英格兰，早年在美国边境度过，曾教训过取笑他醉酒父亲的流氓，后来成为当时杀人最多的枪手。他以拔枪速度快和枪法精准而著称，甚至连执法者都惧怕他，据报道他杀的人超过20个。1884年，一名酒吧老板拒绝与他握手，他拔出了手枪，但却被酒吧老板雇用的3名枪手打死。他死时背部中了9发子弹。

好的有多好？

怀亚特·厄普，西部警察的典范，被执法官同僚拜特·马斯特森描述为"毫无夸张地说，他是一个难以想象的好人，无论何时何地，他都是一名忠实的朋友，而对罪犯来说，他是一个非常可怕的敌人。"厄普参与执法工作的时间只有6年，最后在加利福尼亚卸任，在好莱坞担任西部片顾问，那时的电影还是无声的。他于1929年1月80岁时死于心脏衰竭。据说怀亚特·厄普杀的人不超过3个。

"牙医"约翰·亨利·霍利迪被他的同僚怀亚特·厄普称为是"最娴熟的赌徒，我所见过的最强壮、迅猛和致命的佩戴六发左轮手枪的男人。"他曾是一名牙医，但当他刚开始行医时就患了肺结核。由于疾病，他无法继续当牙医，于是去了西部。他通过赌博一年赚了4万美元，期间杀死了6个人。由于被通缉，他又来到了亚利桑那州的汤姆斯通，在那里被征募入执法部门，参加了1882年的O.K.畜栏枪战并杀了几个人。5年后，由于愈加恶化的肺结核，他去了科罗拉多州的著名疗养地戈蓝伍德喷泉，1887年11月8日上午，他手里拿着盛了威士忌的酒杯，自言自语道："这还真是奇怪……"然后死了。他被认为至少杀了10个人。

"野蛮的比尔"詹姆斯·巴特勒·希科克是一名印第安战士和执法官。1865年一天中午，他在街上打死一名赌徒，这场枪战被《哈珀斯周刊》报道，使他成了当时的传奇人物。当时枪战的场景也成为后来小说、电视和电影经常使用的经典。当被记者亨利·莫顿·斯坦利问到他杀了多少人时，比尔喝了一口威士忌说道："我想我已经杀了不下100人了。""是什么原因让你杀这些人的呢？你会没有缘由地杀掉他们吗？""不，老天，我从来不杀没有充足理由要杀的人。"有记录显示比尔杀的人不超过12个。1876年，他在玩扑克时被人从后面枪杀，当时他手里正拿着一对A。在扑克当中，一对A也被叫做"死人之手"。

悲伤往事

在19世纪50年代，纽约孤儿泛滥成灾。警察按惯常会将乞丐逮捕，有时他们仅有5岁，然后将他们与成年罪犯一起关押。从1851年到1929年，有10万名儿童被火车运到乡村，在那里，他们被清洗干净，然后放在台子上供农民挑选作为廉价的劳力。一名儿童描写了他的牙齿被"又老又脏的手"进行检查的经历。还有其他人提到了被虐待，但这些现在都无法彻底了解。有超过50%的儿童跑掉，至少有3万人死于疾病。

他们为画地图而去西部

梅里韦瑟·刘易斯和威廉·克拉克于1803年被托马斯·杰斐逊委派去美国西部尚未标注地图的地方考察。他们获得了2,500美元，着手进行为期4年的探险。为了使项目正常运作，刘易斯将自己的许多钱投入了其中，但当他回来的时候，华盛顿的新政府拒绝支付他的债务。刘易斯成为一名酗酒者，并在1809年35岁时自杀身亡。威廉·克拉克负责出版远征日志，他最后被任命为"印第安事务主管"。他的工作是迁移沿途所遇到的所有印第安人。克拉克于1838年68岁时死于肺炎。

NO.6　放血

在18世纪,医生杀死的人远比治愈的人多。当时,即便是最受人尊敬的医生也相信疾病是由身体的四种维持生命的液体的不平衡造成的。这四种体液是:心脏里的血液,大脑的黄色汁液,肝脏的汁液以及脾脏的黑色汁液。从一个病人体内排出一定数量的血液可以治愈或预防疾病并使身体的汁液恢复到健康、平衡的状态,这是一个被接受的医学信条。外科医生经常习惯性地割开静脉,从病人的身上放数量不等的血液(通常是1~1.5升)流到碗里。若健康并没有恢复或者病情恶化了,病人就会被告知要"要耐心(be patient)"。由于说得太频繁,以至于"patient(耐心)"变成了指代在博学的医生治疗下的病人的一个名词。

放血疗法在三千年前就被埃及人采用,并被希腊和罗马的执业医生作为一种医疗手段保留下来。在18和19世纪,这种疗法达到了顶点。19世纪,江湖术士非常盛行,以至于到20世纪初,在所有古老的医疗手段中,放血疗法首先被新兴起的现代医疗机构所摈弃和冷落。用药理学的方法恢复身体失衡的方法流行起来。尽管放血疗法对古人而言是一种受到管制的疗法,但在上个世纪之交,一些被抛弃的其他医疗观念,比如水疗和用水蛭放血治疗的方法,还仍被现在的外科医生所使用。

死神来了

乔治·华盛顿一个邻居的马车在暴风雨中掉到了沟里。他下去帮助邻居时嗓子有点儿痛,上来时变得更严重了。医生给他放了半升的血,让他喝了一种由蜜糖、醋和融化了的奶油配成的混合液。他们还给他灌了肠,并强迫他呕吐。他们这么做了三次,根本不在乎华盛顿的反对。华盛顿不久就去世了,那一年是1799年,他67岁。在华盛顿的死亡证明上列明的正式死因是肺炎。

1795~1910年,与放血疗法有关的死亡人数是89,689人。

NO.7 决斗

在美国历史最初的200年里,决斗是稀松平常的事。两个男人用剑或枪通过一场战斗来解决他们之间的分歧的传统是从远古时期流传下来的。在中世纪,这被称为"公平的战斗"。有时两个领袖也会搏斗,或者派出最出色的男子替代他们决出谁是"正确的",起初这被认为是比战争成本低的解决问题的途径。过了不久,贵族和平民之类的人也开始参与决斗,直至几乎每天都有人死亡。最后,为了遏制这种公开的谋杀的暴发,决斗慢慢地演变为只有在精英之间进行时才被接受。如果平民被发现决斗,不管是死了还是活着,或者只受了

轻伤,胜败双方都将会被判绞死。1777年公布了一部官方的关于决斗的法规,规定了适当地羞辱、挑战和攻击他人致死的26条规则。根据规则的规定,若一个绅士被另一个羞辱,可能是羞辱者道歉,或者用自己的手杖抽打自己。但如果一个绅士打了另一个,就得进行决斗了。拒绝是一种怯懦的行为,接下来就会被禁止参加尊贵的社交场。可能进行决斗是很重要的,以至于决斗发令枪,保存在草编的、有天鹅绒条纹的箱子里的武器,成了男子服饰用品店的标准商品。根据劳伦斯·凯斯滕鲍姆的《政治家的墓地》记载,有17个政治家死于决斗。

最著名的决斗当属1804年开国元勋亚历山大·汉密尔顿和阿龙·伯尔之间的决斗。在一个私人聚会上,汉密尔顿羞辱了伯尔,提出了——正如历史学家托马斯·弗莱明所记载的——关于伯尔私人生活的"卑鄙的观点"。他们成为政敌已经多年了,因此当托马斯·杰斐逊提名伯尔作为副总统候选人时,汉密尔顿语言上的怠慢被看做是一个政治行动。汉密尔顿的"观点"原本是一个非常微小的侮辱。那个时代,可能会导致死亡的词语包括称另一个绅士为私通者、疯子、私生子、懦夫或胆小鬼。汉密尔顿尽管在此前的14次决斗中都赢了,但却死在了伯尔的枪下。他当时41岁,而伯尔活到89岁。

实际中，死于持枪决斗的机会是相当微小的。枪常常射偏，而要在40步以外打中一个人需要高超的瞄准技术。绝大多数得到的仅是皮肉伤，同时维护了自己的荣誉。

一般而言，一名绅士一生中至少要经受5次决斗的压力。甚至亚伯拉罕·林肯也曾在称对方"一个傻瓜，一个说谎的人，浑身臭不可闻"后一度陷入一场决斗，对手是伊利诺伊州的审计员詹姆斯·希尔兹。林肯选了一把军刀作为武器，希望长长的胳膊会使自己处于优势。他出现在河边，砍掉树枝做好准备，但决斗最终也没有发生。希尔兹接受了林肯的道歉。

第一部禁止决斗和不准接受决斗挑战的法律于1838年在哥伦比亚特区通过。这迫使政治人物只好到马里兰州去进行捉对厮杀。到1858年，已有12个州禁止了决斗，但直到19世纪90年代，决斗的狂热才最终偃旗息鼓。20世纪到来时，个人的荣誉来自于挣大钱，大多数人对口头的侮辱已不太关心。如果真的受到了侮辱，律师和诽谤诉讼取代枪支被用来维护个人的好名声。但仍有人相信决斗是致命的，在遍布全美的一些酒吧里，总有人挑战说"出去解决"，并以这种古时流行的方式结束他们的宿怨。

1845年，当时的安德鲁·杰克逊78岁，因旧伤口引发的肺水肿离世。在他死后发现，一颗子弹在杰克逊的肺部一直隐藏了39年，而这颗子弹就正是因为杰克逊与他人打斗的结果。政治家们发现迫使对手决斗是提高自己得票率的一条捷径。在很多情况下它是奏效的。

死神来了

最后一次正式的决斗发生在1959年，当时洛杉矶的一个旅馆业主巴尼·席尔瓦和爵士乐手杰克·索林在与同一个女人的关系上没谈拢，因此他们决定像真正的男人一样来解决这个问题。两人在席尔瓦的起居室见面，背靠着背，再走出10步以后相互射击。结果两人双双毙命。

1700～1959年，有40,000人死于决斗。

政坛新秀詹姆斯·杰克逊23岁时对佐治亚州代理州长提出挑战，并于1780年的决斗中将他杀死。杰克逊自己当上了州长，后来又成为众议院议员和参议院议员。

爱伦·坡在遭到不好的书评后向一个报纸编辑下战书要决斗。坡去了但却醉得开不了枪。

NO.8　波兰氏综合征

这是一种遗传疾病,特征是新生儿出生时手指间有蹼。这种病因在1841年为A.波兰医生所描述和记载而得名。和历史上许多出生缺陷一样,这种病曾经被认为是邪恶的象征。1635年,马萨诸塞州塞伦的玛格丽特·库克生下了一个患这种病的婴儿,随后被宣判对其实施巫术。

现在,患波兰氏病的儿童可以得到相关组织的帮助。一名患这种疾病的年轻女子甚至可以通过辅助工具来拉小提琴,并且还能使用一种新发明的辅助叉子来吃饭。但是,由于受到同伴们的歧视,患此类病症的青少年更容易染毒和自杀。

化不足为优势

弗朗切斯科·伦蒂尼一出生就比别人多长了一条腿,这条多余的腿从他的尾椎长出来,好像是一条尾巴。从小时候起,弗朗切斯科就整天闷闷不乐,他觉得上帝同自己开了个残酷的玩笑。他的父母将他带到一个专门收养残疾儿童的地方,在那里,他见到了一些比他更不幸的孩子,有的人连腿都没有,不像他还可以玩足球。伦蒂尼说:"从那一刻起,我再也不抱怨了,我甚至认为生活是美好的,我应该去享受生活。"他多次参加杂耍表演,被宣传为"三条腿奇人"。1966年,他在78岁时死于心脏病。

1970年以来因波兰氏综合征而死亡的人数是6,578人。

NO.9　蝎子

蝎子是一种有毒的节肢动物,它拥有长形的身体和段状的尾巴,尾部的顶端是带毒液的毒刺。这种生物已经有4亿年没有发生过变化,它们可以生活于沙漠、草地、森林甚至是雪山的石块下面。1999年,得克萨斯州一名女子和她的情人将一只蝎子放在该女子丈夫的床上,企图将其杀死,结果未能得逞,反而受到法庭审判。（她丈夫死于2001年，原因是他的刹车被人动了手脚。）

在过去的65年中，北美洲有2,600人死于被蝎子所螫。

NO.10 短吻鳄鱼

众所周知的美国短吻鳄，是史前强大有力的杀人机器。这个曾经快要灭绝的物种，近来在整个东南部和得克萨斯州繁衍到接近人类文明产生以前的数量。被短吻鳄咬伤的事故报告自2000年以来上升了63%。2004年夏，一个20岁的姑娘被短吻鳄咬掉了胳膊后死亡，当时是个深夜，她到外公在佛罗里达州迈尔斯堡的家附近的湖里泡澡。同年8月份，一个74岁的老妇，在自己家后面的靠近堤岸的地方侍弄花草时，一条3米长的鳄鱼咬到了她的大腿和胳膊，并把她拖到佛罗里达萨尼伯尔的一个湖里把她弄死了。就在一个月前，在同一个社区，一个45岁的农夫在田里弯腰施肥时被一条3.6米长、207千克重的鳄鱼咬到脑袋并被咬死。2006年5月，一个28岁的妇女在佛罗里达布罗瓦德郡慢跑时被一条重181千克的独眼鳄鱼逮到并咬死。

即使给予足够时间时，短吻鳄也不喜欢把人整个吃下去。了解到这一点对一些人来说是一个慰藉。2003年7月，一具被咬过的27岁男子的尸体被发现漂浮在佛罗里达州威尼斯的一个池塘中，一条2.4米长的鳄鱼就在附近。该男子已经失踪数日，尸体的1/4完好无损，只有一部分被鳄鱼吃掉。在佛罗里达州的斯图亚特，一个偷了一辆车的十几岁男孩为躲避治安人员藏到一个池塘里，5天后被发现腹部和臀部不见了，这证明大多数短吻鳄只捡人身上最鲜嫩的部分吃。

1949~2006年，阿拉巴马、佛罗里达、佐治亚、得克萨斯、南卡罗莱纳和路易斯安那州都有被短吻鳄攻击的纪录。其中佛罗里达州最多，有248人受到这种爬行动物的袭击。

鸭子都到哪里去了？

在纽约，城市传奇里提到短吻鳄鱼从抽水马桶里出现并谣传挤进城市的下水管道里。尽管没有死人的报告，1935年一条2.4米长的短吻鳄鱼还是在下水道被发现并被从东哈勒姆的一个出孔里弄了出来。更近些时候，在2001年6

月，有25个人宣称他们在中央公园目击了一条0.6米长的短吻鳄。他们叫来了纽约警察局封锁了现场。然而，警察没有逮住这个爬行类的入侵者。据信，中央公园的这条鳄鱼仍没被逮住。在达不到理想条件的情况下，短吻鳄每年生长0.3~0.6米。人们期待着能再次遇见这条长得更大了的短吻鳄。

1949年以来，短吻鳄共袭击了325人，致死201人。

NO.11 炭疽

有5人在2001年秋被一个不出名的科学家杀死，这个科学家是想给美国政府证明发动一次反美的生化恐怖袭击是多么容易。

炭疽病是由一种叫杆状炭疽病毒的细菌引起的。这是一种史前菌类，自然产生于几万年前食草动物吃草的环境中，现在世界各地的土壤里都有这种病菌。在18和19世纪，毛纺工人经常感染炭疽。尽管吸入性的孢子是最致命的，但吃不熟的饭菜也可能会感染这种病菌。

在美国，1900~1978年，共有18个吸入性炭疽感染病例，1944~1994年，有224例皮肤炭疽感染，这些感染者的工作基本上都与动物皮毛有关。

支付困境

传递炭疽和其他生物制剂一直被认为是邪恶者的两难行为。1972年，一个名为R.I.S.E.的生化恐怖组织想用八种微生物病原体，通过飞机播撒制剂来消灭人类。两个策划者自己中毒丧命，其他人逃到了古巴。1973年，共生解放军抱着煽动一场种族战的想法，用弹头上带有氰化物的子弹谋杀了加利福尼亚州奥克兰市的一个教育厅长。

乔治·华盛顿曾经因穿新的羊毛内衣而在皮肤上感染过炭疽。

自2001年以来，共有5人死于炭疽。

NO.12 卖淫

最古老也是最最危险的职业之一。1880年纽约市首次尝试统计妓女的数量，发现全部的120万人口中共有5万名14岁以上妇女在从事这项职业。1900年，妓女占据了堕胎致死人数的40%和梅毒致死人数的50%。

1997年，在被监狱关押的762,200名妇女中，大部分与藏毒和卖淫有关，这个人数比1980年的时候上升了400%。《纽约时报》1998年发表的一份研究报告指出，在女性由于从事危险工作而导致精神疾病这方面，妓女比女性军人要更为严重。近来还有研究指出，妓女比其他任何女性群体被谋杀的几率都高。2004年，全美共有20万26岁到39岁的妓女被逮捕。

妓女来自各种各样的社会背景，根据芝加哥无家可归者联合会的一项实地调查统计，共有1,000名妇女从事站街卖淫，2,000名妇女通过代理公司从事陪侍业务，170名妇女在按摩房工作，1,275名妇女通过跳艳舞卖淫，11,500名妇女通过性交换毒品。每年，有5万名来自拉美、东南亚和前苏联的妇女及年轻女孩被贩卖到美国从事卖淫。

从1989年到2000年，由于在口交时未戴安全套，纽约的吸毒卖淫女共使1,572人感染艾滋病病毒（HIV）。

NO.13　治安维持会

从1865年开始的100年里，治安维持会未经审判就将4,730名黑人和293名白人绞死。对他们来说，任何罪名都可能被处以死刑，包括：盗墓、举止可疑、潜入女性房间、布道、与白人女孩交往、与白人争吵、讲煽动性的语言、参与铁路罢工、不愿帮助行刑队、向女性写厚颜无耻的信、在禁酒时期酿私酒、成为一名外国劳工、虐待配偶和打骚扰电话。还有许多人被错认身份而误抓，如果他们抓不到要找的人，还会找一个和其长得相似的人来代替。

死神来了

1955年，14岁的埃米特·蒂尔离开芝加哥来到密西西比的玛尼，与他的亲戚一起过暑假。由于对南部的种族隔离制度并不熟悉，在朋友的鼓动下，他在一家杂货店向一名白人女子吹口哨。当天夜里，埃米特被人从床上拉起来，那些人对他又打又砍，最后把他扔进了塔拉哈奇河。他的母亲把他的尸体带回了芝加哥，并举行了公开的葬礼。这起惨剧成为民权运动的导火索。因为虽然有两名男子承认他们杀害了埃米特，但却并未被审判。

在英国，有这样一种非常不受欢迎的人被叫做征税人，也就是所谓的验尸官，他的主要职责就是在人死后征收税款。对很多人来说，他们都认为验尸官的工作看起来似乎有点违背常理，即人刚死后不久验尸官就会不请自到。随着时间的发展，古老意义上验尸官的定义发生了改变，发展成专门指代那些从事调查人的非正常死因的这样一种职业。

第十四章

最疼的

怕死比死更可怕。
　　——塞恩斯

NO.1 烫死

从3,048米的地下冒出来的水,在经过了靠近地核的岩浆层后,温度可以达到204摄氏度的超高温。这些大自然的异常现象以间歇泉、温泉、冒泡热泥坑、火山喷气孔等形式在地表出现。黄石国家公园有比地球上其他任何地方都多的这种地热景观(300个)。数百万人前来参观,并且大多数都与它们保持距离。1870年以来,共有19人只是靠近了它们一点,就被烫伤了。

1981年,一名25岁的男子和一个朋友去看黄石公园的温泉。他们把狗留在车上,自己走近了去看。但在他们注意到之前,狗跳下了车,跑到了他们前面,并跳进了温泉中。在表面温度超过沸点的水里,狗开始尖叫,挣扎着要回到岸上。周围的人警告他不要进去,但这名男子觉得他该做点什么,因此没听进去。他后退了两步,做了一个跑着的跳跃动作,一头扎进了那个大热锅里。他游到狗跟前并抓住了它,但很快两者都沉了下去。过了几分钟他出来了,但狗却不见了。他的朋友走进水中拉他上来,造成了脚部二级烫伤。该名男子最后被从间歇泉中拉上来并脱下鞋子时,他脚上的所有皮肤都已经脱落了。当他看到自己脚趾上扭动的骨骼时,他说道:"这是我干过的最愚蠢的事。"后来,在离间歇泉不远的地方,国家公园管理员捡到了两大片形状像人手的皮肤。在救护车到达并把这名男子送到医院时,他失明了。两天后他死于三级烫伤。

1965年以来,有47,982人死于烫伤。

NO.2　热死

干旱和热浪很少得到媒体的报道，然而炎热致死的人数要比洪水、飓风和龙卷风合在一起致死的人数还多。热浪在增多，并且对一些人来说，这是全球气候条件恶化的标志。研究表明，年老的和年龄很小的、过度肥胖的、有心脏病的，还有那些吃处方药和酗酒的，在极度炎热的环境里会首先死去。然而，如果是参加剧烈的体育活动，即便是身体健康的人，也会在热浪中死去。一般情况下身体是通过排汗来降温，但在一些情况下仅靠排汗是不够的。如果体温提升太快，大脑就会因缺钾或因电解质排出过快而受到伤害，不管这个人的健康状况如何。过度炎热还会毫无警示地引起其他一些疾病，如心绞痛、轻度中暑、中暑性痉挛、晒伤以及痱子等。

2003年，因皮肤癌死亡的人数是7,215人。

死神来了

纽约州北部的一名男子是一个喷气式战斗机的爱好者。他有一个2.4米的F6幻影战斗机的涡轮引擎，放在他后院的鹰架上，偶尔他会发动这个引擎来化雪。他的邻居，一个63岁的老妇，几次打电话给警察抱怨机器轰鸣的噪音。1994年，在邻居抱怨了很多次以后，该男子得到了法院的传票。之后不久，他邀请邻居的老妇人过来喝杯咖啡，商量一下问题如何解决。当老妇走向那个引擎时，他转动了机器的位置。就在老妇靠得足够近的同时，他发动了涡轮，5,000度高温的热风吹向了这个可怜的老太太，一下子就把她烤焦了。拖走这名男子后，警察不知道是不是还有必要在他邻居尸体的位置用粉笔画一个轮廓。她的尸体已经在人行道上留下一个完美的烧焦印痕。

另有8,012人死于由炎热带来的综合征。

你更喜欢被炙烤还是被晒黑？

回溯到1929年，那时的科学家们已经发现暴露在阳光中会致癌。但直到上世纪80年代后期，暴露在紫外线和太阳辐射中的问题才引起公众的注意。在美国，每年新增60万名良性皮肤癌患者和53,600名致命的黑色素瘤皮肤癌患者。

尽管公众不断得到警示,防晒剂也很容易买到,但这些数字仍旧在上升;现在一些人认为防晒液的成分实际上是致癌的。然而,这是一种因生活习惯——比如晒成黑褐色很有魅力之类的想法——而引起的疾病。由于种种原因,得皮肤癌的男人大概是女人的两倍,这对任何肤色、任何种族的人都是一样的。

1992到2001年之间,美国有2,190人死于过度炎热。

NO.3 身体穿孔

2004年,至少有70万人在身体上有过一次非传统的穿孔经历,即把金属饰钉戴到眼皮、鼻孔、舌头、嘴唇、肚脐、奶头以及生殖器上。不对器具进行消毒会使穿孔爱好者有感染艾滋病病毒和乙型或丙型肝炎的危险。如果得了败血病(血液中毒)或中毒性休克,或者使用舌饰钉的人吞下了饰钉引起感染或哽咽时,舌饰钉可能致人死亡。

戴在头上的金属珠宝大多数是细菌聚集的地方。肚脐被穿孔后流脓的情况并不少见。舔舐、吮吸和啃咬穿孔的地方会引起皮肤不正常的撕裂或很难治愈的伤口。其他与穿孔有关的事故发生在饰钉或饰环挂住衣服,或者是恼怒的情人搏斗中时从乳头拽下饰环的时候。

坚持自我

沃尔特·亨特于1849年发明了胸针,并以400美元的价格卖出了他这项被称为"礼服饰针"的专利。10年后,在他努力去发明一种新的胸针时,他意外地刺伤了自己。由于没有办法治愈这一最简单的感染,亨特死于坏疽,时年63岁。如今,用针刺自己的身体是简单文身的一种可以选择的方法。2002年,所有受谋杀指控的罪犯中,有75%的人身上至少有一处文身。

> **死神来了**
>
> 2004年，长岛一个18岁女孩因为舌头肿胀到医院的急诊室就诊。她死于金质饰钉周围的感染。俄克拉荷马市一个19岁的男子遇到了一个微型车事故，他的艾伯特王子穿孔的固定杆穿透了阴茎的顶端。该金属棒穿过了尿道并致他死亡。

1991年以来，因为身体穿孔而导致的败血病死亡人数是：9,981。

NO.4　帝国大厦

世界上最著名的城市标志是曼哈顿这座102层的建筑，从人行道到其避雷针顶端的高度是443米。完工于1930年11月13日的这座大厦，建设时是这样规模的建筑中死亡率最低的建筑物之一。在这座大厦的建设过程中只有6人丧生，主要是因为大量的高空作业是由易洛魁族的高空行走者——以灵巧和平衡著称的土著美国人——来完成的。

> **死神来了**
>
> 每天，有1万人到帝国大厦的观景台参观。1997年2月23日，一名精神错乱的60岁男子用一杆伯莱塔半自动枪向人群开火。他杀死了一名瑞士游客、伤了其他6人后开枪自杀。那是大厦65年的历史上第一起——到目前为止也是唯一一起——恣意枪击事故。

2004年感恩节后的第一天，一名遭受的不只是消化不良之苦的男子，爬上了第86层观景台上的安全护栏并跳了下去。在他跌落到第6层的楼顶上之前，他的棕色的头发变成了白色。一接触第6层楼顶他就死了，这使他成为帝国大厦1930年启用以来第32位跳楼自杀者。

在帝国大厦死亡的总人数：2,110。

NO.5　被垃圾粉碎机搅碎

1988年7月，在纽约麦迪逊广场花园，一名惯偷在一场重金属音乐会后盗取了一只钱包，一群年轻的乐迷发现了他并如复仇般对其猛追不舍。他连续跑了10个街区仍无法摆脱愤怒的追逐者，最后他在一个商店旁边的垃圾粉碎机中藏了起来。为了不被发现，他在里面藏着一动不动，给了追逐者足够的时间来放弃。他一定是睡着了，因为直到第二天早上粉碎机开始工作的时候，他还在里面直到被搅碎。

1965年以来，垃圾收集、处理和处理设备共造成的死亡人数：1,333。

NO.6　掉进榨汁机

从水果中挤榨出果汁看起来是一个很简单的程序。自1919年以来，总共有10,378种设备被发明出来用以获取果汁。商业用的果汁机器都有旋转的刀片和强力压缩装置，而家庭用的则是改装后的。1998年，一个家庭用榨汁机的生产公司被处罚了30万美元，因为他们生产的4万台果汁机发生爆炸，切断了23名消费者的手指，还使得2人丧命。其他有旋转刀片的家庭用机器还有表土疏松机以及扫雪机。

自1965年以来死于带旋转刀片机器的人数：1,197。

死神来了

2004年12月，佛罗里达州迪兰的一名男子正在为他的花园弄木头碎片。当机器被卡住的时候，他爬上梯子试图用一把干草叉使机器运行起来，而没有关掉机器。正干着的时候他突然摔了下去，头朝下砸到了机器里面。警察到的时候发现男子的双腿伸出在机器外面，由此推断他在摔进表土疏松机后立刻就丧了命。

NO.7　牙疼死

有新的研究将蛀牙与心脏病联系在一起，证明口腔中的细菌可以进入到血流中，并在心脏里作乱。由于抗生素和牙医学的进步，由牙齿和牙龈感染而导致的死亡现在已经很少了。但是，坏牙在人类相当长时间的历史上都是导致死亡的重要原因。

据希波克拉底在公元前400年所记载，希腊第一个牙医拔牙时用凿子抵在牙齿根部，然后用锤子把坏牙砸掉。中国古代的牙医用手来拔牙，如果他们能用手指把钉子从木头里拔出来，就会得到朝廷授予的"拔牙手"的称号。在二战中，如果某人不具备三分之二自然生长的牙齿，就会被认为不符合参军条件。现在，大部分与牙齿相关的死亡都是由医疗事故所导致的。

在俄克拉荷马，陪审团最近判定一名因牙医失误而造成脑损伤的33岁男子将获得130万美元的赔偿。这名男子是该牙医当天的最后一个病人，在对病人实施笑气麻醉后，牙医不知何故忘记了病人的存在，径直锁门回家了。等到他第二天早上回到办公室后，发现他的病人已经被麻醉了10个小时了。

内森·迈耶·罗思柴尔德是二十世纪初世界上最富有的人。他于1915年因一颗牙齿长脓疮而死，而这种病现在只要用10美元的抗生素就可以治好。

从2001年到2005年，有812人死于牙科医疗事故。

NO.8　自燃

1979年1月的一天，天气很冷，纳什维尔大学一名教数学的教授走在回家的路上，他突然感到自己的左腿一阵火烧火燎的疼痛。当他低头看时，发现他的膝盖竟然冒出了火苗。据说他将此事告诉了一位同事，但同事却认为这是他的幻觉，可能是新学期的压力所导致。不久后，这名教授在判卷子时突然全身燃烧，最后变成了一堆灰烬。

研究人类自燃现象（SHC）的科学家常常会听到来自学术界的嘲笑声（与UFO的研究者遭遇的状况相似）。但无论如何，至少还有尸体可以证明这种现象的存在。有人认为过度的压力是导致人体自燃的原因。

人体自燃最经典的案例是玛丽·里泽的自燃。这名佛罗里达州圣彼得斯堡市的妇女于1951年在她寓所里自燃，被媒体称为是"灰烬女"。现场所找到的只有她的一条腿和穿着鞋的脚，她所坐着的椅子也被烧着，但屋子里其他东西没有任何损坏。与其他起人类自燃死亡的案例一样，玛丽所在的地方地面上有一层散发着恶臭、散布着如凝胶状的黄色液体。

在大多数人类自燃死亡事件中，房子里其他地方的家庭成员并未听到任何声音或呼救声，通常仅有的迹象就是燃烧所产生的焦味。有一名证人在发现他的继母成为自燃现象的受害者之前，曾以为是她又在烤波兰熏肠。已知的自燃事件中80%受害者是女性，正如美国联邦调查局在玛丽·里斯一案中所报告的："女性比男性烧得更热更快，因为女性身体里含有更多的脂肪。"

现在还无法知道哪种人会产生自燃。研究人员建议通过如下方法来避免自燃：在承受极度压力时多喝水，并且在身旁准备一个灭火器。

死亡规律

苏格兰爱丁堡大学的道格尔·德赖斯代尔博士写道：关于人体能够像蜡烛一样燃烧的说法并不牵强。从某种角度来看，人体从内到外都像是一根蜡烛。对蜡烛来说，灯芯在里面，蜡油在外面，当灯芯燃烧时，蜡烛开始融化，液体被吸到灯芯上后促进燃烧。对于人体而言，人体含有的大量脂肪好比是蜡烛的蜡油，衣服就好比是蜡烛的灯芯，脂肪融化后被吸到衣服上，进而继续燃烧。

1976年，一名新泽西的建筑承包商驾车经过他的一个工地，当他向他的工人挥手致意时，他身上突然蹿起了火苗。最初人们以为他被歹徒袭击，但后来发现他身体燃烧的剧烈程度超过了通常被火点着后的情形。在人类自燃的案例中，手和脚通常不会被燃烧，但躯干却会被完全烧毁，就连骨头都会烧成灰烬。这名男子的身体变成了灰，但他身上穿的阿玛尼西装却完好无损。

因自燃而死亡的总人数：215。

NO.9　跳桥死

旧金山的金门大桥是跳桥自杀者经常选择的地方——曾经有169人从这座桥上一跃而下，投身于下面158米深的河水中。当一个人从桥上跃下，刚碰到河水表面的时候，并不至于就粉身碎骨，死亡通常是由于内部的震荡所引起的。加里·埃里克森是马林郡的一位验尸官，他认为："如果你看跳河自杀的这些人，会认为他们身体表面并不像是有问题的。"但是大多数的跳桥者，都是选择"肚子向下"这种传统方式与水面接触，这种方式会导致肋骨断裂，从而对心脏、肺和主要动脉形成冲击，因此导致当场死亡。

NO.10　滚轴死

在威廉·布洛克发明平版印刷术之前，每一本书或印刷品都是纯手工制造的。布洛克的印刷术使得印刷发生了革命性的进步，也使得故事动人但毫无文学价值的小说得以大量发行，因为这种印刷术可以让持续的滚轴压印在纸张上，还可以同时在纸张的双面进行印刷。1865年，布洛克在他的店铺工作到很晚，不幸掉进了一个他设计的巨大的滚轴里，成为永久的绝版。

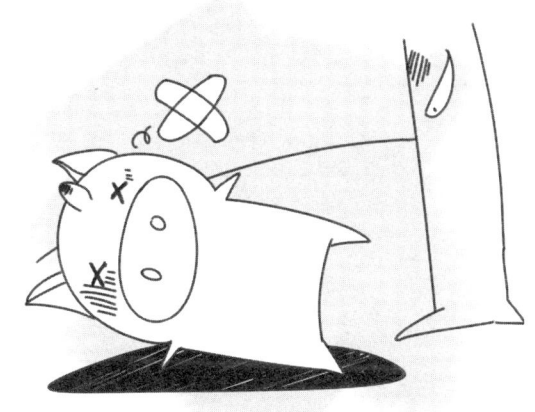

第十五章
蠢死的

死并不是人生最大的损失,虽生犹死才是。

——卡曾斯

NO.1　飞天大盗

一个29岁的男子吹嘘说他可成为一个飞天大盗。他身段柔软,在一家空调公司干过,曾被送上最顶层的阁楼修过通气管。第一次试图做飞贼,他打碎了辛辛提那州一家银行与街道平齐的小窗。但当他钻过窗户时,他的手和手腕被嵌有铁丝的玻璃划破了。他从窗子跳下去的那个地下室空空如也,没有钱,也没有安全出口。一小时后,他也没能从窗户再爬出来,最后他用手机给911打了电话寻求帮助。但由于划破的手腕失血过多,在救护车到达那儿时他已经咽气了。

2003年因为延误治疗而死亡的人数:310,867。

NO.2　被假发烧死

1981年,一名刚刚离婚的54岁底特律男子打算去参加迪斯科活动。一天晚上,他在跳舞时感觉自己的假发由于狂野的舞蹈而散乱,他急忙跑进洗手间,钻进了最近的一间隔间,拿出了一瓶特制胶水,开始粘贴自己的假发。他坐在马桶上,假发放在膝盖上,胶水夹在两腿中间,这时他决定抽一支烟。结果不慎将假发和胶水引燃,造成了严重的烧伤,他在两个星期后死亡。

1975年以来易燃物品导致的死亡人数:39,981。

NO.3　被丝袜闷死的劫匪

图森市一个18岁的男子知道穿着对于一个人角色的重要性。去抢一家商店到底有多难？他清楚唯一值得担心的是那些摄像头。他已经见过很多笨头笨脑的家伙因为他们的脸正好出现在录像带里而被逮住，想成为小偷的他可不想让那事发生在自己身上。他去了当地的百货商店，让女士内衣部的售货员给他拿了特大号特耐用的连裤袜。当晚他回到了同一个百货店，打开了连裤袜的包装盒，深吸了一口气，把它套在自己的脑袋上。他把袜子加固了的档部放在嘴上，把袜腿在自己的脖子上缠了几圈并打了个结；这就不会有人在录影带里看见他的脸了。他一走进商店，报警器就响了。人们尖叫着跑出了商店——不是因为他，而是因为不知什么东西突然使洒水器打开。这个情况他并没有预料到，于是他沉不住气了，趔趔趄趄地就往回跑。几小时后该男子在浴袍展架下被发现，带着的丝袜面具导致他窒息而死。

死神来了

2001年1月在翻修密西西比州的一座历史建筑时，工人们发现了1985年失踪的一个男子的残骸，残骸卡在了一座废弃的砖结构的烟囱里。钱包里的文件证实他就是27岁的卡尔·威尔逊。该郡警长汤米·费雷尔说："威尔逊的犯罪记录显示他是一个小偷，据此猜测他是想爬下烟囱（作为进入的一个手段）偷盗当时在这座楼里经营的一家礼品店。"威尔逊卡在了烟囱里并死在那里。

1990年以来犯罪分子在犯罪活动中的死亡人数是19,867人。

2002年3月，在佛罗里达州奥兰治郡，三个不露声色的强盗抢劫了当地一家卖酒的商店。他们沿着大街飞奔，回到他们的地盘，瓜分抢来的钱。他们的头儿，一个19岁的家伙，看见警察过来了。他告诉他的伙伴保持冷静并藏起他们的枪。他把自己的枪别在腰上，但他穿的裤子太宽松了，枪从大腿上滑到了地上。在撞到人行道的那一刻，枪走火了，射出的子弹穿过了他的腹股沟致使他死亡。

NO.4　牙签扎死

舍伍德·安德森是一名美国作家，他承认自己只有在喝酒之后才会写出更好的作品。1941年他在参加一次鸡尾酒会时，显然是为了酝酿写作的情绪，他开始抨击政治保守分子。在他慷慨陈词时，一盘开胃小菜端了上来，他抓起一小块法兰克福香肠，没有看到上面还带了一根牙签，就整个都吞了下去。为了避免小题大做引来尴尬，或还有更多更要紧的事情要做，他要了一杯酒把牙签涮了下去。一周之后，当他在乘坐飞机时，突发腹膜炎而死亡，这正是那根牙签作祟。

1900年以来由牙签导致的死亡人数：17,903。

NO.5　便餐式晚宴

1988年，一名患晚期肺癌的圣迭戈男子被告知自己最多还能活两个月，他说他最不想错过的事情就是自己的葬礼。因此，他决定为自己举行一个怀念仪式。他邀请了超过300名亲朋好友来参加自己的便餐式纪念晚宴，其中有很多都是他的孙辈人。作为首席主宾，他将自己的氧气罩取下来享受自己的最后一支香烟，不料一阵猛烈的咳嗽将香烟上的火星吹落到了氧气罐中，并引爆了它。两天后，这名男子因伤势过重死亡。

一些医疗器械制造商在产品的红色警报卡片上警告："氧气使用时，禁止使用明火、香烟、火柴或蜡烛"。

1985年以来，便携式氧气罐导致的死亡人数是8,876人。

NO.6　防恐演习

2002年,一群纽约警察在野外进行防恐演习,为了让效果逼真,他们还设置了自动弹出的靶子来模拟恐怖分子。一名曾有过被捕记录的44岁的男子恰巧在此地闲逛。当警察们休息的时候,他悄悄爬到一处建筑物里藏了起来。一会儿,他听到警察们回来的声音,他跳出来并且大喊了一声。顿时,73发子弹射向这名可怜的男子,其中有63发射中了致命的部位。

1975年以来因执法和安全训练导致的死亡人数:985。

NO.7　劫持暹罗猫

26岁的姑娘珍妮特·S.觉得生活不怎么如意。一天,她决定做些戏剧性的事情以引起人们的注意。1994年8月21日,她带着一把菜刀,抱着她心爱的暹罗猫,冲出了自己居住的公寓。她走进了俄勒冈州格雷舍姆当地的一家杂货店,站在了经理办公室门前的地板上。然后,她把菜刀架在了蜷缩在她的臂圈里的暹罗猫的脖子上。"给我所有的钱,否则我就干掉它,"她嚷道,"我会杀了这只猫。"杂货店老板直到警察赶到现场才从自己的办公室里出来。当珍妮特看到警察时,从地板上跳了起来冲着警察扑了过去,并大声喊着:"我要杀了这只猫!"警察想用胡椒喷雾剂来阻止她,但结果却只不过让猫跳离了勒珍妮特的臂弯。没有了猫做"人"质,珍妮特发疯了。她举起刀子向警察刺去。警察看没法制服她,就朝她开了枪。(那只猫逃脱了,再也没有人看见过。)

警察介入下的自杀每年有413例。

NO.8　抢劫演习死

在纽约罗切斯特,一名53岁的服装店主为了能保住自己的生意愿意做任何事情。1994年,他让他的一个朋友帮他制造一出抢劫的假象来骗取保险公司的保费。他们两人在店铺后面的办公室里反复观看电视台里的警察节目,了解警察破案的手法。之后他们觉得应该把抢劫模拟得更逼真一些。第二天晚上,店主拿了一把枪,然后让他的朋友朝他的胳膊开枪。朋友在喝了一些威士忌并看了几段警匪片后，同意了他的要求，瞄准他的胳膊扣动了扳机。但是开枪并不像电视上看起来那么简单。结果是他的朋友没有打中他的胳膊，而是击中了他的胸部导致其死亡。

NO.9　笨贼一箩筐

1976年，在罗得岛州普罗维登斯市一个教堂地下室里，一名19岁的青年准备从一个自动售货机中弄些零用钱。在他尝试打开硬币箱上的锁却失败后，他决定来回摇动售货机，希望能够至少从里面掉出几个硬币来。但由于过于用力，整个售货机被他摇得倾倒下来，将他压扁在下面。

打碎并拿走

这看起来像是个不用付钱就得到想要的东西的简单方法。1992年，波士顿一名男子觉得他可以从一家饮料商店的橱窗中拿走一些昂贵的白兰地酒。店铺的监视器拍到了他趴在橱窗的玻璃上近距离观看展品时的样子。他朝周围看了看，然后离开了摄像头的可视范围，几分钟后，他又返回了橱窗前，并拿了一块炉渣砖。他站在离橱窗不到一米的地方，将砖头举过头顶，然后用尽全力向橱窗扔去。用树脂玻璃做的橱窗被砸得凹陷了一块，但没有被击碎。砖头却被反弹回去，正好砸在这名男子的头上。在监视器中看到，他先是在地上抽搐着，然后就躺在血泊中不动了。是他害死了自己。

NO.10　快递司机

2001年8月，一个皮萨运送员有很多份"30分钟内送达否则免费"的货要送。他在自己汽车的方向盘的仪器板上绑了一根0.9米长的金属棒，目的是想在他撞到电线杆上时用它来刺穿自己。金属棒错过了他的喉咙几厘米，而撞击却带着足以把他摔死的力量将他从车内摔了出来。

第十六章

吃死的

谁怕死,谁就已经不再活着。
——左伊默

NO.1　苹果汁

爱好者追求不含酒精的、纯的、未杀菌的苹果汁并大喝特喝是一件危险的事。1996年,苹果汁里的大肠杆菌(E.coli)害死了35人。联邦医药管理局宣称,尽管有警示标签,未杀菌的果汁每年还是使16,000到48,000人致病。

1930年以来,死于大肠杆菌的有182,904人。

NO.2　巧克力

美国人每年消费掉13亿千克的巧克力。最新的研究发现巧克力富含自然形成的作为抗氧化剂的酚类和黄酮类的混合物。巧克力中的糖分是对身体不利的物质。过多的糖分会引起胰岛素的不均衡分泌和糖尿病。美国农业部(USDA)指出,少量的糖——每天35克或8茶匙——就够了。而一块巧克力棒大约含有20克糖。按照农业部的数据,2002年糖的摄入是人均72千克。这大约相当于每天237克或50茶匙的糖分,比1992年高出30%。

美国有1,600万糖尿病患者。每年,有2,000人因糖尿病引起的眼疾而失明;38,000例糖尿病人接受肾功能衰竭治疗;还有86,000人因糖尿病而需要进行下肢的截肢手术。

2003年,61,817人死于糖尿并发症。

NO.3　食品添加剂

2003年，一名男子在和他的太太在纽约皇后区的一家中餐馆用餐。饭菜味道精美，但就在快吃完时，这名男子开始出汗，按照他太太的说法，表现得很"奇怪"。男子倒向了椅子后面，跌到在旁边的餐桌上，把盛炒饭的碗碰得满地都是，最后从餐馆跑到了街上，被一辆城市公交车撞倒。

虽然他的死被归入了行人伤亡之列，但他真正的死因却是味精综合征。这种情况有时和心脏病很相像，会引起胸痛，面部压力，以及全身像燃烧的感觉。这些症状是对一种受欢迎的、用于食物调味的白色粉末状的味精（MSG）产生的药理学反应。这种化学上的谷氨酸盐作为一种神经传递介质，自然存在于人体之中时对蛋白质的合成有帮助。在用于消费目的的生产过程中，为了使其快速溶于唾液，天然的谷氨酸盐被水解，就像用在味精中一样，但会释放出谷氨酸离子。在不具有味精耐受性的人体中，它不仅不能像自然的谷氨酸盐那样帮助蛋白质的合成，还会有一个相反的反应，造成的大脑的功能障碍并使神经细胞受损。

1995年美国食品药品管理局的一份报告得出结论，哮喘症患者和不能忍受大量味精的人会有死亡的危险，这一点只有通过不断地尝试或吃味精来进行识别。中餐的倡导者不理解这些对他们的批评，当然也不愿意用他们的食物命名一种疾病。他们随即作出调查并提供一些自相矛盾的数据。有一些报告暗示那些对味精有不良反应的人，都是已经患妄想症的病人，不管他们吃什么，都有死亡的危险。如果你在吃了味精后感到头疼，支持谷氨酸盐的大厨为推卸这件事情，很可能会说是你用餐的那家餐馆不怎么样，而不是说给你吃的东西不好。虽然味精不再被经常使用，食物标签上也这么说，但在很多标有"水解大豆蛋白"和"天然香料"的食品中仍会发现这种物质。

2002年，食物添加剂致死56,981人。

NO.4　非处方药

过去，人们在购买非处方药时可以得到来自药剂师的服用建议。但现在有上万种药可以从药店买到，却没有人为你提供哪怕一丁点儿意见。诚然，在包装的盒子外面印有药品相关的信息，盒子里还有使用说明，但有76%受过教育的人承认他们从未阅读过此类说明。为什么会是这样呢？如果这种药恰好在药店的镇痛药专柜销售，这就有可能发生。无怪乎美国有15万人对非处方类药品成瘾，2004年这类药品在美国的销售额达1,600亿美元。

没人会急于去医治普通的感冒，但是，每年感冒和咳嗽的药品销售额却达到了惊人的7亿美元。过大剂量地服用感冒药治疗打喷嚏、咳嗽、鼻塞、疼痛和发烧会导致心悸和呼吸衰竭。夜间服用的止咳药最容易被青少年滥用。咳嗽药比如惠菲宁中都可以找到右美沙芬（DXM）。在青少年中，服用这种糖浆已经成为一种时尚，在网络上还有网站专门介绍如何通过服用止咳糖浆来获得"机器人般的快感"。如果服用两瓶这种药，使用者就会出现如机器人般的步态，还有狂野的幻觉和自由感。过量服用这种药会减缓呼吸和降低血压，而呼吸过长时间停滞会导致大脑受损或死亡。2004年，伊利诺伊一座小镇上有2名17岁的少年在服用止咳糖浆通宵狂欢后死亡。此后，执法部门要求药店将惠菲宁更改为需登记用药，但是遭到了来自人手短缺的零售商的反对。药品厂商一方面呼吁人们按照说明书用药，一方面又希望将药品放在顾客最容易拿到的地方。

从1999年到2004年，有151起死亡与DXM有关。

尽管药品容易被滥用，但如今在药店销售的药品实际上只向人们展示了其中的部分风险，这使得本来比100年前减弱的自我用药行为又有了复苏的苗头。那时，大部分药品都要靠做广告来推销，而且它们的作用通常不仅仅是用来止痛——它们中含有至少50%的可卡因或海洛因。制药工业真正开始是在1805年之后，一名21岁的药剂师弗赖德里克 塞特纳从罂粟中分离出了一种比普通鸦片药力强10倍的有机化合物，他将其称为吗啡，是由Morpheus（希腊语中梦中的上帝）一词而来，这种药很快就被广泛用于治疗各种疾病。1874年，拜耳制药的化学家发现了一种比吗啡成瘾性低的物质，第一代海洛因就这样诞生了。它随后被大规模生产，用于含海洛因的饮料或药品，尤其是还产生了当年的畅销书——《海洛因：用于咳嗽的镇静剂》。其他制药公司在产品中同时提供海洛因、吗啡和可卡因，后来被证实不仅是为了缓解病痛，还为成瘾者提供服务。不管这些药是否缓解了病痛，但它们的使用者所产生的祥和镇静的错觉使得这些药被无管束地使用。而且，由于人体耐药性的增加，如果要达到之前的效果，就要不断增加服药的剂量。

1855年，可卡因第一次被从古柯叶中提取出来，由于能够麻痹喉咙，并有提神的作用，它最初被宣传为润喉糖的特别成分——"歌手、教师和演说家的必备之物"。在西格蒙德·弗洛伊德称赞了可卡因的功效之后，这种药迅速在市场热销起来。然而，根据1890年到1912年的死亡证明显示，每年至少有5,000人死于使用可卡因。到1900年，有50万人对吗啡和海洛因类药产生了依赖性。

死亡纪录

非处方药的包装越来越复杂，比如高温塑料封装、按压式拉环和朝后拧的瓶盖，许多药品的包装看起来像是由患妄想狂的设计师设计。这类包装在从前是几乎没有的，直到1982年，美国出现了一名系列杀人犯，此人用氢化物将泰诺胶囊中的药剂替换，在芝加哥地区杀害了7个人。尽管药品生产厂家没有受到谴责，但对其销量造成了严重的打击。为了重新打开销量，厂家决定更换更安全的包装。尽管如此，1986年还是有人利用了一些未采用防护包装的泰诺下毒，造成了更严重的人员伤亡。从那以后，美国食品药物管理局共确认了36起此类事件，包括1986年的伊克赛德林毒案，1991年的苏达菲案和1992年的"古蒂的头痛药"案。

尽管使用了太空时代的包装，每年仍然有5,000人死于药物引起的中毒。

中药之福

在美国，每年有100万人通过使用中药和自然疗法来避开非处方药。而由药品公司赞助的美国食品药品管理局显然不喜欢中药和替代疗法。每年死于误食观赏植物的人数远多于因服用中药致死的人数，2004年仅有2人死于中药。2004年5月，《消费者报告》列举了12种初学者需要避免使用的中药和非许可药物，它们是：烯二酮、紫草科植物、橡树、石蚕属植物、醉椒、苦橙、器官提出物、山梗菜属植物、海地油、美黄芩和育亨宾树。这些产品在许多国家都被禁止，如果误用可能导致癌症和肝脏受损。

> **死亡规律**
>
> 　　镇痛药又被称为内用止痛剂，它的种类很多，有醋氨酚（如泰诺）、ASA（阿司匹林）和非类固醇消炎药（如布洛芬）。每天有三千万人服用这些药品。由镇痛药引起的过敏反应和过量服用每年导致103,000人住院和超过16,000人死亡。退热净是一种常用的非处方药，它已经被发现过量服用可以导致急性肝功能衰竭，2004年有100名儿童死于这种药。
>
> 　　2005年，北卡罗莱纳州一名2岁儿童患感冒，家人给其服用了一茶匙（500毫克）的泰诺，而这是成年人的用量，幼儿的推荐用量应为80毫克。由于其本来就处于昏睡状态，家人以为是感冒所致，因而错过了救治时机，结果这名男童因肝功能衰竭在24小时内死亡。
>
> 　　阿司匹林本来是用来治疗头痛的，而有人却将其推荐为防治心脏病和中风的药品。然而美国癌症研究会发现，那些每周服用两片以上阿司匹林的人患胰腺癌的风险比普通人高58%。美国每年有31,000人死于胰腺癌。

晕海宁是一种能有效缓解运动症和晕船症状的药，但现在这种含有氯茶硷苯海拉明的药已经成为又一种为青少年所青睐的非处方药品。同样可以在网络上找到如何使用这种药来获得快感的方法，使用者需要先从两片开始，逐渐加量到8～12片，这样大的剂量可以带来12个小时的"神游"，并使听觉、视觉和嗅觉达到梦幻的境界。这样的剂量同时也能使人语无伦次、迷失方向、出现错觉、心情沮丧和记忆力下降。从2000年到2004年，在使用晕海宁寻求廉价刺激的青少年中，至少有28名死亡，还有212人造成脑损害，导致永久性痴呆。

NO.5 嗑药死

一些物质的滥用实际上会使很多人死亡,不管其财产状况和社会地位如何。20世纪末,全美因过量使用毒品而死亡的人数水平达到每年14,500人。每10个死去的人里面,有7个是男性。超过一半是白人。70%以上是35岁或35岁以上的人。

五彩缤纷的结局

尽管过量饮酒和使用街头毒品注定会导致不愉快的死亡,但更多的人死于五花八门组合的处方药。如今卖得最好的药是用来提高血液中的复合胺(一种调节情绪波动的荷尔蒙)水平、减轻疼痛和增加能量的药。6~12岁的儿童,服用提高复合胺水平的药物或SSRI药物(Selective Serotonin Reuptake Inhibitors——选择性血清素再吸收抑制剂的缩写,如百忧解、左洛复、帕罗西汀、兰释、Serozone,以及Anufranil,代表一大类药物)的人数从1995年的41,000人到如今的250,000人。这类药物效果很好,能改变情绪,但在强行灌进儿童体内一段时间以后,会损害肝脏、肾脏和肌肉的发育和再生。很多这类药物在各种年龄段的个体中都会导致扭曲的、强迫性的性冲动和犯罪行为,增强对酒的渴望和自杀的倾向,以及刺激产生能够导致家庭暴力的怒气。放弃服用抗抑郁药和复合胺受体药物如同下地狱一般痛苦,许多想戒除上述药物的人都涌进戒瘾病房和康复机构,使得这些地方人满为患。

意外之财

1981年,28岁的乔伊 C.,一个失业的码头工人,是梅太德林(脱氧麻黄碱)的瘾君子,他发现马路上有个麻袋。麻袋是从一辆装甲运兵车上掉下来的,里面有超过100万美元没有标记的钞票。乔伊没有上交这些钞票以得到50,000美元的奖金,而是全国各地到处寻欢作乐,得意非凡,像掏香烟一样掏出一张张百元大钞支付数额巨大的小费。

乔伊的旅行持续了几个月。后来他因盗窃被捕,他的律师辩称那笔意外之财使他出现短暂的神经错乱。当局释放了他,他又回到了以前的状态:失业的码头工人和梅太德林上瘾者。由于没有钱满足增强了的药瘾,乔伊上吊自杀了。

死神来了

尽管还不能确定SSRI药物会导致暴力行为，但有起初性情温和的人在服药后突然性情大变的大量案例。一个亚特兰大日间交易商在服SSRI药期间因为赔了钱，疯狂扫射杀死其家人和其他一些人，然后自杀身亡。纽约市地铁爆炸案犯爱德华·利里当时也在服用SSRI药物。在爱荷华州，一个服用这些药物的13岁小姑娘，谋杀了她心爱的姑姑。在新泽西州，一个30岁的男子杀死一个挨家挨户上门卖甜点的男孩，而当时，他正服用提高复合胺水平的药物。阿比·霍夫曼①自杀时正在服用一种SSRI药物，尽管没有证据表明就是那些药物使他自杀的。

按照医嘱服用的处方药，会因它所引发的不良反应和继发性疾病致人死亡。每年有110,000人死于处方药。

NO.6 吃铅

与贫穷相伴的是在不合标准的居住区内，不正规的医护条件和糟糕的卫生状况。铅中毒的危险最早就是从家庭居住环境中被测定出来的。低收入居住区内从剥落的油漆中掉下的漆屑和铅灰最易造成铅暴露，尤其是在那些建于1946年以前的房子。铅中毒发作很慢，但它已被确定能导致推理损伤和暴力行为。所有年龄段的人都可能会铅中毒，但儿童的幼小身体会比成人吸收更多的铅，并且铅中毒对处于生长发育阶段的少年儿童造成的危害更大。城市中居住在未达标区域的890,000名学龄前儿童，尤其是在东北部和中西部地区，仍暴露在铅中毒的危险中，他们血液铅含量都很高。

1999年9月，威斯康星一个28个月大的男孩出现瞌睡和食欲减退症状，4天

---

①60年代的激进分子阿比·霍夫曼于1989年去世时，一些年轻人真正相信的可能出现一个乌托邦的时代也随之而去了。不能嘲笑那一代有梦想的人——他们希望没有战争、没有贫困、所有人都平等。当前，有3,500万美国人死于贫困，这其中包括1,400万儿童。上世纪60年代，在市中心区出生的婴儿有30%没有父亲，到1995年，这一比例达到了70%。

后被送进了医院。尽管男孩没有医学上的问题,他的父母还是向医生透露了男孩曾吃过剥落的漆片,尽管他们不知道铅中毒来源。孩子病情发作,陷入了昏睡状态,26后小时后死亡。

1990年,芝加哥一个两岁的小女孩因为低烧和呕吐被送进医院。大夫给她开了几种抗菌药就把她打发了。但呕吐反而加重了,同一天她又被送到医院。5小时后她没有了反应并陷入了昏迷。3天后小女孩死掉了。后来发现小女孩的家刚搬进建于1920年以前的一套公寓。卧室的一面墙上有很多的洞,有人看到小女孩从洞里抠下泥浆咀嚼。

1930年以来死于铅中毒的人数:49,212。

NO.7 生肉

李斯特菌是一种即使在冷冻食品中都能快速繁殖的细菌,这种细菌导致的死亡占了因食物中毒导致的死亡案例的30%。它通常存在于土壤和污水中,可以污染各种食物,包括生肉、蔬菜,以及冷盘和软奶酪。五分之一感染李斯特菌的人都会死亡。

2004年李斯特菌共导致30,890人死亡。

校餐里有什么

"国家校餐项目"是由国会在50年前发起的,旨在"增强国家安全,保护儿童健康"。每天有2,700万份午餐被送到各所学校。美国农业部每天要将数百万千克重的细绞牛肉分发到学校、日间照管中心、智障者之家和其他组织。据农业部统计,沙门氏菌属、E型大肠杆菌目前仍然流行,每年导致超过500人死亡。儿童是对有毒食物细菌抵抗力最弱的群体之一。

1980年以来与校餐有关的死亡人数:27。

根据五个州的急诊室记录,有60%的患者表示曾经在饭店吃过腐败的食物。然而,根据一项全方位的数据分析,更多人其实是在吃自己烹饪的食物时中毒,但是人们显然不愿意承认这一点。

1850年7月4日的国庆,在华盛顿纪念碑举行的庆祝活动上,扎卡里 泰勒总统品尝了许多由市民制作的食物。之后他便身染重病，据说有可能是李斯特菌引起的食物中毒，三天后不幸身亡。许多历史学家对他的死十分好奇，1991年，人们将他的尸体从坟墓挖出来，经过检验后发现了砒霜，这证明了他是被谋杀而死。而先前的死亡证明中记录他死于"急性消化不良"。

人比肉危险

爱荷华州一名年轻男子在感恩节晚餐上与其叔父争论谁有资格吃禽类腿部的肉，他的叔父一怒之下拿出了自己点22毫米口径的来复枪，将四发黑色的子弹射进了他不肖侄子的身体中。

2004年，疾病控制中心公布的食物中毒者数量达到了新高：每年有7,600万美国人经受过食物中毒，其中有5,000人死亡。

NO.8　暴饮暴食

享受一块蛋糕或不时地消受一根糖棒不是大吃大喝。吃三块、四块或五块蛋糕及两个饼，这就是大吃大喝了。大吃大喝被定义为不可控制地仅仅为了吃而吃，即便是在饥饿的感觉早就消失了的时候。对大吃大喝者，说轻点儿，他们会增加体重，说重点儿，他们会死于过度肥胖引起的并发症。

通过学习清胃的技巧，大吃大喝的人很快就会对他们的犯罪感进行补偿。这种大吃大喝和清洗肠胃的结合如果持续一段时间，就会导致另外一系列严重的甚至致命的医疗问题。反复洗胃的结果，会导致无一器官不受到影响。清胃者使用自我诱导的呕吐技巧，用指头、勺子或肮脏的东西，比如，轻泻剂和利尿剂，把食物和过量饮食带来的羞愧感排出体外。他们也会做一种很极端的运动，或不断地忍受彻底的饥饿。

大吃大喝和清胃并不总被认为是坏事。为了保持健康，古埃及人每个月都清胃。古罗马人有专门设计的房间——"大通道"——一个为了再吃东西而先去呕吐的地方。奴隶们随侍左右，递过来毛巾和胡须梳；对古罗马人而言，精美的饮食和清除胃里的食物是相得益彰的事情。这一做法到了四世纪时就不受欢迎了。那时，过分饮食被认为是一种贪吃的罪恶，又加上食物供给减少，人们关心的是食物很少的情况下，吃什么才能够生存下来。

有800万美国人深受暴食和清胃综合征之苦。这是一种身心失调的疾病，称为神经性贪食。死亡证明显示每年有960人因此死去，另有2,319个因上述情况而自杀的人也得加到这个名单上。月经期间的女性患者更容易自杀。

死亡纪录

暴饮在很多大学里普遍存在。根据哈佛大学公共健康学院的一项大学饮酒的研究项目，暴饮标准被定义为"男子连续喝五次，女子连续喝四次"。人体只有每小时分解28克酒精的能力。2002年，康奈尔大学一个醉酒的学生暴饮后掉到峡谷里摔死了。2003年，在密歇根州立大学，一个学生在灌进两打的特奎拉酒后死于心脏功能衰竭。还有，2004年，宾夕法尼亚州立大学的一个学生，在他21岁生日的庆祝会上，通过一种饮酒游戏的装置，喝了18升酒后死去。

胃有相当大的容量来容纳大量的食物，大多数人感觉饱了就不再吃了。尸检表明4.5升的液体就会把胃撑破。1985年，一个21岁的清瘦的模特儿，为在时装展示中能好看些而饿了一段时间。她在工作结束后疯狂地吃了一顿。尸体解剖证实，她一口气吃下8.6千克重的食物后，她的胃爆裂。佛罗里达州一个31岁的心理学家的死被记载于1986年的美国法医学杂志。这名女性被发现死在她的厨房里，周围是"大量的食物、打开的软饮料瓶子和一个空的水果袋。"在她撑破的胃里有6.8升还没有消化的热狗和球花甘蓝。

特里·斯基亚沃，这个不幸的女人，成为2005年关于死亡权利的全国性讨论的焦点。不断的暴食，使她陷入了一种"持续的植物人状态"。1990年，她的大脑因为体内含量非常低的钾而缺氧。接着，不正常的饥饿引起的血钾过低又导致她心搏停止并进入昏迷状态。

许多节食者也借助于安非他明之类的药物来克制他们的欲望。

为了节食，美国人每年要吃掉50亿剂镇静剂和另外30亿剂安非他明。

2000年，大约4,800人死于没能恰当地组合兴奋剂和镇静剂的摄入以及节食。

每年有25,000人死于暴饮酒水。

NO.9　腊肠杆菌中毒

从盖子松掉的坛子、膨胀或凹陷的罐子里拿东西吃，或吃打开了的罐头里剩下的食物，人们会出现腊肠杆菌中毒。根据美国卫生部腊肠杆菌中毒情况说明书："腊肠杆菌中毒的典型症状包括视力模糊、眼睑下垂、口吃、吞咽困难、口干以及肌无力。"腊肠杆菌中毒的婴儿会出现便秘、嗜睡、不愿进食、哭声小以及肌肉张力弱等症状。如果不进行治疗，最终会因呼吸衰竭而死亡。每年有16个婴儿死于喂纯蜂蜜时的"婴儿腊肠杆菌中毒"。

1975年以来，有24,811个婴儿和成人死于腊肠杆菌中毒。

NO.10　噎死

当总统乔治·布什因被一块椒盐脆饼噎住而在白宫短时间内失去意识时，很多单人表演的喜剧演员都以此调侃，认为是件很可笑的事。1999年，在新泽西州的霍博肯，有一个一本正经的女秘书。在一次公司宴会上，她被一根鱼骨哽住了；尽管同事们多次尝试海姆利克氏操作法，都没能把鱼骨弄出来。他们不知道她喝过治恶心的药，而这阻碍了她咳出鱼骨的能力。在最后一次尝试无望后，为了救这个小妇人的命，公司老板指令接待处的一名大块头的男员工站到桌子上，抓这个可怜的女人的脚踝，把她身体倒过来摇晃，但也是徒劳。

> **死神来了**
>
> 1995年，45岁的低俗喜剧演员伊夫·阿布沙尔被扔向他脸部的一块奶油冰淇淋饼噎死。很明显，在饼扔过来的同时恰好他刚吸入了一口气，这块人造的、看起来像奶油的泡沫橡胶盖住了他的脸，使他窒息死亡。

1975年以来，被报告的在美国餐馆噎死的人数：11,931。

NO.11 饮食比赛

尽管肥胖造成超过30万人的死亡,并且与心脏病这一美国第一杀手脱不了干系,竞争性饮食讲的却是另外一个故事。在美国,公开的竞争性饮食比赛受国际竞争性饮食协会国际竞争性饮食协会的规范。这一组织监管诸如1916年以来每年都在科尼岛举办的内森吃热狗比赛等最著名的赛事。

大多数参加饮食比赛的人的死亡归因于没经过培训。国际竞争性饮食协会非常不鼓励业余选手参赛,并对如何在比赛前几周使用"灌水法"——喝大量水以使胃膨胀——提高胃对摄入食物的最大容量提供指南。

短时间内过度饮食引起的心脏病最易造成死亡:1965年以来已有8,189例。

NO.12 冰淇淋

冰淇淋是大约公元前四世纪,在内罗大帝时期的古罗马问世的。他让奴隶们从山中源源不断地取来新鲜的积雪和冰块,再在其中配上山羊奶和最好的水果。在大约公元600年的中国,当时的皇家处方中最受欢迎的就是冰冻的牛奶和椰子。在游历遍了中国之后,马可波罗将制造冰淇淋的方法和用盐、奶酪制成的冰冻果子露带回来他的家乡意大利,不久,这种美食成了全欧洲王室最受欢迎、供不应求的款待。在美国,第一家冰淇淋商店于1776年在纽约市开业,这家店几乎成了美国总统乔治·华盛顿的第二个家(1790年的夏天他就在这家店花销了200美元来买冰淇淋,这相当于如今的20,000多美元)。托马斯·杰弗逊和多利·麦迪逊也经常把到白宫访问的权贵带到这家店来享用冰淇淋,而且每当客人觉得这东西一定有毒的时候,两人就会十分开心。在现代冷藏方法发明以前,能够品尝到如此冰爽怡人、奶色生香的美味,尤其是在炎热的酷暑,的确是一种令人意想不到的感动。

冰淇淋大战

冰淇淋制造和销售是一个庞大的产业。尽管有民族特色的"好心情"牌冰淇淋的售货卡车已经成为过去，穿着白色制服的对人友好的冰淇淋销售员也不再出现，但是在每个夏日，都有游动的冰淇淋贩卖者出现在美国的街头巷尾。当下这些独立的冰淇淋个体贩卖者，必须很艰辛地开辟自己的事业，并且要费大力气保护好自己的领地。2002年，纽约市的一个冰淇淋贩卖者用自制的刀具刺死了他的堂兄弟，而原因就是同为冰淇淋小贩的二人在销售线路上有了冲突并发生了争吵。2001年，费城胖矮人冰淇淋公司最优秀的销售员被竞争对手杀害，凶手试图将这次谋杀掩饰为一场抢劫。冰淇淋大战每年都在进行着，自1985年以来，因为贩卖路线发生冲突而杀人的人数已经达到1,117人。

死亡规律

俄罗斯的生理学家伊凡·巴甫洛夫与德国的牧羊人合作，观察怎么样使狗能够听到铃声就能分泌过量的唾液，其实，他也可以来看一看孩子们听到冰淇淋车开过来时的那种样子，这同样对他的研究有帮助。根据美国交通部的分析报告，由于儿童去冰淇淋车购买冰淇淋来回行走而发生的交通不幸事故，几乎只发生在住宅区域，离十字路口很远，而且大多数都是在孩子买完冰淇淋离开售货车的时候发生的。

你尖叫，我尖叫，有人已倒下

"你尖叫，我尖叫，我们都为冰淇淋尖叫"的歌词是由霍华德·约翰逊和罗伯特 A.K.金于1928年创作的，为了帮助第一款巧克力脆皮、香草夹心的冰淇淋雪糕——"爱斯基摩派"——在美国销售。美国对冰淇淋的热爱一直未变。2003年，全美国销售掉了总计63亿升的冰淇淋。可是不幸的是，人们每吃掉的一勺美味可口的香草冰淇淋，就会摄入人类每天最佳胆固醇需求量的一半以上，对胆固醇的摄入一旦超过了这个建议的营养指标，人类就很容易患上动脉硬化。每年都有100万人死于动脉硬化。

死神来了

在以前更崇尚礼仪的时代，没有人关注是谁将冰淇淋卖给小孩儿的，只要这个冰淇淋够冰就行。可是现在，卖主们需要接受更多样、更全面的考察，来验证他们到底适不适合给小孩儿卖东西，或者在儿童多的地方驾驶售货车。这样虽然不能阻止一切事故的发生，但是公众却可以知道到底是谁在卖冰淇淋，以及到底是怎么一回事。1990年在北卡罗莱纳州，一个卖水果布丁的男人得到了一份给小孩子卖冰淇淋的工作。但他最终因为卖有毒冰淇淋而被逮捕。在审判时，有19位儿童出庭作证，指认此男子曾将他们拴在树上并强迫他们食用有毒冰棒。

最热门的最后一餐

俄克拉荷马，2000年，克利福德·布赖森因谋杀被判死刑。在临刑前，布莱森请求了他生命的最后一餐——一片德国巧克力蛋糕，一品脱冰淇淋。事实上，有96%的死刑犯在他们最后的一顿饭中都包括了冰淇淋。当O.J.辛普森在民事诉讼中被发现其前妻和罗恩·高德曼的死需要他负责之后，他离开了圣莫妮卡法庭，在路边买了冰淇淋。

死亡提醒

在犯罪集团使用的俚语中，"冰冻的"表示被杀害的；通过电视和电影而流行起来的词汇还有"被碰撞的"（表示被谋杀），"寒冷的"（表示休息），"被钻孔的"（表示训练有素的），"被冲打的"（表示精疲力竭的），"被取出来的"（表示被逮捕的），"被磨擦掉的"（表示被杀死的），"用刀刺的"（表示秘密地试图击败）。

每天都是圣代冰淇淋

一个8岁的小女孩儿不喜欢被斥责。当她被父亲责备了一顿并被赶上床之后,她怀念以前每天都有的那一盘冰淇淋。这个小姑娘下了决心,如果她不能吃到甜点,那么谁也别想吃到。当她的父亲正准备吃一片加有冰淇淋的派,喝上一杯咖啡时,小姑娘开始躁动起来,父亲不得不离开厨房去看看究竟怎么回事。他前脚刚出去,小女孩儿就偷偷溜进厨房,在她父亲的咖啡杯里面放了10片老鼠药。父亲回来了喝了很大一口咖啡,结果开始失去意识,最终被自己的呕吐物给堵塞住了喉咙。女孩儿说她并不知道这件事情的严重性,最后法官判定释放女孩儿,并由其母亲好好看管。一个月后,这个小女孩儿又对她的妈妈下了相同的毒手,而原因同样是妈妈没有给她冰淇淋,尽管她毒杀妈妈没有成功,但也被处以了更严厉的处罚。

死亡纪录

1999年,有11人因食用家庭自制的冰淇淋死亡,因为作为配料的鸡蛋感染了沙门氏细菌。在为期5年的调查研究中,有总计62人死于家庭自制的冰淇淋。

自2001年以来,有总计987名儿童在购买冰淇淋的时候死亡。

NO.13 消化不良

2001年,一位来自马里兰大洋城的23岁男青年患上了慢性心绞痛。他的朋友告诉他这是因为他进食时吃得太快,而且酒水喝得太少。一天晚上在一家当地酒店,这个男子被朋友们灌了一大篮热辣鸡翅还有一大罐啤酒。这次虽然没有翻来覆去的心痛,可是却打嗝打得厉害。最初还觉得这事挺好笑的,但是过了一阵这种癞蛤蟆青蛙般的声音越来越烦人了,他就叫了一个他的哥们儿朝他肚子来一狠拳,好终止这种恼人的声音。没有人想这样干,但最终有一个朋友给了他一下又重又狠的猛拳来让他闭嘴。之后这男子走到酒吧外面想换换空气,结果立马瘫倒在了人行道上,离开了人世。后来发现原来他一直患有溃疡,可是他进行的唯一治疗是极大量的抗酸剂、墨西哥胡椒粉、风味鸡翅、一肚子的啤酒,以及内脏受到的猛击,这些让他失去了生命。

你能吃的东西

普通的消化不良,被称为胃弱,都是由于进食过快、过多,或者食物不能融于消化系统而引起的。尽管胸口经常有绞痛的感觉,但是心绞痛跟心脏并没有关系,而是由胃酸喷洒进食道引起的。长时间食用辛辣、油腻的食物,加上不小的压力,就很容易患上溃疡,也就是在胃和小肠之间的连接处有了不可愈合的伤口。如果人们认为这种胃溃疡现象是消化不良,而服用大量抗酸剂药片的话,就增加了大出血的危险。尽管在美国每年都有25亿美元花在了对胃肠疾病的治疗上,许多医生还是认为这很大一部分都是在药店出售的非处方的抗酸剂,而这些抗酸剂使得威胁生命的胃病事故有了更大的可能性。(参见:非处方药物和口臭)

2003年共有85万例新出现的消化器官溃疡疾病,其中4,976人死亡。

NO.14 年糕

日裔美国人有在新年吃糯米团的习俗,这是一种用干海藻包着的很黏的烤年糕。在美国,2003年新年假期中,由于吃这种年糕时被噎住,造成56老人死亡,125人住院,还有12人昏迷不醒。每年都有崇尚传统的人被这种糯米团卡在喉咙里,而大部分死亡的人都是上岁数的老人。

> **死亡规律**
>
> 最易导致窒息的食物:热狗、葡萄、坚果、生的胡萝卜、芹菜和花生酱。

口香糖是由约翰·B.科蒂斯特于1848年发明的。他曾经看到印第安人咀嚼云杉的树液,因此开始在富兰克林炉上钻研起自己的配方。在多次尝试之后,他终于取得突破,并成立了"缅因州纯云杉口香糖公司",这是美国第一家商业口香糖制造厂。作为一名狂热的口香糖爱好者,同时又是自己工厂的质检员,他最终因口香糖卡在喉咙里而窒息身亡。

1965年以来因吃年糕导致窒息的人数:1,601。

每年有超过2,800人因窒息而丧生,而其中有300人是由口香糖引起的,其中大部分都是3岁以下的儿童。

NO.15　肉

近10万年以来,人类就一直在吃烤肉。一日三餐坐在冒烟的火堆旁、居住在山洞烟熏雾笼的环境里是原始人非意外死亡的主要原因。然而,这一传统却被保留下来,并且成为深受美国人喜爱的烹饪方式。1793年,在帝国大厦的奠基仪式上,乔治·华盛顿用226千克的烤牛肉招待他的宾客。威廉·亨利·哈里森总统通过在弗吉尼亚送给选民大块的烤肉,动摇了30,000张选票。如今,77%的美国家庭拥有烤炉;2004年,共卖出740,000,000份烤肉。

死神来了

1988年,一个58岁的男子离婚后住进了纽约斯塔藤岛的地下经济公寓。决心不让变得狭窄的居住空间进一步剥夺他少有的几种爱好,他买了一个小的木炭火盆的烤架,在厨房的灶台上支起来——靠近烤架的是他的热盘子——并点燃了煤砖。但他忘了烤得嘶嘶的牛排会产生多少烟雾,一会儿他就被有毒的雾气包围了。他很高兴不会再因糟糕的状况受他前妻的咒骂,他打开了地下室狭小的窗户的把手,希望有所改善。这么吃了一个多月,他就因一氧化碳中毒身亡。

根据新闻影片的记载,1929年,里卡德　伊夫林　伯德成为了第一个飞跃南极的人,他这次行动也是被媒体所报道的探险活动。在随后的南极探险中,他差点因吸入在自己帐篷中烤肉时所放出一氧化碳而中毒死亡。由于多年时间他都处在烤肉的烟气中,他得了癌症,并于1957年去世,时年69岁。煤砖中含有石油蒸馏物和众所周知的致癌物质苯。

2003年烤肉的烹饪方法导致的死亡人数:203。

大约有4,000个四岁以下的孩子因烤肉而受伤。

NO.16 素食者

2005年，美国有480万非宗教的素食者，他们只吃蔬菜，而拒绝其他一切肉、鱼、禽类和蛋类食物。

素食者有许多种，基本上可以分为两大类，一类是只在公司称自己为素食者的赶时髦者，还有一类是严格的素食主义者，他们只吃从树上和植物上摘下来的非动物食物。

从医学角度来看，多吃蔬菜是有很多好处的。但是这种生活习惯如果走向极端会导致难以预料的致命后果。

整体上来看，许多新的素食者观念日趋开放，他们尝试在主流的食物之外寻找更健康的替代品。不过，和其他事情一样，如果一个人过于虚心，他们就有可能会遭遇不好的建议。

一名素食者的死引发了其他忠实者的不满。这名20岁的男子成为素食者已经四年半时间，但却死于疯牛病。许多素食倡导者称他一定是食用了被朊病毒感染的吉露果子冻。但这名男子的密友们却表示他从来不会偷着将碎肉添加到自己的食物中，倒是有可能因为牛奶而感染，他时常将牛奶加入自己的果冻中。但验尸官后来说："我认为他感染这种病的时间更可能是在1990年之前，也就是他成为素食者之前，可能是在吃被污染的牛肉食物如牛肉饼时感染上的。"这使得素食者们、牛奶企业和吉露果子冻的爱好者们都松了口气。

吝啬的父母

2004年，佛罗里达州的霍姆斯特德素食者夫妇约瑟夫和拉莫伊·安德列松夫妇被以杀人罪起诉，起因是他们5个月大的女儿的死亡。他们仅给婴儿喂麦草、椰子汁和杏仁奶，导致其仅重2.7千克，最后因严重营养不良而死亡。起诉书还要求撤销这对夫妇对其他4名孩子的监护权，这些孩子仅被允许食用水果、蔬菜和坚果。

勇敢的灌肠者

有机咖啡灌肠剂被一些专家推荐用来净化肠道和预防癌症，他们还说使用不加糖和奶油的温咖啡效果最好。2003年，有两名西雅图的妇女因为遵循了咖啡灌肠专家的建议而死亡。一名妇女夜里每隔一小时给自己灌肠一次。另外一名妇女每天灌肠4次,持续了一周。她们死亡的原因是体内电解液的失衡。

NO.17 喝水死

2000年1月,一个20岁的新兵暴饮了13.5升的水,企图在药检时做一个纯的尿样。她忍着没有排泄,没一会儿就失去了意识,变得神志不清;她死于低血钾造成的脑和肺的水肿。

2001年3月,一名19岁的海军陆战队队员在一次徒步行军过程中死于过量饮水。在徒步行军快要结束时,他开始呕吐,看起来过度疲劳。被送进医院后,他进入了昏迷状态,出现了脑水肿,第二天就死去了。1983年,一名49岁、担心所有的食物对他的身体都是毒药的男子,认为只有纯净的泉水才能把毒药冲刷出来,并每天喝64杯220毫升一杯的水。最后他进入了昏迷状态并死于大脑进水,或称"水中毒"。

医学文献中大约有20个案例涉及实际是水过敏的人。居住在加利福尼亚州的一名20岁的越南男子就有这一症状。从10岁开始,如果一滴自来水或海水滴到他的皮肤上,他的皮肤就会出现荨麻疹或白边。接触任何一种水,他都会出现一阵阵的头痛和严重的呼吸困难。淋一场大雨对他来说是具有灾难性的,并且在1987年遭遇一场暴风雨时还被证明了是致命性的。

一杯自来水中被发现有超过700种的化学物质,这些物质每年会导致138,000次流产。

NO.18 致命蜂蜜

每到周末,在最好的中餐馆和日餐馆的包房里,一群精挑细选的顾客会秘密地聚在一起吃一顿危险的饭。这一"非请莫到"的宴会上,菜单中包括盖有一层最香甜的蜂蜜的蔬菜,这种蜂蜜是蜜蜂专门从杜鹃花上收集来的。一口这种纯的蜂蜜足以使冒险的品尝者陷入

昏迷状态。主菜的调味品含有看上去发白并很有弹性的毒盖蘑菇,它很像超市里卖的蘑菇,但如果不能正确烹制,就会使人中毒并迅速致人死亡。河豚作为一种主菜,是引诱美食者的一道致命的菜。精心制作的河豚主菜是称为吹气鱼或河豚鱼的肉,在其肝脏、胆汁和卵里面含有致命毒素。一克——一个金属回形针的重量——这种毒素可以使300人丧命。由于没有解药,因此这有点儿冒险性——正是这一点使得吃河豚在这些秘密食客当中显得很时髦。

2000~2004年,有23名河豚肉食客死于河豚中毒。

第十七章

美死的

  以死来鄙薄自己,出卖自己,否定自己的信仰,是世间最大的刑罚,最大的罪过。宁可受世间的痛苦和灾难,也千万不要走到这个地步。

——罗曼·罗兰

NO.1 厌食症

厌食症是对于食物和故意限制饮食的一种强迫观念，它改变了人的心理状态。医学界认为它是一种强促分泌的疾病。100万得了厌食症的人中，大多都不认为自己是在过一种非正常的禁食生活。相反，对很多人来说，这是他们愿意选择的一种生活方式，一种让他们在自我控制上有胜利感的生活方式。

19世纪90年代，20世纪20年代以及90年代，每一个时期，人们对于饮食、性、爱情和时尚的观念都在发生着变化，厌食症曾在女性人口中达到顶峰。

死亡规律

如今，女孩占了年轻人中与厌食症有关的死亡的90%；但也有较大比例的老年男人死于这种疾病。在过去的5年里，美国1,000万人的死亡中，只有20%是因为扭曲的自我形象而过分节食的成人女性和十几岁的姑娘。

大多数死于这种病的人是70岁以上的老年人。一些老年人厌食，一开始是因为在食物购买支出上受到限制，另外一些则是因为失去了味觉，或饭后感觉不舒服。对很多人来说，与厌食症有关的死亡是因为绝望造成的，也是一种消极的自杀。

2003年春，一个90岁高龄的男人简单地对其家人说："我不喜欢吃什么东西了，也就不再吃了。"7月他住进了医院，尽管进行了静脉滴注，他还是死了。死亡证明表明，他死于肺炎。

死亡纪录

厌食症最早作为医学上的症状是19世纪90年代，但医学文献上关于自我饥饿的记载却早在公元1300年就有了。根据1920年以前的死亡证明，厌食症是指"摄入"，它包含了很多种死因，包括肺结核，癌症以及不管什么时候一个人生理上的衰竭。

由厌食症造成的死亡每年有90,500例。

NO.2 减肥

拥有330亿资产的瘦身行业宣称，他们可以提供快速、安全、永久性的减肥方式，但是社会问题研究中心所做的一项民意调查显示，95%的减肥食谱都是无效的。由于迫切渴望减肥，人们愿意尝试各种方法。但是，实际上，那种流行的食谱，比如"只要你想吃，就吃掉面前的肉皮、汉堡、煎鸡蛋和熏肉"的饮食计划，最初是在1940年代用于治疗糖尿病的，这种食谱会引起诸如脱水、电解质丢失、体内钙质大量耗损、身体虚弱、恶心反胃、肾脏病变、脱发掉发等不良反应，并会增大心脏病发作的几率。1997年，一种由消化胶原质为主要成分、很少甚至没有其他提炼物质添加其中的液态蛋白质食谱流行一时，造成了至少60人死亡。食谱的宣传者宣称这些死亡与减肥食谱毫无关系，但是在减肥食谱引起的死亡率逐渐下降直至消失的同时，减肥食谱的热衷者的死亡原因却不断显示为营养不良、酸性物质中毒，以及较为少见的因过敏性体质引起的肺炎。

减肥药片

20世纪90年代，一种名为"芬芬"的食欲遏抑剂，在彻底退出市场之前，共造成了62名服用者死亡。目前，一种旨在增强新陈代谢能力的同类型药片"麻黄素"依然在市场上进行大肆宣传。麻黄素价格昂贵，不仅仅能够快速地刺激身体系统循环，其中所含的生物碱还能引起心脏病突发、中风、偏执妄想症、呕吐、发烧、心悸、抽搐和昏迷等各种并发症状。

1997年，社会问题研究中心在一项研究中发现，80%的四年级女生都在尝试各种减肥食谱。

悲伤往事

在巴尔的摩市的黄鹂棒球队中，史蒂夫·贝希勒是一位大有前途的投球手。2003年，这位23岁的运动员突然死亡，起初，人们将死因归结为中暑，后来才发现贝希勒一直为体重问题所困扰。医药检测报告表明，他的血液中残留有大量麻黄素的成分。

活动躺椅

流行杂志《都市传奇》曾经引述过下面这个故事：一名男子极力想摆脱肥胖困扰，为此他自己配制了一种特殊的简单的家常减肥食谱，每天只吃豆类和卷心菜，分别用来补充蛋白质和纤维素。一个月后，该男子在他密不透风的狭窄公寓中死去。接下来的事情更加奇怪，四名曾在该房间待过的急诊医生全部患病，其中一位的病情甚至严重到必须住院治疗。《都市传奇》中所提到的这位男子可能是爱达荷州的汉克·C.，他在1991年死于类似的环境。验尸报告证明，他的体内有高浓度的甲烷。但是验尸官作出结论是，死者并非死于自己制造的大量有毒气体，而是死于营养不良。

2004年，美国人服用了30亿剂减肥药，因此导致了54位服用者死亡，另有约1,000个使用者患上了严重的并发症的报告。

2006年全美国因营养不良造成的死亡人数：31,018。

NO.3 胃分流手术

美国人中有61%的人被认为超重，25%的人被认为拥有不健康的肥胖，有60,000人选择通过手术使胃减小。目前采用胃分流手术试图使胃减小最为典型，可以限制小肠可吸收的物质的数量。大多数手术师倾向于把胃切去一部分然后再缝上，但随着钉扎技术越来越成熟，且钉扎效果越来越好，钉扎枪越来越流行。2003年，马萨诸塞州的一位37岁的妇女因钉扎枪出了故障，在一个标准的剖腹胃分流手术中死亡。钉扎枪若射不出将会引起"渗露"，通常会导致直肠癌，或需要一个永久的结肠造口术，即切开腹部以使大便排出。

自然分流

被巴纳姆做广告称之为"原生性瘦的人"的艾萨德克·斯普拉格，出生时是一个正常的孩子，12岁前生长也正常。然而，由于突然的肠胃紊乱，他的体重不再增加。（塞佩奇很可能患了当时还未被发现的克隆病，这种病使人不能吃大量的饭，并且较难吸收生命所必需的营养元素。）1890年，48岁的他因免疫系统能力下降及营养不良死亡，他站立时身高1.64米，体重仅有23千克。

从1994年起，有33,722人在胃分流手术中或手术后死亡。

NO.4 时尚

在人类历史上，女人一旦涉及到时尚问题，风格总是屡屡战胜舒适和外表，甚至在面对死亡时也是如此。早在公元前1800年的克里特文明时期，女人们就系上腰带来束紧腰部，同时增大胸部。在19世纪和20世纪早期，紧身内衣是当时穿着流行服饰的必需衣物：维多利亚时代的女士们通常以娇弱来展示自己的高贵地位，她们脸色苍白，穿着高度紧身的内衣。穿着这种紧身内衣的女士经常因为缺氧而晕倒。由于被内衣所束缚，女士们的肺部不能完全张开，肠胃也不能正常活动，因此，即使是食用极少的食物，也有可能引起呕吐。有一些报道称，若干少女因此被折磨致死，她们的肝脏被自己的肋骨刺穿了。作为那个时代的风尚和欲望的最好例证，《乱世佳人》中的斯佳丽就将自己的腰部束小为难以置信的45厘米。

烧掉它？

从初次被使用起，胸罩就一直是内衣中争议最多的部分。尽管它的最初原型是历史学家所穿的交叉型灯笼裤，但是它却有较早的专利权。有些人认为，胸罩是纽约的社交名流玛丽·菲尔普斯·雅各布在1913年发明的。20世纪20年代，紧身内衣退出时尚之后，人们的情欲注意力便转向了女性的胸部。到20世纪40年代，现代胸罩已经形成了制作标准。有人认为它有益于女性健康，有人则认为有害。《穿衣而死》的两位作者，西德尼·罗斯·辛格和索马·格里斯麦基宣称穿着胸罩抑制了淋巴腺的正常功能，这些淋巴腺分布在乳房内部、乳房之上和四周。同时，她们认为胸罩对乳房的压缩使得大量的毒素聚集，增大了患上乳癌的几率。通过对4,730名女性的抽样调查，作者总结道："对于那些很少戴胸罩的女性而言，她们患上乳癌的几率要少21倍。"

为时尚而死

20世纪20年代的艺术圈中，人们流行佩戴长长的丝巾，借以彰显一种傲慢而优雅的时尚品位。1927年9月14日，现代舞蹈界的传奇人物伊莎多拉·邓肯乘坐一辆布加迪跑车，她的长长的丝巾在风中飘扬起来。但是意外发生了，那条丝巾和汽车的后轮缠在了一起。司机在继续飞速行驶了24公里之后，这才发现伊莎多拉已经被活活勒死。她的死亡证明书上写着："死者死于由交通工具导致的勒杀事故。"其实，这个证明书完全可以写得更加精确："死于追逐时尚的路上。"

从1850年至今，死于人造织物的收缩的总人数：29,865。

NO.5 选美比赛

选美比赛1922始于新泽西州的大西洋城，当时一个旅馆的店主想搞个噱头在劳动节后留住游客。当他招募了一些舞女——包括经常去滨海人行道一些美人，甚至一些到选美比赛去助兴的妓女——后，新闻界挖苦地称之为"地道的美国小姐比赛"。这个名称被张贴出来，这一事件也一年一度地坚持了80年，并慢慢地在2006年由大西洋城迁到了拉斯维加斯。如今，有超过3,000个的选美比赛，2,000个是为25岁以下的姑娘举办的，每年吸引250,000人参加比赛。据说一些父母为了让孩子"在比赛中胜出"，甚至花费高达12,000美元购置最新的时装和饰品。大奖通常不仅仅是一个奖品，对赢得皇冠的美女和她们的母亲来说，她们还会走得更远，甚至达到顶点。

在1996年6岁的选美冠军乔恩贝尔·拉姆齐被谋杀之前，大多数美国人还对这一亚文化知之甚少。她仍悬而未决的死亡案——有人相信这与她的胜出有关——引发了一场关于如何对待参加巡回比赛的小女孩以及她们的性别化的全国性讨论。参加选美的女孩的妈妈倾向于和自己的孩子感同身受地经历一切，失败和较差的名次都是不能被接受的。政府制定了法律保护儿童的健康免受吸烟和饮酒的危害并给他们提供教育和安全，但不是很反对成人对孩子的控制。

死神来了

在约克纳帕塔法郡的文学节选美比赛中，23岁的芭芭拉·迪布瓦进入了决赛。2004年2月，在进行比赛最后一个环节的前一天，在她家中发现了她的尸体。很快，密西西比州牛津郡52岁的厄玛·韦布因被怀疑是凶手被捕。根据牛津鹰报的报导，"韦布的女儿，也在选美比赛中进入了最后一轮。"

2004年，沙凡纳港市小姐选美比赛在本届冠军因谋杀被逮捕后被取消了。22岁的莎伦·尼克尔·雷德蒙因谋杀男友而被起诉，她承认和他在关于另一个女人的争吵中杀了他。

选美冠军的谋杀者

系列杀手克里斯多佛·怀尔德一直在选美和模特儿圈里混。他会用自己的相机，通过许诺免费拍摄照片并帮助她们发展事业来吸引年轻美女。在他逍遥法外20年的时间里，他杀死了至少15名模特儿和选美冠军，主要是在迈阿密和佛罗里达。他的逍遥法外，在他谋杀了23岁的奥治兰公主、同时也是佛罗里达小姐大赛中最后一轮的出线者以后，就很快结束了。警察把他逼到一个角落，在扭打中，一个骑兵警察的枪射穿了他的肝脏和腹股沟。他死了，被永久地剥夺了权利。

在所有参加选美比赛的选手中，虽然只有1%能够在模特业中有进一步的发展，每年却有大约4,300人的名字出现在讣告栏里——2%因谋杀或无法解释的事故死去。

NO.6　吸脂术

抽脂减肥术，在20世纪70年代第一次开始应用于那些不满意自己肥胖身材的男女身上。今天，这种方法在美国已经成为最受欢迎的美容外科手术，因为它不仅可以帮你塑造体形而且还是一种快速帮助那些体重超重的人轻松祛除多余脂肪、避免节食的好方法。2004年一年间，就有超过41万人接受了这种美容手术，即使在那些曾经做过这种手术的人中有90%的人在一年之内体重又重新反弹，仍不能阻挡人们想减肥塑身的强烈欲望。

从1994年到1998年，那个时候几乎所有人，包括未经专业培训的医生甚至是美容师都得到允许可以做这种手术，但导致的直接后果就是接受手术的每1,000人中就有一人是在手术过程中或手术后死亡。现在，种类繁多的整容手术主要都是以提供抽脂减肥塑身为服务内容，并且相应的从业人员的素质和医术都得到了很大的提高，所以死亡率也随之下降到每3,000人中有一人死亡。当有人讨论并且认为接受这种手术是在冒险时，那些该行业的从业者就会站出来以刚才提到的下降的死亡率为理由为自己辩驳。但是他们对因手术失败或相关原因的死亡病例却只字未提，因为他们清楚只有更多的人接受手术，财源才能滚滚而来。由整容手术导致的死亡证明中有这样一条记录："因医生的治疗导致死亡"，这也许能最好地解释书面报告中提及的死因与真正的死因之间的不一致。这也正是整容行业一直努力在做的事：保持死亡数据的一致，不能因整容过程中的失败影响自己发横财。

文字游戏

在2004年出具的25万个死亡证明中都以"因医生治疗而引起死亡"为主要理由，这样一来就可以巧妙地掩盖住死亡的真正原因。

下列文字是继"因医生治疗引起死亡"这个原因之后的其他死因的详细说明：

有12,000人是死于不必要的外科手术；每年接受胆囊移植手术后由于缺少监护没有及时发现并发症而死亡的病人人数每年以50%的速度增加到500万人；25%的子宫切除手术是在没有得到任何医疗诊断的前提下进行的（2004年的准确数字为800,000）；1亿个新生儿中只有14%的人得到过医生的诊断。

有27,000人是由于医院医生的误诊丧命，例如在没有得到病人完整的病史前就实施手术,然后再不负责任地进行威胁其生命的治疗;还有错误地对病人的其他器官进行手术,甚至在没有搞清楚进行手术的对象时就已经完成了手术,这种情况被披露曝光的次数在2004年已经超过了350,000次。

2004年因手术后感染死亡的病人有80,000人。

106,000人死于因服用的药物产生副作用。

其他因医生治疗而死亡的原因包括血液中的凝结导致的血栓病,或者是麻醉剂中毒。虽然外科手术会伴随着这样的风险,但事实上抽脂术却毫无安全性可言,尤其是对那些本来就很健康的人来说,最终的结果只会酿成悲剧。

美的代价

相比之下,男人比女人更钟爱抽脂手术。一位居住在密歇根的51岁男子对自己的身材时刻保持高度的关注,他有1.87米高,体重120千克,他坚持每天锻炼身体,使他看起来很健康而且体型健美,但即使这样他仍不满意自己略显松弛的后背,认为这就是导致他没有完美身材的原因。所以他决定放弃身体锻炼,选择了抽脂手术帮助他实现梦想。不幸发生了,随着将近5千克的脂肪从他身体中抽出,这位对完美身材的追逐者也因肺部节栓去世。

2004年发生了另一起相同的不幸事件,当作家奥利维娅·戈德史密斯在他的畅销书《第一夫人们的俱乐部》中用大量笔墨来讽刺那些整容塑身手术的狂热追随者时,他本人却因对下颚做例行矫正过程中发生麻醉剂并发症而死。

1970年以来因抽脂导致的死亡人数为19,654人。

NO.7 厚底鞋

第一款厚底鞋是在15世纪出现的,当时只是被用于时装展示。后来,贵族妇女们穿着15到60厘米木制鞋底的鞋子在泥泞的街道上行走,以便远离泥水。鞋的底越高,这位女子就越富有。因为如果一个女子穿着60厘米鞋底的鞋子,那么当她在鹅卵石路上行走时就必须雇更多的用人来保护她。

在迪斯科风行的70年代,厚底鞋正好迎合了这股潮流。直到迪斯科的热潮消退,人们对厚底鞋的狂热才日趋冷淡,此后细跟鞋逐渐受到更多人的欢迎。对于那些尝试穿厚底鞋和高跟鞋的人来说,脚踝扭伤、骨折、碰伤和膝盖擦伤都是比较常见的伤害。长期穿高跟和增高鞋会影响到人的小腿肌肉以及跟腱，并会导致身高缩短。一名经常穿着12厘米高跟鞋的妇女最终发现她的踝关节出现了永久性闭合。过分青睐细跟鞋的人会导致"马蹄踝关节"，其走路的姿态不是所期望的性感的摇摆，而是像马一样的步态。而最近的一些死亡案例表明，穿20厘米以上的厚底高跟鞋将会带来很大的风险。

死神来了

1999年，一名路人成了高跟鞋的牺牲品，他被一辆汽车撞倒，而驾车者——一名25岁的女子由于穿了厚底鞋而不能充分踩下刹车导致车祸的发生。同年，一名24岁的女孩被人发现死在自己的车内。由于穿了12厘米高的厚底鞋，她在与同伴去舞会的路上摔倒，她感到尴尬让同伴先走，同伴认为她回车里去把自己弄干净，但是没有想到她在摔倒时已经造成了颅骨骨折，最后导致脑出血而死亡。

1975年以来与鞋子有关的死亡事故：18,983。

NO.8 自恋

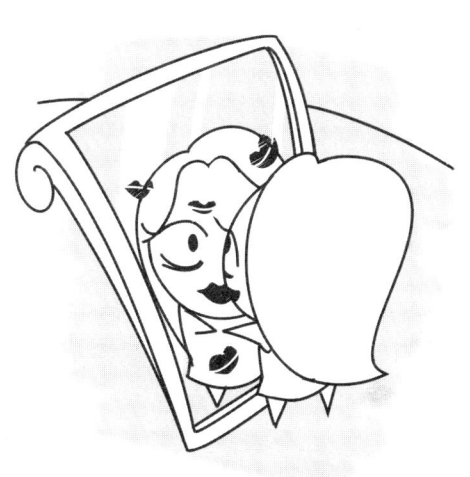

对自身产生强烈的依赖情感，我们称之为自恋，它来自于希腊神话中一个人的名字——水仙花，他爱上了自己在水中的倒影并自杀了。正常范围内人对自己的喜爱和欣赏是健康的而且也是个人生活中的"催化剂"，但是如果这种爱转变成孤芳自赏，那么从心理学上讲就意味着人格扭曲。美国精神病治疗协会把自恋当做是一种忧郁症，一位自恋者的典型表现就是经常会感到烦躁不安，而且是周期性发作，感觉悲伤和失望以及心理上缺乏快感，丧失了享受快乐的能力。

当一名自恋者的症状完全显露时，他可能实际上已经获得了成功，并受到了别人的吹捧。如果他有足够多的钱，他对别人的漠视会被忽略甚至还被认为是一种癖好。自恋的名人们可以暂时得到他们梦寐以求的排场和名声。但是，当赞誉、成绩和权利变得无法满足他们的要求时，自恋者就会深受永远都无法满足的欲望的折磨。

自恋者总是认为自己很老练、感觉敏锐、知识丰富、明智、风度优雅和机智。他们经常会采用毫无益处的建议，以显示自己无法逾越的权威。

就像在《白雪公主》中，王后问魔镜："谁是最美丽的女人？"当她得到不希望听到的回答后就把镜子砸了。与此类似，自恋者经常会嫉妒他人，并设法毁掉让自己失望的人。当自恋症发展到极致时，就会产生被迫害的错觉，自恋者和他人的死亡就变得不可避免。

卢佩·维莱曾是一名轰动一时的女明星，她从上世纪20年代到1944年36岁去世时共拍了超过40部影片。作为一个明星，她极其在意自己外表的每个细节，一面一人高的镜子从来都不离她的左右。在好莱坞的晚会和活动中，无论入场还是退场，她都力争成为最耀眼的角色。当她怀有身孕时，她甚至无法忍受镜子中的自己。在怀孕4个月后，卢佩穿上了她最漂亮的衣服，然后吞下了一把安眠药片，躺了下来，并确认自己的尸体会很迷人。但她突然感觉想要呕吐，于是冲向了洗手间，却在洗手间滑倒了。当人们发现她时，她的尸体趴在马桶上，头浸没在马桶的水里。

吉格·杨，艺名拜伦·巴尔，在20世纪60年代以机智的年轻人的形象活跃于影坛，他经常扮演喜欢寻找快乐却不愿承担责任的快乐单身汉形象。有报道称他是一名纯粹的自恋者。尽管在电影里经常充当次要的滑稽角色，1969年他还是因在电影《孤注一掷》中的演出获得了奥斯卡最佳男配角奖。但到1978年时，他已经不再被欣赏，而只能偶尔在一些电视节目中充任嘉宾。他64岁时，在与自己的第四任妻子结婚仅3个星期后，这名不再是快乐单身汉的男演员在曼哈顿的公寓里枪杀了自己的新娘后自杀身亡。

1975年以来因自恋症及其相关的症状致死人数：13,983。

NO.9　歌舞伎妆综合征

在第八染色体的重整中，通常只跟肿瘤生长压抑和一些血液失调有关的基因，导致了这种奇怪但是真实的惊人病症。这种病第一次由日本医生在1980年给予定义，因为它导致的人类面部永久性改变，看起来就像日本传统歌舞伎舞台上的演员一样，后者以其与众不同的化妆方式著名。

最初，歌舞伎妆综合征的病人只是被诊断为因遗传原因而产生了一些顽皮、淘气的表情而已。患病者有着又长又浓的睫毛，意味深长的弯弯的眉毛，扁平的鼻头，以及逐渐往外突出的耳朵。在歌舞伎妆综合征发病的时候，病人的牙齿都分开得很宽而且变得极不规则，而大多的医生认为这些病人只需要看看牙科，而并不是什么别的病。这些面部的变化，有时是从出生时就很明显的，在青春期或者成年妇女生育后都有可能进一步加深，随之而来的，是潜在的心脏异常和迫近的死亡。直到最近，一些表情和幽默剧演员的化妆面具差不多的歌舞伎妆综合征患者依然没有得到医学观察，而只是被当做总化着妆的、古怪的人。而歌舞伎妆综合征的女性患者更是被完全忽略，她们被当做是没有学好怎么化妆的女人，别人以为她们是故意拔去眉毛而把它弄成弯的。因此，许多患者都没有得到诊断。科学家也没有弄清楚为什么致病基因突然发生故障或者重组了序列而没有任何明显的原因。病人脸部的生理变化并没有产生痛苦，但是一些心理学上的变化明显地增多了。

自1980年以来，这种最初不知道原因的疾病已经夺去了3,750个人的生命。

发脾气

根据《口红指南》这本谈论口红购买和其他经济走向的书，当女性在悲观的时候，她们会购买更多的口红。在过去的四年中，口红销售一片大好。每个女人在她的一生中会用掉3千克重的口红。

如今，在女性的化妆盒里面，口红形状的种类已经超过了颜色的种类，此外，新的口红产品在无休止地被设计和生产着，不为别的，只为能让女性更加美丽。

一份由职业安全与健康协会做出的政府研究报告指出，化妆品中有不止125种化学成分被鉴别出能导致癌症和生育困难。在诸如香水、护肤霜、洗发香波等个人护理产品中有884种成分存在潜在的致癌危险。

美国食品药物管理局警告化妆品使用者，要警惕一些不经常出现的过敏反应，不像麻疹和皮疹那样，一些过敏反应是很细微的，但是却能慢慢地导致脾气、心态的慢慢转变。某些特定类型的情绪低落也许就是化妆品中那些化学成分所产生的过敏反应。科学家们现在相信很大一部分精神病病例就是因为妇女在使用化妆品时的过敏物导致的。

永久眼线膏

人们的确总是想让自己看起来永远都像是化了妆，也想得到一种新科技发明的、永久性的化妆品，可以让唇、眼线、眉毛得到受益终身的装扮。永久性化妆品所用的墨水已经导致了严重的畸形、膨胀、结疤和呼吸障碍等种种不幸事故。

银幕

巴迪·埃布森本来是要出演盎司男巫中的罐仔，但拍摄几周后他因为化妆时用了以铅为底的银而中毒，生了严重的病，几乎失去生命。他的角色被杰克·哈里替代。给哈里化妆用的材料被换成了以铝为底，这让他那颗巫师奖励的心脏一直跳动到了79岁。1978年他因为呼吸故障去世。

1964年的詹姆斯·邦德经典电影《金手指》中的女主角雪莉·伊顿扮演一个勾引男子的女人（被美誉为"用黄金绘满全身的姑娘"），在化妆的时候必须在她的身上留出一小块来不涂上化妆品好让皮肤呼吸，这样她才没有在拍摄途中丢了性命。

死亡规律

皮肤是人体最大的器官。它排除人体的毒素，恒定体温。根据2003年10月的《生命拓展》杂志所讲的，"一平方厘米的皮肤包含370个让汗液和油污排出体内的出口"。当身体完全被染料覆盖的时候，不管材料含不含铅，肺部都不能从细胞获得氧气和排除毒素，这样在3小时内就会造成严重的新陈代谢失衡。

一位著名的幽默剧表演者，奥托·格里布林，有着长达50年的演艺生涯，

以玩铁盘和其他哑剧戏法著名。1970年他因癌症进行了喉部移植手术,这样不管是在舞台上还是在现实生活中,哑剧都成了他的生活方式。1972年去世。

在2002年,和口红或流体化妆品有关的中毒事件造成了11,345人次紧急抢救。

NO.10　肉毒杆菌毒素

这种毒素起源于肉毒梭菌,它能引起肉毒中毒。纯粹的肉毒杆菌毒素是已知毒性最强的物质,并且是生化恐怖分子希望使用的一种毒素。4克未稀释的粉末——一枚五分镍币的重量——足以使1亿人丧命。美国食品药物管理局2002年4月批准肉毒杆菌毒素可用于化妆品中。用于化妆品的肉毒杆菌毒素变体,比如肉毒素,目的是使神经递质负责触发肌肉收缩,有效麻痹注射的区域,抑制皱纹的出现。通常,把数量从0.5~1.0毫升不等的毒素溶液——大约一茶匙——注射到脸部的每一个区域。神经运动紊乱的人会发作并出现呼吸困难。美发师等对这种用于化妆品的毒素变体的使用,增加了其被致命性误用的可能性。比肉毒素更易引起肉毒中毒的非法肉毒素仿制品,不时地充斥市场并每年致死30人。

2004年,有160万美国人注射过肉毒杆菌毒素,110万女性用胶原质注射的方法丰唇。隆胸者有246,000例,缩胸者有124,000例。（参见：吸脂术）

带着寻找医疗美容界骗子的痛楚,执法者发动了一场打击"手术上的弗兰肯斯坦①"的行动。

人们发现了数百名在美容店做美容手术的冒牌医生。同时他们也发现,一些合法医生有意识地雇用假医生去做诸如腹部皮肤收缩、吸脂以及肉毒杆菌毒素疗法之类的流水线作业的手术操作程序。警察逮到一个冒充造型外科医师的人,他造成两人死亡,其中一个男性健美运动者,他本应接受胸肌植入却被做

---

①兰肯斯坦,英文作"Frankenstein",是小说《科学怪人》(Frankenstein)中那个疯狂科学家的名字。《科学怪人》是英国诗人雪莱的妻子玛丽·雪莱在1818年创作的小说,被认为是世界上第一部真正意义上的科幻小说。)

了女性乳房手术。医疗美容界这些骗子医生在提供粗劣的服务时，经常使用动物镇静剂和厨房器具。

在那个时代，女人们都希望拥有"沙漏型"的美妙体形，男人们也都宣称他们心目中的理想美人是1890年代的戏剧女星莉莲·罗素，这位美女体重90千克，有着堪称完美比例的身材。

死神来了

1999年，两位分别为24岁和39岁的女性在一个公园参加户外典礼时，恰好发生了雷电交加的暴雨。尽管她们的身边都是很高的原木，都是可以引雷电去袭击的物体，但这两位女士却被闪电直接击中，当场死亡。造成这个不幸遭遇的原因只能归结为她们所穿戴的胸罩，这种时尚内衣需要更多的金属丝支撑，是特别为大胸围女士制作的。

1985年以来，有2,871人死于肉毒杆菌毒素的使用。

第十八章

爽死的

只有死亡比性更深刻。

——梅森·库利

NO.1 性病

带还是不带——安全套,这个莎士比亚式的对白仍然在美国人的卧室中不时响起。然而正是吓人的性传播疾病让这个问题变得容易回答。但在激情澎湃时,做出理性的决定并不容易。正是成人间的性行为造成了比其他任何人与人接触的行为更多的死亡,甚至多于谋杀。

从人类有记载的历史开始,人们就开始认识到性行为会导致一些意想不到的结果。正是相信更多的愉悦需要付出更大的代价,于是有人开始寻找降低风险的方法。最早的避孕套展现于埃及的艺术品上,时间大约是公元前2600年,画面上一名男子用可能是兽皮所做的套来包裹自己勃起的部位。公元1500年,弗洛皮耶斯教授出版了一本关于他所做实验的书,书中称有1,100名男子参加了他的实验,最终证明他用亚麻做的阴茎套可以成功地阻断性病的传播。

拉姆西斯牌安全套得名于埃及法老王拉姆西斯大帝,他共有超过160名孩子。

在18世纪,风流浪子卡萨诺瓦声称由于使用了亚麻安全套,尽管他在一年内同122名女子做爱,却从来没有感染疾病,也没有使一人怀孕。

19世纪40年代,在查尔斯·古德伊尔发现了硫化橡胶树以及将其制成各种形状的方法后,亚麻安全套开始逐步被橡胶安全套所取代。到1861年,《纽约时报》上出现了这样的广告——"鲍威尔教授的法式预防法"。1873年通过的康斯托克法案将出售避孕工具列为非法,美国邮政局被命令没收所有通过邮件销售的安全套。在20世纪30年代更薄更柔润的乳胶出现以前,安全套一直是由厚的橡胶制成的,闻起来就像轮胎的味道,也没有加润滑剂。安全套的使用在20世纪50年代达到了一个高峰，但由于避孕药的出现，安全套不再那么受欢迎。当20世纪80年代艾滋病开始流行时，安全套才又被人们重视起来。

死神来了

梅毒是头号性传播疾病，这种病在过去5000年中导致的死亡人数远多于其他性病。梅毒是由一种在显微镜下可见的螺旋状细菌所导致，通过性接触或黏膜感染来进行传播。这种名声不好的病得名于一首拉丁诗，诗中的牧羊人正是患有晚期梅毒。

16世纪英国的编年史家约翰·斯多这样描述这种病："一种神秘的传染病，迄今仍不为人所了解，但其传播速度之快、危害之巨，以及无药可医的特征将恐惧深埋在所有人的心中。"（听起来就像是现在的艾滋病，不是吗？）历史上，许多人并不知道自己患了梅毒，因为它的症状和其他许多病类似。

在从前的死亡纪录中，梅毒的特征很像是坏血病和疹病，直到近100年来，这种病才被认定为性传播疾病的一种。实际上，在19世纪80年代，得了梅毒的男人认为只要和处女性交就能治愈这种病。在那个年代，得了梅毒被认为是达尔文进化论中自然选择的结果，只能任其自生自灭，接受最后的审判。在青霉素发明之前，每年有15,000人死于梅毒，还有更多人因患梅毒引起痴呆而被监禁。到1920年，美国有30万精神病人被精神病医院收治，其中有45%的人是由性病导致的痴呆。由于梅毒造成的对大脑的破坏，还导致许多血案的发生。在碎尸者杰克案中逮捕的数名嫌犯都患有梅毒，其中就有维多利亚女王的孙子艾伯特·维克托王子，许多人认为他在精神病发作时在伦敦进行了数起谋杀。

2004年，艾滋病在美国杀死18,017人，其中包括17,934名成年人和青少年，以及83名13岁以下儿童。从2000年到2004年，美国共有942人死于梅毒，有10万名妇女因感染衣原体而导致不孕，其中有716人死亡。

死亡规律

2004年,美国新报告的梅毒病例达到了32,000例,比过去10年大幅上升。美国疾病控制中心认为梅毒正在卷土重来,与其伴随而来的还有一种最新的性传播疾病——衣原体感染。这是一种由沙眼衣原体病毒感染的性病,每年的新发病数达到了300万例。它能够导致尿路感染,肾脏受损,以及睾丸肿大。对于妇女,它能够导致宫外孕并引发死亡。

我们这个时代真正的流行病是艾滋病,它主要通过未加保护的性行为进行传播。艾滋病病毒感染最早于1981年被发现,到目前美国已经有501,669人死于艾滋病。现在,美国艾滋病病毒的携带者数量多达1,185,000,这使得是不是需要带安全套的问题变得容易回答起来。

死亡纪录

1860年的暹罗国国王蒙卡特被认为是世界上头号风流人物,他共有9,000名妻子。在死于梅毒之前,他的遗言是:"我只真正爱过最前面的700人。"

在18世纪和19世纪,因患性传播疾病而死亡的人的死亡证明有如下表述方式:丘比特病、丘比特疮、法国疹、疫病、坏血、维纳斯的咒语。

列宁、莫扎特、贝多芬和梵·高都是死于梅毒。

NO.2 催情药

罗德尼·丹杰菲尔德罗德尼·丹杰菲尔德(原名雅各布·科恩),以其俏皮话闻名于世,于2004年10月7日死于心脏手术并发症,享年82岁。长达10年的时间里,丹杰菲尔德被无数的绝症折磨着,如双重迂回手术、动脉瘤,以及2003年4月份做的一次头颅内部大脑迂回手术。在他生命中的最后一个月,他由昏迷中短暂地苏醒过来,微笑着对医生说:"我买了一块墓地,那里有左邻右里。"他曾经说过,当他服用伟哥后,他能"弄坏客厅里的大吊灯"。如果在性爱过程中或结束后服用催情药物的话,纵欲过度总是死亡的罪魁祸首。

美国食品药物管理局的初步测试显示,在阳痿代理商伟哥的产品中,选择抑制剂所含有的化学成分相对来说是安全的,只要别和用于治疗大多数心脏病的硝化甘油混合使用就行。但是许多男士根本不在乎这些危险。弗吉尼亚大学泌尿医科的主席威廉·斯蒂尔斯医生说:"男人对性爱享受的追求远甚于身体的健康……他们服用伟哥的时候从来不会考虑到后果的。"美国泌尿医学会的重要合作人,来自圣·弗朗西斯科的艾拉·沙利普医生补充道:"我的很多病人都说,'如果我不得不死去的话,我也宁愿做个风流鬼'。"

古希腊和古罗马时期以来,人们就一直在寻找能提高性能力或使不愿意的人一下子愿意起来的神奇物质。尽管催情药的效力更多的是神话而非事实,发现奇特神秘的药方的诱惑依然持续不断。全世界的人们都在尝试某些食物和饮料、药物、气味、外用药或粉剂,企图获得那种不可捉摸的催情力量。不幸的是,很多人受到了误导,在这种妄想的状态中,经常——至少是一次——摄入所有种类的催情物质,并带来灾难性的后果。

死神来了

2001年,4个年龄在18到34岁的男子,在纽约死于他们在烟店里买的局部催情药。他们认为这种棕色的、外形像糖的块状药,会在热水杯里融化,并可像茶一样啜饮,因此,他们喝了一杯又一杯。最初是想做成药膏搽在合适的地方的这种块状药,含有蟾二烯羟酸内酯,一种自发增强心脏功能的类固醇。非但没有洋溢着热情,30分钟内这4人都深受严重的呕吐和持续的腹泻之苦。一天后,他们都死了。

亲吻青蛙

根据近期的一份调查，50个大学生中只有一个承认不会亲吻青蛙，但如果见到蟾蜍，他肯定会舔一下。这些催情药迷们所寻找的是美国本地的蟾蜍，这种蟾蜍在美国医药执法局于20世纪60年代宣布蟾酥碱——也就是该种蟾蜍的毒液——在任何处方中出现都是非法的以来，反而更受到欢迎。美国法律特别声明："不得舔噬蟾蜍。"

半个世纪前，也就是上世纪50年代，政府的研究人员给俄亥俄州一座监狱的囚犯注射了蟾酥碱，想得到一些关于精神分裂症和其他精神疾病的信息。不但没有得到期望得到的东西——根据这些科学家们发表在1956年6月18号的《科学》杂志上的报告，这些囚犯反而产生了幻觉，出现了恶心、胃痛等症状，并且变成了"茄子的颜色"。他们相互之间，以及对于研究人员，都表现出不正常的情意绵绵。这一副作用使得美国研究人员对蟾酥的进一步研究感到沮丧，而非官方的研究持续至今。如今，蟾酥纯化论者坚持认为舔噬蟾蜍是没有意义的，他们更乐于烟熏整只蟾蜍，以便用一种大号的带裂缝的量管提取毒液。

既然一个蟾蜍的脑袋可以忍受诸如痢疾、呕吐、心动过速，以及几乎系统崩溃的各种打击，他们也就可能承受伴随着过度的精力和性活力的超强感觉，不吃不喝，持续三天三夜。

1958年以来，共有1,925人死于蟾酥碱中毒。

死亡规律

1993～2002年，纽约市报告了6个类似的案例。所有的这7人都是男人，年龄从17岁到51岁不等，并且他们都在吃过一种叫蟾酥的催情药后有反胃的反应。蟾酥是以"坚硬持久膏"或"爱之石"的名字卖的，里面含有Bufo bufo（一种普通的蟾蜍）毒液。这也是一种广受喜爱的（据说是）掺入饮料服用的"催情药"，因为它不需要融化在热水中。这种催情药不会像诸如迷奸药一类的迷魂药一样使女性死去，虽然也经常会使毫无防备的服用者恶心呕吐。尽管这种产品已经禁售，但仍可很容易地买到。

"每次只用一点点"

"西班牙芫菁"是最古老的广泛传播的增强性能力的物质。它是从一种见于南美和欧洲部分地区的有毒的甲壳虫中提取出来的,服用之后会引起严重的肠胃功能紊乱和肾脏的膨胀。把磨细的甲壳虫粉搽在皮肤上,放在嘴里,或用到生殖器上,吸收了的毒素使尿路灼热,使得热血沸腾的使用者感觉有什么不一样的东西要从那里流下来。如果"西班牙芫菁"使用过量,受感染的肝脏会产生一种斑蝥素分泌物,这种分泌物会增加骨盆区的血液流动并使勃起的时间延长,并使使用者有燃烧一样的感觉。仅1.6克粉碎了甲壳虫粉——大约是一角硬币的一半重,或者仅1,600毫克液态的"西班牙芫菁",就可以在26小时内致人死亡。

1850年以来,有6,613人死于"西班牙芫菁"。

在火腿起司蛋卷以前的时代

另一种曾经流行的性增强物是苦艾酒,一种由蒸馏过的苦艾草和其他植物的根做成的绿色、苦味的酒。许多放浪形骸的艺术家,比如梵高、莫奈、毕加索和海明威,都盛赞苦艾酒,把它作为有效的催情药。喝这种酒很容易上瘾,也会引起失明、痉挛、神经损害以及精神紊乱。1897年,《哈珀周刊》写道:"很多死亡都可以从饮苦艾酒中找到蛛丝马迹。"19世纪末20世纪初,苦艾酒每年的销售量是3,600万升。

美国每年有25,000女性对医院承认,外出参加聚会时,在喝了放在一边没怎么注意的饮料后,受过"药物中毒"。

听起来很有趣

一个不知名的实验者在TAC——也就是民族植物学学会的网络留言板上,就他被一个活的带毒的蟾蜍所激发的经历发帖子:"最初,我感觉自己好像就变成了一只蟾蜍。我能够感觉到我变成了一只蟾蜍。随后,我感觉到的是对于凉水的不可遏制的欲望。我跑着爬上楼梯,同时脱光了衣服,跳向淋浴头并打开了凉水。此时此刻,我感觉自己就要死去。"

寻找仍在继续

最新被禁止的催情药是狂喜迷幻药和别的一些舞会上用的药。喜欢聚会的人使用这种药来寻求性和感情互动的刺激。狂喜迷幻药影响大脑，改变大脑释放血清素的神经元，使用者感受到的强烈的性抑制是大脑萎缩的结果。

对每个人来说，性爱对心跳速度的加快，就跟扛着36千克重的大米突然跑上一坡台阶的效果差不多。

苦艾酒于1915年被禁售；在其销售最好的时期，每年有9,000人的死亡归于这种酒的饮用。

2005年，208个十几岁的少年死于狂喜迷幻药。

有关部门预期每年死亡率至少增加一倍。

每年有11,344名男性因为服用催情药物而死亡。

NO.3 手淫死

死于自慰的人大多是意外，而并非因为他们的手掌多毛或指头上长着肉瘤，也不是失明或在勃起时撞到什么东西上导致内出血。

20世纪50年代，一些科学家宣称即使是一次的自慰行为也可以导致少男少女身体和精神上受伤害，还可能会导致残疾、精神病或者是早死。从1715年第一本关于自慰的医学手册（《交媾中断或罪恶的手淫，及其带给两性的可怕后果》）在伦敦出版，直到20世纪50年代，手淫一直被称之为是隐藏的瘟疫和"青年杀手"。手淫致人死亡或致人残疾可能会发生，但这样的病例还未得到证实。

最近有3起中年男性在手淫过程中死于触电的事故，他们都不约而同使用了电吹风。另外有一个在手淫时吞入了整个夏南瓜，结果导致死亡。1980年，一名上了岁数的男人在使用真空吸尘器进行自慰时心脏病发作身亡。

美国每年有3,761人在进行自体性行为活动时死亡。

NO.4　海滩死

有些人去海滩玩但是从不到水里，尽管如此，少数人还是难逃厄运。在北卡罗莱纳州哈特勒斯岛的一处海滩，一名20岁的男子坐在自己挖的、引以为豪一个的2.7米深的沙坑里，但在毫无先兆的情况下，沙坑的四壁突然倒塌，将该男子吞没。有50名游客加入了抢救的行列，人们用玩具铲和双手来挖沙，最后甚至还动用了挖掘设备，终于把他挖了出来，但他早已气绝身亡。

2004年有3,876人死于海滩，其中90%的人死于游泳时被激流所困。

NO.5　窒息性高潮死

自体性欲窒息死亡通常是由悬吊、绳勒和窒闷造成的。缺氧会使人感觉轻飘飘，据说这样会放大性的体验。由于相信通过窒息比较容易达到性高潮，比以往更多的女性死于"呼吸控制游戏"。用绳勒的方法来提高性感受可不是什么新鲜事，中世纪欧洲的文献和古老东方的房事指南中都有有关的记载，爱斯基摩人和亚干的印第安人都使用过这种方法。现在，简单的勒紧脖子被腰部、胸部和腹部挤压甚至电击取代了。2003年，共有8个女性裸体悬挂着死于一个电动绳索新玩意，这种装置还配有另外一个护垫来防止颈部挫伤和磨擦的，在成人性用品精品店里至今仍在销售。

作茧自缚

覆盖玻璃纸和塑料布，这种被称为"作茧自缚"的做法，现在成了为性高潮而限制空气流动的一种流行方法。但这么做有致命的危险。2002年，迈阿密州波特兰市的一名男子，把他的身体包裹在塑料布里。他用换气装置在盖布上加装了一个空气出口。自慰时，他的牙没咬住换气口，他最后而窒息死亡。被发现时，可以很明显看出，他企图用刀子划破塑料袋，但努力失败了。

据官方统计，2004年有1,214人（主要是男性少年）在性爱过程中企图限制流到大脑的血液时死亡。即便已经知道的死亡已超过1,000人，这个数字仍可能会更高，报告出来的因手淫而窒息死亡的人数是被低估的，因为亲人都为此感到难为情。

NO.6 插入死

2004年，29人因直肠插入外物而死亡。有些死亡常常被归于由各种原因导致的"性交创伤"。一个人曾因插入一个打开着的防腐剂的瓶子而死亡，也有人插入一根窗帘杆，致使直肠膜破裂，失血而亡。同一年，还有5人因插入扫帚把引起了肛门败血症而死亡。这种败血症是由碎屑或不小心摄入的木片而感染的。2人死于由插入的鸡骨头而引起的肛门感染和直肠撕裂。1人莫名其妙地坐到了一个汽水瓶子上，致使瓶子整个地进入了肛门并被挤进了大肠。他在试图用一个挂衣钩取出瓶子时死去。

在肛门中放入小动物是很少见的，但是这对急诊室的医生而言却不觉得奇怪。每个急诊室每年平均进行20个从肛门取出动物的手术。最常见的动物是沙鼠和老鼠，偶尔是大小适合的小仓鼠。动物通常会因窒息死亡，但死前会剧烈挣扎，经常撕破直肠导致严重失血。

牲畜在里面

2005年7月，西雅图一家社区医院的急诊室医生在开始对一名用担架车推来的45岁的男子进行检查时，发现他已经死了。推他来的那个伙伴逃走了，这促使当局寻求死者的身份和死因。最后追寻到当地的一个农场，该农场因其是一个和动物性交的地方而在网上聊天室出名。通过调阅农场的录像发现那名死去的男子经常和马交合。根据尸检报告，该男子死于"由结肠穿孔导致的急性腹膜炎"。

1985年以来因直肠插入外物而使直肠破裂导致的死亡人数：1,119。

NO.7 口交死

当一名妇女接受口交时（舔阴性行为），绝不能像吹气球一样将空气吹入阴道，因为它可能会使空气进入血液中从而导致形成栓子（气泡），在顷刻间将女性杀死。如果是怀孕期间的妇女，这种口交行为的风险要更大些，因为她们骨盆区域的血液供应量更多。此外，即便不是由口交引起的阴道和直肠血管栓子，也会导致死亡。

2002年，弗吉尼亚州的一名妇女在使用一根胡萝卜进行自慰时，形成空气栓子而导致死亡。其他能够导致形成气泡的工具还包括（但不局限于）：用绳子拴着的肥皂、南瓜、蜡烛、电池和其他各种各样并非用来进行自慰的器具。在自慰的过程中，这些形状不规则的器具可以使空气进得多出得少，导致空气进入血流中。

每年有919名妇女死于口交中和正常性交中形成的血液栓塞。

NO.8 精液过敏死

两性的交欢被认为可以产生良性的化学反应。但从1958年开始，医疗记录显示有女性死于精液过敏。有一名新婚的女子在结婚一年之后死亡。她的丈夫说："事情是从一年前我们结婚时开始的，当我们做爱不使用安全套时，她会呼吸困难和呕吐，并且会病得很厉害。"但他们没有把她的反应联系到未加保护的性行为上，他们认为可能是他的古龙香水或洗床单的清洁剂所导致。2001年，她在一次性交后被送往医院，但在路上就死了。这名23岁的女子是对精液中的蛋白质过敏，这种蛋白质使她的免疫系统产生过激反应。精液过敏导致死亡的先兆有：眼圈肿胀、打喷嚏、鼻塞、呕吐和腹泻。当精液过多时，女性的呼吸道会肿胀得非常厉害，以至于让她们窒息而死。

死亡规律

通常，精液射出的速度在每小时47公里左右。如果低于这个速度，受精就会相对困难，女人如果希望怀孕，就需要通过调整体位以通过重力增加精液的速度。如果射精的速度高于每小时48公里（有些男性的射精速度可以达到72公里每小时），女性可能会感到子宫疼痛，这很明显是由于精液冲击子宫壁所导致，但还没有因射精速度过快而导致死亡的记录。

1958年以来有415人死于精液过敏。

NO.9　女用自慰器

　　人造阴茎一词来源于意大利语的dilleto一词，意思是快乐。在得克萨斯、佐治亚、路易斯安那、密西西比、堪萨斯、科罗拉多以及阿拉巴马诸州，法律规定拥有"人造阴茎、人工阴道以及任何设计和销售的对刺激人类生殖器官有作用的器具"为非法；在这些州，上述器具仅可被买来用于教学目的。

　　由于凸环使得前端不能做出更深和更危险的插入，因而下端带有凸环的人造阴茎现已减少了事故。尽管如此，据称误用还是带来疼痛。司法部并没有用人造阴茎谋杀的记录，但一名独自驾车的女性，于2002年在I-95公路上靠近华盛顿特区的一次相撞事故中丧生。很明显，她是在驾车回家的路上使用人造阴茎时被分了心。尸检时，在她的阴道里发现一个很小的、和口红一样大的、被称为袖珍火箭的刺激器具还被夹在里面。

　　每年，得到报告的因机械的人造阴茎的误用而到医院急诊室处理的事故有1,200起。

NO.10　笑气死

　　超过一千多种的家用产品中都含有让人"发笑的安乐药"，比如做菜时产生的油烟和给家具重新抛光刷漆使用的除臭剂。笑气（即一氧化氮）是非常危险的气体：它是一种在赛车比赛时的燃烧催化剂，可以作为半导体制造的一种氧化剂，可以用来填充气囊，还可以作为添加剂在食品加工过程中添加使用，比如鞭打霜充电器这样的东西在大部分的副食品店都可以买到，也可以通过饭店提供的外卖服务买到。吹气剂也可以称它为"上瘾剂"，这种东西在出售香烟的商店买到，也可以通过网上订购。在2004年，超过80万的年龄在12岁至17岁之间的儿童都去体验了这种"吹气"活动，这个过程就是每个人通过一个气罐吸入笑气（一氧化氮）。

　　笑气能够让你产生一种精神愉悦的感觉，因为它让大脑处于缺氧状态。这种效果很短暂但却可以让你口齿不清、失去平衡和思维混乱。吸入笑气的人，这个时候你如果用棍戳他，他都不会感觉到疼痛，甚至火警声和警报器的响声对他来讲都不如口哨声响亮。因笑气是很容易搞到手的东西，所以在青少年滥用物的排行榜上名列前五名。在狂欢舞会和音乐会上，看到飘在空中的气球，你就会知道笑气也来赶场凑热闹了。

笑气这种物质很容易使人上瘾，对于那些经常使用笑气的人来说他们已经对笑气着迷而且需要越来越多的笑气让自己笑。这样一来，瘾君子们的身体就会被这种化学物质所控制，他们的大脑会长期处于缺氧状态，导致的结果就是他们的骨髓和血细胞受到了破坏而且中枢神经也中了毒。长此以往，对笑气的依赖和由这种依赖带来的对身体的毒害增加了死亡几率。那些"吸气人"都在努力寻找到相对封闭的空间让自己可以好好地享受吸气带来的快乐——大衣橱、汽车车厢，或者干脆就用一个大的塑料袋套在自己的头上，恨不得自己能把所有的笑气分子都吸到自己的身体里，舍不得些许的浪费。他们没有想到的是，在获得片刻愉悦的同时，死亡却向他们迈近了一步，心脏病往往就在这个时候突发。也就是几秒钟的时间，人就要从笑的大门走向生命的尽头。

每年因吸入笑气导致死亡的人数为700人。

NO.11 过山车死

根据日本神经病学研究，乘坐过山车可以增加患脑血栓的风险，并造成进一步的脑损伤。但过山车的爱好者们认为这不是过山车造成的，而是乘坐者本人自身的原因。1980年，一名26岁的密苏里州的男子在坐完一圈过山车后藏在里面，希望再免费来一圈。操作员以为该男子藏身的车厢没有人，于是就将轨道切换，把车厢开进了服务区。但服务区的车间间距很小，结果这名男子的头被车座靠背和上方的一根木头压扁。

1985年，在布鲁克林科尼岛的"赛客隆"过山车上，一名29岁的男子在站起招手时头部被横梁重创。另外一起和"赛客隆"有关的事故发生在1988年，一名26岁的过山车维修工在午休时坐在过山车的最后一节车厢，当过山车开始滑下第一个斜坡时他站了起来，结果被甩出车外，摔到了下方9米处的横梁上死亡。2002年，在美国主题公园，一名24岁的加利福尼亚男子走入了禁入区，爬过1.8米高的围栏，然后走到过山车"超级大炮"的下面试图取回自己的帽子。就在他快要够到自己心爱的帽子时，被急驰而过的过山车上一名乘客垂下的腿击中头部身亡。2004年5月，一名肥胖的男子在乘坐波士顿的"超人"过山车时，没有把腰间的安全绳扣好，结果被甩出91米外的地面，当场毙命。

死神来了

1981年,一位只有20岁在游乐园工作的小伙子,在他黑白条纹的旅行汽车的保险上杠贴着"我渴望冲浪"的标签,以此显示自己的敢于冒险的精神。当时他正疯狂地在新泽西州天旗大冒险游乐场玩着过山车,但不幸的事发生了,他从过山车上面摔了下来当场死亡。调查人员对他的死因作出这样的结论:在没有得到许可的情况下,由于他本人没有使用安全带误坐在了不应该坐的位置,导致悲剧的发生。

在纽约,游乐园每年要为每个儿童骑乘玩具支付25美元的许可费才能得到一次维修。在新泽西,游乐园的游客知道任何一起事故都会被劳工部所调查。根据《狂欢/娱乐骑乘安全法案》,每起死亡事故最高的罚金为1,000美元,而这种偶然的支出要明显低于固定的维修费用,这使得许多州游乐园的管理者甘愿冒险违反法规不去做定期的维护。

1965年以来过山车导致的死亡人数:265。

NO.12 雪上滑板死

雪上滑板比雪橇更宽,因此可以获得每小时超过80公里的滑行速度。遇到树坑是导致玩雪上滑板的人死亡的最主要原因。某些地方的雪非常厚以至于将树顶都盖过,树四周的雪非常松软,可以使不明就里的雪上滑板者跌入其中并窒息。在美国滑雪史上,还没有一个人因掉进树洞而死,滑雪者可以用脚踢出空间,使他们在救援到来之前可以继续呼吸。而玩滑板的人由于脚与滑板间的固定非常牢固,使他们很难与滑板分开,这让他们就像锚一样沉入雪中。

死亡规律

本年度将有242,000名参与滑雪、滑冰、冰球、雪橇和雪上汽车运动的人需要接受急诊治疗。在因滑雪而死亡的人中,有60%是由碰撞导致，72%的人是头部受伤。1997年的迈克尔·肯尼迪之死和1998年桑尼·博诺之死是在滑雪时滑到了树上。大部分人是死于"中级"坡道上，因为在这里人们往往会掉以轻心。大部分因滑雪而死的人都是35岁以下的男性。

1999年以来，有545人死于滑雪。

2004年有36起滑雪事故。

NO.13　度假死

在每年6个星期的春假期间，有150万大学生出门游玩放松。前五位的旅游胜地分别是：佛罗里达的巴拿马城、代托纳比奇海滩、劳德尔堡、墨西哥的坎昆和科罗拉多滑雪胜地。每年有大约500名喜欢热闹的年轻人死于酒后驾车、滑雪事故、溺水、酒精中毒和醉酒后从阳台摔下等事故。有106人因跳入过浅的水池而瘫痪，489人被强奸，还有至少10人被关进了国外的监狱。

不在计划中

2003年，一名21岁的女孩在墨西哥度春假时被判服刑5年，原因是她使用了她朋友的信用卡来付旅店的账单，而这张信用卡是她朋友偷来的。超过3,000名美国人现在被关在墨西哥的监狱内，而那里的死亡率要比美国高25%。在墨西哥，只要携带毒品，不管分量多少，都会被判入狱至少一年，而且只要是16岁以上就和成年人一样看待。一名曾在墨西哥服刑的人说，对大多数在墨西哥坐牢的美国女子来说，很难逃脱被警察和守卫强奸的命运。

玩疯了

美国销售酒精饮料的公司也会在春假期间赶往度假胜地，雇用穿

比基尼的女售货员推销T恤、帽子和纽扣。据美国大学健康杂志介绍，平时有理智的学生在春假期间似乎会变得疯狂，男性平均每天饮酒18次，女性10次。一半的男子和40%的女子会一直喝到昏睡过去。有一半女性发生了本不该发生的性行为，其中有53%的性行为未采取保护措施。

NO.14　节日死

从朝圣者和美国土著人开始，感恩节就是美国的一项传统，尽管他们只在1621年9月21日吃过一次感恩节晚餐，之后就没有类似的节日，直到1863年亚伯拉罕·林肯宣布将其定为国家节日。1939年，富兰克林·罗斯福将感恩节固定在每年11月的第四个星期四。

这个四天的假日每年导致550人死于旅游途中。节日里拥挤的交通造成了流血事故的激增，而非与家人在一起的幸福时光。

死亡纪录

从1995年到2003年平均每年在下列节日死于交通事故的人数

除夕：149
元旦：163
超级杯星期日：105
圣帕特里克节：151
阵亡将士纪念日：348
独立日：212
劳动节：529
万圣节：201
感恩节：503
从感恩节到元旦：4,398

发生在感恩节的酒后驾车事故比其他任何周末都多，甚至超过了除夕和元旦相加的总和。从感恩节到元旦，是酒后驾车者每年的"杀戮季节"，每年有超过4,000人死于这段时间的酒后驾车交通事故。有15%平时从不酒后开车的人在这时也会破例。在这段时间，女性酒后驾车的几率比男性要高30%。

此外，还有更多的由烧烤导致的火灾发生在感恩节。13%的火鸡由于不正确的解冻被沙门氏菌污染，导致每年有130万人发病，500人死亡。

感恩节的第二天被称为"黑色星期五"，不是因为葬礼数的增加，而是因为零售商将获得足够的利润，把他们账本上的数字颜色变为黑色。

第十九章
热病死

儒夫在他未死之前,已身历多次死的恐怖了。
——凯 撒

NO.1　流行性疾病

在大面积的人群中迅速传播的传染病对人类而言一直是最可怕的灾难。在美国，流行性疾病的紧急情况如同着火的房子。市政当局动员特别医护人员去看护病人，受征召的强制人员把那些疑似得病的人清除掉以阻止疾病的传播，经常不怎么关心应走的程序或其他方面的公民自由。

特别值得一提的是，1700到1900年间，黄热病的流行曾经有20多次使美国城市陷入恐慌中。黄热病是一种病毒性疾病，最初是由蚊子传播到人类的，在3～6天的潜伏期内不表现出任何症状，随后是发烧、肌肉疼、头痛、颤抖、缺乏食欲、恶心和呕吐。病人看起来即将恢复健康，一星期后病情又发作，再次出现发烧症状。病人因黄疸而体色变黄，身体缩成一个球，嘴巴、鼻子、眼睛和耳朵开始流血。这样10～14天后，肾脏和肝脏受到了破坏，人就死去了。

1793年，在费城，4,099人死于黄热病。从东西印度群岛回来的生病的船员传播了这种疾病。疑似感染者的强制隔离是当时可得的唯一治疗手段。1798年费城再次被黄热病袭击，又死了2,085人。这一次，仅有7,000人留下，其他所有的人都逃离了费城。

1803年，由于从加勒比回来的西风号航船上的一名男侍应生的传播，黄热病劫掠了纽约。为了让货物卸下船，并使乘客上岸，船长对着《圣经》发誓说那个男孩是死于寄生虫病。城市官员虽然怀疑，但不愿意宣布隔离并打断经济上有重要意义的海港贸易。在两年的时间里，有5万人离开这个城市，死亡人数超过2,000。

1832年，纽约有3,107人死于霍乱。霍乱是一种在水中传播的疾病，与糟糕的卫生和排水条件有关。在那之前，没有人知道这种病是由水、食物或受到因霍乱而死的病人的排泄物感染的物质传播的。接触尿壶、送洗的脏衣服以及用过的床单都会使这种病迅速传播。霍乱的侵袭速度非常快，以至于一个人一大早可能吹着口哨去上班，到了晚上就被草草地埋葬了。《纽约晚邮报》描述了市民如何跌倒在大街上的，"就像被一把斧头砍倒一样"。8万人离开了纽约以躲避这种疾病。

1848年，纽约又有5,231人死于霍乱。数万名爱尔兰移民挤在一座小的废旧廉价公寓里，垃圾堆在过道里，有时和二层楼的窗户一样高。孩子们在未经处理的污水水流中玩耍。报纸的评论把爱尔兰人的道德特点描述为这一疾病的原因："摆脱不掉贫穷和无知，他们在酗酒、懒惰、暴力、犯罪和违法中摧毁自己"。尽管这一疾病主要袭击了爱尔兰人居住的五点区域，但纽约市的每一个人都被怀疑得了霍乱。

1853年，新奥尔良被黄热病袭击，致死7,784人。第一个月内每天记录的死亡人数是100人。城市官员知道这种病是流行性的，但是拒绝采取隔离措施。官员的沉默是有意识的，目的是不想惊扰公众并干扰商业。精英阶层暗中被鼓励离开这座城市，普通大众在较凉的秋天到来、疾病消退之前，一口气也没松下来过。

1867年，新奥尔良又一次流行黄热病，死了4,012人。这次是由从非洲来的受感染的商人传播的。这一次，政府当局对新奥尔良市进行了隔离。火车不允许进出。想逃离这个瘟疫流行的城市的贫穷难民被男人们用枪逼着回到城市里。

1879年，黄热病在整个美国南部流行，夺走了12,985人的性命。在孟菲斯，有超过500人死亡。25,000人像发动暴动般地逃离这个城市。5,000多人找到位于"安全地带"的类似于集中营的避难所，实际上却在继续传播疾病；营房中的死水和不卫生的条件使感染了病毒的蚊子大量增加。

1916年，美国全境有75,000人死于脊髓灰质炎，25,000名婴儿受到感染。脊髓灰质炎是一种高接触传染性的传染病，是由喉咙和肠道里的细菌引起的。这种疾病在人与人之间通过受排泄物污染的食物和水传播。腐败储水池里受污染的饮用水源是这次暴发的基本病源，该病很容易地通过和感染了病人握手或接触被病毒感染的门把手而传播。

1949年：脊髓灰质炎致死2,811人，感染43,000名儿童。1952年，这种疾病夺走了3,899人的生命，另又感染了58,000名儿童。家长们都很害怕这种疾病，不允许孩子到游泳池游泳，也不让孩子喝公共喷泉式饮水机中的水。这种使人致残的病毒侵袭了近两千万人，这些上世纪50年代得病的人至今仍然健在。世界范围内，每年有报告超过1,500万新的脊髓灰质炎病例。

　　1981年：艾滋病（AIDS）开始流行。艾滋病（获得性免疫缺陷综合征），是一种影响免疫系统T-细胞产生的病毒，而T-细胞是击退身体所面临的大量疾病的必不可少的元素。若T-细胞的产生有了缺陷或机能失常，一次简单的感冒就会迅速转化成致命的肺炎。艾滋病可通过输血、共用吸毒用具以及未采取任何保护措施的性活动传播。目前有超过4,000万人受到感染。到目前为止，这种病在美国已经夺走了50万人的生命，在世界范围内则夺走了超过两千万人生命。

　　1990年：丙型肝炎成为"沉默的流行性疾病"。有时候，人们直到感染了20年后才知道自己得了这种病。丙肝病毒存在于肝脏中并对肝脏造成破坏。它的传播途径是输血、和感染者共用牙刷以及吸毒者共用针头或交换使用吸入性毒品的用具。尽管实验上使用的干扰素，一种衰减性药物疗法，据报告对能够耐受这种药物的人可以减少20%的病毒，但现在仍没有已知的治愈手段。有500万人携带最终会发展成肝硬化和肝癌的丙肝病毒。每年有10,000人死亡。

NO.2　破伤风

　　"踩在妈妈的肋骨上，会伤到妈妈的背；踩在妈妈的脊椎上，妈妈就直不起腰来。"这首押韵的顺口溜是教育孩子们在做事的时候要考虑一下自己在做什么，而且也是在很间接地警告孩子们他们在做有危害的事情，包括玩生锈的钉子。当然，避免在走人行道时发生人跟人之间的碰状并不意味着不会发生严重的骨头创伤，因为被钉子戳或者划破肌肉会导致极其严重的肌肉组织僵硬，这被称作是破伤风。与大众观点相反的事实是，导致破伤风的原因并不是钉子上的锈，而是一种叫做梭菌的微生物，它普遍存在于土壤和灰尘中，这种细菌能够影响到人的中枢神经系统。这种细菌的孢子可以在相对稳定的环境中生存很长时间，但是一旦随着伤口侵入到人体这个大的适合生存环境中，就会暴发出超强的繁殖能力。在人体里繁殖出的细菌孢子所携带的毒素可以导致腹部、后背和肌肉的痉挛，还会扩大到胸部和脸部。一旦肌肉开始僵化，没有任何的药物可以救治，最终的结果就是引发肺衰竭和窒息。

在美国，年龄在7岁以下的儿童每年都要接受一种混合DTaP疫苗来预防白喉、破伤风和百日咳。这种疫苗接种项目有效地减少了美国人因得破伤风而死亡的几率，死亡人数从1947年的581人下降到2003年的11人。每10年，美国人都会从曾经接受过疫苗而现已长大成人的人群中推选出一人作为该项目的宣传者。此疫苗在20世纪20年代被研究发明出来，在这之前很长的时间里，美国每年因破伤风死亡的人数就有30,000人。

全世界范围内，一年当中就有100万人感染破伤风，有270,000人死亡。

NO.3 扁虱关节炎

扁虱是一种吸血寄生虫，它的身体包括两部分：头和躯干。头可以进入人体皮肤，接着整个身体就会迅速地开始吸血，吸入的血越多它的身体膨胀得越快，就像一只充气的气球。在过去的25年中，由不同类型的扁虱寄生虫携带的病毒在美国引发了许多重大疾病和死亡。最常见和最为人熟知的是寄生在鹿身上的扁虱，由这种寄生虫所携带的包柔氏螺旋体菌就是导致莱姆关节炎的元凶。扁虱病会引发一系列使人感觉痛苦的病症：持续高烧、关节疼痛、忧郁、口齿不清和腿脚酸软。随着病情的发展，最初的病症会转化成全身瘫痪，生命受到威胁。直到今天，仍没有研制出能百分百治愈这种扁虱病的有效方法。

扁虱和它携带的致命病毒已经存在了几千年，它们如同寄生虫一样，通过寄生在生态环境中直接威胁人的生命。1997年，生活在康涅狄格州莱姆市，附近的孩子们得上了一种奇怪的关节炎病，随后人们发现这种怪病是由扁虱传染发生的。这种疾病在当时夺去了621,918人的性命。患者中有95%的人来自美国的康涅狄格州、特拉华州、缅因州、马里兰州、马萨诸塞州、明尼苏达州、新罕布什尔州、新泽西州、纽约州、宾夕法尼亚州病、罗得岛州和威斯康星州。在这些关节炎重灾区，许多医疗保险公司私下一起制定了《落日条约》，这个条约是用来说明如果你因日落之后外出而患上了这种奇怪的关节炎病，那么保险公司不负责承担任何住院治疗的费用。

除了莱姆关节炎之外，扁虱还引发了科罗拉多虫卑热、马斯特森病症、玻瓦桑脑炎、回归热、落基山斑疹热、扁虱麻痹症、查询发烧（Q热）和野兔病。最后两种疾病被认为是人类与细菌之间的战斗。

1990年至今，扁虱关节炎病已经夺去了1,133,871人的生命。

NO.4 钩虫

钩虫是吸血鬼的线虫变种，地球上接近有8,000万人小肠中寄生有这种钩虫。这些寄生虫每天都会产25,000个卵，它们吸血甚至导致足以致命的出血来饲养附在小肠壁上面的蠕虫。如果你让一只受感染的狗或者猫睡在你的床上，或者走在狗头蹭过的地毯上，或者赤脚在也允许狗嬉戏的沙滩上漫步，那么都很有可能使钩虫进入你的体内。尽管这种线虫只有麦粒大小，但它们的咀嚼能力还是非常强的。很多身体里面寄生了钩虫的人并不知道这一点，而且如果肠里寄生有25个钩虫的话并不会导致疾病。钩虫引起的疾病最初会表现为头发干涩、皮肤干燥、出现小肚子等，但是当肠里面寄生的钩虫达到500个或者1,000个的时候，就很可能导致死亡了。如果发现及时，通过药物治疗可以将这种寄生虫排出体外，但是同时必须同时治疗由于钩虫导致的贫血症才能增大存活的几率。患了钩虫病的小孩子通常在服用了移除寄生虫的药物之后都需要输血。

绦虫是另外一种对人类身体健康产生影响的寄生虫。绦虫能够在大肠内生长到惊人的长度，这时就预示着它所寄生的人会以一种很悲惨的方式死去。通常，绦虫只生长到76厘米，并且可以悄无声息地在一个人身体里生活20年。在受粪便污染的土壤中行走或者吃生牛肉都是可能感染绦虫的途径。一旦绦虫进入你的体内，并且在你的肠里定居下来，那么受感染的人就会感到腹部不适、腹泻、便秘、维生素B匮乏、贫血还有体重骤降。如果一只绦虫长到很大，以至于阻塞了结肠，那么就会导致大便发酵和石化。这时候会产生一种能够被血管吸收的毒素，从而导致死亡。

一直到20世纪30年代，可以被人们所接受的移除绦虫的方法还包括挨饿。标准的做法就是让一个病人禁食3~5天，然后张大嘴，在嘴边放一碗专杀绦虫的美味的汤。这时候那条6~9米长，拇指一般粗的饥饿的绦虫，就被汤的香味从肠里面哄骗出来，沿着喉咙向汤移动过来。这时候医生就从嘴里抓住这只绦虫，用力将它拖出来，从而将它移出受感染人的身体。

现在，医生就会开一些口服的副作用比较小的奎那克林氢氯化物（也就是疟疾平）或者氯硝柳胺，让蠕虫无法吸附在肠壁上，然后通过正常的胃肠蠕动排出体外。

1965年，一条最大的、长达39米的绦虫穿透了一个印度人的肠子，他居然安然无恙。

死神来了

一个女人想要苗条一些，所以她吃了些带有绦虫的猪肉。因为她曾经在《国际新闻周刊》（这是知道新降生了一个半瞎男孩的很好的途径，也就是说这是一本专门刊登奇闻轶事的杂志）上看到吃了绦虫的人，一周内最多可以减轻33千克。这篇文章（2004年8月出版）坚称这种"将你的小饮食教练植入体内"的方法已经风靡全美。然而梅奥诊所的医生们于2004年12月发现猪肉绦虫可以导致女性死亡。这种未熟猪肉里面的寄生虫可以导致严重的疼痛、瘫痪以及视觉和心理紊乱。幼虫生长期间，体重会减轻，但是随之而来的感染会导致视网膜脱落、失去知觉，甚至最终死亡。

自1985年起，已经有56,390人死于绦虫病。

每年大约有55,000人因钩虫病死亡。

NO.5 食肉病毒

许多人认为食肉病毒是只有在低预算的科幻电影里才能见到的东西，但它们却是真实存在的，而且传播很快，全国各地都出现过。这些新的食肉的菌虫已经进化为突变物种，对抗菌药越来越具有抵抗性。2004年夏季，得克萨斯的一名男子曾到玻利维亚的的的喀喀湖钓鱼并在胳膊上划破了一个小口子，伤口因弧菌而化了脓，他一回到美国就把病毒传给他接触的每一个人，导致40人感染了这种病毒，8人死亡。被感染后的数天内患者会出现肺炎和心力衰竭。死者的皮肤看起来就像被酸烧过一样。

根据加州大学洛杉矶分校海港（Harbor-UCLA）医学中心生物化学研究所的洛伦 G.米勒医生所说，"（食肉病毒）基本上和你得了传染病的紧急情况一样严重"。第一次诊断就必须准确，就像对布法罗一个警官的诊断一样。他差点死于埃希氏杆菌属的大肠杆菌，这是食肉病毒的另一种类型。2004年春天他在一个垃圾罐里寻找证据时感染了这种病毒。作为幸运者中的一员，这位警官在回去工作前只花了6个月的时间在医院里恢复。

死亡规律

皮肤感染了某一类型的食肉病毒的唯一线索是检查新的伤口的周围，看在伤口开始愈合时有没有黑点出现。

然而，即便是发现得早并使用正确抗生素治疗，安然无恙地挺过去的机会也是很渺茫的。复原外科手术几乎是必须的。纽黑文的一名高中足球队队员在训练时擦伤了皮肤，得了筋膜炎坏死症。为了挽救他的生命，医生锯掉了他的双腿和一条上臂的肌肉。另一名新泽西州的25岁男子，他在使用借来的工具时，拇指受了个小伤，感染了β型食肉病毒——溶血性链锁状球菌A，9天后死亡。虽然做了努力，切除了他的大片受感染肌肉，但他还是死了。2004年春，俄克拉荷马州的塔尔萨有47个，佛罗里达州的盖恩斯维尔有5个在家中接受护理的人均死于病菌的另一个品系。

死神来了

1998年，伊利诺伊州一名23岁的男子，在其他方面都很健康，因剧烈的牙痛而在床上休息。三天后家人发现他死了。尸检报告揭示他得的是被称为"急性坏疽"的坏死性筋膜炎。感染迅速传播到颈部和胸部，最终使他丧命。这个年轻人有喜欢咬笔头和不刷牙的习惯，口腔得了坏死性筋膜炎后扩散。

1965年以来各种食肉菌导致的死亡人数：34,833。

NO.6 童床热

这种死亡是由生育过程中的母亲或婴儿并发症引起的，在殖民时期的早期，最博学的医疗界人士都忙于此，约翰·利克博士甚至于1772年出版了一本319页的书，介绍缓解这一状况的可能的途径。母亲在生育过程中死亡频率很高——每1,000例分娩中有200人死亡，以至于对一个男人来说，若在他娶了一个女人之后最终再娶这个女人的姐妹或侄女为妻，是一件并非非同寻常的事。孩子夭折的情况也很常见，以至于很多人在孩子活过一年以前不给他起名字。

大多数女人认为迷信是唯一的避免童床热的手段。一般都认为，如果一名母亲看见了一个"可怕的幽灵"，或者受过巨大的吵闹的惊吓，她的孩子就会畸形。如果类似的事情发生两次，她就会在分娩时死亡。如果一只野兔在她怀孕的前三个月横穿过她走的路，她的孩子就会出现腭裂或兔唇。如果妈妈不想让孩子成为疯子或梦游症者，就被忠告不要凝视满月。并且人们相信，如果一位母亲思念另外一个男人，而非孩子的父亲，这些欲望会使她在分娩时死亡，或者至少是在她孩子的身体上留一个紫色胎记。

甚至在70年前，抗生素和输血术被引入时，妇女分娩的危险都没改变多少。1900年，90%的分娩都是在家中进行的，导致了比现在高出65%的死亡率。1940年，超过一半的分娩都到医院中进行。随着有能力进行引产、使用镊子，以及更普通的剖腹产的实行，更多的妇女在分娩中活了下来，但仍有40%死于感染。直到1950年，在医疗上受指导的医院里分娩，存活率才达到了90%。

过去，童床热的出现是因为医学科技落后，以及缺少孕期的护理。如今，存活率有了巨大的提高——每1,000次分娩中只有7个母亲或婴儿的死亡。现在的死亡主要是由于出生时越来越轻的婴儿体重，或者是因为分娩过程中没有预见到的医疗状况造成的。

现代社会中的迷信思想

如果不考虑现代科学以及医学技术的发展，迷信在妇女怀孕和婴儿出生这些方面上仍然发挥着自身的作用。许多妇女认为在自己怀孕期间不应该洗澡，因为她们害怕在洗澡时细菌将通过阴道进入子宫,影响胎儿的发育。(事实上,在怀孕初的前三个月,当洗澡的水温超过37.7摄氏度的时候,孕妇的体温随之升高,这样会不利于胎儿的发育。)迷信的另一种表现就是,新生儿的指甲最好是在出生12个月后再去剪,因为如果不这样做,孩子长大后很可能会成为一个小偷。但是,孩子的指甲被父母用嘴一点一点地修剪是完全可以接受的。

2003年,美国有28,314母亲和婴儿死于以前曾被认为的童床热。

NO.7　甲状腺疾病

甲状腺是脖子前部蝴蝶状的腺体,它可以对所有器官起到调节的作用。新陈代谢速度的失调会导致身体的严重伤害。甲状腺疾病又被称为桥本氏病(因这种病最早被日本医生桥本策于1912年发现而得名),它最初的症状是甲状腺发炎,表示免疫系统开始起作用并向甲状腺发起攻击,通常会导致甲状腺机能减退(甲状腺激素分泌减少)。甲状腺分泌激素过度时被称为甲状腺机能亢进,或是格雷夫斯病,得名于罗伯特·詹姆斯·格拉夫。这些失衡可以导致纤维肌痛(一种慢性的肌肉疼痛和乏力)、狼疮、子宫内膜异位(子宫和盆腔周围增生)、过敏性肠道疾病、节结,以及癌症。然而,甲状腺疾病经常被误诊,或是不被引起重视,直至产生严重的问题。甲状腺疾病的症状包括体重增加或减轻、性欲减退、怕冷或怕热、便秘、眼球凸出、指甲易碎和脱发。甲状腺疾病是导致15到64岁妇女死亡的第八大疾病。引发甲状腺疾病的因素包括:接触放射物质,过度摄入豆制品,过量生食能致甲状腺肿的食物,如椰菜、抱子甘蓝、卷心菜,或体内缺碘。

2005年美国女性的平均寿命为80.67岁,而在1900年,她们仅能活到48.1岁,肺炎、流行性感冒和肺结核等传染性疾病是那时导致妇女死亡的主要原因。现在,癌症是美国妇女最害怕的疾病,但心脏病仍然是她们的头号杀手,死于心脏病的人数比死于癌症、车祸和糖尿病的人数总和还多,每年大约有475,500美国妇女死于心脏病。2004年,癌症是美国妇女的第二大致命病疾,其中以死于肺癌的人数为最多,这使其取代了乳腺癌先前的位置。美国每年有183,000名乳腺癌新发现病例,每年有46,000名妇女死于乳腺癌。美国妇女的第三大致命癌症是结肠癌,有28,000名妇女身患这种癌症。

每年有270,000名妇女死于各种类型的癌症。

NO.8　足浸病

有的人不得不把他们的网球鞋和工作靴放在车库或者房后走廊中，因为这些鞋子的臭气已经足够让人窒息的了。这种令人尴尬的臭脚味儿，被称为脚气，就是足浸病的最明显的特征，这种情况一般都称之为"壕沟脚"，就是双脚在寒冷和潮湿的环境中待上很长一段时间。

花钱越少，受苦越多

如今，就算没有穿过军靴，就算没有穿越雨林，也有350万的美国人（平民）患上了足浸病。由于穿一些橡胶、乙烯基等合成材料制成的鞋，使得双脚没有办法"呼吸"，也不能很迅速地干燥，这就相当于在鞋子里面人为地制造出了微型的雨林环境。再加上臭气熏天的味道，足浸病患者的足底都产生了一层额外的皮肤，这一层皮不断地变厚，浸软，不断地制造疼痛。人体的循环系统永久地被破坏了，可能因血毒和坏疽而导致死亡。

死亡纪录

在朝鲜战争期间，5,000名美国大兵因为"壕沟脚"而死，罪魁祸首就是没有恰当地保管好鞋子。在越南战争期间，雨林的战争环境致使4,130名大兵死于足浸病以及一些被称为"丛林腐烂"的传染病。

自1950年以来，已经有14,298人死于足浸病。

NO.9　小脑畸形

小脑（后脑）畸形，能引起心脏畸形、整形外科和呼吸方面的问题以及泌尿器官异常。小脑（后脑）畸形患者通常头很大，头上有肿起的使大脑很容易受到损伤的软疮。如果能够存活下来，这样的婴儿可能会有很弱的颈部肌肉、很差的头部控制能力和行走时偶发性的颠簸动作。有这种病的婴儿有50%在出生时就死亡，剩下的通过介入性治疗也只能活到15到18岁。

1965年以来因小脑（后脑）畸形征死亡的人数是12,129人。

NO.10　偏头痛

有人认为拿破仑的矮小身材（他仅有1.58米高）是他易怒的原因，但事情可能并非如此。曾经说过"身体由天定"的拿破仑其实一直经受偏头痛的折磨，他标志性地将手放在衣服里的动作也可能仅是为了隐藏由于头痛而握紧的拳头，而不是为了展示帝王的风范。

偏头痛是一种影响着2,800万美国人的反复发作的头疼病，它通常在头部的一侧发作，还经常伴随有恶心和呕吐的症状。由于这些症状可以持续几个小时甚至几天，偏头痛患者实际上连正常的起居都受到影响。美国医学会将偏头痛与焦虑和丛集性头痛做了区分，将其定义为一种神经系统的紊乱，也就是说，偏头痛是一种疾病，而头疼只是一种症状。焦虑性头痛通常是压力过大所造成，由于缺氧和血管的紧缩，就会产生一阵阵的痛感。而偏头痛却恰恰相反，它是由颅血管扩张导致大脑组织发炎所造成的。这种血管突然扩张的原因还没有找到，但是它通常由一些外部因素引发，如突然的温度变化、很亮的灯光、化学气味、香味等。特定的食物，如巧克力、红酒、阿斯巴甜、陈年的奶酪和其他包含硝酸钾和味精的食物都可能会导致偏头痛的发生。女性发生偏头痛的概率要高一些，通常与月经周期相伴随。然而，有研究表明，女性如果在偏头痛发生时发生性行为而且达到高潮，她们对疼痛的耐受力将会增强，能够将偏头痛带来的不适减少40%。

据美国疼痛医学会的统计，每年有15,000万个工作日被偏头痛所浪费掉。在45岁以下死于中风的人当中，有27%的死亡和偏头痛有关。中风是由各种伤害引起的脑供血中断所导致的。患有偏头痛的人中风的风险更大，这是因为在偏头痛发作时，脑细胞的电流活动减弱，血小板变得更黏稠，从而导致血块凝结阻塞动脉。

头痛及其历史

尤利塞斯·S.格兰特、罗伯特·E.李、玛丽　托德·林肯、约翰·F.肯尼迪总统，以及埃尔维斯·普雷斯利都曾经受过偏头痛的折磨。在美国内战的关键战役中，格兰特使用酒精来缓解头痛，罗伯特·E.李则寻找机会休息。在最后的阿波马托克斯站战役中，格兰特和李都经受着非常严重的偏头痛。格兰特攻城略地并成为一个战争英雄式的总统，而李则向他举手投降。

肯尼迪总统不喜欢坐在敞篷车里，因为刺眼的阳光会引起他的偏头痛。但是，他的弟弟罗伯特（有人认为罗伯特对吉米·霍法和菲德尔·卡斯特罗的追捕更令肯尼迪总统头疼）依然建议他在穿越达拉斯街道时坐在敞篷车里，以便和民众有更多的接触。结果，肯尼迪总统在1963年头部中两弹身亡，死时年仅46岁。

1865年的一天晚上，玛丽·托德·林肯决定在剧院里忍受自己的偏头痛。她向她的丈夫靠近了一些，把自己的手放在他的手里然后问道："我这样靠着你他们会怎么想？"林肯总统回答："他们不会有任何想法。"不久后，林肯总统就被约翰·威克斯·布斯用枪射中后脑。

悲伤往事

如果不是治疗偏头痛时用药过量，猫王埃尔维斯·普雷斯利或许今天还活着。擅自服用止痛剂、兴奋剂和安眠药，隐居以及食用垃圾食品、花生酱和香蕉三明治导致他在1977年年仅42岁时就结束了生命。然而，如果他活到现在并且看到自己的女儿丽萨·玛丽嫁给了迈克尔·杰克逊，他的偏头痛也许会更加严重，甚至当场倒地身亡。

偏头痛在2004年导致9,364人死亡，比被枪杀的人还多。

NO.11 巨人症

从《杰克和豌豆》播映以来，巨人就受到人们的责难。即便在现代文明时代，奥斯卡·王尔德仍旧延续了"自私的巨人"的旧说法，用来指称那些出奇的高的人。仅仅因为身高的原因，他们被人们认为是可怕的、残暴的人。事实上，在这个所有的事物都为较小的人准备的世界上，如果我们不认为他们是笨拙的话，大多数巨人都是很温和的。真正的巨人症在童年时就表现出来，很少是因为基因异常。它是由脑垂体腺中的肿瘤引起的，而脑垂体腺又可分泌人体内促进生长的荷尔蒙。这一反常刺激使促进生长的荷尔蒙的分泌量超过正常水平，导致长骨扩张，并增大肌肉和器官的尺寸，进而使某些孩子长的比其他同龄人高出很多。

目前，巨人症儿童可以用药物来使荷尔蒙分泌量降低到正常水平，并通过药物减缓脑垂体肿瘤对周围大脑的压力。整个世界范围内，在长骨扩张之前来治疗儿童体内的不正常，以使巨人数量减少是可能的。如果不对它们进行治疗，这些孩子将会死于扩张的器官及受损伤或脆弱的骨头并发症。巨人症，又称为脂端肥大症，也会在人们四十几岁时在体内突然发生。患有巨人症的这些人不会长高，但他们的脸将会伸长并且下垂，而且他们的牙齿会向外伸出并自然地分裂。中年的巨人症患者的手和脚开始变大、变软，还经常出汗。随着他们心脏的膨胀及心脏上的通气孔受到阻碍，他们的汗液变得油滑起来。较大年纪的巨人症患者通常死于心脏的扩大或被堵塞的过度生长的食道。

历史上的最高的人

罗伯特·沃德劳由于他的脑垂体腺过度活跃而成为一个巨人。出生时他的体重为正常的3.8千克，但当他一岁时他的体重快速增长到22千克。到九岁时他的身高是1.87米，体重高达136千克。18岁时，他停止了生长，身高达2.7米，且体重达200千克。他想过正常人的生活，去上大学，然后做一名律师。但他坐在学校的椅子上都非常困难。对罗伯特来说，拿着一支小钢笔去参加考试是一个挑战。当地面上有雪或冰时，他很难掌握身体的平衡。而他又很害怕摔倒。作为一个典型的巨人，他的骨头太脆了，以至于他的短粗的脚趾需要进行住院治疗，以防止摔倒。在大学第一学期辍学后，他工作于林林兄弟公司。1940年，22岁的他死于腿部擦伤引起的感染。

每年，有4,125人死于与巨人症相关的并发症。

巨人的数目从1886年到1900年间的657人增长到1961年到1980年之间的1,280人。

NO.12 海狸热

动物家园和其他学院电影的爱好者可能会认为海狸热不过是由女性的"伙伴关系"带来的麻烦，但实际上却是由一种称为兰氏贾第虫的寄生虫引起的。冒险进入荒蛮地区的远足者，在饮用他们认为很纯净的溪水或湖水时，经常沾染上这种寄生虫。这种水，通常会被受感染的动物——包括海狸和麝鼠——的排泄物所污染。

得了海狸热的人会出现胃痉挛，反常性呕吐，觉得精疲力竭。海狸热是具有传染性的，可以通过一起吃饭或用一个杯子喝水从一个感染者传染给另一个人。这种病一般只持续几周，但如果不采取任何治疗措施的话，也可能致命。世界各地都出现过海狸热，农村和荒蛮之地更经常发现这种病。

美国北方地区，一些参加校园活动的大学生中也周期性地暴发海狸热。华盛顿州立大学的一个兄弟会经常流行海狸热，以至于留级和耽误几个学期的事情很普遍。

每年有2,130人死于没经过治疗的海狸热。

NO.13 克里斯马斯病

这种病是以斯蒂芬·克里斯马斯的名字命名的，这个10岁的孤儿得了一种和常见的类型不同的血友病。他是第一个被查出当时未知、现在被称为乙型防凝血因子的人。对所有的血友病患者而言，他们血液中缺少凝血酶，他们会因一次微小的创伤而流血不止导致死亡。在耶稣第二纪的著作中可以见到关于血友病的记载，里面记述了一个男孩在简单割礼后死亡的事情。维多利亚王后的儿子利奥波德得了血友病，并把这种病传给了欧洲所有有皇室血统的人。1952年的研究者在把这种新发现的病命名为"克里斯马斯病"，看起来他们有些兴奋。但如果他们真的想给这个孤儿一件礼物，他们应该称这种病也为"斯蒂芬病"。

1955年以来，因受伤后血液凝固障碍而死的克里斯马斯病患者人数：5,789。

每年甲型血友病患者因失血和输入受到病毒性感染的血液而死亡的人数：1,680。

NO.14 CATCH-22[①]症候群

这是唯一一种冠以一篇文学作品的名字作为病因的疾病。在胚胎发育的第8周胸腺不能自然发育时就会得这种病，与22q11染色体的异常有关。这一可怕

[①] 约瑟夫·赫勒写了一部以二战中的意大利为背景的经典著作《Catch-22》(1961)。"Catch-22"这一短语已经进入英语中，用来表示一个没有赢者的局面。赫勒于1999年76岁时死于心脏病。

的缺陷会导致先天性的心脏病、心脏周围大血管的畸形以及面部结构的缺陷。得了CATCH-22症候群的婴儿的父母被告知，所有的一切看起来都还好，但也很可能会变得更糟；孩子可能会有不断地流鼻涕那样微小的毛病，或者会得严重的尿布疹，或者——像大部得了CATCH-22综合征的人一样——他们不能全面、健康地成长并很容易突然就死去。大多数父母被这一系列不合逻辑的结果搞得晕头转向，宁愿什么也不听。他们大都抱着最好的愿望，为新生儿在长大时不得上这种病而祈祷。

2003年，912名得了CATCH-22综合征的婴儿死去。

NO.15　地图样舌

某些疾病和痛苦有如此不寻常的名字，以至于人们很难理解它们是如何消失的。一个地图样舌(GT)的人，他的舌头上长有粗糙的、肿胀的、覆有黏膜的小块儿，这些肿块会变得越来越严重，导致说话、咀嚼和下咽食物发生困难。最终呼吸变得困难，且这些肿块将完全阻碍呼吸道。大多数患有地图样舌的人并不认为这病很严重，所以不到太晚的时候他们不做任何治疗。一般而言，人们认为这是由情感上的压力所导致的，或是一种不知情的过敏症的反应。一旦病情恶化，这种病患者就将无法治愈。尽管地图样舌并不传染，但为什么舌头上会长出一些胞状物（在舌头表面上有一些小的手指似的突起），并导致机能障碍，人们对此至今仍然还知之甚少。

这种疾病并不孤立存在于美国任何一个地理性区域，但它的发生是随意的：

每年大约有1,760个患有地图样舌的人死亡。

NO.16　卷发症

卷发症是由新陈代谢缺陷导致的，也就是因为铜的新陈代谢失调导致脂肪酸累积在了大脑的灰色物质上面。铜，是在一些酶和蛋白质中存在的一种微量矿物质，对许多身体功能至关重要，尤其体现在对获得免疫力有重要作用的铁的吸收上。当这种矿物质在正常的身体机能运作下不能进行新陈代谢或者不能被排解时，它就会跑到大脑中并且在那儿累积起来。卷发症患者经常觉得冷而事实上并不冷,在普遍的经验中不舒适感也增加了,虽不如沮丧那么严重,但也总是忧郁、情绪低下。但最不幸的是这种失调带来的生理上的恶果,就是患者的头发都会变得十分奇怪。曾经很直的头发会变得"很卷",或者残损,或者缠结,或者稀少,或者坚硬,而且很容易断裂。许多人认为他们的头发产生变化,是因为护发剂或者香波以至于就诊太晚。有些患者的头发还会变成白色、象牙色或者灰色,再怎么染发都不能掩饰这种颜色。当铜不能被代谢的时候,卷发病患者实际上已经开始了他们身体的变形过程,因为缺乏对铜的吸收,头发、大脑、骨头、肝和动脉的主要构成物便开始发生变化。

死亡规律

因为人体没有适当的铜便不能正常运作,所以卷发病患者的前景并不被看好。患病最深的卷发病人在染病后的10年内就会死去。

2004年有1,563人死于卷发病。

NO.17 约伯综合征

在《圣经·旧约全书》中,用来测试约伯信念的方法,就是让他忍受一系列不幸的事情。有一项就是身体的拓展,根据金·詹姆斯《圣经》描述,"约伯接受了严厉的考验,从他的脚底直到他的头顶都被沸水烧煮"。

根据《圣经》中的这一段,1966年医生觉得"约伯综合征"是以下症状的一个好名称:受病魔折磨的病人被假丝酵母(发酵粉)和葡萄球菌素(球形的细菌)不断循环地严重传染,使得在皮肤上、窦部、肺中都有脓肿一类的症状。T细胞产生的异常是约伯综合征的病因,用抗生素进行入侵性的治疗可以有效控制此病。如果身体产生了抗药性,那么肺部最终会充满了液体,通气孔也会闭上。在确诊后一年以内就会导致死亡。尽管对于大多数红发的白人女性来说,这是一种遗传免疫的缺损,但是其他人种仍然有致病危险。

一位纽约的男子在被诊断为约伯综合征之后怒气冲天。但是他获知自己患有这种仅有的免疫缺损失调只是令其生气的原因之一,作为一个无神论者,他无法接受自己要死于一个含有宗教色彩的病。他宣称他的病和什么神圣的考验没有一点关系，而只是T细胞的产生有缺陷罢了。他决定控告美国医药协会，提出要教堂和州政府分离，主张在公众死亡证明上面不应该出现有宗教含义的名字。最终在他的死亡证明上，病因是巴克利综合征，一种和约伯综合征十分相似但是名字稍微不那么宗教的一种病症。

自1999年以来死于约伯综合征的人数：750。

NO.18　Q热

最初被叫做查询热（这种叫法可能是对人们为何会得上这种病的原因不清楚），这种病是由山羊、绵羊和其他的群居动物携带的一种名叫贝氏柯克斯体的病毒传染给人造成的。普遍意义上来说，山羊和寄生在它体内的病毒能够和平地相处，各得其所，但对人类来讲这样是不可能的。人和动物之间极为密切地接触为病毒的传播提供了途径，其中最为直接的一种方式就是主动地与山羊亲密接触。在被传染并患上查询热的人中，有2%认为自己就是这种"亲密接触"的受害者。由于研究这种疾病的科学家并没有要求医生及时地向他们报告疾病的发生以及病毒的传播途径和方式，所以他们不能对感染这种病毒的人数做具体的统计，但他们认为与山羊有过性接触的人得病的几率要高得多。为了掩盖对人如何染上查询热病症的质疑，很多医学报告开始编造说，是由于山羊随意地生产，以致污浊的胎盘和排泄物随处可见，污染了喂养牲畜的畜棚场并滋生了细菌，然后细菌随风传播到空气中被人吸入所致。

初期由Q热引起的病症常常不受人重视，比如打寒战、出虚汗、干咳、胃痉挛。但是，人与山羊密切接触的时间越长，就越会导致威胁生命的疾病的发生：肝炎、心内膜炎和心脏瓣膜紊乱。

通过非正常方式与山羊接触并感染Q热的人中有65%的人最终难逃厄运，1995年至今，2,302人死于查询。

慢性消耗性疾病（CWD）最初是在野生动物身上发现，但是当人与麋鹿、美洲野牛和鹿不期而遇并密切接触后即成了受害者。这种疾病表现出来的很多症状与疯牛病很相似，是属于相关病症分类中的海绵状脑病。2003年，威斯康星州的三个猎人去打猎，想猎取雄鹿作为战利品，意想不到的是他们竟感染了类似于脑炎的脑病。很显然他们最终的猎物——一只母鹿是唯一的病源。这三个猎人并没有解剖母鹿取出内脏也没有吃它的肉——这是这类疾病传染给人的通常途径,但人们仍然不能破解他们三人都感染上这一疾病这一可怕的巧合之谜。不幸的是他们最终难逃一劫,三个人的大脑组织逐渐变成了松软的棉絮状。他们的死也给研究者留下了很多疑问,使他们无法弄清这种疾病确切的传播方式。

2004年12月,美国南卡罗莱纳州一名男子因与山羊发生性关系而被捕。他被指控残忍地对待动物。但是相关部门并没有报告说他是否感染了查询热。

NO.19 侏儒症

侏儒症是由一种基因疾病引起的,会导致短小的身材和骨骼不成比例地生长。根据美国小人公司这个有5,000名成员的组织(该组织对身高1.5米以下的人开放),每年有400名严重的侏儒症儿童由正常身高的父母生下。尽管任何一对夫妻都有可能生下一个侏儒的孩子,但侏儒夫妻有80%的机会会有和他们一样症状的后代。伴随的侏儒的症状对不同的,但很多人另外还患有心脏和呼吸系统疾病,这会显著地缩短他们的寿命。还有的人有异常或太小的内脏器官,这会使长期的生存变得困难。

最著名的侏儒

拇指汤姆将军(即查尔斯·S.史崔顿)是1838年由身高正常的父母所生下的孩子。汤姆11岁在P.T.巴纳姆带他进入马戏团并以"来自英格兰的将军"的名义在海报上宣传时,他身高只有63厘米,体重只有6.8千克。拇指汤姆成了一个名人并游遍全世界,会见领袖和皇室人员,包括亚伯拉罕·林肯、英国女王维多利亚以及王子阿尔波特。拇指汤姆结婚时,娶的是矮小的新娘利维尼厄·沃伦,两人站在一架大钢琴上招待两千名来宾。拇指汤姆于1883年7月15日在他45岁时死于中风。一万多人参加了他的葬礼。

最小的小人

露西娅·拉萨特是有史以来最小的女人。她1863年出生时只有226克重,17厘米高。她长大成人时,身高也只有50厘米,体重不超过3.6千克。当她穿着维多利亚风格的褶边裙、坐在一个大人的大腿上时,她很容易被误认为是一个陶瓷娃娃。她是当时身价最高的穿插节目的魅力人物，在月工资平均为20美元的时候她每小时挣20美元。尽管有专业人员对她脆弱的生命进行专门护理，1890年，在乘坐一列火车旅行时，她还是不幸去世了。当时，火车因暴风雪停在了落基山上。车上没有暖气，不管她身上盖上多少层被子，她弱小的身体都不能保持温暖。她像一座玩具塑像僵在那儿，最终被冻死了。

小矮人岛

2004年，在发掘印度尼西亚生存着巨蜥和小象的弗洛里斯岛岛上的一度繁盛的小矮人文明遗迹时，考古学家有一个惊人的发现。距今九万五千年到一万两千年的人骨表明了一个人的身高不超过1米的复杂社会的存在。科学家们还不确定在我们其他的、个子更高的祖先们统治着地球上其他部分时，他们为什么能在与世隔绝的极乐世界孤立地存在那么长的年代。他们灭绝的原因看起来倒是确定的：岛上的火山恰好于一万两千年前暴发过。

悲伤往事

"她不仅仅是死了，
她实在是相当真诚地死了。"

《绿野仙踪》（1939）中的124个小人是以负责而又讨人喜欢的小好人的形象出现的。活下来的年龄最大的负责又讨人喜欢的小好人是演员迈因哈特·拉伯。他扮演的是验尸官，并于2005年庆祝了他90岁的生日。

整个20世纪，侏儒症患者的平均寿命：男性56岁，女性46岁。

附:
死后记

什么是死？
旁观者的观点

1968年，由哈佛医学院委员会给出现代对死的定义。死就是指当一个人的大脑主干功能已经完全停止工作，同时也包括大脑毛细血管停止工作，并且无法逆转，表明他是合法的死亡。委员会还进行了一项人体对刺激物反映的测试以此来判断人是否彻底死亡：如果肌肉对静电刺激没有自然的反应，人没有呼吸，身体没有任何的反应，脑电波呈直线，这些都可以证明人的大脑活动已经终止，此人已经死亡。哈佛医学院的这支研究团队建议在人的脑电波完全停止后的24小时内应继续观察，之后再正式宣布死亡。

今天，对于处于昏迷状态的人，可以用很好的医疗设施使他们的身体在几十年之内保持存活的状态。现如今人们被更大的恐惧困扰着，即当人的大脑和身体机能彻底停止也就意味着死亡后，人仍可以保持存活的状态。而早先给人带来恐惧的活体掩埋早已不算什么了。

死亡证明

个人死亡证明最初是由教会记录并保存，这一历史要追溯到11世纪的英格兰。在美国，从1632年开始有关个人出生、结婚和死亡的信息都是由牧师、教会以及镇区托管人员负责记录。南部和西部的大部分州，人们习惯把《圣经》作为一个家庭唯一的也是最有权威性的历史记录的象征。19世纪初，很多城市地区还没有定期的死亡纪录，而直到19世纪末期，按时间记录的死亡原因仍含混不清而且不完整，只是记录了一些偶然发生的事件，缺少统一标准。

不明死因

1766至1910年这段时间里,死亡证明上记录的许多死因看起来不令人信服,感觉是随意写上去的。过去对很多疾病的认识不足,分类也不像今天这么详细,所以看到的死亡原因更像是填写人按照自己的想象编造的,而且对于死亡,他们更愿意尽其所能把它描述成因伟大的事业而作出的牺牲。例如19世纪,在21,542份死亡证明中列出的死因都是因为暴乱,这样做可能是因为去世的人多数是头部受到了创伤或是脑震荡,除此之外,还可以更好地解释人的头部是如何受到推撞和挤压的,因为这种情况多半是发生在暴乱中。

病死家中

153,190份死亡证明死因一栏中都写着家庭疾病,在19世纪初这样做似乎也符合情理,特别在描述有关精神衰弱病症的时候更容易让人接受,因为这种病的高发人群为老年人。从提到"卧床不起""多年无法外出活动"的死亡证明书上可以发现一些线索,这些线索可以帮助我们理解在还不知道什么是忧郁症、阿尔茨海默氏病(老年痴呆症)和帕金森病之前去世的那些患者的死因,病死家中就是解释这一切最好的理由;同样也可以作为那些中风之后要求待在家中不能外出的人去世的原因。随着精神病学和其他医学专业的发展,截止到1905年,家庭疾病不再作为死因写在死亡证明上,彻底告别了这个时代。

精神失常

精神失常——过去常是用来描述人失去判断的能力、丧失理智的症状,与家庭疾病相比,它表现出的症状更为激烈,病情也发展得更加迅速。翻开18世纪90年代到19世纪80年代这一时期的死亡证明书,有19,388人因精神失常丧命。18、19世纪期间大部分患上精神疾病的人都被关进监狱,遭受残忍的虐待。由于缺少监狱和精神病收容所,许多城市社区的人都非常暴力地把那些精神病人用锁链锁起来,随便拴在什么东西上,一直到他们死。那些因精神出现问题而表现出发疯、躁动的人在当时都需要用绳索捆在树上,以免他们作出疯狂的举动伤害到自己和他人,等待他们的只有死亡,而这一切都是因为精神失常所致。

> **癌症**
>
> 有48,982人在1820至1865年这段时间内身患癌症去世。当时对癌症的理解与今天不同,所谓的癌症只是表明体内生长了肿瘤。癌症这一医学术语最早来自拉丁文,是螃蟹的意思,用来描述像螃蟹一样的、紧紧包着身上突起部位的静脉血管。同一个词在今天表示的意思已经大不相同,指的是黑素瘤、囊肿和未曾治疗过的感染。

还有其他一些从医学角度来说描述得不够清晰的死因,例如在19世纪80年代发现的一些死亡证明上有这样的陈述:

"在没有任何异常情况下突然死亡。"

"在没有医生救护的情况下死亡,死因不详。"

"从没有过患有任何重大疾病的病史,死因不明。"

"因失去信心和希望而死。"

"疲劳致死。"

"来自上帝的惩罚。"

遭遇僵尸

最早居住在北美洲的土著人在人死后没有掩埋尸体的习俗。他们习惯把尸体暴露在自然环境中,或者挂在树上、或者置放在一个平台上接受暴晒,或者放在独木舟里随波逐流。第一批抵达北美洲的殖民者,特别是罗马天主教徒们更愿意把尸体埋葬在教堂神圣的土地上。埋葬所有已故天主教徒的时候他们都面朝东,双手交叉放在胸前,用一块裹尸布包裹着,上面还带着一个天主教特有的黄铜别针。在与到来的欧洲殖民者接触后,美国土著人的文化也开始随着发生变化,例如他们开始修建带有三角形顶盖的坟墓,安放死者时让他们双手十字交叉。根据考古学的记录,在英国人到达北美洲之前,这片土地上从没有出现过棺材。

就如何安放尸体并没有特别明晰的规定。如果你希望已故的亲人埋葬在自己家的后花园里,而律师并没有以1880年颁布的花园法案为依据来起诉你的话,你是完全可以这样做的。那些死者的尸体被当做是"医院的废弃物",而且自20世纪70年代开始，环境保护机构已经着手解决如何安置尸体这个问题，这里有一个形象的比喻很好地说明了当时的情况，根据环境保护机构提出的规定，"不允许任何人在自家后院多栽培雏菊来怀念亲人"。即使这样，仍不免有人按照自己的意愿安放亲人尸体。把尸体安置在露天的地方不能说是完全违法的，甚至是在院子里挖坟墓埋葬尸体也不完全违法；如果亲属执意这么做，那么他们只要是在法庭传讯之前证明自己不是因为丧失理智或者精神出了问题，完全是出于真心和怀念，便不会受到法律的制裁。

现在美国有75%的人以土葬的方式长眠于地下，只有25%的人选择了火化。在欧洲，情况恰好相反，尸体火化被更多的人接受。

今天，尸体被再利用的可能性依然存在，当然不是要像冯·科瑟医生把埃琳娜的尸体藏匿起来，而是用来捐赠给医学专业和解剖学专业的学生进行尸体解剖实践活动。尸体的某些部位可以通过器官捐赠项目捐赠给需要的人，但不公布死者的姓名，这与捐赠给用于科学研究的尸体情况不同。

现如今，就尸体安置问题不同的州有不同的政策。环境保护署建议各机构能够及时地参与进来。有一些州要求在48小时之内将死亡者的信息通报到相关部门，还有一些州则要求在五天之内上报消息。这一切完成之后，如果在没有得到允许的情况下私自对尸体进行合格测试并解剖，将被以轻罪处罚。

海葬

2002年1月，一位从事商业捕鱼的渔民在缅因州捕鱼时用渔网打捞上一具棺材。当地警方接到消息后立即对棺材上刻有的标记展开调查。经过一番侦察后，警察把这口棺材运回警察局进行调查，发现这口棺材是两年前海军为埋葬去世的战士投放在大海中的。随后，人们将棺材放回到本应是它该去的地方——深不可测的大西洋海底。

关于海葬，海军有着非常严格的限制。如果一位海军官员希望能在死后去"戴维·琼斯墓地"——这是海员间对海洋墓地的一种俗称，那么需要提交死者家族亲属签字生效的文件，还有死亡证明的复印件。在具备上述条件后，死者被装入一口金属棺材，同时还要往棺材里装上至少45千克的石块和沙子作为下沉物。除此之外，还要在棺材的两侧钻上10个5厘米深的孔，为的是棺材在下沉过程中流入适当的水来加重重量能够快速下坠，直到完全被海水吞没。而且对举行海葬的地点也有严格的要求,那里海水的深度至少要达到182米。举行的每一项海葬都必须向环境保护署汇报。

在美国,葬礼的开销也是笔不小的数目。一个中等葬礼的花费现在要10,000美元。用上等木头制成的棺材现在有了新的用途,可以用油漆喷雾器在棺材外面喷绘或描画出死者生前的兴趣爱好。有一些别出心裁的棺材上面画有赛车比赛,旗帜鲜明的爱国标志或者象征宗教信仰的符号等等。克里兰德公司甚至创作出一个设计经典的棺材模型,它看起来就像一个邮包,上面还打着这样一个标签:重返故地。

未经允许不得肆意向大海抛洒骨灰。如果需要把骨灰盒一起投掷大海中,则要求骨灰盒必须是由可被生物降解材质制成的,而且其重量足以使它沉入海底。所有的骨灰抛洒活动必须在远离海岸线五百码的距离以外进行。

义冢

义冢是埋葬那些不知姓名、身份以及天生夭折的人的地方。义冢这个词最早在《圣经·马太福音》书中提到过,说的是犹大死后他的遗体被安葬在了义冢,通常那里是用来安葬外来人和被家庭抛弃的人的地方。

哈特岛可能是美国最有名的义冢地,位于布朗克斯与长岛之间。1868年被纽约市以75,00美元从布朗克斯的亨特家族手中购买,哈特岛的地理环境以及作用使它成为了最容易被人遗忘的角落。没有社会地位的穷人,他们死后遗体就被集体安葬在由监狱里的犯人挖好的大地沟里,这些罪犯每天得到24美元作为劳动报酬。根据掌管哈特岛的纽约市管教部规定,"婴儿的尸体安放在鞋盒大小的灵柩里,五个一组堆叠交叉放两层",而成人的尸体则安放在大的硬纸箱中,三个一组堆叠交叉放两层,总之要在每个地沟中放置1,650具遗体。从地方医院运送来的从尸体上切除的部分,比如腿、胳膊和器官也可以放在一些小的盒子里埋在地沟中,而且还会在盒子外面贴上标签"废物"。每年都有5,000个孤灵草草地被安葬在义冢,而纽约市只需要为安放遗体用纸箱做成的灵柩支付最低廉的价格,54美金。

自1869年,有超过750,000人被安葬在哈特岛。

奥斯卡奖得主如何长寿

社会地位已经被证实是可以将生命延长的一个因素。那些没有接受过高等教育、没有高收入的穷人，与富有的人相比更容易感染疾病。最近一项针对奥斯卡获奖者寿命的研究显示，事业上的成功对延长寿命发挥着一定的作用。在2001年5月《内科学记事》上发表的一篇研究报告将曾经获得奥斯卡奖提名的所有762位男演员女演员作为研究对象，作为衡量标准，研究者把出演同一部电影的相同性别、年龄和收入相当但却没有因主演的角色得到提名的演员挑出来做一个对比。通过比较，研究者们得出了这样的结论：一致的认可和成功能够使获奖者的寿命平均延长3.9年的时间。还有其他一些研究表明成功、社会地位和公众认可可以增强人的免疫系统。在名人纪念馆对一位著名棒球运动员的调查研究后也得出了相同的结论。

死亡纪录

1750年排行前十位的死亡原因（依据死亡证明上的记录）：

1. 痉挛。这种死因是由于食物被卡在气管导致呼吸困难最终窒息身亡。

2. 发烧。无论是因为瘟疫或重感冒使体温升高，任何高烧症状都会导致死亡。

3. 新生儿死亡。出生后3个月或出生后立即死亡的婴儿。

4. 高龄。任何年龄超过50岁的人，都有可能因心脏病或冠心病去世。

5. 牙病。因嚼口香糖而感染牙病死亡。

6. 皮疹。任何诱发出疹子或皮疹的致命疾病。

7. 浮肿。由于体内血液循环系统失调导致的脚和腿的浮肿都会使人昏迷晕倒。

8. 内脏绞痛。这种情况多是因为内脏器官溃疡、癌症或食物中毒所致。

9. 溃疡。这种疾病的前期表现为咳嗽，后来慢慢发展成肺炎最后形成肺癌。

10. 麻疹。通常情况下儿童是麻疹攻击的主要对象，同时还可以引起其他疾病，比如扁桃腺炎，但就当时医生的行医水平无法给出确切的病因解释以及无法做出准确的诊断。

典型例证

1650年，随着约翰·格兰特的去世，诞生了第一份正式的死亡纪录，上面明确记录着死亡原因和死者的年龄。而唯一没有表明的就是他的身份：一个乞丐而且还是一个天主教徒。

大约花费了500,000美元支付合法的手续费和尸体剥制术的费用后，巴克叔叔才如愿以偿地与他的躺椅相伴至永远。

死亡规律

2005年十大死因排行：
1. 心脏疾病
2. 癌症
3. 大脑智障
4. 肺部疾病
5. 意外死亡
6. 高血压
7. 肺炎和流感
8. 老年痴呆症
9. 肾炎
10. 传染病

人体标本

在挖掘本·富兰克林位于伦敦的故居时，发现了埋藏在地下室的十块骨头。有人认为这些骨头是富兰克林在帮助他的朋友、解剖学先行者威廉·休森医生藏匿用于解剖的尸体时留下的。18世纪初，出于任何目的的包括医学研究在内的人体解剖都是被禁止的，唯一能够得到新鲜尸体的办法就是向盗墓者寻求帮助。当时如果偷尸被抓到，将被看作是非常严重的罪行甚至还会被判处死刑。休森医生在解剖一具腐烂并且发出恶臭的尸体时不小心割伤了自己，血液感染病菌，不久后去世，当时他只有34岁。

本·富兰克林是否参与了在当时看来是非法的人体解剖并将尸体埋于地下，这并不清楚。1757至1762年，富兰克林确实在这栋房子里居住生活过，而后又在1764到1775年这段时间里再次回到这里生活,这一时期恰好正是那些骨头被认定埋藏的时间。

多年来,爱因斯坦①的大脑就像被腌制的泡菜一样,一直被浸泡在装有特殊液体的容器中保存着,并且被辗转世界各国进行科学研究。

无人认领

在任何一个城市的太平间,每天至少都会有几个人来读一读这样的启事:某某,身份、种族、肤色、国籍不详。尸体在没有得到认领之前安放在太平间的时间依验尸官的判断而不同,是否是罪犯的尸体或者死者的家属是否有可能来认领都是验尸官要考虑到的因素。一般情况下,四至六周是规定的尸体可以安放在太平间的时间,超过这一时间,尸体就会被放在冷冻抽屉中冷藏起来。2001年,有一个人的尸体在俄勒冈州马里恩郡验史官办事处的一个编号为#92-0024的冷冻抽屉中存放有一个月之久。那里的验尸官希望通过登报找到他的家属来确认。最终验尸官联络到一位曾经从事社会服务工作的人,是他帮助验尸官确认了这个人的身份,但能够获得的信息很有限,只知道他本名叫亨利·哈诺斯,1932年6月10日出生。通过解剖尸体进行分析后得知,亨利,年龄69岁,死于肺炎并发症。亨利死前身上带有一把钥匙、一盒香烟和27美金,但是在公布了身份确认的消息后仍没有他的亲属来认领遗体。接着,亨利的遗体被送往位于美国西北角的比尤特维勒墓地安葬,那里曾经是义冢地,而他的安葬费却只有几美金。

> **运动和诗人**
>
> 与自己的同龄人相比,那些曾经辉煌一时的棒球手的寿命缩短了6.9年。

美国每年有240万人因各种各样的原因离开人间,专家们认为如果个人选择了不同的生活方式,其中至少有一半人的生命是可以被挽回的,或者说至少

---

① 爱因斯坦是世界闻名的物理学家和数学家,他的相对论曾为他赢得了诺贝尔奖。1955年,他76岁时因腹部动脉血管破裂大出血逝世。他生前曾要求在他去世后将自己的遗体解剖,大脑用来进行医学研究。

是可以延长的。

墓志铭

墓志铭是雕刻在墓碑上对死者进行评价、总结和悼念的文字。在古埃及，精英们的坟墓上会用象形文字雕刻上他们的生平故事和过往事件，既有真实的，也包括虚构的成分，这些到现在仍然是那个时代最丰富的、有记载的历史。希腊人和罗马人继承了这一传统，富人和名人们的墓碑上记下了他们生前所参加的值得标榜的战争、取得的胜利和战利品，他们的墓碑上还雕刻或画上了死者的肖像，以供后代瞻仰。而穷人们的坟墓上所有的不过是一堆石头。在美洲殖民时期，雕刻师是一个忙碌的工作，好的雕刻师通常在死者临死前就被请去，以记录下死者所希望在墓碑上体现的内容。本·富兰克林于1790年4月17日在他84岁时去世，他亲自起草了自己的墓志铭，这些文字现在可以在费城的基督教墓地中找到：

经过作者的校正和修饰，我将成为更加簇新和美丽的版本。

由于很少有肖像，墓碑雕刻者们可以将更多的信息呈现在上面。这种墓碑在18世纪殖民时期最为流行：

> 停下吧，陌生人，当你从我旁边走过，
> 因为我也曾像现在的你一样。
> 而你也将会像现在的我一样。
> 跟着我，准备迎接死亡吧。
> 我们都有一笔债务，
> 是生来就欠下的，
> 我已经还清了我的，
> 你也必须偿还自己的。

像上面的一样，这个时期的墓碑经常雕刻着骷髅和骨架，意在警戒活着的人要规矩地做人。在那个时代，墓地经常建在教堂前的草坪上或人们经常路过的街道上。1733年，马萨诸塞州康科德城的一家人将他们父亲的墓地安放在了自家旅馆附近的街角，他们父亲的墓碑有可能是全美第一块户外广告牌：

在这块石头下面，是来自天国的期望，
这里躺着勇士般的店主人；
他的儿子继续着他的事业，
履行着他神圣的遗愿。

早期美国的墓志铭与古埃及和罗马的类似，也被当做一个简短的讣告，描述了死者死亡的原因。下面是一名死于1745年的男子的碑文：

他被鱼骨卡住了喉咙，然后他唱出了天使般的音符。

以下是一名在1748年死于过量饮食的弗吉尼亚男子的碑文，这些文字让他名垂千古：

这里躺着约瑟夫 琼斯的尸骨，
他健在时有着很好的胃口。
但有一次他实在吃太多了，
他倒在了桌子下面，死了。
是他从坟墓走出去寻找自己归宿的时候了，
但他是个不信神的人，
所以，不管是天堂还是地狱，
只要能给他最好的晚餐，就请带走他吧。

下面是一名1790年在费城死于黄热病的男子的碑文：

死神残酷地将我带走，
事先毫无征兆。
晚上我还活着，
早上我却死了。

下面的碑文被发现于佛蒙特州的宜诺斯伯格瀑布：

这里躺着迪肯·阿莫斯·舒特的妻子，
她像是一个被摘掉的未成熟的果实。
使用过量的咖啡是让她丧命的原因，
安妮·多米尼——1840

有时，碑文的篆刻者们过分热衷于描述死者死亡的原因。下面的碑文是安

娜·H的,她于1938年死于纽约的斯卡奈塔第,死亡的原因可能是跌倒。

这里躺着的人是我们的安娜,
她死于一只香蕉。
并不是水果害死了她,
而是香蕉皮要了她的命。

另一个调侃味十足的碑文出现在纽约州摩拉维亚人墓地:

无论你身处何方,
让你的肠气自由排放吧。
如果憋着不放,
那就会像我一样下场。

当然碑文也描述了一个人如何生活。

丽贝卡·弗雷兰德 1741
她喝优质的啤酒,
上乘的饮料和红酒,
她一直活到99岁。

到19世纪末期,各种新技术已经成为导致死亡的要素,这些也被刻在墓碑上。下面碑文的主人是一名死于煤油灯引发的火灾的妇女。在厂商还没有被要求提供可信赖的广告前,这是一种能够永远对其进行控诉的办法。

埃伦·香农
1870年3月21日死于火灾
导致火灾的是爆炸的煤油灯,
里面装着R.E.丹福思公司的防爆燃油。
(宾夕法尼亚州吉拉德公墓)

哈里·埃兹尔·史密斯
进入电梯井查看电梯是否正在下降,
结果它正在下降。
(纽约州奥尔巴尼,1914年)

下面是一名被执行死刑的男子的碑文,他靠偷羊为生。

这里躺着托马斯·肯普的尸体。
他靠羊毛活着,
而死于绞索。

当美国人开始向西部迁徙后,一种新的诗歌般的正义感出现在墓碑上。

这里躺着莱斯特·摩尔
被0.44手枪击中四次
不少——也不多
（莱斯特·穆勒是亚利桑那州的韦尔斯法戈公司一名火车站管理员,他于1888年死于一场劫案。）

丹·斯莱特
1845—1867
因偷窃并不存在的马匹而被绞死,
这些是该为这件事负责的人
（在碑文下面是6名认定他有罪的陪审团成员的名字,大概也埋在同一个墓穴里。）

下面是一个男子的碑文,他因听了错误的建议而误入小镇,以为镇里没有追捕他的人：

这里躺着的是阿肯色州的吉姆,
我们本想和他开个玩笑,
结果却酿成了大错。
（亚利桑那州汤姆斯通市布特·希尔公墓）

这里躺着布彻,
我们将他埋在这里。
他扣动扳机速度很快,
但拔枪却很慢。
（内华达州银城,1878年）